JN021123

条文から学ぶ

Antimonopoly Law
Text, Outline, and Cases

独占禁止法

第3版

土田和博・栗田　誠・東條吉純・武田邦宣

有斐閣

第3版はしがき

　第2版が出版されてからかなりの年月が流れた。この間は「コロナ禍」に見舞われた時期と重なり，大学も大きな変化を余儀なくされた。対面での講義は行うことができず，すべてオンラインでの授業となり，直接には顔の見えない（ときにはカメラをオフにしている）相手に対して，一方的に講義することも珍しくなかった。コロナ感染症が終息して，ようやく手応えのある授業を再開することの喜びを実感している今日この頃である。

　こうした間にも独占禁止法とその周辺には大きな展開がみられた。まず，課徴金制度を強化する2019年改正により，算定基礎の拡大，算定期間の延長，加算事由の追加，調査協力減算制度の導入，いわゆる弁護士・依頼者間秘匿特権の公取委規則による導入などが行われた。また，デジタルプラットフォームが提起する問題に対応するため，消費者優越ガイドラインが新設され，企業結合ガイドラインと企業結合審査手続に関する対応方針が改定された。フリーランスの増大にともない，フリーランス・ガイドラインが策定され，さらにはフリーランス新法が制定されたのもこの時期である。地球環境問題への事業者の取組みを後押しするべく，グリーンガイドラインも新設された。

　さらに，第2版刊行後には，神奈川県LPガス協会事件東京高判，Google/Fitbit統合事例，土佐あき農協事件東京高判，Booking.com同等性条項確約認定，ラルズ事件東京高判，食べログ事件東京地判・東京高判，プリンタカートリッジ事件東京地判など重要な事件・事例もあらわれている。本書の改訂に当たっては，これらの法改正やガイドライン，重要事件・事例を盛り込んだ。

　今回の改訂も有斐閣法律編集局学習書編集部の小野美由紀さんに大変お世話になったが，いつもながら，その丁寧な仕事振りには驚くばかりであった。小野さんをはじめ，お世話になった有斐閣の皆様に厚くお礼を申し上げたい。

　2024年2月

著 者 一 同

第2版はしがき

　2014年10月に本書初版が出版されてから早や4年半が経過した。この間，いわゆる確約手続を導入する独占禁止法改正，不公正な取引方法のぎまん的顧客誘引と関係する景品表示法に課徴金制度を導入する改正，流通・取引慣行ガイドラインの改定などが行われた。初版刊行後に現われた重要な事件・事例も，JASRAC私的独占事件最高裁判決，福井県経済連私的独占事件排除措置命令，ブラウン管国際カルテル事件最高裁判決，新潟タクシー事件東京高裁判決，トイザらス優越的地位濫用事件審判審決，ふくおかフィナンシャルグループ／十八銀行事例，神鉄タクシー差止請求事件最高裁決定等，相当数を数える。まさに本書改訂の機が熟したわけである。

　また独占禁止法は，2017年に制定・施行から70年を迎えた。古稀を過ぎたとはいえ，独禁法は，排除措置命令や課徴金納付命令，刑事処罰や民事救済により，健全な市場経済を厳正に維持するという頑健性を備えているのみならず，どのような新しい産業，事業者にも広範に適用できる柔軟性をも兼ね備えている。最近では，デジタルプラットフォーム，エネルギー，人材・スポーツ，農業などが競争政策上の重点領域とされていることはその証左といえよう。

　このように，ますます重要性が高まっている独占禁止法について，上のような法改正やガイドラインの改定，重要事件・事例を盛り込むべく，4人の執筆者は努めたつもりである。その過程では，有斐閣法律編集局書籍編集部の小野美由紀さんに大変お世話になった。有斐閣の校正はその詳細さで定評があるが，小野さんの校正は，わけても周到かつ丁寧で，執筆者が気付かなかった誤記誤植を指摘していただき，あるいは読み手の理解が容易になるような記述上の提案をいくつもしていただいた。編集者の地道な仕事が良書の刊行を支えていることを改めて実感した次第である。ここに厚くお礼申し上げる。

　2019年2月

著 者 一 同

初版はしがき

　本書は，主に大学（学部）で独占禁止法が講義される際に教科書として使われることを想定して執筆したものである。その特徴は，条文に沿って，解説，判審決例等が簡にして要を得た形で示されており，解説の内容も自説を前面に打ち出すのではなく，判審決例，ガイドライン，多数説を中心に標準的なものとなるよう心掛けた点にある。筆者らの考え方を説いた部分もなくはないが，少なくともそれが中心というわけではない。したがって，ロースクール生が自習用に本書を利用したり，より詳しいテキストを読む前に，本書でポイントを効率的に把握したりするといった使い方も十分可能であると考えている。

　独占禁止法は，一見やさしそうに見えて，その実なかなか奥の深い法律である。他の法分野とさまざまな交錯・接点もある。例えば，公正取引委員会による法運用が行われ，抗告訴訟が提起される関係では行政法と，価格カルテルや入札談合は刑事処罰が行われ得るから，その関係では刑事法と，独禁法違反行為の被害者は損害賠償や差止めを請求できるから民法と，企業結合の諸形態に関しては会社法と，知的財産権が関係する事件に対する独禁法適用については知的財法と，独禁法の域外適用に関しては国際法と，それぞれ交錯・接点がある。さらに，行為類型ごとの違法性判断に際しては経済学からのアプローチも有用である。

　このように，一歩踏み込むと他分野の最低限の知識を要する支線が多く，なかなかに手強いのが独禁法である。しかし，奥が深いということは，それだけ学ぶ醍醐味が大きいということでもある。本書が独禁法を初めて学ぶ人の正確な道案内となることができれば誠に幸いというべきである。

　最近の独禁法をめぐる動向に目を向けると，2013年12月，原始独禁法以来維持されてきた公取委の審判制度を廃止するという重大な改正が行われた。公取委の新しい行政手続は，指定職員による意見聴取手続を経て，排除措置命令，課徴金納付命令を発出するというものであり，司法審査も第1審は東京地裁の専属管轄とされ，実質的証拠法則も廃止されるにいたった。このような手続面の変化が実体規定の解釈や公取委の法運用にどのような影響を及ぼすのか，及ぼさないのか注目されるところである。

振り返れば，本書の執筆者らによる打合せは，東日本大震災のショック醒め
やらぬ 2011 年 8 月に始まったが，執筆者 4 人は，ちょうど 2012 年度，2013
年度の日本経済法学会シンポジウムの報告を仰せつかったため，その準備もあ
って，本書の完成は予想外に時間を要した。前述のとおり，独禁法の改正がこ
の間に行われたことも刊行までに手間を要した原因の 1 つである。その間，本
書を担当していただいた有斐閣書籍編集第一部の編集者は，青山ふみえ氏，伊
丹亜紀氏，大原正樹氏，栗原真由子氏の 4 人を数えることになった。独禁法に
関する体系書，コンメンタール，教科書，参考書等が相当数出版されている中，
本書の刊行を勧めていただき，また辛抱強く脱稿をお待ちいただいた編集者の
皆様に厚くお礼を申し上げたいと思う。

　　2014 年 9 月

　　　　　　　　　　　　　　　　　　　　　　　　　　著 者 一 同

目　次

第6章　適用除外　　257

第7章　民事救済　　275

第1節　差止請求　276

第9章 エンフォースメント 315

第1節　エンフォースメントの全体像 316

第2節　行政手続 319

第1款　事件の調査 319

第2款　確約手続 326

凡　例

1　法令等の略称

　法律等の名称は原則として有斐閣刊『六法全書』巻末の「法令名略語」によったほか，以下の略称を用いた。

① 政令・規則・告示

意見聴取規則	公正取引委員会の意見聴取に関する規則（平 27.1.21 公取委規 1 号）
確約規則	公正取引委員会の確約手続に関する規則（平 29.1.25 公取委規 1 号）
減免規則	課徴金の減免に係る報告及び資料の提出に関する規則（平 17.10.19 公取委規 7 号）
審査官指定政令	私的独占の禁止及び公正取引の確保に関する法律第 47 条第 2 項の審査官の指定に関する政令（昭 28.9.1 政 264 号）
審査規則	公正取引委員会の審査に関する規則（平 17.10.19 公取委規 5 号）
届出規則	私的独占の禁止及び公正取引の確保に関する法律第 9 条から第 16 条までの規定による認可の申請，報告及び届出等に関する規則（昭 28.9.1 公取委規 1 号）
犯則調査規則	公正取引委員会の犯則事件の調査に関する規則（平 17.10.19 公取委規 6 号）
一般指定	不公正な取引方法（昭 57.6.18 公取委告 15 号）
旧一般指定	不公正な取引方法（同上，平 21.10.28 公取委告 18 号による改正前のもの）
昭和 28 年一般指定	不公正な取引方法（昭 28.9.1 公取委告 11 号）

② 公取委ガイドライン

企業結合ガイドライン	企業結合審査に関する独占禁止法の運用指針（平 16.5.31）
企業結合手続方針	企業結合審査の手続に関する対応方針（平 23.6.14）
共同研究開発ガイドライン	共同研究開発に関する独占禁止法上の指針（平 5.4.20）
グリーンガイドライン	グリーン社会の実現に向けた事業者等の活動に関する独占禁止法上の考え方（令 5.3.31）
刑事告発・犯則調査方針	独占禁止法違反に対する刑事告発及び犯則事件の調査に関する公正取引委員会の方針（平 17.10.7）
事業者団体ガイドライン	事業者団体の活動に関する独占禁止法上の指針（平 7.10.30）
知的財産ガイドライン	知的財産の利用に関する独占禁止法上の指針（平 19.9.28）
排除型私的独占ガイドライン	排除型私的独占に係る独占禁止法上の指針（平 21.10.28）
不当廉売ガイドライン	不当廉売に関する独占禁止法上の考え方（平 21.12.18）
フリーランスガイドライン	フリーランスとして安心して働ける環境を整備するためのガイドライン（令 3.3.26）

優越ガイドライン	優越的地位の濫用に関する独占禁止法上の考え方（平 22.11.30）
流通・取引慣行ガイドライン	流通・取引慣行に関する独占禁止法上の指針（公正取引委員会事務局，平 3.7.11）

2 判決・審決等の略記法

① 事件名・出典の表示

判決・審決等については，通称事件名のあるものはそれを付し，下のように表示した。出典表記中，引用頁は通し頁である。また，金井貴嗣＝泉水文雄＝武田邦宣編『経済法判例・審決百選〔第 2 版〕』（有斐閣，2017）に収録されているものについては，末尾に〔百〇〕として，その項目番号を示した。

なお，最高裁の法廷名は，大法廷判決（決定）は「最大判（決）」として，小法廷については，単に「最判（決）」としている。

最大判昭 32.11.27 刑集 11 巻 12 号 3113 頁

NTT 東日本事件＝最判平 22.12.17 民集 64 巻 8 号 2067 頁 **〔百 7〕**

雪印乳業・農林中金事件＝審判審決昭 31.7.28 審決集 8 巻 12 頁 **〔百 9〕**

② 出典略記例

民 集	最高裁判所民事判例集
刑 集	最高裁判所刑事判例集
審決集	公正取引委員会審決集，公正取引委員会審決・命令集
行 集	行政事件裁判例集
高 民	高等裁判所民事判例集
高 刑	高等裁判所刑事判例集
下 民	下級裁判所民事裁判例集
下 刑	下級裁判所刑事裁判例集
刑 月	刑事裁判月報
判 時	判例時報
判 タ	判例タイムズ
公取委ウェブサイト	公正取引委員会ウェブサイト（https://www.jftc.go.jp/）

③ 相談事例等

平成〇年度事例△	公取委が公表している「平成〇年度における主要な企業結合事例」において紹介されている事例△であることを示す。
平成〇年度相談事例△	公取委が公表している「独占禁止法に関する相談事例集（平成〇年度）」（ただし，平 16.6 公表のものは「同（平成 14 年 1 月〜平成 16 年 3 月）」，平 14.3 公表のものは「平成 13 年相談事例集」という名称である）において紹介されている事例△であることを示す。

③ 条文，判決文等の引用

　条文，判決文等を引用する場合は，原則として原文どおりの表記とするが，以下の点を変更している。なお，「　」内の〔　〕表記は執筆者による注であることを表す。

- 漢数字は，成句や固有名詞などに使われているものを除き算用数字に改める。
- 漢字の旧字体は新字体に改める。
- 促音や拗音を表すひらがなは原文にかかわらず小書きとする。
- カタカナ表記で濁点・句読点の用いられていない判決文・条文について，ひらがな表記に改められたものや濁点・句読点が補われているものがある。
- 条文には，その内容を明瞭にするため，おおむね前記『六法全書』に従い，見出しを付した。

著者紹介

土田和博（つちだ　かずひろ）
早稲田大学法学学術院教授
執筆分担：序章，第1章，第2章第3節，
　　　　　　第5章第2節第3款 1 2・第5款・
　　　　　　第3節第2款 3，第7章

栗田　誠（くりた　まこと）
千葉大学名誉教授
執筆分担：第4章，第6章，第8章，第9章

東條吉純（とうじょう　よしずみ）
立教大学法学部教授
執筆分担：第2章第1節・第4節，
　　　　　　第5章第1節・第2節第1款・
　　　　　　第2款・第3款 3・第4款・第6款・
　　　　　　第3節第1款・第2款 1 2

武田邦宣（たけだ　くにのぶ）
大阪大学大学院法学研究科教授
執筆分担：第2章第2節・第5節，第3章

序章

独占禁止法の全体像

独占禁止法，すなわち「私的独占の禁止及び公正取引の確保に関する法律」（昭22法54号）は，1947年に制定されて以来，何度かの重要な改正を経て今日に至っている（以下，独禁法ともいう）。序章では，①独禁法が維持しようとする市場競争ないし市場メカニズムについて触れた上で，②独禁法の実体規定，③違反行為が行われた場合に予定されるサンクション等（排除措置，課徴金，刑事罰という公的執行として課（科）されるサンクション・ペナルティや損害賠償，差止請求などの民事救済），④事件の端緒からサンクション等の賦課，その後の司法審査に至るまでの一連の手続について概観しよう。

1 独占禁止法と市場メカニズム

　市場という言葉は，**取引が行われる場**（marketplace）という意味でも用いられるが，それだけでなく，そこで行われる**競争**（市場競争ともいわれる）やそこに成立する**市場メカニズム**（価格メカニズムなどともいわれる市場の自動調節機能）の意味でも用いられる。

　後者の意味での市場，つまり市場競争ないし市場メカニズムは，個々の売手と買手の競争行動の集合から成り立っている。すなわち，売手Aが自己の商品・サービスを提示して買手に取引を求めると，これと同種または類似の商品・サービスの売手Bが同様に買手を求めて，自己の，より魅力的な価格，品質その他の取引条件を提示する。さらに売手C，D，E等も同様の行動を繰り返すことによって売手の間に競争（競い合い）が生まれる。他方，買手aは，売手A，B，C，D，E等の商品・サービスについて，別の買手よりも魅力的な購入条件を提示することによって取引を成立させようとする。買手b，c，d，e等も同様の競争行動を繰り返すことによって買手の間にも競争（競い合い）が生まれる。こうして取引の場（市場）には，売手と買手の取引を成立させようとする行動の集合として競争が生じ，「神の見えざる手」（市場メカニズム）が働き，誰も恣意的に価格や生産・販売数量等を決定できない状態が成立すると考えられる（現実の市場は，極めて多数の売手と買手が存在し，すべての市場参加者が商品・サービスに関する情報を有するなど，完全競争が成立する状態からズレがあることも少なくないが，独禁法は，できるだけ，このような理想的な状態を維持しようとしているといってよい）。

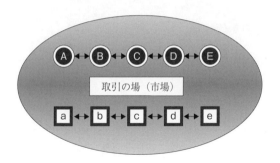

後述するように，独禁法は，例えば競争者が価格について競争することを
"休戦協定" によって停止・回避したり（売手 A，B，C，D，E 等が価格カルテル
を結ぶような場合），特定の事業者が競争者を不当に排除したりすること（売手
A が原価割れの価格で商品を供給し，対抗できない B，C，D，E 等が市場から駆逐さ
れるような場合）によって，市場競争を制御・コントロールし，ある程度自由
に取引条件を左右することのできる力ないし地位（市場支配力）が形成・維持・
強化されることを禁止している。このようにして**市場支配力**が形成されると，
買手は，競争が行われていた場合に比べて，価格，品質その他の点で不利な条
件でしか取引できないことになる。競争者は，自らの能力に基づいて価格その
他の取引条件を提示して取引相手を求めることが困難となったり，市場から排
除されたりすることになる。革新的な技術も生まれにくくなるといわれる。そ
れゆえ，独禁法はこのような形で市場支配力が形成，維持，強化されることを
禁止しようとしているのである。

市場支配力が形成されるまでには至らないが，売手や買手の行為によって，
市場競争が少なからず影響を受け，競争が歪曲されることもある（例えば，メ
ーカー A と B が共同して小売業者 a，b，c，d には商品を供給するのにディスカウント
ストアである e にだけ供給しない場合，売手 C が実際には使われていないのに，カシミ
アのセーターであるとぎまん的な表示をして消費者 a ないし e を誘引するような場合を
想起されたい）。これらも競争に一定の悪影響が及ぶことから，独禁法が禁止
しようとする行為である。

2 独占禁止法の実体規定

　独禁法の実体規定は，「（公共の利益に反して）一定の取引分野における競争を実質的に制限すること」または「一定の取引分野における競争を実質的に制限することとなる場合」という要件を含むものと含まないものに大別することができる。「**一定の取引分野における競争を実質的に制限すること**」というのは，■でみた市場支配力の形成・維持・強化を意味するものと解されている。この要件に着目すると，独禁法の実体規定は，以下の(1)，(2)，(3)のように分類できる。

(1) 市場支配力の形成・維持・強化を要件とするもの

　私的独占（2条5項），不当な取引制限（2条6項），事業者団体の競争制限的行為の一部（8条1号），企業結合のうち市場集中（10条，13条，14条，15条，15条の2，15条の3，16条）がこれに当たる。これらの条文には「（公共の利益に反して）一定の取引分野における競争を実質的に制限すること（となる場合）」という効果要件が含まれている（【図表0-1】【図表0-2】を参照）。

　これらは，いずれも市場支配力の形成・維持・強化という市場効果を要件とするものであるが，それをもたらす行為に関する要件は異なる。**私的独占**は，ある事業者，事業者集団が他の事業者の事業活動を排除または支配することにより，**不当な取引制限**は，事業者集団が共同行為（相互にその事業活動を拘束し，または共同して事業活動を遂行すること）によって，それぞれ市場支配力の形成等をもたらすものである。これに対して，8条1号に規定される，**事業者団体の競争制限的行為**は行為要件を特定の行為に限定しておらず，事業者団体が構成事業者間の競争を回避させたり，他の事業者の事業活動を排除するなど，広く市場支配力をもたらす行為を含むものと解される。さらに特定の市場における支配力を形成・維持・強化する**市場集中**と呼ばれる企業結合は，株式保有，役員兼任，会社合併，共同新設分割・吸収分割，共同株式移転，事業の譲受け等を行うことが行為要件に当たる。

　　(0-1) 甲市で食パンを消費者に販売する主な小売業者であるA，B，C，D，Eの5社は，来月から食パンの小売価格を10%引き上げることに合意した。これら5社の甲市における供給割合は80%である（ほかに食パンを販売する小

違反行為	禁止の名宛人	行為要件	効果要件 （正当化事由の判断を含む）
私的独占	事業者 （3条）	他の事業者の事業活動の排除または支配（2条5項）	公共の利益に反して，一定の取引分野における競争を実質的に制限すること（2条5項）
不当な取引制限	事業者 （3条）	共同行為 （相互拘束または共同遂行，2条6項）	公共の利益に反して，一定の取引分野における競争を実質的に制限すること（2条6項）
不公正な取引方法 （19条）	事業者 （19条）	法定類型（2条9項） 1号 共同の供給拒絶，2号 差別対価，3号 不当廉売，4号 再販売価格維持行為，5号 優越的地位濫用	公正な競争を阻害するおそれ（2条9項）[注1]
		指定類型（2条9項6号） 以下の類型であって，公取委が指定するもの（一般指定，特殊指定） イ 不当な差別的取扱い，ロ 不当対価取引，ハ 不当な顧客誘引，取引強制，ニ 不当な拘束条件付取引，ホ 取引上の地位の不当利用，ヘ 競争者に対する不当な取引妨害，会社の内部干渉	
事業者団体の競争制限的行為 （8条）	事業者団体 （8条）	1号 特に限定なし	一定の取引分野における競争を実質的に制限すること
		2号 6条に規定する国際的協定・契約をすること	「一定の取引分野における競争を実質的に制限すること」に至らなくとも足りると解される[注2]
		3号 一定の事業分野における現在または将来の事業者の数を制限すること	
		4号 構成事業者の機能，活動を不当に制限すること	
		5号 事業者に不公正な取引方法に該当する行為をさせるようにすること	

(注1) 2条9項1号～5号の「正当な理由がないのに」，「不当に」，「正常な商慣習に照らして不当に」も6号の「公正な競争を阻害するおそれ」と同じ意味と解される。

(注2) ただし，8条2号の不当な取引制限に該当する事項を内容とする国際的協定・契約については，「一定の取引分野における競争を実質的に制限すること」の要件が必要と解される。

【図表 0-2】 企業結合の類型別違法要件

	禁止の名宛人	行為要件	効果要件
9条2項	会社	他の国内の会社の株式の取得，所有	事業支配力の過度集中
10条1項	会社	他の会社の株式を取得，所有すること	一定の取引分野における競争を実質的に制限することとなる場合[注1]
11条1項	銀行業，保険業を営む会社	他の国内の会社の議決権の5％（保険会社の場合は10％）超の取得，保有	特に定めなし
13条1項	会社の役員，従業員	他の会社の役員を兼任すること	一定の取引分野における競争を実質的に制限することとなる場合[注1]
14条	会社以外の者	会社の株式を取得，所有すること	同上[注1]
15条1項	会社	合併	同上[注1]
15条の2第1項	会社	共同新設分割，吸収分割	同上[注1]
15条の3第1項	会社	共同株式移転	同上[注1]
16条1項	会社	事業の譲受け等	同上[注1]

（注1）10条1項後段にある，不公正な取引方法により他社の株式を取得・所有することの禁止は死文化している。13条，14条，15条，15条の2，15条の3，16条にも同様の規定があるが，これらも死文化している。

規模な小売店がアウトサイダーとして存在する）。5社の行為は独禁法に違反するだろうか（新規参入はないものとする）。

　AないしEの5社は，共同して値上げすることに合意する（相互にその事業活動を拘束する）ものである。それによって5社が市場支配力をもつかどうかは，カルテル参加者の**市場占有率**（2条の2第1項を参照。単にシェアともいう）その他の市場の状況による。カルテル参加者の合算シェアは80％であり，アウトサイダーは小規模な小売店であって，カルテルによる値上げがあっても追随せずに販売量を増加させることには限度があるから，このカルテルは市場支配力を有すると判断されることになろう。すなわち，AないしEの5社は，甲市における食パンの小売販売という取引分野における競争を実質的に制限す

るものとして，2条6項（不当な取引制限）に該当し，3条後段に違反すると判断される。

　このように，問題となる行為者の市場占有率が市場支配力の重要な代理指標（proxy）として用いられてきた。ただし，シェアが何％に達すれば市場支配力が形成されるかはケースバイケースというほかないし（もっとも，排除型私的独占ガイドライン〔平21.10.28，最終改正令2.12.25〕は，行為開始後において行為者が供給する商品のシェアがおおむね2分の1を超える事案であって，国民生活に与える影響が大きいと考えられるものを優先的に審査するとしており，市場シェア50％が目安になることを示唆している），シェア以外の要素（競争者の牽制力や取引相手の交渉力の程度，新規参入や輸入の有無等）も考慮しなければならない。

(2) 市場支配力の形成・維持・強化を要件としないもの

　他方，不公正な取引方法（2条9項1号～6号），事業者団体の競争制限的行為の大部分（8条2号の一部，3号～5号）は，市場支配力の形成・維持・強化を要件としない。

① 不公正な取引方法

　不公正な取引方法は，いずれも「**公正な競争を阻害するおそれ**」（2条9項6号柱書）のある行為である（2条9項1号～5号の「正当な理由がないのに」，「不当に」，「正常な商慣習に照らして不当に」はこれと同じ意味である）。公正な競争を阻害するおそれ（以下，「公正競争阻害性」という）は，「阻害」と「おそれ」の文言が示すように，市場競争を制約する程度が「一定の取引分野における競争を実質的に制限すること」より小さくて足り，現実に競争を阻害する効果が発生することやその高度の蓋然性があることは必要でない。また不公正な取引方法には，競争手段が不公正であることや取引主体の自由かつ自主的な判断により取引が行われることの侵害を公正競争阻害性の内容とするものが含まれるから（ぎまん的顧客誘引，不当な利益による顧客誘引，優越的地位の濫用など），これらも市場支配力の形成等を要件としない。このことから，不公正な取引方法の禁止は，私的独占や不当な取引制限の予防，補完の役割を果たすものとされている。

② 事業者団体の競争制限的行為の大部分

　8条に定める事業者団体の禁止行為のうち，6条に規定する不公正な取引方法に該当する事項を内容とする国際的協定・契約をすること（2号），一定の事

業分野における現在または将来の事業者の数を制限すること（3号），構成事業者の機能または活動を不当に制限すること（4号），事業者に不公正な取引方法に該当する行為をさせるようにすること（5号）も市場支配力を要件としない。これらも「一定の取引分野における競争を実質的に制限すること」より低い反競争的効果の段階で禁止するものと解される。

> (0-2) (0-1)でみたカルテルメンバーの間で，その後，仲間割れが起こった。その過程で，シェア30％を占めるAは，食パンの仕入原価を大幅に下回る著しく低い価格で販売し始めた。競争者であるB，C，D，Eは，売上額の著しい減少という影響を被ったが，破綻するまでには至っていない。Aの行為は独禁法に違反するか。

　仕入原価を大幅に下回る価格で販売することは，売れば売るほど損失（赤字）が膨らむ販売方法であり，このような短期的利潤を犠牲にして中長期的に市場を席巻しようとする行為は，一時的に消費者に利益になるとしても独禁法上問題があると考えられる。Aのシェアが30％であって市場に及ぼす影響は小さくなく，「一定の取引分野における競争を実質的に制限すること」の要件は満たさないとしても，Aの行為には「公正な競争を阻害するおそれ」があるから，不公正な取引方法の不当廉売（2条9項3号）に該当する可能性がある。

(3)　その他

　以上の(1)と(2)に分類しがたいものに，一般集中規制と独占的状態に対する措置がある。**一般集中**とは，独禁法第4章に規定される企業結合のうち，9条と11条が禁止対象とするものである。どちらも食パン，パソコン，自動車など特定の市場における支配力の形成等を禁止するのではなく，多数の産業にまたがって特定の企業グループが形成され，日本経済全体にわたって経済力が特定の者やグループに集中することを問題とするものである。9条は，事業支配力が特定の企業グループに過度に集中することを防止しようとするものであり，11条は，金融会社（銀行，保険会社）が株式保有によって他の会社（メーカー，商社，流通・サービス業者等）を支配することを防止しようとするものである。これらは特定の市場における競争への影響という観点からの規制でない点で，(1)や(2)と異なる。

　独占的状態に対する措置とは，2条7項に定める市場構造要件と市場弊害要

件を満たす事業者が存在する場合，公正取引委員会（以下，公取委ともいう）が8条の4に規定する企業分割等の競争を回復させるために必要な措置を命じることができるというものである。独占的状態の規制は，ある事業者が他の事業者を排除，支配したり，他の事業者と共同行為を行う等の反競争的行為がない場合でも，一定の競争制限的状態があれば，公取委が競争回復措置を命じることができる点で，(1)や(2)と異なる（ただし，1977年改正で導入されたこの措置は，構造要件を充足する企業が弊害要件を満たさないように"自己規制"させる機能を果たしているといわれるが，導入以来，発動されたことは1度もないから，本書では詳細は省略する）。

(4) 正当化事由

市場支配力の形成等を要件とする類型であれ，そうでない類型であれ，共に問われる可能性があるのは，正当化事由の問題である（例えば生命，健康，安全，環境の維持など**社会公共的利益**を保護するために競争を制限，排除，阻害する行為が独禁法に違反するか否かをどのように考えればよいかが問われる）。これについてはさまざまな議論があり，正当化事由には生命，健康，安全，環境などの非経済的価値を含むという見解もあれば，競争を促進する経済的事由に限って正当化事由とすべきだという見解もある。目的を達成するための手段は，より競争制限的でない他の手段がない場合に限るか，あるいは競争の実質的制限等，一定の市場競争への影響と正当化事由を**比較衡量**するとして，どのように衡量するかについても定見があるとはいえない。

いずれにしても，この問題は，「公共の利益に反して，一定の取引分野における競争を実質的に制限すること」（2条5項・6項），「公正な競争を阻害するおそれ」（2条9項6号），「一定の取引分野における競争を実質的に制限すること」（8条1号）などの文言の解釈において，真に検討に値する正当化事由があれば，これを考慮しても効果要件を充足するかどうかを判断するという形で解決せざるを得ない（**【図表0-1】**の効果要件の欄を参照）。

> (0-3) Y_1，Y_2，Y_3，Y_4，Y_5，Y_6は国内で供給される住宅用建築資材 α（断熱材など）の80％を製造・販売する事業者である。建築資材 α にはオゾン層を破壊するフロン類が使用されており，その製造・販売の自粛が要請されていた。α の代替品としては，地球温暖化の原因物質を含まない新しい住宅用

建築資材 β が存在していた。そこで Y₁ ないし Y₆ は共同して，建築資材 α の供給を取りやめ，β を製造・販売することに合意した。α の生産量は頭打ちの状態にあり，β を生産すれば α 以上の供給が可能と見込まれたが，β の製造コストや配送を変更する流通コストのために建設資材 β の価格は，α の価格より 1 割程度高くなることが予測された。そのため，Y₁ ないし Y₆ は β の最低価格について，α の価格の 1 割増しとすることも取り決めた。Y₁ ないし Y₆ の行為は，独禁法上どのように判断されるか。

　Y₁ ないし Y₆ は国内で α の 80％ を供給するメーカーであり，これらが共同して α の製造販売を取りやめ，その代わりに β を用いることに合意したのだから，不当な取引制限（2 条 6 項）に該当しないかが問題になる。 0-3 で特に問題になるのは，「公共の利益に反して」，「一定の取引分野における競争を実質的に制限すること」という要件である。「公共の利益に反して」とは，原則として自由競争経済秩序に反することを意味するが，例外的に自由競争秩序の維持とその行為が保護しようとする利益を比較衡量して，「一般消費者の利益を確保するとともに，国民経済の民主的で健全な発達を促進する」という独禁法の究極目的に反しない場合に，当該行為を不当な取引制限から除外する趣旨の規定と解される（石油価格協定刑事事件＝最判昭 59.2.24 刑集 38 巻 4 号 1287 頁［百 5］ 2-28 ）。Y₁ ないし Y₆ の合意は，フロン類が使われてきた建築用資材の製造・販売を取りやめ，地球温暖化の防止に貢献することを目的とするから，上記の独禁法の究極目的に反するものではないであろう。競争を促進する経済的事由に限って正当化事由とすべきだという見解を前提にしても，Y₁ ないし Y₆ の行為によって，環境上問題のある建築資材に関する競争は減るものの，環境にやさしい新しい資材に関する競争が増加するため，この合意は「市場の失敗」に対応する競争促進的な経済的正当化事由（市場によっては対応できない事態に対し，新しい商品に切り換えることによって競争を促進する事由）に基づく行為であると考えられる。

　しかし，この目的を達成するためにとられる手段には，α の代替品である β の価格協定まで含まれている。一般に価格協定が用いられるなど，反競争的効果が大きい場合には，その手段（価格協定）が目的達成に必要不可欠であり，目的を達成するために必要最小限度のものでなければならないと考えられる。

（0-3）では，βの製造と流通のコストはαに比べて1割程度増大すると見込まれるにせよ，その価格を協定しなければβを市場に供給することができないとまではいえない（目的達成のために必要不可欠ではない）。したがって，Y_1ないしY_6のβの価格に関する取決めは，「公共の利益に反して」，「一定の取引分野における競争を実質的に制限すること」の要件を充足し，2条6項に該当する。

　一般に，安全性等の正当化事由そのものと一定の市場競争の制限を正面から比較衡量して，反競争的行為を正当化した（独禁法違反でないとした）判審決例はほとんどなく，安全性など「社会公共的利益」を標榜する事業者，事業者団体の主張は，慎重に検討する必要がある（そうでないと，容易にカルテル等が許容されることになってしまう）。

(5) 適用除外

　独禁法は，「経済憲法」として，原則として，あらゆる産業のすべての行為に適用され，上述のとおり，行為要件と効果要件を満たす場合に違反が成立することになる。ただし，独禁法21条，22条，23条には，例外的に，何らかの理由で，一定の場合に独禁法を適用しない旨の規定が置かれている（道路運送法18条など，若干の別の法律にも同様の規定がみられる）。

　21条は知的財産法による知的財産権の行使と認められる行為，22条は同条所定の要件を満たす組合（協同組合）の行為，23条は公取委が指定する商品と著作物に係る再販売価格維持行為について，それぞれ独禁法の適用を除外する。これらの適用除外規定は，一定の行為が独禁法に違反しないことを確認するために（21条，22条），または独占禁止政策（競争政策）とは別の政策的観点から創設的に独禁法に違反しないこととするために（23条）設けられたものであるとされる。

3 独占禁止法違反に対するサンクション等

　以上のように，独禁法の行為要件と効果要件を充足する違反行為が行われた場合，さまざまな措置がとられることとなる（【図表0-3】）。独禁法においては，違反行為が行われた場合，国家がこれを停止させ，将来の反復を抑止し，処罰するだけでなく，私人が損害賠償や差止めを請求することができるが，ここでは国家や私人が競争秩序を回復させ，維持し，違反を抑止し，あるいは損害を

【図表0-3】　主要な独禁法違反行為のサンクション等

		排除措置	課徴金	刑事罰	損害賠償	差止請求
私的独占	排除型	7条1項, 2項	7条の9第2項	89条1項1号, 95条1項1号, 95条の2	25条	(注)
	支配型		7条の9第1項			
不当な取引制限		7条1項, 2項	7条の2第1項	89条1項1号, 95条1項1号, 95条の2	25条	(注)
不公正な取引方法	法定類型	20条1項, 2項	20条の2〜20条の5	なし	25条	24条
			20条の6			
	指定類型		なし			
事業者団体の競争制限的行為	8条1号	8条の2第1項〜第3項	8条の3	89条1項2号等	25条	(注)
	8条2号		8条の3	90条1号等		(注)
	8条3号, 4号		なし	90条2号等		(注)
	8条5号		なし	なし		24条

(注) 私的独占, 不当な取引制限, 8条1号〜4号も不公正な取引方法と再構成することができれば, 24条による差止請求の対象行為となり得ると解される。

補償させる措置を, 主要な独禁法違反行為（私的独占, 不当な取引制限, 不公正な取引方法, 事業者団体の競争制限的行為）についてみよう。

(1) 排除措置

　まず, これらの行為類型に共通して, 公取委は当該違反行為を排除するために必要な措置（排除措置）を命ずることができる。命令の内容については, 当該行為の差止め, 事業の一部の譲渡, 契約条項の削除, 事業者団体の解散などが各根拠規定（7条1項, 8条の2第1項, 20条1項）に例示されているほか, 公取委は同様の違反行為の将来における反復の禁止等も命じている。違反行為が既になくなっている場合でも, 違反がなくなった日から7年以内であれば「特に必要があると認めるときは」, 既になくなっている旨の周知措置などを命ず

ることもできる（7条2項，8条の2第2項，20条2項）。

(2) **課徴金**

　次に1977年改正で初めて不当な取引制限と事業者団体の競争制限的行為の一部に導入された**課徴金**は，それが課される対象が拡大し，算定率が引き上げられ，現在では課徴金の加算制度（7条の3），減免制度（7条の4），調査協力減算制度（7条の5）により，加減算が可能になっている。現在，課徴金が課されるのは，排除型私的独占，価格に関連する支配型私的独占と不当な取引制限，法定された不公正な取引方法（**【図表0-3】**を参照。ただし，1回の違反で直ちに課徴金が課される優越的地位の濫用と10年以内に2度繰り返して違反した場合に初めて課されるそれ以外の類型の区別がある），8条1号・2号に違反する事業者団体の行為で不当な取引制限に相当するものである。もっとも今まで実際に課徴金納付命令が発せられたのは，不当な取引制限，私的独占，優越的地位の濫用，事業者団体の8条1号違反行為に対してだけである。これらの違反を認定すると，公取委には，課徴金を課すか否かにつき裁量はなく，違反行為を行った事業者（事業者団体の違反の場合には構成事業者）に，各規定に定められた方法により算定した額の課徴金の納付を必ず命じなければならない。

(3) **刑事罰**

　刑事罰（懲役〔2022年に一部改正された刑法の施行後は，拘禁刑〕，罰金）については，**【図表0-3】**のように相当に広く対象行為が規定されているが，実際に刑事告発がなされ公訴提起が行われた独占禁止法に係る事件は不当な取引制限（価格カルテルと入札談合）および事業者団体の競争制限的行為（8条1号。生産調整）に限られている（このうち，事業者団体による生産調整事件を除いて，実行行為を行った個人と両罰規定により法人に有罪判決が言い渡された）。89条から91条に規定する罪については，**公取委の専属告発**（96条）の対象となるが，公取委は「独占禁止法違反に対する刑事告発及び犯則事件の調査に関する公正取引委員会の方針」（平17.10.7，最終改正令2.12.16）において「価格カルテル，供給量制限カルテル，市場分割協定，入札談合，共同ボイコット，私的独占その他の違反行為であって，国民生活に広範な影響を及ぼすと考えられる悪質かつ重大な事案」を告発対象としているため，今後も刑事罰が科される可能性があるのは，これらに限定されることになると思われる。

⑷ 民事救済

以上に加えて，独禁法に違反する行為があった場合，私人による**損害賠償**や**差止め**の請求も可能である。これらは基本的には民事救済の手段であるが，損害賠償や差止めの請求によって独禁法違反が抑止され得るという公益に資する側面があることにも注意したい。

まず25条は，私的独占，不当な取引制限，不公正な取引方法を行った事業者と8条に規定する競争制限的行為を行った事業者団体が被害者に対して無過失損害賠償責任を負うことを定めている。被害者が25条に基づく損害賠償請求を裁判上行うには，排除措置命令等の確定が条件となるほか（26条1項），第1審裁判所は東京地方裁判所に限られる（85条の2）。そのため，排除措置命令や課徴金納付命令がない違反行為，これらが確定する前に被害者が提訴する事件，被害者に便宜な地方裁判所に係属させる場合などについては，民法709条等に基づく賠償請求も行うことができる。

さらに私人（事業者，消費者）による独禁法違反行為の差止請求は，法文上，事業者が不公正な取引方法を行う場合と事業者団体が事業者に不公正な取引方法を行わせる場合に限られている（24条）。しかし，私的独占（例えばマーケットシェアの大きな事業者が行う原価割れ販売），不当な取引制限（例えば多数の事業者が行う共同ボイコット），事業者団体の8条1号に違反する行為（例えば事業者団体が構成事業者に行わせる新規参入の妨害）等については，不公正な取引方法にも当たるものがあり，これを不公正な取引方法と主張して差止めを請求することは可能と解される。

4 独占禁止法違反事件の手続

最後に，以上に述べた要件該当性を判断し，違反が認められる場合にサンクション等がとられる手続についてみておこう（⇨【図表0-4】）。

⑴ 行政手続，犯則調査

公取委が排除措置や課徴金納付を命ずる手続は，2013年改正により，以下のように行われる。まず違反被疑事実を公取委が知ることになる端緒は，一般人や被害者による報告（45条1項），職権による探知（45条4項），中小企業庁等の請求（中小企業庁設置法4条7項等），課徴金減免制度を利用した申告（7条

の4）である。これを受けて，公取委は事件について必要な調査をするため事業所に立入検査をし（47条1項4号），または89条から91条までの罪に係る事件（犯則事件）を調査するため必要がある場合は，出頭を求め，質問・検査・領置をし（101条1項），裁判所の許可状により臨検・捜索・差押えをすることができる（102条1項）。

　調査の過程で留置した書類等を検討した結果，公取委が排除措置命令・課徴金納付命令をしようとするときは，公取委は，命令の名宛人となるべき者に対して，相当の期間をおいて，公取委の認定した事実を立証する証拠の閲覧・謄写ができること（謄写は自社分のみ）を含めて通知をした上（49条ないし52条），職員（当該事件の調査に審査官として関与した職員等を除く）を指定して，意見聴取のための手続を主宰させる（53条）。この**意見聴取手続**では，審査官は，予定される排除措置命令の内容，認定した事実，主要な証拠，法令の適用を説明し，他方，当事者（命令の名宛人となるべき事業者，事業者団体等）は，これについて意見を述べ，証拠を提出し，指定職員の許可を得て審査官に質問を発することができる（54条1項・2項）。意見聴取手続が終われば，指定職員は，事件の論点を整理し，これを記載した報告書を公取委（委員長および4人の委員）に提出しなければならない（58条4項）。公取委は，これを十分に参酌した上（60条），違反行為を排除するために必要な措置，公取委の認定した事実，法令の適用を記載した文書により，**排除措置**を命じる（61条1項）。**課徴金納付**を命ずるための手続も同様である（62条1項，4項）。これらの命令に不服がある者は，東京地方裁判所に**抗告訴訟**を提起することができる（85条1号）。

　なお，2016年の独禁法改正により，いわゆる確約制度が導入された（48条の2から48条の9までが，TPP11協定〔環太平洋パートナーシップに関する包括的及び先進的な協定〕の発効した2018年12月30日に施行）。これは，独占的状態（2条7項）に当たる事実が存在する場合を除いて，公取委が独禁法に違反する事実があると思料するときに，その疑いのある行為を行っている者または行っていた者に対して，違反を認定することなく迅速に，またこれらの者の自ら策定した計画に基づいて柔軟に，一定の措置をとらせることができるというものである。

　規定上は限定がないものの，公取委「確約手続に関する対応方針」（平

30.9.26，最終改定令 3.5.19），「企業結合審査の手続に関する対応方針」（平23.6.14，最終改定令元.12.17）によれば，課徴金が課されるハードコアカルテル等は確約制度の対象とされず，私的独占，不公正な取引方法（特に優越的地位の濫用），企業結合などを対象として，事業者が確約する排除措置計画（48条の3）に従った排除措置，排除確保措置計画（48条の7）に従った排除確保措置を実施させることに制度の主眼があるものと考えられる。これらの計画が公取委によって認定されれば，排除措置命令や課徴金納付命令は発出されず（48条の4，48条の8），また確約どおりに事業者らが計画を実施しない場合には，公取委は認定を取り消して，排除措置命令や課徴金納付命令に向けた手続を開始することができる（48条の4ただし書，48条の8ただし書）。

(2) 刑事事件手続

他方，**犯則事件調査**の結果，犯則の心証を得たときは，公取委は検事総長に告発しなければならない（74条1項）。89条ないし91条に規定される犯罪（不当な取引制限罪等）は，公取委の告発が公訴提起の条件である（96条1項）。これらの事件の第1審の裁判権は地方裁判所に属する（84条の3，84条の4）。

(3) 民事手続

さらに，独禁法違反行為の被害者は，公取委への報告とは別に，地方裁判所に不公正な取引方法の差止めを請求し（24条），民法に基づく損害賠償を請求することができる。また独禁法違反の排除措置命令等が確定すれば，被害者は東京地裁に25条に基づく無過失損害賠償請求訴訟を提起することも可能である。事業者や消費者による私的執行は，侵害された権利を回復すると同時に，公取委による執行を補完するという意味で重要であり，一層活発な運用が期待されている。

【図表 0-4】 2019 年改正後の手続

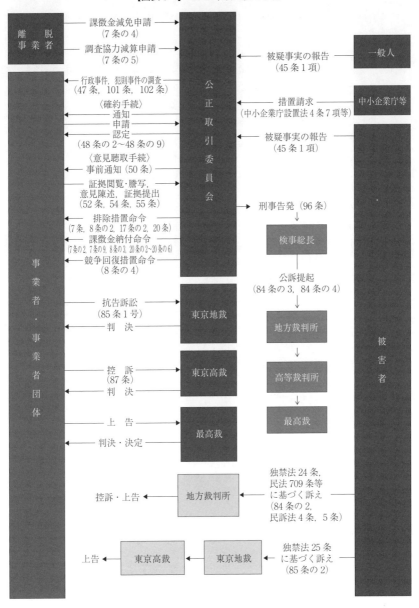

本書には「審判」や「審決」などの用語が頻繁に出てくるから，2013年改正直前の手続の概略のみ記しておく。

　調査の過程で留置した書類等を検討した結果，公取委が排除措置命令・課徴金納付命令をしようとするときは，命令の名宛人となるべき者にあらかじめ意見を述べ，証拠を提出する機会を与えなければならず（旧49条3項，旧50条6項），排除措置命令は，違反行為を排除するために必要な措置，公取委の認定した事実，法令の適用を記載した文書で行われ，課徴金納付命令は，課徴金額，計算の基礎，違反行為，納付期限を記載した文書で行うこととされていた（旧49条1項，旧50条1項）。

　これらの命令に不服がある者は，命令書の謄本の送達があった日から60日以内に公取委に審判を請求することができた（旧49条6項，旧50条4項）。審判は，通常，指定された審判官が主宰して行われた（旧56条2項）。審判では審査官が原処分たる排除措置命令や課徴金納付命令が相当であることを証拠により主張し（旧58条1項），被審人（審判を請求した事業者，事業者団体）は原処分が不適当である理由をこれを立証する資料を提出して主張することとされていた（旧59条1項）。公開の審判においては（旧61条），証拠によって事実認定が行われ（旧68条），認定された事実が要件を充足するかどうかが判断された。その結果，審判官は，審判請求の却下，棄却，原処分の全部・一部の取消しまたは変更の審決案を作成し，公取委（委員長および委員）に提出し，これを受けた委員長および委員は，合議により審決を行っていた（旧66条，旧69条1項）。審決の取消しの訴えは，審決が効力を生じた日から30日以内に（旧77条1項），東京高裁に抗告訴訟を提起する形で行われた（旧85条1号）。東京高裁の審理では，公取委の認定した事実に実質的証拠があるときには裁判所を拘束するという実質的証拠法則が採用され（旧80条），新証拠の申出が制限されていた（旧81条）。

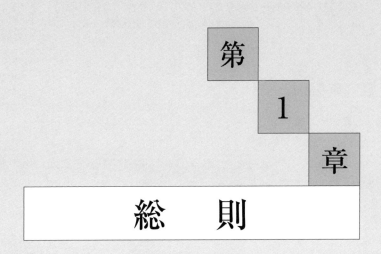

第 1 章

総　則

第1条【目的】　この法律は，私的独占，不当な取引制限及び不公正な取引方法を禁止し，事業支配力の過度の集中を防止して，結合，協定等の方法による生産，販売，価格，技術等の不当な制限その他一切の事業活動の不当な拘束を排除することにより，公正且つ自由な競争を促進し，事業者の創意を発揮させ，事業活動を盛んにし，雇傭及び国民実所得の水準を高め，以て，一般消費者の利益を確保するとともに，国民経済の民主的で健全な発達を促進することを目的とする。

1　1条の構成と内容

　独禁法の目的を規定する第1条は，以下のように分説できる。
〈第1段〉
　この法律は，①「私的独占，不当な取引制限及び不公正な取引方法を禁止し，事業支配力の過度の集中を防止して」，②「結合，協定等の方法による生産，販売，価格，技術等の不当な制限その他一切の事業活動の不当な拘束を排除すること」により，
〈第2段〉
　③「公正且つ自由な競争を促進し」，④「事業者の創意を発揮させ，事業活動を盛んにし，雇傭及び国民実所得の水準を高め」，もって
〈第3段〉
　⑤「一般消費者の利益を確保する」とともに，⑥「国民経済の民主的で健全な発達を促進すること」を目的とする。

　第1段は法目的を達成するための手段を明らかにしている。①は私的独占，不当な取引制限，不公正な取引方法という独禁法の主要な禁止行為を列挙するとともに，独占的状態に対する措置（2条7項，8条の4）および事業支配力の過度集中規制（9条）など第4章の規定に対応する「事業支配力の過度の集中を防止」することが挙げられている。②も制限・拘束の態様の観点から，より具体的に規制の対象を述べたものである。「結合」，「不当な制限」，「事業活動の不当な拘束」などの文言は曖昧であって，その内包や外延は明らかでないが，やや抽象的な文言を含む形で規定された原始独禁法1条が，制定以来，実質的

に変更されていないことによるというほかない。

　第2段は，このような手段によって，③「**公正且つ自由な競争**」を維持，促進することが本法の**直接の目的**であるとするものである。他の経済立法と比べた独禁法の特徴は，第3段に規定する究極の目的を達成するために，行政庁が事業者の生産数量，販売価格，事業の開始・休廃止等に許可・認可等の形で直接に介入・干渉するのではなく，事業活動は原則として事業者の自由に委ねつつ，これが実体規定に違反する場合にのみ禁止し，それを通じて市場メカニズム（⇨　**序章**）を働かせ，事業者の競争制限的な活動を抑制するという，いわゆる間接規制の手法をとる点にある。その意味では，③は独禁法に固有の目的を規定するものであるといってよい。これに対し，④は公正かつ自由な競争を維持・促進することの経済的成果を述べたもので，法的意味は乏しい。

　第3段では本法の**究極の目的**が述べられる。⑤**一般消費者**（事業者を含めた買手一般ではなく，商品・サービスの供給を受けて生活するために消費する個人）の利益の確保とこれを統合された不可欠の要素とする⑥「**国民経済の民主的で健全な発達**」がそれである。一般消費者の利益と生産者の利益を包含した国民経済全般の利益が究極目的であり，一般消費者の利益と国民経済全般の利益が相反する場合には，前者は後者に席を譲るべきものとする戦後一時期までみられた考え方は，⑤と⑥を分断するものとして今日では否定されているといってよい。⑤一般消費者の利益は，⑥国民経済の民主的で健全な発達にとって，それなしでは意味をなさない本質的構成要素であり，両者は不可分一体の関係にあると解される。さらに，国民経済の「民主的」で健全な発達という目的規定をもつ経済立法は独禁法だけであることも留意に値する。この文言は，戦後改革の一環として制定され，経済機構の民主化（財閥解体・過度経済力の集中排除とその反面としての小規模事業者ないし中産階層の保護育成）を定着させるという独禁法の歴史的役割を反映したものであり，特定の事業者，事業者グループが市場支配力・経済力を自らに集中させるのではなく，分権・分散的で多様性に富んだ経済主体から構成される経済制度・機構を維持しようとするものと考えられる。ただし，⑥を構成しこれと密接に関係する農林漁業者や小規模商工事業者の利益と⑤一般消費者の利益が短期的・静態的には対立する可能性はある。これについては，⑤と⑥を統合的に理解する以上，例えば農林漁業者や小規模商工事

業者の競争を制限する共同行為であっても，それが中長期的・動態的に生産性の向上，効率性の改善等をもたらし，価格の低下などの形で消費者に還元されるのでない限り，⑤を侵害する反競争的行為を⑥の観点から肯定的に評価することはできないと考えるべきであろう。

　要するに，第1段に規定する手段によって，第2段の公正かつ自由な競争を維持・促進し，それを通じて第3段の一般消費者の利益を不可欠の要素とする国民経済の民主的で健全な発達を確保することが独禁法の目的である。

② 本条と実体規定

　第1段の手段がとられれば，第2段の公正かつ自由な競争の維持・促進につながるはずである。これに対して，第2段の公正かつ自由な競争の維持・促進が第3段の一般消費者の利益を統合された不可欠の要素とする国民経済の民主的で健全な発達につながるかについては，原則としてはそうであるが，例外的にそうとはいえない場合があるかもしれない。競争を何らかの形で制限する行為を容認することが例外的に第3段の究極目的を確保するために必要とされる場合がないとはいえないかもしれないのである（**0-3**）や　**第2章第2節 6** を参照）。通常，そのような場合には**独禁法の適用除外規定**が設けられるはずであるが，これも絶対にそうだとは言い切れない。明文の適用除外規定がない場合，解釈によって，こうした行為が独禁法の適用を受けない，あるいは独禁法に違反しないとされるかどうかは，当該行為が**１**でみた1条の究極目的からみて，実質的にこれに反するものでなく，当該行為を遂行するために必要な範囲で行われているか否かにかかっている。

　この問題は，実体規定の側からみると，私的独占，不当な取引制限，不公正な取引方法，事業者団体の競争制限的行為等の成立を妨げる**正当化事由**が独禁法の目的の観点から評価されることを示しているともいえる（例えば，これが問題となった日本遊戯銃協同組合事件〔＝東京地判平9.4.9審決集44巻635頁 [**百6, 43**]（**3-3**）〕等を参照）。つまり，これらの実体規定の「公共の利益に反して，一定の取引分野における競争を実質的に制限すること」（2条5項・6項），「公正な競争を阻害するおそれ」（2条9項6号），「一定の取引分野における競争を実質的に制限すること」（8条1号）などの文言の解釈として，市場競争の一定

の制限を禁止することによる利益と当該行為によって守られる利益とを比較衡量することになる。この「当該行為によって守られる利益」が真に保護されるべき利益と評価できるかが，独禁法1条の究極目的に照らして判断されるのである。

判例も，2条6項の「公共の利益に反して」について，原則として独禁法の直接の保護法益である自由競争経済秩序に反することをいうが，この法益と当該行為によって守られる利益を比較衡量して「一般消費者の利益を確保するとともに，国民経済の民主的で健全な発達を促進する」という究極の目的に実質的に反しないと認められる例外的な場合を不当な取引制限から除外するものとしている（石油価格協定刑事事件＝最判昭59.2.24刑集38巻4号1287頁 [百5] (2-28)）。

ただし，安全性等の正当化事由そのものと一定の市場競争の制限を正面から比較衡量して，反競争的行為を正当化した（独禁法違反でないとした）判審決例はほとんどなく，安全性など「公共の利益」を標榜する事業者，事業者団体の主張が慎重に検討される必要があることは， 序章 に述べたとおりである。

第2条【定義—事業者】 ①　この法律において「事業者」とは，商業，工業，金融業その他の事業を行う者をいう。事業者の利益のためにする行為を行う役員，従業員，代理人その他の者は，次項又は第3章の規定の適用については，これを事業者とみなす。

---

1 事業者の意義

本項第1文は本法における事業者の定義を定めるものである。本法において，事業者は3条（私的独占，不当な取引制限の禁止），19条（不公正な取引方法の禁止）などの違反主体（禁止の名宛人）であるが，これとは別に排除や支配の客体として（例えば2条5項の「問わず」の後の「他の事業者」，2条9項1号イの「ある事業者」），あるいは排除のための道具として登場することもある（2条9項1号ロの「他の事業者」）。

判例は，違反主体としての事業者を念頭に置いて，2条1項にいう「事業」とは「なんらかの経済的利益の供給に対応し反対給付を反覆継続して受ける経済活動を指し，その主体の法的性格は問うところではない」という（⇨

（1-1））。したがって，営利追求を目的とすることや経費を上回る利益が生じていることなどは必要でないが，有償での活動であることは「事業」の本質的要素としているように読める。無償で供給を行う主体が独禁法にいう「事業者」でないか，違反主体としての事業者と排除や支配の客体，排除の道具としての事業者の範囲が同じかどうか，商品・サービスの供給を受ける者（例えば建設サービスの供給を受ける国や自治体等）の事業者性，労働法（特に労働組合法）上の労働者が独禁法上の事業者になり得るか（INAX メンテナンス事件＝最判平23.4.12判時2117号139頁等）などは，将来あらためて問われることになるかもしれない（⇨ ②(5)も参照）。

> （1-1） **都営芝浦と畜場事件**（最判平元.12.14民集43巻12号2078頁 [百1] ＝
> （5-2）） 本法にいう「事業」とは，「なんらかの経済的利益の供給に対応し反対給付を反覆継続して受ける経済活動を指し，その主体の法的性格は問うところではない」。

② 事業者，事業の具体例

(1) 公法人の経済活動

上記の判例によれば，有償で郵便はがきの発行，販売を行う国は，独禁法上，事業者である（⇨ （1-2））。過疎地域で福祉バスを低料金で運行する地方公共団体も事業者に当たる（低料金で運行する前に無償運行の期間があったが，これは有償運行の準備期間とされた。⇨ （1-3））。このように国や地方公共団体が自ら経済活動を行う場合には，営利追求を目的としていなくとも，独禁法上，その経済活動は「事業」と認められる。

公法人が自ら経済活動を行うことなく，事業者団体などに事務を委託する場合，公法人の事務が「事業」に当たるかどうかについては，公共事務としての狂犬病予防注射を市獣医師会に委託した自治体の業務も，対価を得て行われる限り事業であるとしたものがある（福岡地判平元.3.7審決集35巻129頁，福岡高判平2.8.29審決集36巻222頁）。もっとも （1-1） で示された「事業」者の定義によりつつ，狂犬病の集合注射を県獣医師会に委託し，指導・広報等の行政的措置をするにとどまる県は事業者には当たらないとしたものもある（広島高岡山支判平5.2.25審決集40巻805頁）。

（1-2）**お年玉付き年賀葉書事件**（大阪高判平6.10.14判時1548号63頁）

国の独占に属するものではない郵便葉書の発行・販売に関する限り，国も
その事業の主体として独禁法の事業者に該当し，私製の郵便葉書の製造・販
売を業とする事業者と競争関係に立つ。

（1-3）**町営福祉バス事件**（山口地下関支判平18.1.16審決集52巻918頁）

低料金でバスを運行する地方公共団体は，無償の期間が有償運行の準備期
間としてあったとしても事業者に当たる。

(2) 専門職業の提供するサービス

一定のサービスの供給と反対給付の受領という関係が反復継続する医師，弁
護士，会計士，建築士，弁理士，不動産鑑定士なども，独禁法上，事業者に該
当する（観音寺市三豊郡医師会事件＝東京高判平13.2.16審決集47巻545頁［百37]，
茨城県不動産鑑定士協会事件＝東京地八王子支判平13.9.6判タ1116号273頁，日本建
築家協会事件＝審判審決昭54.9.19審決集26巻25頁，三重県社会保険労務士会事件＝
勧告審決平16.7.12審決集51巻468頁［百40]）。これについては，今日ほとんど
異説をみない。

(3) 教育活動，公益活動，社会福祉活動，宗教活動等

営利追求を目的としない学校，公益法人，社会福祉法人，宗教法人等は，本
体業務として教育活動，公益活動，社会福祉活動，宗教活動などを行うほか，
付帯業務として収益事業を行うことができる場合がある。付帯的に収益事業と
して行った行為（例えば駐車場の経営）に関しては，これらの者は事業者である。

これらの者が行う本体業務も，（1-1）の判例の基準を満たせば，独禁法の適
用を否定されない。例えば，各種学校（学教134条1項）であるものを含む自動
車教習所につき，「自動車教習所業も一の事業であることは明らかであ」り，
学校法人が同意したとされる自動車教習所の近隣設置をしない旨の協定は2条
6項に該当し無効であるとした裁判例（名古屋高金沢支決昭53.7.11判時923号90
頁）がある。

国，地方公共団体および私立学校法による学校法人のみが設立できる学校
（学校教育法が定める幼稚園，小学校，中学校，高等学校，中等教育学校，特別支援学
校，大学，高等専門学校，専修学校および各種学校）の教育活動についても，これ
らの学校が入学金，授業料等を共同して決定することは，事業者の行為として

不当な取引制限の成否が問われることになる。

医療用食品の栄養成分値等の検査を対価を収受して行う財団法人も事業者に当たるし（日本医療食協会事件＝勧告審決平 8.5.8 審決集 43 巻 209 頁 **[百 14]** （2-8）），自己の供給する製品の販売価格を共同して決定する行為を行う財団法人も事業者である（化学及血清治療法研究所ほか 9 名事件＝勧告審決昭 50.10.27 審決集 22 巻 73 頁）。

宗教活動については，奈良公園と近接する社寺の境内での写真撮影を特定の業者に限定する旨の奈良県，東大寺，興福寺および春日大社による協定は，これらが「いずれも独占禁止法第 2 条にいわゆる事業者でないことが明らかである」から，独禁法に違反しないとした裁判例がある（大阪高判昭 33.7.18 下民 9 巻 7 号 1311 頁）。しかし，境内での写真撮影を特定の業者に限定することは宗教活動そのものではなく，境内での撮影を特定の業者に承認する対価として年間 3 万円を収受する社寺を事業者でないとしたこの判決には疑問がある。

(4) プロスポーツ選手，タレント

（1-1）の最高裁判決の示した「事業（者）」の定義は，問題となる者が使用従属関係におかれ他人の指揮命令下にあるのではなく，経済的に独立した主体であることを前提としている。その意味でプロスポーツ選手やタレントの事業者性は，場面や行為によって異なる。独立した主体として，選手やタレントが対価を受けて自己の肖像をカレンダーに使用させたり，テレビ・コマーシャルに出演する場合には，事業者であると考えられる。他方，同じ選手やタレントが他の選手やタレントとともに，労務・業務提供の対価の引上げを求めて試合や番組に出場，出演することを拒絶する場合，当該行為が事業者としての共同ボイコットなのか労働者のストライキなのかは，選手やタレントの現実の契約形態，内容が従属性を有するかどうか（指揮命令，支配従属関係の有無や程度）で判断すべきものと解され，通常は事業者の行為とはいえないと思われる。

(5) フリーランス

他人に雇用されることなく，自己の計算と危険において業務を行う者であるが，取引相手との関係において何らかの程度の従属性，拘束性を帯びる主体としての「フリーランス」が近年増大している。内閣官房・公取委・中小企業庁・厚労省の「フリーランスとして安心して働ける環境を整備するためのガイ

ドライン」（令3.3.26）は，「実店舗がなく，雇人もいない自営業主や一人社長であって，自身の経験や知識，スキルを活用して収入を得る者」をフリーランスと呼んでいる。また，「特定受託事業者に係る取引の適正化等に関する法律」（令5法25号，いわゆるフリーランス新法）は，物品の製造，情報成果物（プログラム等）の作成，役務の提供の業務を委託する相手方である事業者であって，従業員を使用しない個人または代表者以外に他の役員がなく，かつ従業員を使用しない法人を「特定受託事業者」（フリーランス）としている。

　こうしたフリーランスが独禁法上の「事業者」（3条，19条等は違反行為者としての「事業者」を想定しているが，2条5項や2条9項3号等の「他の事業者」（2条5項は，「問わず」の後の「他の事業者」）は被害者としての「事業者」を想定している）に当たるかは，フリーランスという範疇から一義的には答えられない問題である。ただし，前者の問題（フリーランスが違反行為者としての事業者に当たるか）については，フリーランスが労働法（労働組合法，労働基準法等）の適用を受ける正当な行為を行う場合には，独禁法上の「事業者」には当たらないといってよい。

　上記のフリーランスガイドラインも「発注事業者の指揮命令を受けて仕事に従事していると判断される場合など，現行法上『雇用』に該当する場合〔労働組合法上の労働者や労働基準法上の労働者に当たる場合〕には，労働関係法令が適用され」，労働関係法令で適法なものと認められている行為類型に当たる行為を行う場合（例えば，フリーランスが発注者と取引条件につき団体交渉をするために，労働組合法に基づく労働組合〔○○ユニオン〕を結成し，団体交渉を行い，労働協約を締結すること）は，「独占禁止法……上問題としない」とされている。要するに，フリーランスが労働組合法上の労働組合を結成して，発注者等と団体交渉を行っても，それが不当な取引制限（2条6項）などとして独禁法違反となることは，通常ないことになる。

　他方，後者の問題（フリーランスが2条5項，2条9項3号等に規定される被害者としての事業者に当たるか）は，個々のケースにおいて判断されることになるが，通常はこれを否定する理由は乏しいと考えられる。

(6) その他

　詐欺的営利活動を行う者も，その者の主観的目的が何であれ，顧客との間で

経済的利益の交換を行い，その経済活動が競争秩序に影響を及ぼす者である以上，独禁法および景品表示法の規制対象である「事業者」に該当する（豊田商事事件＝大阪高判平 10.1.29 審決集 44 巻 555 頁）。

③ 公法人，専門職業家等の行為と要件該当性

上のような主体が「事業者」に当たるとしても，その者の問題となる行為が独禁法所定の要件を満たさない限り，違反を構成するわけではない。その場合，特に公法人，医師・弁護士などの行為については，その意図・目的や顧客（消費者）との情報の非対称性・格差等を効果要件（ 序章 の【図表 0-1】を参照）の解釈において考慮することがあり得る（都営芝浦と畜場事件＝ 1-1 ）。

④ みなし事業者

事業者団体は事業者を構成員とする団体であるが，事業者団体に対する規制を免れるために役員，従業員，代理人等が構成員となり，あるいはそのような目的がなくとも，これらの者が自己が役員，従業員，代理人等である事業者のために団体の構成員となる場合がある。本項第 2 文は，このような場合に，当該団体にも第 3 章の事業者団体規制を及ぼすために，「事業者の利益のためにする行為を行う役員，従業員，代理人その他の者」を事業者とみなすこととしたものである（例えば，○○組合の組合員として，A 社の役員が加入していても，役員が A 社の利益のために加入していれば，役員を事業者とみなして，○○組合にも事業者団体の規制を及ぼす）。

第 2 条【定義—競争】④　この法律において「競争」とは，二以上の事業者がその通常の事業活動の範囲内において，かつ，当該事業活動の施設又は態様に重要な変更を加えることなく次に掲げる行為をし，又はすることができる状態をいう。
一　同一の需要者に同種又は類似の商品又は役務を供給すること
二　同一の供給者から同種又は類似の商品又は役務の供給を受けること

---

① 2 条 4 項の意義

本項は，独禁法上，競争には供給者（≒売手）間の競争と需要者（≒買手）間

の競争，**顕在的競争**と**潜在的競争**（近い将来に現実に行われる蓋然性のある競争）が含まれること，および二以上の事業者が競い合う関係（競争関係）にあるとされる範囲を明らかにしている。「同種又は類似の商品又は役務」には，情報，技術等，取引の対象となるものを含むが，ここでいう「競争」は法的に保護の対象たり得るものでなければならないから，麻薬など公序良俗に反する取引の対象はむろん含まれない。

② 本項の沿革

原始独禁法は，特に「競争」に関する定義規定を設けることなく，2 条 2 項で「この法律において競争又は競争者とは，潜在的な競争又は競争者を含むものとする」と規定するにすぎなかった。1949 年改正によって初めて「競争」の定義が設けられたが（旧 2 条 2 項），それは，**競争関係の有無**によって会社間の一定の企業結合が禁止されることになったこととの関連で（「自己と国内において競争関係にある国内の他の会社の株式又は社債」の保有を禁止する旧 10 条 2 項のほか，旧 11 条 1 項，旧 13 条等），競争関係の範囲を明確にする必要があったからである。しかし，1953 年改正の結果，企業結合の禁止を競争関係の有無に係らしめることはほとんどなくなったため，それ以後，このような必要性との関係では本項の意義は乏しいものになった。

③ 本項の限界

②でみた沿革とも関係して，本項については，それが定義しているものは「競争関係」にすぎず，「一定の取引分野における競争を実質的に制限すること（となる）」や「公正な競争を阻害するおそれ」にいう競争（市場全体の競争）が定義されておらず，これらを要件とする私的独占，不当な取引制限，不公正な取引方法，企業結合などの解釈に役立たないという批判が行われてきた。「市場全体の競争」という場合の「競争」とは，価格や生産量を自動的に調節する市場の機能（市場メカニズム，価格メカニズムといわれる）のことをいい，単なる競争関係とは異なる。例えば，10 社の売手と 10 社の買手からなるある商品の市場において，共に売手である A 社と B 社の間にも競争関係は成立するが，競争＝市場メカニズムは，売手である 10 社全体の間に（買手である 10 社間に

も）働くのであって，この２つの事柄は明らかに異なる。したがって，市場全体の競争については，本項を手がかりとしつつ，別に考えざるを得ない。

4　競争関係を定義することに意義がある場合

　ただし，競争関係を定義する本項には，次のような規定において規律の範囲を確定，明確化するという意義がある。①２条９項１号：競争者との共同の供給拒絶の定義，②13条２項：不公正な取引方法による自己と競争関係にある会社の役員兼任の禁止，③一般指定１項：競争関係にある他の事業者と共同して行う受入拒絶の定義，④一般指定14項：自己等と競争関係にある他の事業者の取引を不当に妨害することの定義，⑤一般指定15項：自己等と競争関係にある会社の内部干渉の定義，⑥一般指定８項：優良・有利誤認により競争者の顧客を不当に誘引するぎまん的顧客誘引の定義，⑦一般指定９項：不当な利益をもって競争者の顧客を不当に誘引する不当な利益による顧客誘引の定義，⑧一般指定11項：競争者と取引しないことを条件として相手方と取引する排他条件付取引の定義（一般指定については 第5章第1節 **2** 「不公正な取引方法の定義」を参照）。

　以下の条項は，本書の次の章を参照。

第２条　②【定義—事業者団体】　⇨　 第3章
第２条　③【定義—役員】　⇨　 第4章
第２条　⑤【定義—私的独占】　⇨　 第2章
第２条　⑥【定義—不当な取引制限】　⇨　 第2章
第２条　⑦【定義—独占的状態】　⇨　省略
第２条　⑧【定義—独占的状態】　⇨　省略
第２条　⑨【定義—不公正な取引方法】　⇨　 第5章

第2章

私的独占の禁止・
不当な取引制限の禁止

> **第3条【私的独占・不当な取引制限の禁止】** 事業者は，私的独占又は不当な取引制限をしてはならない。

　本条は，私的独占（2条5項）および不当な取引制限（2条6項）を禁止する規定である。私的独占と不当な取引制限は，独禁法の規制する主要な対象行為であり，不公正な取引方法，企業結合の規制を加えて四本柱と呼ばれている。

　本条の違反行為に対するサンクション等として，公正取引委員会による排除措置命令（7条），課徴金（7条の2），および，刑事罰（89条）があるほか，民事救済については，排除措置命令確定後の損害賠償請求に係る無過失損害賠償責任（25条，26条）および不法行為責任（民709条）がある（⇨ **第7章** を参照）。

第1節　私的独占の禁止

> **第2条【定義―私的独占】⑤** 　この法律において「私的独占」とは，事業者が，単独に，又は他の事業者と結合し，若しくは通謀し，その他いかなる方法をもってするかを問わず，他の事業者の事業活動を排除し，又は支配することにより，公共の利益に反して，一定の取引分野における競争を実質的に制限することをいう。

1 本項の趣旨

　私的独占とは，事業者が他の事業者の事業活動を排除または支配するという手段を通じて，一定の取引分野における競争を実質的に制限すること（＝市場支配力を形成，維持，強化すること）をいい，3条前段により禁止されている。

　私的独占規制を理解するにあたっては，まずはじめに，次の点を押さえておきたい。ある事業者が市場を独占することそれ自体や，独占的な事業者が自己の商品に対して高価格をつけることが禁止されるわけではない。あくまでも，事業者が不当な手段等を用いて市場支配力を形成，維持，強化するような行為が規制対象となる。市場の独占的状態それ自体が問題視される場合には，別途，競争回復措置についての規定が置かれている（8条の4）。

　私的独占の違反要件は，大別すると，行為要件と効果要件から成り立っている。このうち，「一定の取引分野」（＝市場）における「競争の実質的制限」と

いう効果要件は，不当な取引制限や企業結合規制とも共通するものであり，市場における反競争効果の発生を要件化したものである。これに対して，行為要件として規定される「排除」・「支配」概念は，事業者の広範な活動を包含し，かつ，競争への影響と密接に結びついているため，その判断においては，対象行為が競争の実質的制限につながるかどうかという観点から規範的に評価を行う必要がある。これは，行為要件と効果要件とを明確に区別することが実際上困難であることを意味し，たとえ外形上は同一の行為の場合であっても，一方は正常な競争手段の範囲にとどまり，他方は反競争効果を生じさせる不当な競争手段と評価されることがあり得る。この点，ＮＴＴ東日本事件最高裁判決（＝ 2-6 ）が，対象行為の排除行為該当性について，「自らの市場支配力の形成，維持ないし強化という観点からみて正常な競争手段の範囲を逸脱するような人為性を有するものであり，競業者の……市場への参入を著しく困難にするなどの効果を持つものといえるか否かによって決すべきものである」と述べているのも同様の趣旨と理解される。以下，「排除」，「支配」による私的独占をそれぞれ「排除型私的独占」，「支配型私的独占」と呼ぶこととする。

2 「事業者が，単独に，又は他の事業者と結合し，若しくは通謀し，その他いかなる方法をもってするかを問わず」

違反行為の主体は，「事業者」であれば足り（⇨ **第1章** 2条1項参照），違反行為者が既に市場支配力を有していることは要件ではない。もっとも実際上は，ある市場において市場支配力を既に有する事業者が，不当な手段を用いて，その支配的地位を維持・強化する場合や，その地位を利用して別の市場で新たに市場支配力を形成する場合がほとんどである。何らの市場支配的な地位ももたない事業者が，新たに市場支配力を形成するような場合は稀であろう。公取委が公表している排除型私的独占についての**運用指針（排除型私的独占ガイドライン）**も同様の考え方に立ち，排除型私的独占において，行為開始後の行為者のシェアがおおむね2分の1を超えるものについて，優先的に審査を行う方針であるとしている。

また法文からも分かるとおり，違反行為は，単独の事業者によって行われる場合のほかに，複数の事業者によって行われる場合も想定されている（ぱちん

こ機製造特許プール事件＝（2-7））。また，複数の事業者による「結合」，「通謀」等には，株式取得や役員兼任等の企業組織上の手段を通じた強固な結びつきから，事業者間の「意思の連絡」という緩やかな結びつきまで，さまざまな方法が含まれる。このように，私的独占規制の対象行為は，同時に，企業結合規制や不当な取引制限の違反要件を充足する場合がある。

3 不公正な取引方法との関係

「排除」・「支配」概念に係る具体的な行為類型を想定する際に有力な手がかりを提供するのが，不公正な取引方法において定型化された各行為類型である。不公正な取引方法と評価されるような不当な競争手段は，反競争効果を生じ得る排除ないし支配行為として従来問題視されてきたものを類型化したものであり，私的独占の「排除」・「支配」とも評価できる場合が多い。また，不公正な取引方法の方が効果要件（＝公正競争阻害性）の立証ハードルが低いため，違反行為の差止め（排除措置）を中心とした従来の公取委による法執行においては，私的独占規制に代わって不公正な取引方法による法執行が実施されてきたという事情が認められる。課徴金がいずれにも課されない時代においては，より容易に違反要件の立証ができる不公正な取引方法の認定によって違反行為の差止めができるのならば，わざわざ私的独占を持ち出す必要はなかったからである。

排除型私的独占ガイドラインも，排除行為の典型例として，低価格（原価割れ）販売，排他的取引，抱き合わせ，取引拒絶・差別的取扱いの4類型を提示して，それぞれの類型ごとに，排除行為に該当するか否かを判断する際の分析の枠組みと判断要素について記載している。これら4類型はいずれも不公正な取引方法の典型例であり，個別の行為類型に係るガイドラインの具体的記述は，不公正な取引方法においてこれまで行われてきた議論をおおむね踏襲したものである（⇨ 第5章 参照）。

もっとも，「排除」・「支配」概念には，不公正な取引方法ではとらえがたい不定形な行為態様も含まれること，また，私的独占違反には刑事罰や課徴金がサンクションとして課せられることを考え合わせると，今日において，私的独占規制の独自の意義は決して小さくない。

4 「排除」

(1) 「排除」の不当性の識別基準

「排除」とは，他の事業者が事業活動を継続することを困難にさせたり，新規参入を困難にさせたりすることを意味する。

ここで注意を要するのは，正常な競争プロセスにおいても，常に，競争者の排除を伴うという点である。つまり，効率的な事業者が，消費者にとって魅力ある商品を低廉な価格で提供するならば，他の事業者の事業活動の継続は困難になるだろうし，新規参入も困難になる。しかし，このような行為は，独禁法上非難されるべき不当な排除行為とはいえず，もちろん，適法である。

したがって，「排除」要件の認定においては，正常な競争手段としての競争者排除から，不当な排除行為と評価すべき行為を識別するための基準が求められることになる。従来の学説上の議論では，「人為的な反競争的行為」ないし「人為的な排除」，「非難に値する手段」等，排除概念について何らかの限定を画する努力が行われてきたが，争訟手続のような法的実践に耐える基準の設定という観点からは，この「人為性」ないし「非難性」の個別具体的な明確化が求められる（前掲NTT東日本事件＝ 2-6 ，日本音楽著作権協会（JASRAC）事件＝ 2-5 ）。

この点，現在もっとも有力な見解は，「**効率性によらない排除**」という考え方を起点として，不当な排除を，①競争者費用引上げ行為，および，②略奪的行為という2つのタイプに分類して理論的な説明を試みるものである。ここで「効率性」とは，良質・廉価な商品を提供する事業者の能力のことであり，「効率性によらない排除」とは，良質・廉価な商品の提供を通じた競争（＝能率競争）とは評価できない手段を用いて，競争者の事業活動を困難にする行為である。もっとも，両者はあくまでも対象行為の反競争的な不当性の性質を明らかにするための理論的な説明手法であり，ある特定の行為について，どちらか一方または双方を用いることによって，不当な人為性を理論的に識別できるというだけのことであって，それ自体として具体的な違法性判断基準を提供するものではない。

① 競争者費用引上げ行為の着眼点

競争者費用引上げ行為は，競争相手の競争能力や効率性を低下させることを目的とした戦略である。例えば，事業者が，ある製品の原材料の供給者（群）との間で，自己とだけ取引することを義務づける契約を結び，あるいは，顧客（群）との間で，仕入れの全量を自己から購入することを義務づける契約を結ぶ場合（排他的取引），競争者は，原材料や顧客へのアクセスが困難になる。また，事業活動に必要な融資の提供を行う条件として商品を購入させると（抱き合わせ販売），競争者は，競合する商品の供給先を見いだすのが困難になる。

ただし，行為者の正常な事業活動の単なる反映として競争者の費用が上昇する場合には問題とならない。例えば，ある事業者が，自己の生産活動のために必要な原材料等の投入要素をあらかじめ確保する行為は，当該事業者の市場シェアが大きければ他の競争者への影響も大きいが，それ自体は非難すべきでない。これに対して，競争者を困らせる目的で，自己の使用する範囲を超えて原材料等の買占めを行う場合には，競争者費用引上げ戦略として問題視されることになる。

② 略奪的行為の着眼点

略奪的行為では，市場支配力の形成・維持・強化によって利益を得ることがない限り，行為者にとって経済的に意味をなさないという行為の性質に着目する。言い換えると，他の競争者または新規参入者からの競争的抑制を緩和・除去して市場支配力を形成・維持・強化する以外に行為者の利益とならず，よって合理的行動と評価できないような行為である。

したがって，価格引下げや設備投資など，一見すると正常な競争的行動に見える行為であっても，短期的利益を犠牲にして，将来の独占的利潤の獲得を目指すものと評価される場合には，不当な略奪的行為として問題視されることになる。なお，低価格販売などの価格を手段とした略奪的行為についてこの基準を当てはめると，理論的には，後述の低価格販売行為に係る「商品を供給しなければ発生しない費用」基準とは異なり，将来あり得る独占利潤分を除外した機会費用がベンチマークになるはずである。しかしながら，実際の法運用として，機会費用を認定するのには大きな困難が伴うため，判断過誤による過剰規制リスクはもとより，正常な価格競争に対する萎縮効果等のリスクも勘案して，

法的基準としては，自己の費用を下回る低価格販売に限って，不当な人為性を認めるとする考え方がとられている（⇨ 第5章第2節第2款 1 参照）。

(2) 主観的証拠の活用

一見すると正常な競争的行動について，市場支配力の形成・維持・強化の観点から規範的な評価を行うにあたっては，需要予測等の将来的な市場状況の予測や行為者の個別の事業判断に関する性質評価が必要となり，不当性または人為性を客観的に認定するのは必ずしも容易でない。そうした場合には，排除の意図を示す主観的証拠も，排除行為を推認するための参考資料として一定の価値をもつこともあるが，一般的には，主観的証拠を要件立証の決め手とすべきではない。なお，排除型私的独占ガイドラインにおいては，「主観的要素としての排除する意図は，問題となる行為が排除行為であることを推認させる重要な事実となり得る」との記述がある（同ガイドライン第2の1(1)）。

(3) より具体的な判断基準

では次に，排除型私的独占ガイドラインが例示する4つの行為類型を中心に，どのような判断基準によって排除行為が認定されるかについて，より具体的に考えていこう。

先に述べたとおり，排他条件付取引や抱き合わせ販売など，典型的な排除行為の不当性は，不公正な取引方法の各行為類型における不当性と同じ性質のものである。両者の違いは，市場に対する弊害の大きさの差であり，私的独占の場合は競争の実質的制限が，不公正な取引方法の場合は公正競争阻害性が，効果要件として各々規定されている。したがって，不公正な取引方法にも該当し得る典型的な行為類型を学習する際には，効果要件の違いに配慮しつつ，両者を相互に参照することが望ましい。

① 低価格販売

一般に，企業努力による価格引下げ競争は，独禁法が維持・促進しようとする能率競争の中核をなすものであるから，低価格販売に対する規制の介入は最小限にとどめられるべきであり，当該規制による萎縮効果や過剰規制リスクを極力回避できるよう十分に謙抑的な違法性判断基準が求められるといえる。

公取委は，このような考慮を踏まえ，排除型私的独占ガイドラインおよび不当廉売ガイドライン（最終改正平29.6.16）を公表して，低価格販売に係る違法

性判断基準の明確化を図っている。これらガイドラインは，事業者が採算を度外視した低価格によって顧客を獲得しようとする場合，自らと同等またはそれ以上に効率的な競争者が排除されるおそれが生じるため，規制の必要があると述べる。

より具体的な違法性判断基準として，排除型私的独占ガイドラインは，「商品を供給しなければ発生しない費用」基準を設定し，これを下回る対価を設定すれば，その商品の供給が増大するにつれ損失が拡大するため，特段の事情がない限り，経済合理性がないとの考え方を示している。そして，このような対価設定は，企業努力または正常な競争過程を反映せず，自らと同等またはそれ以上に効率的な競争者の事業活動を困難にさせる場合があると述べる。同様の考え方は，差別対価に関する判決例でもとられたことがあり（LP ガス——ニチガス事件＝東京高判平 17.5.31 審決集 52 巻 818 頁 [**百 56 ②**] (5-15)），不当廉売ガイドラインも法 2 条 9 項 3 号に係る「供給に要する費用を著しく下回る対価」について同様の解釈を示す。

どのような費用が「商品を供給しなければ発生しない費用」であるかについて，排除型私的独占ガイドラインや不当廉売ガイドラインは，実情に即して合理的と考えられる期間において，商品の供給量の変化に応じて増減する費用であるか否か，商品の供給と密接な関連性を有する費用項目であるか否かという観点から判断すると述べる。また，経済合理性があるか否かについては，概念的には，設定された対価が平均回避可能費用（行為者が商品の追加供給をやめた場合に生じなくなる商品固有の固定費用および可変費用を合算した費用を追加供給量で除した，商品一単位あたりの費用）を回収できるか否かにより判断されるが，実務上は，「商品を供給しなければ発生しない費用」基準を用いるものとする。

また，総販売原価（仕入原価または製造原価に販売費および一般管理費を加えたもの）を上回る対価水準については，上記の過剰規制リスクおよび事業者への萎縮効果に配慮し，独禁法規制の対象としない合法領域とみなされる点においても，学説・ガイドラインはおおむね一致する。

問題となるのは，商品の供給に要する費用（＝総販売原価）を下回り，かつ，「商品を供給しなければ発生しない費用」以上の対価水準である。排除型私的独占ガイドラインは，対象商品の廉売が長期間かつ大量に行われている等の特

段の事情が認められない限り，排除行為となる可能性は低いと述べるのに対して，不当廉売ガイドラインでは，対象商品の特性，行為者の意図・目的，廉売の効果，市場全体の状況等から判断すると述べる。アメリカでは，このような価格帯については合法推定すべきとする見解も有力であるが，主観的証拠や行為態様等の追加的な要素を総合考慮し，個別に不当性を判断する余地を残すべきである。というのは，長期的には，設備投資費用を含め，すべての費用は可変的な性質をもつところ，平均総費用を下回る価格水準であっても，行為の態様次第では，固定費用の負担を伴う新規参入の阻害や，競争者の設備投資等に係る判断への悪影響等，行為者と同等またはそれ以上に効率的な事業者が排除される場合があるからである。また，自らと同等またはそれ以上に効率的な事業者の事業活動を困難にさせる場合かどうかを判断する要素として，排除型私的独占ガイドラインは，(i)商品に係る市場全体の状況（商品の特性，規模の経済，商品差別化の程度，流通経路，市場の動向，参入の困難性等），(ii)行為者および競争者の市場における地位（行為者および競争者の商品のシェア，順位，ブランド力，供給余力，事業規模，全事業に占める商品の割合等），(iii)行為の期間および商品の取引額・数量，(iv)行為の態様（行為者の意図・目的，広告宣伝の状況等）が考慮されるとする（同ガイドライン第2の2(2)ア～エ）。

　行為要件の詳細については，■第5章第2節第2款■■1■の「不当廉売」の項を参照。

> **(2-1) 有線ブロードネットワークス事件**（勧告審決平 16.10.13 審決集 51 巻 518 頁 [百 11]）　　有線電気通信設備を利用した業務用の音楽配信サービスの取引分野で 68％のシェアを占める有線ブロードネットワークス，および，当該サービスの提供に係る営業，受信契約の取次ぎ等の事業を行う日本ネットワークヴィジョンが，競争者 A の音楽放送事業の運営を困難にし，同事業を買収・統合する企図の下に，A の顧客に限って低い料金または長期の無料期間を提示したことは，通謀して A の音楽放送に係る事業活動を排除することに当たる。

　本件では，対価が「商品を供給しなければ発生しない費用」ないし「商品の供給に要する費用」（＝総販売原価）を下回っていたという事実認定はない。排除型私的独占ガイドラインでは，競争者と競合する販売地域または顧客に限定

して行う価格設定行為が排除行為とされた例として紹介されるが，上述のとおり，企業努力による価格引下げ競争は能率競争の中核をなすものであり，低価格販売に対する規制的介入は謙抑的であるべきという原則を踏まえると，割引価格が原価割れ水準に至らない場合も私的独占に係る排除とすることには批判もあり得よう。この点，本件審決が，有線ブロードネットワークスのどのような行為態様を捉えて排除の不当性を認定したのか，必ずしも明らかでないが，本件審決確定後に，Aによる損害賠償請求訴訟が提起されており，従業員の大量引抜き等の複数の行為の組み合わせによる有線ブロードネットワークスの排除戦略がより明確になった（USEN損害賠償請求事件＝東京地判平20.12.10審決集55巻1029頁）。

② **排他的取引**

事業者が，相手方に対し，自己の競争者との取引を禁止または制限することを取引条件としても，それ自体で直ちに問題となるものではないが，これによって競争者の事業活動を困難にさせ，市場競争に悪影響を及ぼす場合には，排除行為と評価される。

例えば，ある商品を製造販売するために必要不可欠な原材料を独占的に供給してきた事業者が，取引先事業者（原材料の需要者）に対して，自社から全量購入する義務を課す契約を締結させる行為は，競争関係にある他の供給者を原材料の取引市場から排除する効果をもつ（エム・ディ・エス・ノーディオン事件＝ 2-2 ）。また，行為者が原材料の需要者として，取引先事業者（原材料の供給者）に対して自己とのみ取引させる場合も同様で，競争相手である他の需要者の原材料の調達を困難にする効果をもつ（雪印乳業・農林中金事件＝ 2-3 ）。このような市場競争への悪影響を「**市場閉鎖効果**」と呼ぶが，排除型私的独占ガイドラインでは，このような行為を「排他的取引」と類型化し，「競争者が当該相手方に代わり得る取引先を容易に見いだすことができない場合」に，競争への悪影響を認め，排除行為に該当すると述べる。他の取引先を容易に見いだせない程度まで市場が閉鎖されるためには，排他的取引の対象となる取引は市場の相当部分に及ぶ必要があり，実際上は市場シェアの相当高い事業者のみが排他的取引に係る排除行為を行い得る。流通・取引慣行ガイドラインによる市場閉鎖効果についてのより詳細な説明および複数事業者の並行行為による累積

的効果（同ガイドライン第1部の3(2)ア）については，第5章第2節第4款 3 の 用語解説2 を参照すること。

市場閉鎖効果が生じる限り，競争者との取引は全面的に禁止される必要はなく，部分的な禁止（すなわち，競争者との取引に制限が課される場合）であってもよい。また，自己とのみ取引すること（または自己の競争者と取引しないこと）を明示的な契約内容とする必要もなく，競争者との取引の禁止が実質的に取引の条件となる等，競争者の排除が実効的に担保されていることで足りる。例えば，自己との取引について一定の取引数量の達成を条件とする際に，当該取引数量を取引先の取扱い能力の限度に近い水準に設定する場合には，競争者と取引しないことを実質的な取引条件としているとみることができる。また，排他的取引の条件に従わない取引先に対して，当該取引先が事業活動を継続する上で必須の投入要素の供給を停止する場合には，取引拒絶行為を通じて排他的取引の実効性が確保されている（東洋製罐事件＝勧告審決昭47.9.18審決集19巻87頁［百16]，ニプロ事件＝審判審決平18.6.5審決集53巻195頁）。また，このような行為は，必須の投入要素である商品の供給に併せて，排他的取引の対象となる商品を購入させる**抱き合わせ販売**という法律構成も可能である。このように，後述する抱き合わせ販売についても，従たる商品の市場において競争者が他に代わり得る取引先を容易に見いだすことができるか否かを「排除」該当性の判断基準とすべきことになる（排除型私的独占ガイドライン第2の4(2)）。実質的に同一の行為が，法律構成次第で，違法になったり合法になったりしては困るからである。

2-2 **エム・ディ・エス・ノーディオン事件**（勧告審決平10.9.3審決集45巻148頁［百88]）　カナダ・オンタリオ州所在のノーディオン社は，わが国の取引先2社に対して，放射性医薬品の原材料であるモリブデン99（以下，「M99」という）を10年間の長期にわたって全量購入する義務を課す契約を締結させた。これにより，他のM99の製造販売業者の事業活動が排除された。

日本国内でM99を購入する事業者は上記2社のみであり，わが国のM99の取引分野において本件全量購入契約による市場閉鎖の割合は100％である。また世界におけるノーディオン社の地位は，M99の生産数量の過半，販売数量の大部分を占めていた。したがって，わが国の取引先2社は，全量購入義務を

課されることは望まないものの，必要数量を確保するためには，ノーディオン社との取引関係を継続する必要性があったものと推測される。本件は典型的な競争者費用引上げ行為であり，他の M99 の製造販売業者は，全量購入契約の解約に係る違約金等を補塡するとともに，取引先の求めに応じて必要数量を全量供給するのでなければ参入することができないという形で参入コストが増大し，新規参入が阻害された。

> (2-3) **雪印乳業・農林中金事件**（審判審決昭 31.7.28 審決集 8 巻 12 頁 [百 9] = (5-13)）　雪印乳業と北海道バターは，北海道地域の集乳量の約 80% を占める。両社は，共同して，酪農家に乳牛の導入資金を提供する道内唯一の金融機関の農林中央金庫（農林中金）と酪農家のために融資保証を行う北海道信用農業協同組合連合会（北信連）の了解の下に，専ら両社にだけ生乳を供給する酪農家に対してのみ乳牛導入資金を提供するとの計画を実施した。また，農林中金と北信連は，この計画に沿った形で，融資の条件として両社に生乳を供給するよう酪農家を拘束し，他の乳業者と取引する単位農協や組合員には融資を拒絶するとともに，他の営農資金の融通についての不利な取扱いを示唆した。これら行為の結果，他の乳業者の集乳活動が排除された。

　本件排他的取引による市場閉鎖の割合についての認定はないが，集乳量の支配的シェア約 80% に係る取引の大半について排他的取引が行われていたものと推測される。酪農家にとって，乳牛導入資金は事業活動上の重要な投入要素であり，営農資金まで含めると必須の投入要素であるといって差し支えない。資金供給は，排他的取引の実効性を確保するための手段として有効に機能した。

　他方，両金融機関の行為は，不公正な取引方法（不当な取引拒絶および拘束条件付取引）に該当するとされた（雪印乳業・農林中金事件＝審判審決昭 31.7.28 審決集 8 巻 12 頁 [百 9] (5-13)）。ここでは市場支配力を形成・維持・強化した事業者とは異なる事業者（両金融機関）が，排他的取引の実効性を確保する役割を果たしているが，これら事業者が共同して違反行為を行うことは，雪印乳業と北海道バターが私的独占の要件を充足することの妨げとならない。本件と同様に，金融機関が取引先に対する優位性を利用して，自己と関係する事業者の競争者を排除した事例として，埼玉銀行・丸佐生糸事件（同意審決昭 25.7.13 審決

集2巻74頁）がある。

　また，リベート供与は，販売促進や仕切価格の修正などさまざまな目的のために活用される実質的な値引き販売であり，価格競争を通じた競争促進的な効果もあるため，リベート供与自体が直ちに排除行為になるものではない。しかし，自己の商品を取り扱う割合等を条件として供与されるリベート（占有率リベート）においてリベートを供与する基準が著しく高く設定される場合，取引数量等に応じて累進的に供与水準が設定されるリベート（累進リベート）において累進度が高い場合，あるいは，取引数量等がリベートを供与する基準を超えるとそれまでの取引数量等の全体について供与されるリベート（遡及リベート）の場合などには，競合品の取扱いを制限する効果が高くなり，実質的に排他的取引と同様の競争排除効果をもつと評価されることがある。このようなリベートは**排他的リベート**と呼ばれる（排除型私的独占ガイドライン第2の3(3)）。

> 2-4　**インテル事件**（勧告審決平17.4.13審決集52巻341頁［**百12**]）
>
> 　インテル社は，パソコン向けCPUの製造販売分野において支配的なシェア（約89%）を占め，強いブランド力を持つ。インテル社が，顧客であるパソコン製造販売業者5社（合計でパソコンの国内総販売数量の約77%）に対し，パソコンに搭載する同社製CPUの比率を90%ないし100%とし，競合品を採用しないこと等を条件としてリベートを供与すると約束し，競争者のシェアを大幅に減少させたことは排除に当たる。

　本件行為には，値引き販売を通じてシェアを拡大したという側面もあり，競争者は価格競争を通じて対抗すべきだったとの考え方も成り立つ。このような考え方に拠るならば，リベートを勘案した実質的対価が総販売原価を上回る限り，問題視すべきでないことになる。

　これは排除行為の認定において，競争者費用引上げ効果の側面を強調すべきかどうかによって評価が分かれる難問であるが，相手方を拘束する手段としての値引きの場合にまで，価格競争に対する配慮は必要ないとも考えられる。また本件行為では，インテル社の高いブランド力と支配的シェアに由来して，インテル社から購入することが必要な数量（マストストック）がある中で，遡及リベートが供与されたため，マストストックを除外した競争領域において，実質的には，同等に効率的な競争者が対抗し得ないような水準の値引きが行われ，

高い競争者排除効果が認められた事例でもある。

> （2-5）**日本音楽著作権協会（JASRAC）事件**（最判平 27.4.28 民集 69 巻 3 号 518 頁 [**百 8**]）　音楽著作物の放送等利用に係る管理楽曲の利用許諾分野においてほぼ唯一の管理事業者であり，ほとんどすべての放送事業者との間で管理楽曲の利用許諾契約を締結する日本音楽著作権協会（JASRAC）が，その管理楽曲の利用の有無や回数と無関係に，各放送事業者の事業収入等に一定率を乗ずる等の方法で管理楽曲の放送使用料を包括的に徴収する（包括徴収方式）一方で，個別徴収に係る単位使用料を著しく高額に定めることにより，放送事業者が他の管理事業者（競争者）の管理楽曲の利用に伴う利用料の追加的負担を避けるため，競争者の管理楽曲の利用を抑制するものであり，排除効果を有する。

本件は，当初，JASRAC の包括徴収方式による利用許諾契約に対して排除型私的独占に係る排除措置命令（平 21.2.27 審決集 55 巻 712 頁）が出されたものの，審判審決によって，その排除効果が否定され，当該排除措置命令が取り消された。上記は，これを受けて，競争者である他の管理事業者が提起した審決取消訴訟に係る判決である。

この審決取消訴訟では，排除措置命令の名宛人以外の競争者に審決取消訴訟の原告適格を認めるべきかという論点も争われているが（**第 9 章第 3 節第 1 款** を参照），東京高裁は，原告適格を認めた上で排除効果を認定し，審決を取り消した（東京高判平 25.11.1 審決集 60 巻(2) 22 頁 [**百 111**]）。これに対して公取委は上告受理申立てを行ったが，最高裁は，本件行為による排除効果を認めるとともに，本件行為が「正常な競争手段の範囲を逸脱するような人為性を有するもの」であると判示し，上告を棄却した。その後，JASRAC は審判請求を取り下げ，排除措置命令が確定した。

排除効果については，音楽著作物管理事業ではその性質上高度な市場支配力が成立するという実態を踏まえ，競争の余地がある領域における競争者の事業活動を困難化するような包括徴収契約および個別徴収に係る単位使用料の設定は，顧客の他者への乗り換え費用を人為的に高める効果を持ち，全量購入契約（排他的取引）と類似の反競争効果が生じ得る。

③ 抱き合わせ

抱き合わせとは，「ある商品（主たる商品）の供給に併せて他の商品（従たる商品）を購入させる」行為であり，排除型私的独占ガイドラインでは，従たる商品の市場における市場閉鎖効果による市場競争への悪影響が問題視される（同ガイドライン第2の4）。ただし，抱き合わせに対する法規制においては，排除型私的独占の適用事例は存在せず，専ら不公正な取引方法が適用されてきた。抱き合わせの行為要件および参考事例については，第5章第2節第3款 **3** を参照。

抱き合わせの排除行為該当性は，排他的取引と同様に，従たる商品の市場における，競争者がほかに代わり得る取引先を容易に見いだすことができない程度の市場閉鎖効果の有無によって判断される（排除型私的独占ガイドライン第2の4(2)）。

なお，抱き合わせは，主たる商品についての取引拒絶と考えることができる場合も多く，参考事例については，次項（④取引拒絶・差別的取扱い）も参照してもらいたい。

④ 取引拒絶・差別的取扱い

誰とどのような条件で取引するかは基本的に事業者の自由であり，事業者が独立した事業主体として，取引先の選択および取引条件の決定を行うことは原則として排除行為には当たらない。しかしながら，例えば，供給先事業者がある市場で事業活動を行うために必要な投入要素となる商品を供給する市場（川上市場。対して先の市場を川下市場という）において，事業者が，合理的な範囲を超えて，供給の拒絶または数量・内容を制限したり，差別的な取扱いをしたりすることにより，川上市場においてその事業者に代わり得る他の供給者を容易に見いだすことができなくなる場合には，川下市場における競争に悪影響を及ぼし，例外的に排除行為と評価されることがある。

事業活動を行うために必要か否かについては，当該商品が他の商品では代替できない必須の商品であって，自ら投資，技術開発等を行うことにより同種の商品を新たに製造することが現実的に困難と認められるものであるかどうかの観点から判断される（排除型私的独占ガイドライン第2の5(1)）。

合理的な範囲を超えているか否かについては，取引の内容および実績，地域

による需給関係等の相違が具体的に考慮され，例えば，特定の相手方に対してのみ，価格等の取引条件に不合理な差別がある場合には，合理的な範囲を超えていると認められる（排除型私的独占ガイドライン第2の5(1)）。

このように，事業者が単独で行う取引拒絶・差別的取扱いについては，自由な事業活動が公権力の規制的介入によって妨げられることがないよう，排除行為該当性が特に慎重に判断される必要があるといえる。他方，取引拒絶等が複数の事業者によって行われる場合には，正当化が認められる余地は小さく，また，不当な取引制限行為（共同の取引拒絶）にも該当することになる。

> （2-6）**NTT東日本事件**（最判平22.12.17民集64巻8号2067頁［百7］）
>
> 　光ファイバ通信サービスを提供するためには加入者光ファイバ設備に接続する必要があるところ，東日本地区において，加入者光ファイバの保有量，戸建て住宅向け光ファイバ通信サービスともに極めて大きなシェアを占めるNTT東日本が，自ら光ファイバ通信サービスを提供するにあたり，競争者が支払う接続料金を下回るユーザー料金を設定したため，競争者がこれに対抗しようとすると逆ザヤ（買値より売値が安くなること）による大幅な赤字の負担を強いられ，戸建て住宅向け光ファイバ通信サービス事業に参入することが事実上著しく困難となったことは排除に当たる。
>
> （2-7）**ぱちんこ機製造特許プール事件**（勧告審決平9.8.6審決集44巻238頁［百10］＝（6-4））　ぱちんこ機製造メーカー10社は，その保有するぱちんこ関連の特許・実用新案権の実施許諾事務などの管理運営業務を，各社が株式の過半数を所有し取締役の相当数を占める日本遊技機特許運営連盟（日特連）に委託していた。10社および日特連は，共同して，参入を排除する方針の下に日特連が所有または管理運営する必須特許権の実施許諾を拒絶することにより，ぱちんこ機を製造しようとする新規参入者の事業活動を排除した。

⑤　その他

4つの定型化された行為類型ではうまく捕捉できない排除の例として，政府規制を利用した排除行為がある。例えば，日本医療食協会事件（＝（2-8））は，保険医療上の加算制度の対象となる医療用食品の唯一の検査・登録機関として国の指定を受けた財団法人が，その特権的な地位を不当に利用して，医療用食品の製造・販売業者の事業活動を排除した事例であり，パラマウントベッド事件（＝（2-9））は，公的機関が発注する医療用ベッドのほとんどすべてを製造販売

するパラマウントベッド社が，東京都発注の医療用ベッドの指名競争入札において，自社製品のみが適合する仕様書の作成を不当に働きかけるなどして，他の医療用ベッド製造業者の事業活動を排除した事例である。

また，複数の行為が，一連の，かつ，一体的な排除行為と評価された事例もある（北海道新聞社事件＝ 2-10 ）。

(2-8) **日本医療食協会事件**（勧告審決平 8.5.8 審決集 43 巻 209 頁 [**百 14**]）

医療用食品の公的な検査業務を独占的に行っていた財団法人日本医療食協会が，医療用食品の一次卸販売分野のほとんどを占める日清医療食品と通謀し，医療用食品の登録制度，製造工場認定制度および販売業者認定制度を実施することによって，登録品目数，認定製造業者数および認定販売業者数を制限し，医療用食品を製造または販売しようとする事業者の事業活動を排除した。

また，医療用食品製造業者の販売先ならびに二次卸売業者の仕入先，販売先，販売価格，販売地域および販売活動を制限し，これら事業者の事業活動を支配した。

(2-9) **パラマウントベッド事件**（勧告審決平 10.3.31 審決集 44 巻 362 頁 [**百 15**]）

国・地方公共団体が発注する病院向け医療用ベッドのほとんどすべてを製造販売するパラマウントベッド社は，東京都発注の医療用ベッドの指名競争入札等にあたり，入札担当者に対して，自社が実用新案権をもつことを伏せて，その実用新案を含む構造の仕様を仕様書に盛り込む等の不当な働きかけを行い，同社の医療用ベッドのみが適合する仕様書入札を実現し，他の医療用ベッド製造業者の事業活動を排除した。

また，落札予定者および落札予定価格を自ら決定するとともに，その決定どおりに落札できるようにするため，入札に参加する販売業者に，あらかじめ指示した入札価格で入札させることにより，これら販売業者の事業活動を支配した。

(2-10) **北海道新聞社事件**（同意審決平 12.2.28 審決集 46 巻 144 頁）

函館地区の新聞発行部数の大部分を占める北海道新聞社が，函館新聞社の新規参入を妨害するため，①函館新聞社が使用すると目される複数の新聞題字の商標登録の出願，②通信社に対する，函館新聞社からのニュース配信要請に応じないことの要請，③函館新聞社の広告集稿先への大幅な割引広告料金等の設定，④テレビ局に対する，函館新聞社のテレビコマーシャル放映の

申込みに応じないことの要請といった一連の行為を実施したことは排除に当たる。

5 「支配」

　「支配」とは，他の事業者の事業活動における自由な意思決定を制約または拘束することによって，その事業活動を自己の意思に従わせることを意味する（野田醤油事件＝2-12）。相手方の「意思に反して」拘束することを要するか否かについては学説が分かれており，強制の要素を必要とする考え方と，経済的不利益を課したり経済的利益を供与することを通じて，相手の意思に働きかけ，自己の意思に従わせる場合も含まれるとする考え方とがある。この問題は，ある拘束条件付取引において，これを支配型私的独占と構成し，行為者の一方的な行為と考えるか，それとも，取引の相手方も行為者に含めた不当な取引制限と構成するかという問題とも関わる。不当な取引制限の「相互拘束」をどのように解釈するかにもよるが，強制の要素が十分に強ければ，直観的には一方的な支配と構成しやすいのに対して，経済的利益に強く誘引される形で自ら進んで取引関係に入る場合，当該相手方を独禁法違反の名宛人に含めなくともよいのか疑問が残るからである。

> (2-11) 福井県経済農業協同組合連合会（福井県経済連）事件（排除措置命令平27.1.16審決集61巻142頁［百17]）　福井県所在の農協が行う経済事業に係る上部組織である福井県経済連が，各農協の発注する穀物の乾燥施設等の製造請負工事に関する施主代行者として，当該工事の入札における受注予定者を指定し，入札参加者に入札価格を指示していたことは，施工業者の事業活動の支配に当たる。

　本件は，福井県経済連による支配行為として構成され，施工業者間の意思の連絡は認定されていないが，福井県経済連を結節点とするいわゆるハブ・アンド・スポーク型のカルテルとして構成し，施工業者を含めた不当な取引制限とすべきとの指摘もある。これに関連して，本件とほぼ同一の施工業者らが，福井県を除く全国において同様の工事について受注調整を行っていたことが判明している（排除措置命令平27.3.26審決集61巻156頁および同平28.2.10審決集62巻344頁）。

　相手方の事業活動を支配する行為の形態としては，個別具体的に相手方の意思決定を拘束し干渉する行為（日本医療食協会事件＝ 2-8 ，パラマウントベッド事件＝ 2-9 ）と，株式取得や役員兼任といった企業結合的な手段を通じて相手方の意思決定に干渉し得る地位を獲得する行為（前掲東洋製罐事件）の双方が考えられる。企業結合的手段による支配行為の規制は，企業結合規制が事前規制として実効的に機能していれば，多くの場合，反競争効果発生の蓋然性が認められる段階において事前に規制されるはずであり，事後的な私的独占規制に頼る必要はない。ただし，新たな企業提携形態が開発される等，現行の企業結合規制では捕捉できないような手法がとられる場合もあり，実際には相互補完的に機能し得る。

　「支配」の態様およびこれを通じて生じる反競争効果の発生シナリオも多種多様であるが，大別すると次の2つの場合が想定される。

　「支配」の典型的な態様の1つは，複数の取引先事業者の支配を通じて，取引先事業者相互の競争を回避させたり，自己の競争者の事業活動を支配して，当該競争者に競争回避的行動をとらせる場合である（パラマウントベッド事件＝ 2-9 ，福井県経済農業協同組合連合会（福井県経済連）事件＝ 2-11 ）。この場合，カルテル類似の状況が生じるため，諸外国では共同行為として規制されているが，わが国では不当な取引制限の行為要件が狭く解されており，取引関係にある事業者間における共同行為や相互拘束が成立しないと判断されるような場合には規制対象から外れてしまう。現行の支配型私的独占の規制は，これを補完する機能を果たすという側面もある。対価に係る支配型私的独占について，2005年独禁法改正により，不当な取引制限と同水準の課徴金を賦課することとされたのは，このような理由による。

　もう1つの「支配」の典型的な態様は，他の事業者の支配を通じて，競争者排除が行われる場合であり，例えば，販売業者に対する排他条件付取引などの拘束を通じて自己の競争者を排除する場合などがこれに当たる（日本医療食協会事件＝ 2-8 ）。このような行為は，一見すると「支配」と「排除」のいずれにも該当し得るように思えるが，効果要件（競争の実質的制限）を判断する際には，結局のところ，競争者排除効果に着目することになる。

　そのほか，株式取得等の手段により相手方が意思決定の独立性を喪失する程

度の強固な結合が形成される場合は，独立の競争単位の減少を通じて，企業結合の場合と同様の反競争効果が生じる。

「支配」の具体的な行為類型を考える際にも，やはり，不公正な取引方法で定型化された行為類型が手がかりとなろう。上記の2つの支配の態様は，不公正な取引方法に係る行為類型の中で，それぞれ，競争回避型（拘束条件付取引，再販売価格の拘束等）と競争排除型（抱き合わせ販売，間接の取引拒絶，排他条件付取引等）に対応している。なお，行為要件としての，私的独占における「支配」と不公正な取引方法における「拘束」の関係については，上述のとおり，「支配」は，取引相手の意に反して拘束する必要があるとの見解をとるならば，「支配」の方が強制の度合いが強いとも考えられるが，実際上は，ほぼ同じ意味が与えられると考えてよい。

なお，やや特殊な「支配」の例として，市場に成立している客観的条件を利用して他の事業者の事業活動を制約する間接支配の問題がある。単にプライスリーダーの行った価格引上げに応じて他社が追随したというだけでは支配行為を認定することはできないが，他社が追随せざるを得ない再販売価格の指示と出荷停止による実効性確保といった競争制限的行為の人為性を認め，支配を認定した初期の事例がある（野田醤油事件＝ 2-12 ）。ここで注意すべきポイントは，間接支配をめぐる議論が，あくまでも市場が特異な客観的条件を備える例外的な場合に限定されたものであり，暗黙の寡占的協調行動一般を支配に問うためのものではないという点である。

> 2-12 **野田醤油事件**（審判審決昭30.12.27審決集7巻108頁，東京高判昭32.12.
> 25高民10巻12号743頁）　醤油の製造販売において圧倒的な地位を占める野田醤油が，醤油の格付け，品質と価格の一体関係という客観的条件から，自己の商品の価格を引き上げると競争者がこれに追随せざるを得ない状況の下で，商品の再販売価格を維持し，これに対応して他の主要な醤油生産者3社も同様の再販売価格維持を行った。野田醤油による再販売価格維持行為は，他の醤油生産者の価格決定の支配に当たる。

本件のような状況下で，野田醤油を中心とする主要4社による再販売価格維持の並行的実施を，暗黙の協調を効果的に行うための協調促進的行為ととらえ，その集積的効果によって競争の実質的制限が生じた場合であると評価する可能

性もあるが，その場合は，他の主要３社による再販売価格維持行為も支配と認定し，４社すべてを支配型私的独占の行為者とする認定が必要となるだろう。

6 「公共の利益に反して，一定の取引分野における競争を実質的に制限する」

私的独占の効果要件は，不当な取引制限（2条6項・3条後段）や事業者団体の禁止行為（8条1号）と共通しており，かつ，企業結合規制にも同様に用いられる，独禁法上，最も重要な法概念の１つである。

「公共の利益に反して」の要件は，主に不当な取引制限の成否をめぐって議論が積み重ねられてきた（⇨ **第2節**「不当な取引制限の禁止」参照）。同要件について，最高裁は，「原則としては同法の直接の保護法益である自由競争経済秩序に反すること」であるとしつつ，自由競争の利益と競争制限行為によって得られる利益を比較衡量して，競争制限行為が独禁法の究極の目的に実質的に反しない場合には，公共の利益に反しないとして不当な取引制限が成立しない場合があることを認めた（石油価格協定刑事事件＝ 2-28 ）。この判示は，基本的に私的独占の場合にも妥当すると考えられるが，別の文言解釈として，公益目的等の正当化事由（例：安全性の確保）がある場合には，「競争の実質的制限」要件の中で考慮し，例外的に同要件を充足しないことがあり得ると解釈し（排除型私的独占ガイドライン第3の2(2)オ），上記の最高裁判示と実質的に同様の結論を導くことも可能である。また先に述べたとおり，私的独占においては，対象行為（排除・支配）に係る不当性ないし正常な競争手段の範囲からの逸脱の如何が評価される中で公益目的等の正当化理由も含めた規範的判断が行われる場合も少なくない。

「一定の取引分野」とは，一定の商品役務をめぐって供給者群と需要者群とが競い合う場としての「市場」のことである。排除型私的独占ガイドラインは，一定の取引分野が成立する範囲は，具体的な行為や取引の対象・地域・態様等に応じて，相対的に決定されるべきものであり，不当な取引制限と同様，具体的な行為に係る取引およびそれにより影響を受ける範囲を検討し，その競争が実質的に制限される範囲を画定して決定されるのが原則であるとする。ただし，必要に応じて，需要者または供給者にとって取引対象商品と代替性のある商品

の範囲または地理的範囲がどの程度であるかという観点を考慮するとも述べられ、それに続く具体的な記述は、企業結合ガイドラインの市場画定に係る記述とほぼ同一である。

　この点、市場に対する悪影響と密接に結びついた形で排除・支配の不当性が評価されることや、排除の不当性を識別する基準の設定に困難が伴うこと等を考慮すると、対象行為の影響の及ぶ範囲をそのまま一定の取引分野として画定する上記ガイドラインの原則的理解には疑問もある。需要および供給の代替性に基づく市場画定が必要であり、過去の判審決例において、一定の取引分野が争点の１つとなっていることも、市場画定の重要性を示唆するものである（NTT 東日本事件＝（2-6）、前掲ニプロ事件）。

　また、「競争の実質的制限」とは市場支配力の形成・維持・強化を意味するが、より具体的には、「競争自体が減少して、特定の事業者又は事業者団体がその意思で、ある程度自由に、価格、品質、数量、その他各般の条件を左右することによって、市場を支配することができる状態を形成、維持、強化することをいうもの」とされる（NTT 東日本事件＝東京高判平 21.5.29 民集 64 巻 8 号 2118 頁）。

　排除型私的独占ガイドラインは、競争の実質的制限の判断にあたって、①行為者の地位および競争者の状況、②潜在的競争圧力、③需要者の対抗的な交渉力、④効率性、⑤消費者利益の確保に関する特段の事情、といった諸事項が総合的に考慮されると述べる（同ガイドライン第 3 の 2(2)）。

　私的独占の先例においては、競争の実質的制限の認定は比較的容易に行われてきた。というのは、ほぼすべての私的独占の適用事例は、既に市場支配力を有する事業者が、その市場支配力を維持または強化する事例だったからである。このように市場支配力を有する事業者がその市場において排除または支配を行う場合、通常、競争の実質的制限が認められることになる。

　これに対して、市場支配力の形成の事例は、その認定に困難が伴う。先例も乏しいため、複数の事業者が通謀して行うような場合を除けば、新たに市場支配力を形成するようなことは通常考えにくいとの指摘もある。「形成」の事例として想定されるのは、ある市場において市場支配力を有する事業者が、その地位を利用して別市場で新たに市場支配力を獲得する、いわゆる「**独占の梃**

子」の場合である。しかしながら，この場合であっても，別市場での競争において競争者との関係で優位に立つという程度の悪影響が生じるにすぎない場合も多く，当該市場において一定の競争的抑制が働いており，将来的にも市場支配力の形成が予測されない場合であれば，せいぜい公正競争阻害性が問題となるにとどまる。

いずれにせよ，市場支配力の形成に係る認定は，上記のような諸事項を総合的に考慮して判断することになるため，定量的な閾値を明示することは困難である。

7 市場支配的なデジタルプラットフォームに対する規制

経済のデジタル化が急速に進展する中で，市場支配的なデジタルプラットフォームのもたらす競争上の弊害をいかに規制するかという問題が世界各国で重要な政策課題となっている。日本においては，独占禁止法による規制のほか，独占禁止法の補完する規制として，2020年に「特定デジタルプラットフォームの透明性及び公正性の向上に関する法律」（令和2年法律38号）が制定された（以下，「透明化法」という）。

(1) デジタルプラットフォームの特性と競争政策上の課題

デジタルプラットフォームとは，情報通信技術等の活用により商品・役務が提供される「場（＝プラットフォーム）」のことを指し，これを提供する事業者は，プラットフォームを利用する他の事業者と顧客との取引を仲介する場合も，自ら商品・役務を提供する場合もある。

例えば，Amazonや楽天は，電子商店街というプラットフォームを提供し，出店者と消費者との取引を仲介する。Booking.com等の宿泊施設予約サイトも同様である（仲介型プラットフォーム）。これに対して，FacebookやX（旧Twitter）はSNSサービスを提供するプラットフォームであり，消費者にSNSサービスを提供する一方で，広告主との契約を通じて，消費者の属性に合わせたデジタル広告をプラットフォーム上で表示している。Googleの提供する情報検索サービスも同様である（非仲介型プラットフォーム）。

デジタルプラットフォームは，利用者の数が多ければ多いほど利用者の便益が増進し，その魅力を高めていくという性質をもち（＝ネットワーク効果），か

つ，新たな利用者に対してサービスを供給するための追加的な費用（限界費用）がゼロに近く，供給量の制約も受けないことが多い。このため，無償でサービスを提供する等の事業戦略を通じて短期間で多数の顧客を獲得して，市場支配的な地位を確立することができる。ここで極めて重要な事業資源となるのが，顧客データの独占的な利活用であり，他の事業者にとっては競争上大きな参入障壁になると同時に，顧客へのアクセスや取引経路を市場支配的なデジタルプラットフォームに強く依存することになるため，そのようなデジタルプラットフォームの提供事業者はしばしば「ゲートキーパー」とも呼ばれる。

　また，膨大な顧客ベースやビッグデータ等の活用を通じてプラットフォーム利用者に向けた新たな補完的なサービスを提供することも容易であり，ある市場で市場支配力を獲得すると，その地位を他の市場へと拡張する「独占の梃子」の弊害が生じやすい。

　このように，市場支配的なデジタルプラットフォーム提供者は，プラットフォーム上で多様なサービスを提供する生態系としてのエコシステムを構築し，プラットフォーム運営者として顧客データを独占的に利活用すること等を通じて顧客を囲い込んでその市場支配的地位を維持・強化するとともに，プラットフォーム内のルールを自らに有利に設定して競合事業者を排除するインセンティブと能力をもつ。

　もっとも，デジタルプラットフォームが上記のような特性をもつがゆえに，利用者は，プラットフォームが提供されなければ得られない恩恵に浴していることも明らかであり，消費者利益を含めた社会的厚生が非常に大きいことも忘れてはならない。市場支配的なデジタルプラットフォームに対する規制を考える際には，こうした便益を過度に損なうことなく，市場支配力行使の弊害を除去するための方策を工夫する必要がある。

(2)　透明化法

　市場支配的なデジタルプラットフォームに係る独占禁止法上の規制については各章の解説に譲り，ここでは透明化法の概要について述べる。

　透明化法の規制対象は，政令上の事業区分と事業規模に応じて指定される特定デジタルプラットフォーム提供者（以下，「特定提供者」という）であり，現在は，オンラインモール，アプリストア，デジタル広告の3分野について，一定

の要件を満たす事業者が指定されている。

　特定提供者は，商品等提供利用者（以下，「利用者」という）に対してプラットフォームを提供する場合の条件を開示するとともに，利用者との取引関係における相互理解の促進を図るために必要な措置を講じる義務がある（透明化法7条1項）。この義務の具体的な内容については指針が定められ，利用者との取引の公正性を確保するために必要な体制・手続や，利用者からの苦情処理，紛争解決のために必要な体制・手続の整備などについて記載されている。

　また特定提供者は，毎年度，透明化法上の義務の実施状況についての報告書を提出する義務があり，経済産業大臣はこれを受けて特定デジタルプラットフォームの透明性・公正性についての評価を行う（透明化法9条2項）。特定提供者は，この評価結果を踏まえて，自社プラットフォームの透明性・公正性の自主的な向上に努めなければならない（同条6項）。

　透明化法は，政府による評価は行われるものの，原則として，取引の透明性および公正性の向上について特定提供者の自主的な取組に委ねる仕組みとなっており，上記のようなデジタルプラットフォームの特性や特定提供者のインセンティブに照らすと，実効性確保という観点から規制として不十分であるとの批判も強い。

第2節　不当な取引制限の禁止

> **第2条【定義—不当な取引制限】⑥**　この法律において「不当な取引制限」とは，事業者が，契約，協定その他何らの名義をもってするかを問わず，他の事業者と共同して対価を決定し，維持し，若しくは引き上げ，又は数量，技術，製品，設備若しくは取引の相手方を制限する等相互にその事業活動を拘束し，又は遂行することにより，公共の利益に反して，一定の取引分野における競争を実質的に制限することをいう。

1　本項の趣旨

　本項は，不当な取引制限を定義する。不当な取引制限は，複数事業者による共同行為である。共同行為は，大きく2つの類型に分けることができる。**カル**

テルとボイコットである。カルテルの例は，競争者間における価格引上げの合意である。ボイコットの例は，競争者間における安売り店との取引拒絶の合意である。それぞれ競争回避を内容とした共同行為，競争者排除を内容とした共同行為である。

さらにカルテルは，講学上，**ハードコアカルテル**と**非ハードコアカルテル**の2つの類型に分けることができる。ハードコアカルテルとは，競争制限以外の目的や効果を持ちそうにない共同行為である。その例は，価格カルテル，数量制限カルテル，取引先制限カルテル，市場分割カルテル，入札談合である。非ハードコアカルテルとは，ハードコアカルテル以外の共同行為である。共同研究開発や共同生産の合意，環境保全や安全確保を目的とする合意が含まれる。

ハードコアカルテルの1つである談合は，**基本合意**と**個別調整**からなる。基本合意とは，入札における落札者割り振りの大きなルールである。個別調整とは，同ルールに沿った具体的物件ごとの落札者の決定作業である。例えばA市発注の下水道工事について，現場から近くの工事業者が落札するとの基本合意を事前に行い，具体的な発注物件について，実際に落札業者を決定するための個別調整を行うのである。拘束の相互性また一定の取引分野の考え方に従い，基本合意に加え，一回限りの談合である個別調整行為が不当な取引制限を構成するかについて議論がある。

2 「事業者」と「他の事業者」

(1) 独立の事業者

本項の「事業者」および「他の事業者」は，まず2条1項の要件を満たす必要がある。また，「他の」事業者とは，単に法人格が異なる事業者を意味するのではなく，意思決定が独立した事業者を意味すると考えることができる。独禁法は，市場における競争単位の減少を問題にするからである。したがって，そもそも独立の事業者としての意思決定が期待できない親子会社間や兄弟会社間において，不当な取引制限は成立しない。後にみるように，7条の4第4項は，子会社等について課徴金減免の共同申請を認める。同項は，上記考え方を前提にするものである。

また，このような考え方は，不当な取引制限に限らず，独禁法全体を貫くも

のである。例えば，公取委は，同一の企業結合集団内の企業結合や，実質的に同一企業内の行為に準ずると認められる不公正な取引方法には，独禁法の適用がないとする（後者について，流通・取引慣行ガイドライン（付）親子会社・兄弟会社間の取引）。

他方，意思決定の独立性が問題であるから，親子会社間や兄弟会社間であっても，競争が期待される入札に自らの意思で参加する等，それらを独立の事業者と評価すべき場合には，不当な取引制限の当事者となる（東京ガスエコステーション事件＝排除措置命令平19.5.11審決集54巻461頁〔完全子会社4社間に不当な取引制限の成立を認めた事例〕）。

(2) 競争者性要件

独立の事業者であることに加えて，判例は，それら事業者は「相互に競争関係にある独立の事業者」の必要があるとした（⇨ 2-13 ）。その理由は，①共同行為の本質論と，②競争者間，取引相手方間にかかわらず共同行為を広く規制した旧4条の存在であった。旧4条は，一定の取引分野における競争への影響が問題とする程度に至らないものである場合を除き（同条2項），価格引上げ，生産制限，顧客の制限，設備の制限といった4つの特定の共同行為を一律に禁止していた（同条1項）。これは厳格に過ぎるとして，旧4条の射程を狭めるために，不当な取引制限を含む共同行為に対する規制全体を，競争者間の共同行為に対するものに限定したのである。

> 2-13 **新聞販路協定事件**（東京高判昭28.3.9高民6巻9号435頁 [**百18**]）
>
> 法文上の限定はないが，事業者とは，相互に競争関係にある独立の事業者を意味する。共同行為はかかる事業者が共同して相互に一定の制限を課し，その自由な事業活動を拘束するところに成立するものであり，参加者に一定の事業活動の制限を共通に設定することを本質とする。

しかし，明文の規定がない**競争者性要件**を形式的に解釈するならば，不当な取引制限の禁止について，規制の実効性を損なうことになりかねない。他方，旧4条が削除されたことで，競争者性要件を形式的に解釈する必要はない。そこで判例は，同要件を拡大して解釈する傾向にある。すなわち判例は，その者の同意がなければ共同行為が成立しない関係にあれば，「**実質的な競争関係**」を認定できるとする（シール談合刑事事件＝東京高判平5.12.14高刑46巻3号322

頁 [百19])。例えば指名競争入札において，形式的には競争者と呼べない非指名業者であっても，その積極的な関与の態様から，実質的競争者性が認定される場合がある。共同行為に関与しながらも，実質的競争者と評価することができない者は，単なる加功者である（マリンホース市場分割協定事件＝ 2-30 〔受注予定者の選定等をコーディネーターと呼ばれる者が行っていたが，コーディネーターは排除措置命令の名宛人とされなかった事例〕）。

　実質的にかつ拡大して理解されているものの（防衛庁タイヤ事件＝勧告審決平17.1.31 審決集 51 巻 548 頁，554 頁〔基本合意および個別調整における関与ならびに入札代行者としての地位から，入札参加者であるメーカーに加えて，販売業者を不当な取引制限の当事者と認定した事例〕），なお競争者性要件が不要とされるまでには至っていない。同要件ゆえに，再販売価格維持行為，排他条件付取引などの垂直的制限の規制は，不当な取引制限の禁止（3条後段）ではなく，私的独占の禁止（3条前段）および不公正な取引方法の禁止（19条）に委ねられている（不公正な取引方法の禁止による垂直的制限の規制については， 第5章第2節第4款 を参照）。

3 「共同して」

(1) 意思の連絡

　不当な取引制限は「共同して」なされることが必要である。判例によれば，これは事業者間相互に「意思の連絡」が存在することを意味する。その典型は，2条6項が例示する，契約，協定による場合である。しかし，意思の連絡に，**明示の合意**までは必要ない。相互に他の事業者の行為を認識して，暗黙に認容することで足りる（⇨ 2-14 ）。これを黙示による意思の連絡とか，**黙示の合意**という。その内容としては，競争の実質的制限をもたらすことの概括的認識で足る（⇨ 2-15 ）。また，意思の連絡を，相互にその行動に事実上の拘束を生じさせることと定義するものがある（大石組事件＝東京高判平18.12.15 審決集 53巻 1000 頁）。

　他方，寡占市場においては，事業者それぞれの意思決定により，結果として行為が斉一化する場合がある。これは**意識的並行行為**と呼ばれ，上でみた黙示による意思の連絡とは区別される。意識的並行行為の例は，一方の価格引上げ行為を他方が単に認識，認容して同調する場合である。先導者の価格引上げに

競争者が追随するというプライスリーダーシップと呼ばれる現象は，これに該当する。ほかにも，寡占市場においては，事業者間に何らの連絡，接触がなくても，市場における相互依存関係を通じて，価格が斉一化したり，棲み分けが成立したりする場合がある。意識的並行行為と黙示による意思の連絡とを区別するために，意思の連絡の立証においては，事業者間の直接の連絡，交渉が重視されることになる。

> (2-14) **東芝ケミカル事件差戻審**（東京高判平7.9.25審決集42巻393頁 [**百21**]）
> 　意思の連絡に，事業者相互で拘束し合うことを明示して合意する必要はなく，相互に他の事業者の行為を認識して，暗黙のうちに認容することで足りる。
> (2-15) **元詰種子カルテル事件**（東京高判平20.4.4審決集55巻791頁 [**百25**] ＝
> (2-19)）　意思の連絡があるというためには，複数事業者間において，相互に，討議研究会で決定した基準価格に基づいて価格表価格および販売価格を設定することを認識ないし予測し，これと歩調を揃える意思があれば足りる。多数の事業者が存在する市場では，この程度の概括的認識があれば十分であり，このような意思を有する事業者の範囲を明確に認識する必要はない。

(2) 意思の連絡の立証

　意思の連絡を，どのようにして立証するか。課徴金減免制度（7条の4以下）の導入により，公取委が合意の存在を示す文書や供述といった直接証拠を得る機会は多くなったものと考えられる。しかしなお，課徴金減免申請がなされないカルテルや談合は多いと考えられ，合意を間接証拠（状況証拠）によってどのように立証するかが課題である。間接証拠による合意の立証可能性を高めることは，課徴金減免制度が有効に機能する前提でもある。東芝ケミカル事件判決（＝(2-14)）が，間接証拠による合意の立証に関する基本判例である。

　東芝ケミカル事件判決によれば，事前の連絡交渉，その内容，事後の行動の一致から，意思の連絡を推認できる。これらは全体として意思の連絡の存在を示すものであればよい。明示の合意の認定場面ではなく，黙示の合意の認定場面であるから，**事前の連絡交渉**の日時や場所，その内容を具体的に特定する必要はない（元詰種子カルテル事件＝(2-15)〔意思の連絡が形成されるに至った経過や動機について具体的に特定する必要はないとした事例〕）。

東芝ケミカル事件判決によれば，**事後の行動の一致**が，他の事業者の行動とは無関係に，取引市場における対価の競争に耐え得るとの独自の判断により成立したことを示す「特段の事情」があれば，意思の連絡が推認されることはない。事前の連絡交渉およびその内容が明確かつ具体的であるほど，特段の事情が認められる余地は小さなものになる。これまでの判審決例において，特段の事情の存在が認められたことはない。

　東芝ケミカル事件判決が示す立証方法は，主にカルテルについて有益である。他方，談合については，個別調整の積み重ねを間接事実として基本合意の存在を立証する方法がある（協和エクシオ課徴金事件＝東京高判平 8.3.29 判時 1581 号 37 頁〔個別調整行為の実施状況から基本合意の存在を立証した事例〕）。同立証方法では，基本合意に係る事前の連絡交渉の事実を明確に示す必要はない。個別調整の存在から，「本来の競争入札のルールとは相いれない別のルール」の存在を立証すれば足りる（前掲大石組事件）。個別調整の事実は基本合意の立証に十分であればよく，すべての個別調整の事実を立証する必要はない。

　これら 2 つの立証方法を採用した事例とは異なり，発注者の意向に従うという官製談合事件において，複占市場構造，発注者の意向表明を求めるための事業者の働きかけ，不自然な落札率，立入検査後の落札率低下などを総合して，意思の連絡を認定した事例がある（郵便区分機談合審決取消請求事件差戻審＝東京高判平 20.12.19 審決集 55 巻 974 頁 [百 23]）。寡占的な同質商品市場といった協調促進的な市場構造が存在する場合には，意思の連絡の立証に必要となる事前の連絡交渉などの当事者間の接触は，間接的なものまたは弱いもので足りる。今後，協調促進的な市場構造や不自然な落札率といった経済的証拠の積極的利用が期待されるが，これまでの判例は，なお当事者間の直接の連絡，交渉を重視した立証方法を支持している（⇨ 2-16 ）。

　2-16 **ポリプロピレン事件**（東京高判平 21.9.25 審決集 56 巻(2) 326 頁）
　　事業者としては，対価引上げに関する情報交換という不明朗な行為自体を避けさえすれば，意思の連絡ありとの推認を受けないものである。

(3) 不当な取引制限の成立・消滅・離脱

　不当な取引制限は，意思の連絡，すなわち**合意の成立時**に成立する。合意の実行着手や実施，実施時期の到来は不要と考えられている（石油価格協定刑事事

件＝最判昭 59.2.24 刑集 38 巻 4 号 1287 頁 **［百 29］**）。競争制限的な合意が探知され
た時点で，公取委は規制が可能である。そして，不当な取引制限の終期は，合
意の消滅時である。合意の消滅には，①事業者間で合意が破棄されるか，②破
棄されないまでも当該合意による相互拘束が事実上消滅していると認められる
特段の事情の存在が必要である（モディファイヤーカルテル事件＝東京高判平
22.12.10 審決集 57 巻(2) 222 頁）。②の例としては，公取委の立入検査により，合
意の実効性が消滅した場合が考えられる（日本ポリプロほか課徴金事件＝審判審決
平 19.6.19 審決集 54 巻 78 頁 **［百 103］**〔課徴金算定における実行期間の終期の認定にお
いて，合意の実効性の消滅が認められた事例〕）。

　不当な取引制限については，**離脱**も問題となる。離脱を認定するためには，
意思の連絡の成立と同様に，離脱の事実について，競争者間で相互に認識，認
容することが必要である。したがって，離脱をするとの内心の決意だけでは不
十分であり，離脱の意思が明確に認識されるような意思の表明または行動とい
う**外部的徴表**が必要である（⇨ 2-17 ）。もっとも，公取委による調査開始前に
課徴金減免申請を行う際に，外部的徴表を伴わずとも，違反行為をやめた（違
反行為から離脱した）と評価される場合がある。なぜならば，離脱の外部的徴表
を求めるならば，他の参加者に証拠隠滅の機会を与えるなど，公取委による調
査を困難にする危険性が存在するからである。

> 2-17 **岡崎管工事件**（東京高判平 15.3.7 審決集 49 巻 624 頁 **［百 30］**）
> 　離脱を認定するには，離脱者が離脱の意思を明示的に伝達することまでは
> 要しないが，離脱者が自らの内心において離脱を決意するだけでは足りない。
> 少なくとも離脱者の行動等から他の参加者が離脱者の離脱の事実を窺い知る
> に十分な事情の存在が必要である。

(4) 従業員の行為と会社の意思決定

　事業者が法人である場合，事前の連絡交渉といったカルテルの具体的行為は，
実際には従業員などの自然人が行うことになる。価格決定権限をもつ従業員間
の合意があれば，それを法人の合意とすることに問題はない。他方，価格決定
権限をもたない従業員間の合意については，同合意が法人の価格決定に影響を
及ぼすことを立証する必要がある（⇨ 2-18 ）。

> 2-18 **NEXCO 東日本東北支社発注工事入札談合事件**（東京地判令元.5.9 審決集

66 巻 457 頁）　　事業者間に意思の連絡を認めるためには，ある事業者の従業者が他の事業者と接触した結果，当該従業者が得た入札価格に影響を及ぼす情報が当該従業者から事業者の意思決定権者に報告され，意思決定権者の決定ないし事業活動に影響を及ぼしたことを主張立証する必要がある。

　離脱については，法人内でトップダウンにて決定されることも多い。離脱について外部的徴表が必要とされているが，離脱の意思の表明や行動は，違反行為者の経営トップによるものでは足りず，従業員など違反行為を実際に行う者において認められることが必要である（鋼橋上部工事入札談合事件＝審判審決平 21.9.16 審決集 56 巻(1) 192 頁）。

4 「相互拘束」と「共同遂行」

(1) 相互拘束

　新聞販路協定事件判決は，相互拘束について，**拘束の共通性**と，**拘束の相互性**を必要とする（⇨ 2-13 ）。

　同判決は，前者の「拘束の共通性」について，「異種又は取引段階を異にする事業者を含む場合……これらの者のうち自己の事業活動の制限を共通に受ける者の間にのみ共同行為が成立する」とした。しかし，**2**(2)でみた競争者性要件の緩和とともに，現在では，共同行為の目的が共通していれば，拘束の共通性が認められると考えられている。**目的の共通性**で足りるとの考えによれば，実質的競争者間の合意があれば，拘束の共通性は当然に認められることになる。

　後者の「拘束の相互性」についても，現在ではそれを厳格に解釈することなく，明示または黙示の**合意を遵守しあう関係**があれば，拘束の相互性を認めることができると考えられている。四国ロードサービス事件（勧告審決平 14.12.4 審決集 49 巻 243 頁）は，共同行為参加者のうち特定の 1 社が落札できるよう他の参加者が協力するとの合意を違法とした事例である。合意を遵守し合う関係で足りるとの考えによれば，明示または黙示の合意が立証されれば，当然に，拘束の相互性が認められることになる（⇨ 2-19 2-20 ）。合意の実効性を確保するための制裁は不要である（後掲石油価格協定刑事事件最判も同旨）。

　なお，談合事件について，合意を遵守し合う関係の背景には，しばしば当事者間に**貸し借りの関係**が存在する。この物件については競争者の受注に協力す

るので，次の物件については自分の受注に協力してもらいたいといった関係である。現在は受注する能力や意図がなくとも，現在の協力と将来の受注機会確保との間において，当事者間に貸し借りの関係が成立することもある（協和エクシオ課徴金事件＝審判審決平6.3.30審決集40巻49頁[**百24**]）。このような貸し借りに現れる双務性をもって，拘束の相互性が成立すると考える学説もある。これら学説によれば，上記の四国ロードサービス事件では，画定された一定の取引分野において貸し借りが存在しない以上，不当な取引制限は成立せず，専ら支配型私的独占の問題となりそうである。しかし，上でみたように，現在の判例・実務はこのような立場を採用せず，拘束の相互性は，当事者が合意を遵守しあう関係にあることで十分とする。

> ②-19 **元詰種子カルテル事件**（東京高判平20.4.4審決集55巻791頁[**百25**]＝
> ②-15）　合意内容によって，価格設定に係るリスクを回避し，減少させることができれば，価格設定に係る事業者間の競争が弱められているといえ，拘束の相互性を認めるのに十分である。
>
> ②-20 **多摩談合事件**（最判平24.2.20民集66巻2号796頁[**百20**]＝②-21
> ②-25 ②-33）　基本合意の成立により，各社の事業活動が事実上拘束されることは明らかであり，2条6項にいう「その事業活動を拘束し」の要件を満たす。また，基本合意の成立により意思の連絡が形成され，同項にいう「共同して……相互に」の要件も充足する。

(2) 共同遂行

共同遂行については，相互拘束の実行態様を示すものであり，独自の意味はないとするのが判例・通説である。しかし，談合に係る刑事事件では，次のように，「共同遂行」に独自の意味が与えられることがある。

入札談合に係る不当な取引制限の罪（89条1項1号）については，それが状態犯か継続犯かについて，争いがあった。状態犯とするならば，基本合意の成立で犯罪は既遂となった上で終了し，個別調整行為は不可罰的事後行為となる。しかし共犯の成立，時効の問題から，これは不都合である。他方で，自然人の行為をまず問題とする刑事法の考え方によれば，長く続いた談合で個別調整を行う自然人が入れ替わる状況を継続犯として構成することに，躊躇が示される。時効や共犯の問題を回避するものとして，不当な取引制限の罪を継続犯とした

上で，さらに基本合意を相互拘束，個別調整を遂行行為（共同遂行）として，それぞれ別の実行行為を構成するとの判例がある（鋼橋上部工事入札談合刑事事件＝東京高判平 19.9.21 審決集 54 巻 773 頁 [**百 125**]）。

5 「一定の取引分野における競争を実質的に制限する」

(1) 一定の取引分野の画定

多摩談合事件最高裁判決は，一定の取引分野における競争の実質的制限とは，市場が有する競争機能を損なうこととする（⇨ 2-21 ）。これは，2 条 5 項に関する NTT 東日本事件（＝ 2-6 ）において最高裁が述べた，**市場支配力の形成，維持，強化**と同義である。

> 2-21 **多摩談合事件**（＝[百 3] 2-20 2-25 2-33 ）
> 一定の取引分野における競争の実質的制限とは，市場が有する競争機能を損なうことをいい，談合における基本合意で競争制限が行われる場合には，その当事者である事業者らがその意思で落札者や落札価格をある程度自由に左右することができる状態をもたらすことをいう。

一定の取引分野とは競争が機能する場であり，経済学上の市場である。市場の画定は競争の実質的制限を判断する前提作業となる。その画定方法は，しばしば違反行為が既に実施され市場への影響を確認できるハードコアカルテルの場合と，事前相談や事前審査などを通じて将来における市場への影響を確認することが多い非ハードコアカルテルの場合とで異なる。

まず，ハードコアカルテルに関する過去の事例では，共同行為が対象としている取引およびそれにより影響を受ける範囲を検討し，その競争が実質的に制限される範囲を一定の取引分野とする（前掲シール談合刑事事件，エアセパレートガスカルテル事件＝ 2-22 ）。このような画定方法によれば合意が実効性を有する限り，実効性を有する範囲が一定の取引分野となる。将来の市場効果を予測する企業結合規制とは異なり，合意が有する実際の競争制限効果を手がかりとして，一定の取引分野を検討するのである。また，合意の実行前であるなど，合意が有する実際の効果を確認できない場合であっても，市場を知悉する当事者の認識を手がかりとして，一定の取引分野を検討するのである。

潜在的な取引であっても，合意に基づく拘束の内容，程度，継続する期間を

考慮の上，長期的に競争状態が成立し得るのであれば，潜在的な取引を含めた一定の取引分野が画定される（⇨ 2-23 ）。その結果，顕在的競争者ではなく**潜在的競争者**であっても，競争者性要件を満たすことになる。

2-22 **エアセパレートガスカルテル事件**（東京高判平 28.5.25 審決集 63 巻 304 頁）
　　価格カルテル等の共同行為は競争の実質的制限を目的および内容としており，共同行為の対象外の商品役務との代替性や対象である商品役務の相互の代替性について厳密な検証を行う実益は乏しく，通常，共同行為が対象としている取引およびそれにより影響を受ける範囲を検討し，一定の取引分野を画定すれば足りる。

2-23 **旭砿末事件**（東京高判昭 61.6.13 行集 37 巻 6 号 765 頁 [百 27]）
　　合意が競争状態成立の可能性を制約するかどうかは，将来の社会的経済的情勢の変動の可能性をも考慮に入れて長期的に予測・展望するほかなく，一定の取引分野についても，このような長期的予測・展望の下で競争状態が成立し得る範囲を合理的に考慮して，画定しなければならない。

　なお，公共入札を対象とする談合では，発注者ごとに，一定の取引分野が成立する。これは単一の買手を対象として市場を認めるものであるが，公共入札に限らず，民間企業による調達の場面においても，このような市場を認め得るかにつき議論がある。公共調達は，原則として**一般競争入札**によらねばならない（会計 29 条の 3 第 1 項，自治 234 条 2 項）。このようにいわば法律によって作られた公共調達の市場とは異なり，民間調達に入札利用の義務付けはなく，民間企業による入札の利用は取引方法の問題であって，取引方法によって一定の取引分野が規律されることはないとの意見もある。しかし，民間企業による入札は需要者によって作られた市場であり，競争が期待される同市場に自らの意思で参加する以上，参加者には競争を行うことが期待され，それに反する場合には独禁法違反の責任を負うものといえる。公取委は，単一の民間企業の買手を対象とする場合であっても，一定の取引分野の成立を認める（⇨ 2-24 ）。

2-24 **ニンテンドー DS 事件**（審判審決平 25.7.29 審決集 60 巻(1)144 頁 [百 22]）
　　需要者が民間の一事業者のみであっても，その需要者に対して複数の供給者が同種または類似の商品または役務を供給する取引を行っていれば，その需要者との取引をめぐって供給者間に競争関係が存在し，この競争が市場において機能する状態を保護する公的利益は存在する。

次に，非ハードコアカルテルに関する場合，特に共同研究開発や共同生産の取決めに関する場合には，企業結合規制などと同様の方法により一定の取引分野を画定すべき場合が多い。相談事例ではあるが，大型および中型バスの相互ＯＥＭ供給について，用途に基づく需要の代替性，製造技術や製造設備に基づく供給の代替性を検討した上で，小型バスを含め，広くバスの製造販売に関する一定の取引分野の成立可能性を示唆した事例がある（バスの製造分野に係る業務提携＝平成 18 年度事前相談制度に基づく相談）。

以上のように一定の取引分野を画定した後，競争の実質的制限の有無を判断する。その判断は，ハードコアカルテル，非ハードコアカルテル，ボイコットそれぞれについて，おおむね以下のように行う。

⑵ ハードコアカルテルの分析方法

① 価格カルテル

ハードコアカルテルのうち価格カルテルや数量制限カルテルなどについては，一定の取引分野を画定した後，参加事業者の市場シェアの大きさを確認した上で（元詰種子カルテル事件＝ 2-15 〔市場シェアが 9 割を超えるカルテル参加者が重要な競争手段である価格について合意することから，市場における競争機能に十分な影響を与えることが推認できるとした事例〕），競争の実質的制限効果を認定する。合意を基礎に市場を画定する結果，多くの場合には高い市場シェアを確認することができるが，そうでない場合には，アウトサイダーの供給余力の小ささを確認し，またアウトサイダーの追随可能性を確認した上で，参加事業者による価格引上げないし産出量削減が可能かを判断する（中央食品事件＝勧告審決昭 43.11.29 審決集 15 巻 135 頁〔アウトサイダーが家族労働を主とする小規模事業者であり，製造販売を積極的に拡張しがたい状況にあることを指摘した事例〕，塩化ビニル管事件＝審判審決平 28.2.24 審決集 62 巻 222 頁〔アウトサイダーの事業規模および市場シェアが小さく，また大手事業者からの値上げ要請を受けて，中堅以下事業者による追随する状況を指摘した事例〕）。

また，このように市場シェアの算定を行わずとも，ハードコアカルテルについては，合意が実効性を有している限り競争の実質的制限を認定できるとの考え方もある。価格カルテルであれば，価格引上げに成功したこと自体が，市場支配力の形成，行使を雄弁に語っていると考えるのである。

② 談　合

談合については，基本合意が競争の実質的制限効果をもたらすことを認定する必要がある。そこでは，基本合意に従って個別調整が成功するかが重要である（⇨ 2-25 ）。そこで，公取委は，入札参加者における談合参加事業者の割合，またアウトサイダーの数，その態度を確認した上で，さらに**落札率の高さ**を指摘することが多い。落札率とは，入札予定価格に対する落札価格の割合である。その高さは個別調整の存在を示唆し，ひいては，基本合意の存在，およびその実効性の強さを示す。

　2-25 **多摩談合事件**［百3］＝ 2-20 2-21 2-33
　　基本合意は，一定の取引分野である入札市場の相当部分において，事実上の拘束力をもって有効に機能して，高い落札率を実現させた。このことから基本合意は一定の取引分野における競争を実質的に制限したものといえる。

(3) 非ハードコアカルテルの分析方法

① 共同販売・共同生産・競争の余地

非ハードコアカルテルについて，どのようにして競争の実質的制限効果を認定するのか。非ハードコアカルテルは，参加事業者間の事業統合を目的とするものと，社会公共目的を達成しようとするものの，2つの類型に分けることができる。それぞれについて，以下のように，競争の実質的制限効果を認定することになる。

まず事業統合型の非ハードコアカルテルとは，共同販売，共同生産，共同購入，共同研究開発といった，当事会社の事業活動の一部を統合するものである。このような事業統合型の非ハードコアカルテルは，①参加事業者が単独では実行不可能な活動を可能にして，市場における競争単位を増加させ，または，②事業活動上の効率性を達成する可能性がある。他方，事業活動の統合が，共同研究開発，共同生産，共同販売と進むにつれて，市場における競争単位を減少させるおそれが大きくなり，競争を実質的に制限することがないかについて慎重な審査が必要となる。

なお，共同販売が，価格カルテルの実効性確保手段として利用されることがある。この場合は，ハードコアカルテルとして，競争の実質的制限の認定を行えばよい。また，共同生産，共同研究開発といった共同事業が共同出資会社を

通じて行われる場合には，共同事業の取決めについて 2 条 6 項の適用を考えることもできるし，共同出資会社の設立に係る株式の保有などについて 10 条等の適用を考えることもできる。

　事業統合型の非ハードコアカルテルのうち，共同生産は，規模の経済性や範囲の経済性を達成することにより，市場に競争促進効果をもたらし得る。しかし，総費用に占める生産費用の割合が大きければ，費用削減の余地が限られることになるため，販売段階における**競争の余地**は小さくなる。また，生産段階における協調が販売段階における協調へとつながる危険性もある。後者は競争インセンティブ減殺の問題であり，**スピルオーバー効果**の問題という。生産部門と販売部門間の情報遮断の取決めは，スピルオーバーの問題を解決するものとして，積極的に評価されることになる。

　OEM 協定（相手方ブランドによる生産受託）は，共同生産の一類型である。OEM 協定が販売段階における競争制限につながるかは，総費用に占める生産費用の割合のほか，当事者の総生産量に占める OEM 生産の割合による。これら割合が小さければ，その分，当事者間で競争の余地が大きなものになるからである（⇨ 2-26 ）。

> 2-26 **建築資材メーカーの相互的 OEM 供給の事例**（平成 13 年相談事例 8 [百33]）　2 社が相互に OEM 供給を行うことを計画するが，①これにより多くの地域において両社の生産費用が共通化されること，総費用のうち生産費用が相当の部分を占めること，商品市場における 2 社の市場シェアが約90％を占めることから，販売段階における競争が減殺されるおそれが大きく，加えて，②生産費用など重要な情報を知り得ることは 2 社の市場シェアからすれば競争への影響が大きいことから，競争を実質的に制限すると考えられる。

② **共同購入**

　共同購入は，取引費用を削減し，また規模の経済性を達成することにより，市場に競争促進効果をもたらし得る。しかし購入市場における参加事業者の市場シェアが大きい場合には，購入市場において市場支配力を発生させる可能性がある。なお，購入市場における競争制限のみを目的とした合意はハードコアカルテルの 1 つである。溶融メタル談合事件（排除措置命令・課徴金納付命令平

20.10.17審決集55巻692頁，754頁）は，購入価格の上昇を防止するためのカルテルに対して，排除措置命令および課徴金納付命令が下された事件である。

購入市場における市場支配力を，**買手側の市場支配力**と呼ぶ。競争水準以下に購入価格を引き下げる力のことである。このような力の形成，維持，強化により，競争市場であれば生産・供給できた生産者（売手）による生産・供給が不可能になる。これは，競争水準以上に販売価格を引き上げて，競争水準以下に生産・供給を引き下げる売手側の市場支配力と同じく，資源配分上の非効率性をもたらす。なお，競争水準以下に購入価格を引き下げようとしても，有力な代替的購入者が存在すれば不可能である。このような買手側の市場支配力の検討における代替的購入者の検討は，売手側の市場支配力の検討における代替的供給者の検討とパラレルなものである。

共同購入が，購入市場だけではなく，販売市場にも影響をもたらすことがある。完成品αのメーカー数社が部品βについて共同購入を行う場合を考える。まず問題となるのはβの購入市場における買手側の市場支配力である。先に見たように，αの生産以外にもβの用途がないのか等，βに係る代替的購入者の存在を検討することになる。次に問題となるのはαの供給市場における売手側の市場支配力である。部品βの共同購入により**費用の共通化**が進み，商品αの販売段階における競争の余地がなくなるかを検討する。これは共同生産に関する分析と共通する。

③ 共同研究開発・付随的制限

共同研究開発は，二重投資の回避，リスク分散，技術の相互補完などから，一般に競争促進的と考えられる。しかし，基礎研究，応用研究，開発研究と進むにつれて，共同生産に近い性格を有し，競争制限効果の発生が問題になる場合がある。公取委「共同研究開発に関する独占禁止法上の指針」（平5.4.20。以下，「共同研究開発ガイドライン」という）は，共同研究開発について，競争促進的な効果を考慮しつつ，**商品市場**，**技術市場**（技術の取引市場）という２つの市場における競争の実質的制限について，参加者の数，市場におけるシェア，研究の性格，共同化の必要性，対象範囲・期間等の観点から総合的に検討するとする。

製品市場について，共同研究開発ガイドラインは，競争者が行う製品の改良

または代替品の開発のための共同研究開発について，参加者の市場シェアが20％以下の場合には，通常，市場に有意な影響を及ぼすことはないとする。システム開発会社2社による情報システムの共同開発について，①製品の改良に該当する共同研究開発であり，②2社を合算した市場シェア・地位が約15％・第3位にすぎないこと，また，③共同開発の計画内容に競争制限的な内容が含まれていないことから，独禁法上問題ないとした事例がある（金融機関向けに販売する情報システムの共同開発＝平成15年度相談事例5）。

　技術市場について，共同研究開発ガイドラインは，当該技術市場において研究開発主体が相当数存在する場合には，技術市場に有意な影響を及ぼすことはないとする。ここで研究開発主体の減少が基準とされる理由は，技術取引市場では市場シェアを観念することができないからである。

　製品市場および技術市場における競争への影響に加えて，共同研究開発ガイドラインは，共同研究開発の実施に伴う取決めの評価も行う。そこでは，共同研究開発の実施に必要とされる合理的な範囲のものか，また競争に及ぼす影響が小さいものかという2つの基準から，独禁法上の評価を行うとする（⇨ 2-27 ）。これは**付随的制限**の検討と呼ばれるものである。共同研究開発ガイドラインは，製品市場において競争関係にある事業者間の共同研究開発において，製品の価格，数量等につき制限がなされる場合には，不当な取引制限の適用が問題になるとする。これら価格や数量に関する制限は，競争者間の共同研究開発に付随的でないとするのである。

　付随的制限の検討は，共同研究開発に限らず，事業統合型の非ハードコアカルテル全般について必要となる。共同事業そのものに対する審査と同様に，共同研究開発，共同生産，共同販売と進むにつれ，付随的制限に対しても厳格な審査が必要となる。

　(2-27) **共同研究開発に伴う購入先制限の事例**（平成16年度相談事例5）

　　建築資材メーカーとその製品のユーザーである建設業者が，建築工法を共同で開発する場合に，①当該建設業者が同工法において使用する資材は当該建築資材メーカーのみが供給し，②その条件は他の建設業者に対するよりも有利なものにするとの制限は，制限が課される期間が研究開発の成果を当事者間で配分するために合理的に必要な範囲にとどまる限り，直ちに独禁法上

問題となるものではない。

④ 安全，環境保護を目的とする共同行為

安全や環境保護といった社会公共目的を達成するための共同行為については，それら社会公共目的が単なる名目のものではないかを，まず確認する必要がある（広島県石油商業組合事件＝審判審決平 8.6.13 審決集 43 巻 32 頁〔交通安全確保は**副次的目的**にすぎず，**決定的動機**は組合員間の競争回避にあるとして 8 条 4 号違反を認定した事例〕）。共同行為が真に社会公共目的を有するものである場合には，以下のように，①共同行為がそもそも競争を制限するものではない，または②仮に競争を制限したとしても独禁法に違反することはないと判断される余地がある。

①の考えを示すものとして，公取委「リサイクル等に係る共同の取組に関する独占禁止法上の指針」（平 13.6.26）がある。そこでは，リサイクル・システムの構築について，リサイクル市場を創出し，取引機会を拡大するものであることから，原則として，リサイクル市場における競争を制限するおそれは小さいとする。これは，共同行為が新たなシステムないし新市場を創出する場合には，そもそも競争を制限することはないとの考えを示すものである。

②の考えを示唆するものとして，従来無償であったレジ袋を有料化する旨の小売業者間の取決めが，独禁法に違反することはないとされた事例がある（レジ袋の利用抑制のための有料化の取組＝平成 19 年度相談事例 3）。そこでは，まずレジ袋の提供が小売業者の事業活動からみて**副次的サービス**であり，共同行為によっても小売業者間での商品の販売についての競争は制限されないとする。その上で，正当な目的に基づく共同行為であること，および目的に照らして合理的に必要とされる範囲内の共同行為であることを理由として，問題の共同行為が，直ちに独禁法上問題となるものではないと判断する。ここでは，副次的サービスと直接の競争手段との区別を述べることで，共同行為がそもそも競争を制限するものではないことを示した上で（上記①の考え方），さらに確認的に，仮に競争に何らかの影響があったとしても，その目的および手段の相当性から正当化の余地があるとの考えが示唆される。後段の目的・手段に関する思考方法は，公共の利益要件における正当化事由におけるものと共通する（**6** 参照）。

近時公表された「グリーン社会の実現に向けた事業者等の活動に関する独占禁止法上の考え方」（令 5.3.31。以下，「グリーンガイドライン」という）は，競争

制限効果と競争促進効果が認められる共同行為について，目的の合理性および手段の相当性を勘案しつつ，競争制限効果と競争促進効果を総合考慮して，独占禁止法上の評価を行うとの考え方を示している。これは上記②の競争を制限する場合の正当化について述べるように見えるが，グリーンガイドラインは，競争促進効果を「新たな技術，商品，市場等が生み出され，事業者間の競争が促進されること」と定義しており（注4），上記①のそもそも競争を制限するものではない場合について述べるものと整理できる。なお，グリーンガイドラインによれば，グリーン社会の実現に向けた共同行為の多くは，価格等の重要な競争手段である事項に影響を及ぼさない，新たな事業者の参入を制限しない，および既存の事業者を排除しないといった形で実施可能であって，そうである以上，独占禁止法に違反することがないという。

(4) ボイコット

ボイコットは，競争者排除を目的とした共同行為である。まずボイコットは，2条9項1号または一般指定1項に該当し，不公正な取引方法として禁止される。不公正な取引方法の禁止規定によるボイコットの規制事例は多い。またボイコットは，競争を実質的に制限するならば，3条前段，3条後段，8条1号の対象となる。3条前段，3条後段，8条1号のいずれを適用するかによって，課徴金額に相違が生じる可能性がある。これまで，ボイコットに3条前段を適用した事例（ぱちんこ機製造特許プール事件＝ 2-7 ），8条1号を適用した事例（日本遊戯銃協同組合事件＝東京地判平9.4.9審決集44巻635頁 [**百6，43**] 3-3 ）はある。しかし3条後段を適用した事例はない。

公取委「流通・取引慣行に関する独占禁止法上の指針」は，ボイコットに3条後段を適用する場合を，①被排除者の属性，および②市場の状況から説明する。例えば①価格・品質面で優れた商品を販売する事業者の排除，革新的な販売方法をとる事業者の排除，また，②競争が活発になされていない市場における排除の場合に，3条後段の適用可能性があるとする。これら場面は，ボイコットが競争を実質的に制限する場合を示すものとして，同じ市場効果要件を有する3条前段，8条1号の適用場面についても該当する。

6 「公共の利益に反して」

(1) 石油価格協定刑事事件最高裁判決

　不当な取引制限は,「公共の利益に反して」なされる必要がある。独禁法上,公共の利益要件は,2条5項と2条6項に存在する。しかし同じく競争の実質的制限要件を有する8条1号,また第4章の諸規定には存在しない。このような規定上の非対称は,次のような問題を生む。すなわち,事業者の行為とも事業者団体の行為とも構成できる行為は,3条の対象とすることも,8条1号の対象とすることも可能である。また共同生産会社の設立など,3条後段の対象とすることも,企業結合規制の対象とすることも可能な行為もある。公共の利益要件の解釈によっては,これらの行為について,適用法条の違いにより独禁法上の評価に違いをもたらしかねないとの問題である。そこで,「公共の利益に反して」とは,問題の行為が競争の実質的制限効果を有することを宣言するものにすぎないとして,そこに実質的意味を認めないとの説も有力であった。

　しかし最高裁は,石油価格協定刑事事件において,公共の利益要件に実質的意味を認める。最高裁によれば,競争を実質的に制限する共同行為は,原則として,公共の利益に反する。しかしそのような共同行為であっても,「一般消費者の利益を確保するとともに,国民経済の民主的で健全な発達を促進する」という独禁法の究極目的(1条)に反しない例外的な場合は,公共の利益に反せず,例外的に不当な取引制限から除外される(⇨ (2-28))。このような例外的場合の認定を独禁法の究極目的による正当化と呼ぶことがある。

> (2-28) **石油価格協定刑事事件**(最判昭 59.2.24 刑集 38 巻 4 号 1287 頁[**百5**]= (3-2))　「公共の利益に反して」とは,原則として,自由競争経済秩序に反することを意味する。しかし例外的に,1条の究極目的に実質的に反しない場合を不当な取引制限から除外する機能を果たす。

　8条1号の解説(**第3章**)においてみるように,その後の判審決例は,公共の利益要件が存在しない8条1号について,競争の実質的制限要件に公共の利益要件を読み込むことにより,公共の利益要件の存在・不存在に係る上記規定上の非対称の問題を解決する解釈を示している。

(2) 共同行為の正当化事由

　それでは，公共の利益要件により，共同行為について独禁法上の**正当化事由**が認められる場合とは，いかなる場合か。最高裁は，競争を実質的に制限する共同行為は，原則として公共の利益に反するとしており，公共の利益要件により共同行為が正当化される場面が例外的であることは明らかである。競争回避行為であれ，競争者排除行為であれ，独禁法の究極目的および達成手段の観点から厳格な判断が必要となる。

　例えば複数のジュースメーカーが，値上げ分すべてを環境保護団体に寄付する目的で，一斉に 20 円の値上げを決定した場合を考えよう。この場合，環境保護団体への寄付という共同行為の直接目的と，独禁法の究極目的との関係は不明ないし間接的である。また，仮に環境保護団体への寄付の背景に環境保護の目的が存在し，それが独禁法の究極目的と整合的であっても，環境保護のためにはより直接的な手段が存在しそうである。

　それでは複数の電器メーカーが，環境保護を目的に，効率は悪いが価格が安い型式の冷蔵庫の生産中止を決定した場合はどうか。生産中止の結果，安価な冷蔵庫の入手可能性が消滅したとしても，使用電気量の節約により，冷蔵庫の平均耐用年数を前提とすれば，消費者が負担するトータル費用は安くなるとする。このような効果をもたらす決定は長期的には独禁法の究極目的である「一般消費者の利益」に資するものといえ，先の場合と比して判断は微妙である。同様の事例を合法とする外国の例もある。

　しかし，1 条の究極目的による正当化場面があくまで例外的であることを重視するならば，冷蔵庫の販売に際して使用電気量の明示を義務づけ，あとは消費者の選択に委ねるという，**より競争制限的でない手段**があるとして，独禁法違反を認定するとの判断もあるだろう。

　過去の事例をみると，石油備蓄という国家の重要施策に協力し，かつ危険物である石油の流出等の事故による深刻な事態の発生を防ぐために，迅速，安全かつ確実な保全工事を確保する上で談合が必要との主張に対して，最高裁判決がいう例外的な場合に該当しないとした審決がある（国家石油備蓄会社談合事件＝審判審決平 19.2.14 審決集 53 巻 682 頁）。また，中小企業保護を目的とする共同行為であるとの主張に対して，中小企業基本法等の諸方策とはかけ離れたもの

であるとして，同主張を退けた判決がある（東京都水道メーター入札談合（第1次）刑事事件上告審＝最決平12.9.25刑集54巻7号689頁）。競争を実質的に制限する共同行為について，公共の利益に反することがないとして正当化事由が認められた判審決は，これまでのところ存在しない。

7 事業法規制・行政指導・公的関与と不当な取引制限

(1) 事業法規制と不当な取引制限

事業法規制が存在する場合であっても，競争が許された範囲において，競争制限的な行為を行えば，独禁法違反が成立する。例えば料金規制について，行政庁の関与がない届出制が採用される場合や，料金の上限や上下限を定めるプライスキャップ制や幅運賃制が採用される場合には，料金の合意が不当な取引制限に該当する場合がある。8条1号の事例であるが，三重県バス協会事件（勧告審決平2.2.2審決集36巻35頁）は，幅運賃制における上下限料金の範囲内での料金協定を違法とした事例である。

さらに大阪バス協会事件審決は，刑事罰によって収受禁止されていた幅運賃制の下限を下回る水準での料金協定であっても，独禁法違反となる可能性を認める（⇨ 2-29 ）。同審決は，道路運送法上禁止された取引条件に係るカルテルについて，特段の事情のない限り，8条1号の「競争を実質的に制限すること」という構成要件に該当しないとする。その理由は，他の法律により刑事罰等をもって当該取引または取引条件による取引が禁止されている場合に，独禁法所定の構成要件に該当するとして排除措置命令を講じて自由競争を実現しても，1条の目的に沿わないからである。そして，全く同じ理由から，価格協定が制限しようとする競争が他の法律により刑事罰等をもって禁止された違法な取引または違法な取引条件に係るものであっても，特段の事情を認め，排除措置を命じて自由競争を実現すべき場合があるとする。

> 2-29 **大阪バス協会事件**（審判審決平7.7.10審決集42巻3頁［百36］＝ 3-1 3-4 ）　道路運送法上刑事罰をもって禁止された取引条件に係るカルテルであっても，①認可運賃と乖離する実勢運賃による競争が継続して平穏公然と行われ，かつ②その実勢運賃による競争の実態が，独禁法の目的の観点から，排除措置を命ずることを容認し得る程度まで肯定的に許諾される場合

には，例外的に排除措置を命ずることができる。

(2) 行政指導と不当な取引制限

　行政指導とは，「行政機関がその任務又は所掌事務の範囲内において一定の行政目的を実現するため特定の者に一定の作為又は不作為を求める指導，勧告，助言その他の行為であって処分に該当しないもの」（行手2条6号）である。行政指導をめぐっては，事業者に価格や数量を指示するような行政指導が独禁法の目的に衝突することはないか，そのような行政指導が不当な取引制限行為を招くことはないか，そして行政指導に従ったとして不当な取引制限行為の違法性が阻却されることはないかが議論されてきた。

　石油価格協定刑事事件（＝［百127］（2-28））において，最高裁は，①行政指導自体の適法性，そして②適法な行政指導に従った共同行為の違法性という2つの問題を論じた。まず，最高裁は，①行政指導自体の適法性について，法令に具体的な根拠をもたない価格に関する行政指導を，原則として違法とする。しかし行政指導を必要とする事情があり，この対処のために社会通念上相当と認められる方法によって行われ，「一般消費者の利益を確保するとともに，国民経済の民主的で健全な発達を促進する」との独禁法の究極目的に反しない例外的な場合には，たとえ価格に関する行政指導であっても適法とする。その上で最高裁は，②適法な行政指導に従いこれに協力して行われた共同行為については，その違法性が阻却されるとする。

　最高裁は，①本件における行政指導について，価格に関する行政指導ではあるが，石油危機という異常時において，積極的，直接的な介入をできるだけ避ける方法によって行われるものであり，独禁法の究極目的に実質的に反するものとは認められず，違法であったといえないとした。しかし最高裁は，②本件合意は，行政指導に従いそれに協力する範囲を超えるものであり，共同行為について違法性が阻却されることはないとした。学説上，②について，行政指導への協力行為として値上げの上限希望額に関して合意することと，同限度額までの値上げについて合意することの区別は，実際上困難であるとの批判がなされている。

　最高裁が行政指導への協力行為として不当な取引制限の違法性が阻却されると考える場面は，限定的であることが分かる。公正取引委員会は，「行政指導

に関する独占禁止法上の考え方」（平6.6.30，最終改正平22.1.1）を公表しており，上記①および②の問題について，その考え方を示している。近時の新潟タクシー事件（東京高判平28.9.2審決集63巻324頁 [**百31**]）では，不当な取引制限が行政指導により強制されたものか，行政指導に従ったものかが争われ，いずれも否定された。

(3) 入札談合等関与行為防止法

国や地方公共団体が実施する競争入札において，発注者である国や地方公共団体の職員が，事業者の談合行為に積極的に関与する場合がある。このような談合を**官製談合**と呼ぶ。発注者側の関与は，地元業者の保護，賄賂の存在等，動機や背景はさまざまである。いずれにせよ，石油価格協定刑事事件最高裁判決に照らしてこのような関与（行政指導）は違法であり，そのような関与に従ったとして談合の違法性が阻却されることはない。

官製談合について不当な取引制限の罪（89条1項1号）を問題とする場合には，談合に関与した発注者の職員に対して，身分なき共謀共同正犯または従犯としての責任を問い得る場合がある。しかし不当な取引制限の主体は事業者であるから，発注者である国や地方公共団体が不当な取引制限の行為主体となることはなく，したがって排除措置命令や課徴金納付命令の対象になることもない。この問題に対処するために，「入札談合等関与行為の排除及び防止並びに職員による入札等の公正を害すべき行為の処罰に関する法律」（入札談合等関与行為防止法）が制定されている。

入札談合等関与行為の排除及び防止並びに職員による入札等の公正を害すべき行為の処罰に関する法律（平14法101号）

第2条⑤ この法律において「入札談合等関与行為」とは，国若しくは地方公共団体の職員又は特定法人の役員若しくは職員（……）が入札談合等に関与する行為であって，次の各号のいずれかに該当するものをいう。

一 事業者又は事業者団体に入札談合等を行わせること。

二 契約の相手方となるべき者をあらかじめ指名することその他特定の者を契約の相手方となるべき者として希望する旨の意向をあらかじめ教示し，又は示唆すること。

三 入札又は契約に関する情報のうち特定の事業者又は事業者団体が知ることによりこれらの者が入札談合等を行うことが容易となる情報であって秘密として管理

されているものを，特定の者に対して教示し，又は示唆すること。

四　特定の入札談合等に関し，事業者，事業者団体その他の者の明示若しくは黙示の依頼を受け，又はこれらの者に自ら働きかけ，かつ，当該入札談合等を容易にする目的で，職務に反し，入札に参加する者として特定の者を指名し，又はその他の方法により，入札談合等を幇助すること。

　同法が対象とする発注機関は，国，地方公共団体，そして特定法人である。特定法人とは，①国または地方公共団体が資本金の2分の1以上を出資している法人，および②特別の法律により設立された法人のうち，国または は地方公共団体が，法律により，常時，発行済株式の総数または総株主の議決権の3分の1以上に当たる株式の保有を義務づけられている株式会社（政令により，日本電信電話株式会社および日本郵政株式会社を除く）である（2条2項）。

　入札談合等関与行為は，2条5項に定められており，談合の明示的な指示（1号），受注者に関する意向の表明（2号），発注に係る秘密情報の漏洩（3号），特定の入札談合の幇助（4号）の4つである。1号ないし3号に該当する行為が問題となった事例として，岩見沢市談合事件（平15.1.30改善措置要求）がある。同事件では，市職員が，市が発注する建設工事について，入札執行前に，市幹部の承認または示唆の下に，工事ごとの落札予定者を選定し，また落札予定者の名称および秘密として管理されている工事の設計金額等を事業者団体の役員等に教示していたことが問題となった。4号の「その他の方法」の例は，順番制に基づく入札談合を承認しそれが可能となるよう入札参加者を指名する行為や，発注基準の引下げなどの発注方法の変更によって入札談合を幇助する行為である。

　発注機関の職員が入札談合等関与行為を行ったと認められる場合，公取委は，発注機関の長等に対して**改善措置**を要求する（3条1項・2項）。改善措置要求を受けた発注機関の長等は，必要な措置を行い，入札談合等関与行為を排除するための改善措置を講じなければならない（同条4項）。調査結果，措置内容は公表され，公取委に通知される（同条6項）。通知を受けた公取委は，特に必要があると認めるときは，調査結果，措置内容に意見を述べることができる（同条7項）。

　また発注機関の長等は，発注機関の損害の有無等について調査を行い（4条

1項・2項），調査結果を公表するとともに（同条4項），職員が故意または重大
な過失により発注機関に損害を与えたと認めるときは，当該職員に対し，速や
かにその賠償を求めなければならない（同条5項）。さらに発注機関の長等は，
職員の懲戒事由について調査を行い（5条1項・2項），調査結果を公表しなけ
ればならない（4項）。

　8条は，職員による「入札等の公正を害すべき行為」について，5年以下の
懲役（2022年に一部改正された刑法の施行後は，拘禁刑）または250万円以下の罰
金刑を定める。入札談合等関与行為が独禁法違反行為（3条または8条1号に違
反する行為）への関与を必要とするのに対して，「入札等の公正を害すべき行
為」は，入札等の公正を害する行為であれば足り，独禁法違反行為を前提とし
ない。また，「入札等の公正を害すべき行為」は，入札談合等関与行為の4類
型に限られない。

第3節　国際的事案に対する適用

　独占禁止法は，一定の国際的事案ないし国際的取引にも適用される。本節で
は，この問題について，以下のような順で学ぶことにしよう。まず，①日本の
独禁法には，どのような場合に国際的事案に適用されるかに関する規定がない
から，この点を外国の議論をも参考にしながら明らかにする必要がある。次に，
②6条の沿革，国際的協定・契約の意義，6条の適用事例等について検討する。
また，③国際カルテルに対する独禁法の適用は，近年，6条ではなく3条を用
いて行われていることから，国際カルテルに3条後段が適用された事件も便宜
上ここで取り上げることにする（国際的企業結合で日本に反競争的効果を及ぼす可
能性のある事案に対する10条等の市場集中規制および3条前段の規定の適用について
は省略する）。最後に，④6条，3条を含めて国際的事件に固有の論点（送達，
外国との執行協力協定）について簡単に触れる。

　＊本節では，以下のように用語を定義しておく。
　「日本企業」＝①日本の国籍を有する個人事業者または②日本の法律に基づいて設
　立され，もしくは日本に本店，主たる事務所のある法人事業者。
　「外国企業」＝①以外の個人事業者または②以外の法人事業者。
　「○○に所在する」＝個人事業者が○○に住所・居所を有し，または法人事業者が

○○に本店，主たる事務所を有すること。

「○○で活動する」＝価格カルテルを結ぶための会合等を含めた事業活動を○○で行うこと。

第1款　国際的事案への独禁法の適用

1　規律管轄権

　一般に，**競争法**（世界的にみると，日本の独占禁止法を含めて，カルテル，独占化行為・市場支配的地位の濫用，企業結合等を一定の要件の下に禁止する法をこのように呼ぶことが多くなっている）の適用範囲は，伝統的には**属地主義**（territorial principle）によって律せられてきた。つまり，ある国の競争法はその領域（領土・領海・領空）内においてのみ適用されると。しかし，厳格に属地主義にこだわると，例えば主に日本で販売される商品の価格を外国で行われた会合で日本企業である競争者らが合意したとしても，日本の独禁法では規律できないことになりかねない。このような問題に対処するため，国際法上，一定の場合に域外的管轄権（extraterritorial jurisdiction）が認められているが，問題は，どのような場合にこれが許容されるかである。諸外国では，これについて，外国で開始された行為が国内で完結する場合に，当該国内法の管轄権を認める**客観的属地主義**（objective territorial principle），外国で行われた反競争的行為によって国内に一定の効果が生じる場合に，当該効果が生じる国の競争法の管轄権を認める**効果理論・主義**が有力に主張されてきた（両者は実際上，ほとんど差異を生じない）。このような考え方に基づいて自国の競争法の適用範囲を法文上規定する国が少なくない（米国シャーマン法6 a条，ドイツ競争制限禁止法185条2項，イギリス競争法2条3項，中国独占禁止法2条，韓国独占禁止法2条の2等。EUについては欧州委員会告示「条約81条および82条に含まれる取引に及ぼす効果（effect on trade）の概念に関するガイドライン」〔2004年〕パラグラフ100～109を参照）。

　最も詳細な規定を置くシャーマン法6 a条は，その複雑な規定が現在でもさまざまな解釈を生み出しているが，少なくとも国際カルテルなどの「直接的，実質的，かつ合理的に予見可能な効果（a direct, substantial, and reasonably foreseeable effect）」がアメリカ合衆国の領域に及べば，シャーマン法を適用できる

としている。その意味は，「直接的」＝中間地点，中間業者，中間的製造工程を経由することなしに直ちに生じるという意味ではなく，これらを経由していても国際カルテル等が原因となってアメリカの領域に反競争的効果が生じれば足りること，「実質的」＝日本の独禁法2条6項などにいう競争の「実質的」制限とは異なり，取るに足りない量ではない（not insufficient）こと，「合理的に予見可能な」＝反競争的効果の発生を意図したことは必要でなく，客観的に予測可能であることというアメリカ司法省・FTC（Federal Trade Commission: 連邦取引委員会）の見解が有力になりつつある。

　日本の独禁法にはシャーマン法6a条等に相当する規定がないので，外国の動向を踏まえつつ，従来，国際的事案に独禁法が適用された例から，どのような場合に日本の独禁法が国際的事案に適用されるかを帰納的に導き出すほかない。

2　国際礼譲（international comity）

　1で述べた問題は**規律管轄権**（jurisdiction to prescribe, prescriptive jurisdiction）の有無に関するものであるが，これが認められれば，直ちにその国の競争法を適用してよいというわけではない。国際礼譲の考慮が求められるからである。ここでいう国際礼譲（international comity）とは，通常，競争当局が執行活動のすべての局面において，関係国の重要な利益を考慮して執行活動を抑制すること，すなわち**消極礼譲**を意味する。その場合何を考慮するかは，日米独占禁止協力協定（⇨ **第4款** (2)）6条3項各号などを参考に個々の事案において判断することになろう（反競争的行為の影響の程度，どの程度有効な措置をとり得るか，私人が関係国の相反する命令の板挟みにならないかなど）。

　他方，自国内で行われる反競争的行為が関係国に影響を及ぼす場合，関係国のために自国の競争法をその行為に対して執行するかを検討することが国際礼譲として求められることもある（**積極礼譲**，日米独占禁止協力協定5条を参照）。

3　要件該当性

　1，**2**をクリアした場合，すなわち，ある国際事案に日本が規律管轄権を有し，消極礼譲を働かせて執行を抑制する必要がない場合には，違反要件該当性を検討することになる。不当な取引制限であれば，2条6項の要件を充足する

かどうかである。これについては，国際的事案であっても，本書の他の章・節等で説明が行われていることが基本的に妥当する。ただし，不当な取引制限における「一定の取引分野」の画定や7条の2第1項1号の「売上額」などについては，注意を要する面がある（⇨ **第3款** (1)テレビ用ブラウン管事件，**第3款** (2)マリンホース市場分割協定事件，6条に関するものであるが **第2款** **4** (2)レーヨン糸事件等）。

4 執行管轄権，裁判管轄権

　競争法を執行する競争当局が競争法違反（の疑い）があるとして手続を行う場合には，外国に所在する事業者に報告を命じたり，排除措置の履行，課徴金・行政制裁金の納付等を命令することがあるが，これが**執行管轄権**（jurisdiction to enforce）の行使に当たらないかも問題となる。執行管轄権については国際法の原則は明確であり，一般に人の逮捕や財産の差押え等，私人に対して強制的な権限を外国で行使することは，当該外国の同意がない限り，許されないというものである。したがって，競争法の関係で何が私人に対する強制的な権限の行使に当たるかが問題になり，排除措置命令や課徴金・行政制裁金の納付命令はもちろん，外国に所在する事業者であって日本国内に支店等のないものに対する文書提出命令も執行管轄権の行使に該当すると解される。したがって，ある国の競争当局が外国企業に課徴金・行政制裁金の納付を命じようとしても当該外国の同意が得られず，または外国企業が支払を拒否する可能性がある。ただし，当該外国企業が納付を命じた国に資産を保有していれば，命令を行う国はそれを差し押さえて，課徴金・行政制裁金を徴収することは可能と考えられる。

　さらに**裁判管轄権**（jurisdiction to adjudicate）とは，民事事件であれ刑事事件であれ，国家が人や財産を裁判所の審理に服させることができる主権の一作用である（アメリカの法律家がいう「人的管轄権（personal jurisdiction）」に相当し，被告〔人〕が裁判を行う国家と最低限の接触（minimum contact）を有するかや当該国の裁判所で審理することが合理的で正義に適うか等が問われる）。日本でも民事訴訟法が第1編第2章第1節「日本の裁判所の管轄権」に，取引や財産関係の訴えに限ってであるが規定を設けている（国際裁判管轄）。例えば3条の3第8号は，

「不法行為に関する訴え」につき「不法行為があった地が日本国内にあるとき（外国で行われた加害行為の結果が日本国内で発生した場合において，日本国内におけるその結果の発生が通常予見することのできないものであったときを除く。）」に「日本の裁判所に提起することができる」としている。行為地が日本国内にある場合のみならず結果発生地が日本国内にある場合を含むが，後者の場合には結果発生の予見可能性を要求して過剰な管轄を排除している。独禁法については国際裁判管轄が問題となった事件が乏しいこともあり，十分な議論が行われているとは言いがたい（ただし，京セラ・ヘムロック事件〔東京高判平29.10.25審決集64巻445頁〕，島野製作所・アップル事件〔東京高判令2.7.22審決集67巻648頁〕，準拠法の問題も同様）。

第2款　6条と国際的協定・契約

> **第6条【国際的協定等の規制】** 事業者は，不当な取引制限又は不公正な取引方法に該当する事項を内容とする国際的協定又は国際的契約をしてはならない。

1 6条の沿革

本条は，事業者に対して，不当な取引制限または不公正な取引方法に該当する事項を内容とする国際的協定・契約を行うことを禁止している（事業者団体が同様の国際的協定・契約をすることについては，8条2号により禁止される）。

6条は，1947年の立法時には，旧4条1項各号に該当する事項を内容とする国際的協定・契約や事業活動に必要な科学・技術に関する知識・情報の交換を制限することを内容とする国際的協定・契約を禁止して，事業者が国際カルテルに参加し，または輸出カルテルや輸入カルテルを締結することを，日本への影響の有無にかかわらず厳格に禁止するものと考えられていた。しかし，1949年，1953年の改正を経て実体規定（旧6条1項）が緩和されるとともに，手続規定も，原始独禁法の国際的協定・契約の事前認可制が1949年改正で事後届出制に，1982年改正で公取委規則で定める5種類に限った届出制になり，さらに1997年改正で届出制そのものが廃止された。

6条は1970年代初めまで国際的協定・契約に適用されていたが、その後は——2000年前後の警告事件で3条後段とともに用いられたものの——、3条後段のみが適用されるようになっている。実体規定の内容に差異がないとすれば、6条は不要とする議論もあり得るところである。ただし、例えば不公正な取引方法を禁止していない外国に所在する事業者が、日本に所在する事業者との間で不公正な取引方法に該当する事項を内容とする契約を当該外国において締結した場合、19条を適用できるか、消極礼譲を行使すべきでないか、外国に所在する事業者への公示送達（⇨ **第4款** (1)）が有効な送達と認められるか等は全く疑義がないわけではなく、このような場合に日本に所在する事業者に6条を適用し、7条により当該契約条項の破棄を命じる等の「**間接域外適用**」の方法によらざるを得ない場合もあるかもしれない。そうだとすれば、その限りで6条の存在意義はあるということになろう（ただし、その場合、当該外国に所在する事業者に排除措置命令について争う原告適格を認める必要がある⇨ **4**(3)）。

2 国際的協定・契約の意義

6条は規律管轄権が及ぶ範囲において広く適用対象を定めており、実際の適用例をみても**輸出カルテル**、**国際カルテル**（後述のように日本企業のみに適用されたが）、技術導入契約、輸入代理店契約などに及んでいる。また1953年改正前は「事業者は、外国の事業者と……国際的協定若しくは国際的契約を……してはならない」と規定していたが、同年の改正で「事業者は……国際的協定又は国際的契約をしてはならない」となったことから、それ以降は「事業者」に「外国の事業者」を含むはずである。以上によれば、国際的協定、契約は次のものを含むと解される。

① 日本の領域外で活動する事業者によって締結され、日本の領域に反競争的効果が及ぶカルテル協定（国際カルテルI）。

② 日本の領域内で活動する事業者によるカルテル協定であって、主としてまたは専ら外国に反競争的効果が及ぶカルテル協定（国際カルテルII、輸出カルテル、輸入カルテル）。

③ 日本に所在する事業者と外国に所在する事業者の間の契約であって反競争的条項を含むもの。これには、③-1 ＝前者が反競争的効果を受ける場

合（技術導入契約上の反競争的条項など）と③-2＝後者が反競争的効果を受ける場合（技術援助契約上の反競争的条項など）がある。

6条にいう「国際的協定又は国際的契約」は，従来，(i)当事者が国際的であり（少なくともその一部が外国企業であり），かつ(ii)協定・契約の内容が国際的である（物品，サービス，資金，技術等の国境を越えた移動を伴う）ことを要するとの解釈が行われてきた。しかし，これは届出義務があった時代に届出を要する協定・契約を確定するための基準であったと思われる（しかも，(i)かつ(ii)では，公取委が適用した日本企業のみによる輸出カルテルなどが捕捉されない）。これが廃止された現在，上のように解するのが適当であろう。

3 「該当する事項を内容とする」

6条は不当な取引制限または不公正な取引方法に「該当する事項を内容とする」国際的協定・契約を禁止する。この文言は，①不当な取引制限や不公正な取引方法が実施される前の段階で，これを禁止する根拠として，あるいは②いわゆる間接域外適用の根拠として，意味があるとされてきた。しかし，①については，少なくとも不当な取引制限は，合意により一定の取引分野における競争が実質的に制限されたと認められる限り，着手や実施をまたずとも合意の時点で違反が成立するというのが通説・判例であるから，6条に特別の意義があるわけではない。

②については，外国企業が日本企業に，排他条件付取引や不当な拘束条件付取引を要求して契約を締結したが，その外国企業が国内に支店等をもたない場合，独禁法が民事訴訟法の外国における送達規定（108条）を準用していなかった時代においては，公取委は当該契約条項が旧6条1項に違反するとしつつ，その契約条項の削除等の排除措置を外国企業ではなく，日本企業に命じてきた（間接域外適用）。不公正な取引方法を行わなくとも，そのような国際的契約の当事者となること自体が違反を構成するとの解釈に基づくものである。しかし，2002年改正により，独禁法は70条の7において民訴法108条を準用するとともに，70条の8を設けて公示送達に関する規定も整備したことから，間接域外適用は（あるとしても）極めて稀になると思われる。

4 6条の適用事例

(1) 管轄権が問題となった事例

日本光学とアメリカに所在する販売業者の排他条件付取引条項等を含む国際的契約が問題となった日本光学事件（審判審決昭 27.9.3 審決集 4 巻 30 頁）や外国の海運会社と日本の海運会社によって構成される日本・ペルシャ湾海運同盟への新日本汽船の加入を拒絶したことが不公正な方法に問われた日本郵船事件（公取委決定昭 30.2.11 審決集 6 巻 69 頁）では，審判で被審人ら（後者の事件では外国企業も含まれていた）に独禁法が適用されるかが争点となった。審決は，前者の事件では被審人の行為が不公正な競争方法や旧 4 条に定める行為に該当しない等の理由で違法でないとし，後者の事件では審判を打ち切ったため管轄権の判断（その有無，どのような場合に日本の独禁法が適用されるか）は示されなかった。これに対して，海運三重運賃制事件（審判審決昭 47.8.18 審決集 19 巻 57 頁）では，三重運賃制の申合せがロンドンで行われ，これに基づいて日本の荷主との契約が国内で行われたという事案について，審決は（外国で締結された申合せの反競争的効果が日本に及ぶという理由ではなく，国内で行われた）荷主に対する契約の締結行為が「被審人らの日本における事業活動が行なわれている事業分野およびこれに関連する事業分野における公正かつ自由な競争を阻害している」として審判を行ったものだとして，管轄権を肯定した（違反行為が消滅したとして排除措置は命じなかった）。

このように古い事件では，公取委は国際法上疑義が唱えられていた効果理論（effects doctrine）を採用することに躊躇し，国際法上も広く容認された属地主義的根拠に基づいて管轄権を根拠づけたことが特徴的である。

(2) 輸出取引分野，輸入取引分野を市場と画定した事例

公取委は，外国からの通報を受け，1972 年から 73 年にかけて集中的に化学繊維の輸出カルテル，国際カルテル（国際市場分割・価格協定，輸出数量の制限）を取り上げた（国際カルテルに関するレーヨン糸事件〔勧告審決昭 47.12.27 審決集 19 巻 124 頁〕，輸出カルテルに関するアクリル紡績糸事件〔勧告審決昭 47.12.27 審決集 19 巻 140 頁〕等）。実態としては外国企業を含む国際カルテルであったとしても，公取委は日本企業のみを対象として勧告審決を行っている。それは送達規定上

の不備が1つの理由と考えられる（当時は外国における送達に関する民事訴訟法108条を準用していなかった）。これらの事件においては，日本企業の輸出先向けの「輸出取引」の分野（「波打ち際」の周縁的な市場）における競争を実質的に制限するものとされたことが特徴的である。

他方，日本企業による**輸入カルテル**についても，旭硝子事件（勧告審決昭58.3.31審決集29巻104頁）において，ソーダ灰製造販売業者4社がソーダ灰の輸入数量，引取比率および輸入経路を決定することにより，「我が国のソーダ灰の輸入取引分野」における競争を実質的に制限したとするものがある（本件は3条後段を適用した事例）。

(3) 間接域外適用における外国企業の原告適格

前述した間接域外適用の場合，日本企業が排除勧告を応諾して行われた勧告審決の取消訴訟を，当該契約を締結した外国企業（審決の名宛人でない事業者）が起こせるかという問題がある。これについて最高裁は，勧告審決は審決の名宛人以外の第三者を拘束せず，当該行為が違反行為であることを確定したり，名宛人の行為を正当化するなどの法律的な影響を及ぼしたりすることもないから，特段の事情のない限り，勧告審決によって第三者の権利または法律上の利益が害されることはないとして原告適格を否定した（天野・ノボ事件＝最判昭50.11.28民集29巻10号1592頁）。この判決は実質的な違反行為者に取消訴訟において争う機会を与えなかったものであり，手続的に不公正という誹りを免れがたいものであった。

第3款　近年の国際カルテルに対する独禁法適用

国際カルテルに対して，公取委が，近年，6条ではなく3条後段を適用するようになってきていることは既に述べたとおりである。外国企業に対する刑事処罰は少なくとも当面考えられていないとはいえ，6条と3条後段は科される刑罰の重さや未遂罪処罰の可否が異なる（89条1項1号・2項，90条1号）。以下では，最近の国際カルテル事件に対する3条後段の適用事例をみよう。

(1) テレビ用ブラウン管事件

事実関係は以下のとおりである。2つの韓国企業グループ（サムスンSDI，LG），1つの台湾企業グループ（中華映管），1つの日本企業グループ（MT映像

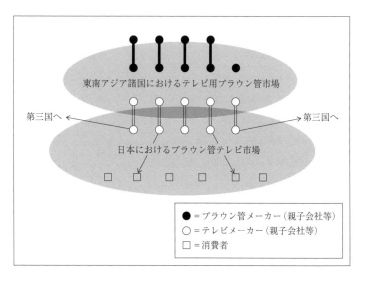

ディスプレイ）の東南アジアにおける現地製造子会社等とタイ企業はテレビ用
ブラウン管を東南アジア諸国で生産し，同じく東南アジア諸国でこれらのブラ
ウン管を購入してテレビを生産する日本企業グループ（三洋電機，シャープ等）
の現地製造子会社等に販売していた。東南アジアで生産されたブラウン管テレ
ビは，これらの現地子会社等からその親会社であるシャープ，船井電機などが
購入し，一部は日本国内に流通して消費され，他は外国に輸出された（東南ア
ジアから輸出先に運送された）。東南アジア諸国の製造子会社等の間のブラウン管
の取引価格や数量は，親会社等の間で交渉され，決定された。これらのテレビ
用ブラウン管メーカー 11 社が日本国外で会合を重ね，日本向けテレビ用ブラ
ウン管の最低価格を取り決めたところ，公取委は，これが 3 条に違反するとし
て，外国企業を含めて一定の排除措置と課徴金の納付を命じた。

　公取委の審判審決（平 27.5.22 審決集 62 巻 27 頁），東京高裁の 3 件の判決（平
28.1.29 審決集 62 巻 419 頁，平 28.4.13 審決集 63 巻 241 頁 **[百 89]**，平 28.4.22 審決
集 63 巻 265 頁）が，理由は若干異なるものの，いずれも排除措置命令，課徴金
納付命令を維持した後，最高裁は，次のように判示して，サムスン SDI マレ
ーシアからの上告を棄却した（最判平 29.12.12 民集 71 巻 10 号 1958 頁）。

　価格カルテルが国外で合意されたものであっても，それが「我が国に所在す

る者を取引の相手方とする競争を制限するものであるなど，価格カルテルにより競争機能が損なわれることとなる市場に我が国が含まれる場合には，当該カルテルは，我が国の自由競争経済秩序を侵害するものということができ」，日本の独禁法を適用できると。本件については，テレビ事業を統括する日本の親会社等がブラウン管を生産する外国の事業者と仕様，価格，数量等について交渉し，東南アジア地域の子会社などに指示して購入させていたという事実関係の下では，ブラウン管を購入する取引は，日本の親会社等と東南アジア地域の子会社等が「経済活動として一体となって」行ったものと評価できるから，本件価格カルテルは，日本に所在するテレビ製造販売業者をも相手方とする取引に係る市場が有する競争機能を損なうものであり，独禁法が適用されるとした（東南アジア地域の売上額をベースとして，課徴金を算定することも，課徴金制度の趣旨，法令の定めから許されるとした）。

　管轄権に関する規定がない日本の独禁法は，価格カルテルについて「一定の取引分野における競争を実質的に制限すること」（2条6項）の実体要件の解釈によって，国際的適用の可否が判断されることとされたと考えられる。

(2) マリンホース市場分割協定事件

　本件は，イギリス（ダンロップ），フランス（トレルボルグ），イタリア（マヌーリ），日本（ブリヂストン，横浜ゴム）のマリンホース製造業者らが，事業者によって異なるものの，おおむね1999年12月頃以降，自国の需要者が見積もり合わせの方式で発注するマリンホースについて当該国の製造業者が受注予定者となり（例えば日本で石油備蓄基地を運営する事業者が発注し日本で使用するマリンホースは，ブリヂストンか横浜ゴムが受注予定者となり，イギリスの需要者が発注しイギリスで使用するマリンホースはダンロップが受注予定者となる），それ以外の国における受注割合と受注予定者の決定はコーディネーターと称する事業者に委任したという国際的な市場分割協定・入札談合である。自国以外の国における受注予定者となる者を決定するための会合は，タイ，アメリカ，イギリスで行われた。公取委は以下のように判断して排除措置を命じるとともに，以下の取引分野において売上げがあったブリヂストンに対してのみ238万円の課徴金の納付を命じた（横浜ゴムは課徴金減免制度により免除された）。

▎ 2-30　マリンホース市場分割協定事件（排除措置命令・課徴金納付命令平20.2.20

審決集 54 巻 512 頁，623 頁 [**百 87**]）　外国企業と日本企業による国際市場分割協定は，見積もり合わせの方式で発注されるマリンホースのうち，わが国に所在するマリンホースの需要者が発注するものの取引分野における競争を実質的に制限していたものである。

　本件については，①上のような一定の取引分野の画定は妥当か，②ブリヂストンは外国の競争当局から課徴金・行政制裁金を賦課されているが，**二重処罰の禁止**に反しないか，③3 条後段の禁止に違反した外国事業者に課徴金を課さなくてよいかが問題となる（さらに④規律管轄権が客観的属地主義と効果主義のいずれによって根拠づけられるかも問われ得るが，現代においては両者の差異はほとんどなく，あまり重要な問題とは思われない）。

　①は**国際市場分割協定**であっても，一定の取引分野を外国の需要者を含めず，国内需要者に限定して画定している点が注目される。これは独禁法の目的（日本の競争秩序の維持）から導かれるほか，外国の需要者に対する売上げを課徴金の算定基礎から除外する趣旨に出たものでもあろう。これは②の問題とも関係するが，外国の競争当局の金銭的サンクションと算定の基礎が重なれば（例えば公取委がブリヂストンの韓国の需要者に対する売上げをも算定の基礎とし，韓国の競争当局もブリヂストンの韓国の需要者に対する売上げに基づいて課徴金を課せば），行われる可能性のある二重処罰であるとの主張を避ける意味もあるものと考えられる（他の競争当局もおおむね同様の算定方法を採用しているようである）。

　むしろ問題は③である。外国企業に課徴金が課されなかったのは，上の一定の取引分野（日本市場）で売上げがなかったことによる（市場分割協定であるから当然である）。前述のように課徴金は不当利得を徴収するという側面より，違反抑止のための制裁としての側面が強まりつつあるが，それにもかかわらず，市場分割協定というハードコアカルテルにさえ課徴金を課せないのは立法論的にみて問題がある。**みなし売上額**を計上する等して課徴金の納付を命じるべきであろう。なお，EU 競争法を執行する欧州委員会は，本件で域内の売上げがなかったブリヂストンにも 5850 万ユーロ（命令が出された 2009 年の平均的レート 1 ユーロ＝ 130 円で計算すると，76 億円以上）の行政制裁金を課している。このような場合，EEA の当該製品の売上額全体に違反行為者の世界市場のシェアを乗じてみなし売上額を計上した上，制裁金が算定される。例えばヨーロッパに参

入しないことを約した A 社が世界全体では 15％の売上額シェアを有する場合，ヨーロッパに参入していれば同程度のシェアを獲得できたであろうと仮定して，ヨーロッパの当該製品の市場規模（＝他社の売上額の合計）に 15％を乗じてみなし売上額としている。

第4款　国際的事件に固有の手続上の問題

(1)　書類の送達

　国際カルテルのメンバー企業や国際的企業結合の当事会社である外国企業に対して，報告命令書，排除措置命令書，課徴金納付命令書等をどのように送れば有効な送達となるかという問題がある。外国企業であっても日本国内に支店，営業所，駐在員事務所などがあれば，そこに送達することで足りるし，外国企業が書類を受領する権限を有する国内の代理人を選任すれば，その者に送達することで有効な送達となる。問題はいずれにも該当しない場合である。

　過去には，外国企業の国内代理店への審判開始決定書の送達は，外国企業への有効な送達とは解されないとした決定がある（スウェーデンの海運業者ほか 9 名に対して審判開始決定を取り消した公取委決定昭 47.8.18 審決集 19 巻 197 頁）。代理店は外国企業の支店，営業所でもなければ，書類の送達を受領する権限もないからである（外国企業が追認もしていない）。

　現在では，独禁法は 70 条の 7 および 70 条の 8 にこのような場合を想定した規定を置いている。70 条の 7 は民事訴訟法 108 条をはじめとする送達に関する規定を準用して，外国における送達については，いわゆる**管轄官庁送達**と**領事送達**を可能としている。実際に行われているのは後者のみといわれるが，これは問題となる事業者が所在する外国における日本の大使，公使または領事に公取委が嘱託して行うもので，当該外国の同意が得られれば，在外大使館，領事館等が問題となる事業者に送達するものとされる。外国の同意なしに文書の提出，一定の措置の履行，金銭の納付を命じることは，強制的な権限を外国で行使すること（執行管轄権の行使）に当たり，許されないと解されるからである。

　70 条の 8 は**公示送達**に関する規定で，領事送達を試みたが当該外国の同意が得られない場合，外国に日本の大使，公使，領事が存在しない場合などに，公取委の掲示場（掲示板）に送達すべき者にいつでも交付する旨を掲示するこ

とにより行われるものである。外国においてすべき送達の場合，公示送達は掲示を始めた日から6週間が経過することにより効力を発する（70条の8第4項）。BHPビリトン/リオティントの企業結合事例（第1次・2008年）や前掲テレビ用ブラウン管事件では領事送達が試みられた後，公示送達が行われた。

(2) 外国との執行協力協定

　競争当局は，国際協力の観点から，一定の措置の実施または不実施を要請されることがある。現在，日本国政府は，アメリカ合衆国政府，欧州共同体（European Community），カナダ政府と**独占禁止協力協定**を結んでいる。これには，①他方の重要な利益に影響を及ぼす執行活動についての通報，②他方の競争当局の執行活動に関連する重要な情報の提供を含む他方の執行活動への支援，③相互に関連する事案について執行活動の調整，④積極礼譲（他方の領域内で行われた反競争的行為が自己の重要な利益に影響を及ぼすとして他方の競争当局に執行活動を行うよう要請が行われた場合に，要請を受けた競争当局が執行活動を行うかどうか慎重に検討すること），⑤消極礼譲（締約者の一方が他方による執行活動が自己の重要な利益に影響を及ぼすことを他方に通報した場合に，他方が執行活動を抑制することを含めて相手方の重要な利益に慎重な考慮を払うこと）が規定されている。

　またシンガポール，マレーシア，メキシコ，チリ，タイ，インドネシア，フィリピン，スイス，ベトナム，インド，ペルー，ASEAN，オーストラリア，モンゴルなどとの間には「競争」に関する章を有する**経済連携協定**がある。「競争」章の中で，「両締約国は，それぞれ自国の法令に従い，かつ，自己の利用可能な資源の範囲内で，反競争的行為の規制の分野において協力する」などと謳われ，協力の分野・細目・手続は，実施取極で定めることが多い。実施取極では通報，執行協力，調整，情報交換，秘密情報の取扱い，技術支援，適用範囲などについて規定されている。

　さらにOECD加盟国間では，「国際通商に影響を及ぼす反競争的行為についての加盟国間の協力に関する理事会勧告」（1995.7.27）が通報，情報交換，措置の調整，協議，調停について定めており，前掲テレビ用ブラウン管事件では，これに基づいて韓国に通知がなされたとされる。

　これらの協定や勧告によれば，一定の場合に外国競争当局に反競争的行為に関する重要な情報の提供も行われ得るが，独禁法39条は公取委の委員長，委

員，職員（これらの職にあった者を含む）は事業者の秘密を他にもらしてはならないとしており，国家公務員法100条も国家公務員に職務上知り得た秘密の漏洩を禁止しているから，外国競争当局に事業者の秘密情報の提供が可能なのは，一部の外国との協定等を除いて，事業者が秘密取扱いの放棄（いわゆるウエーバー）を行った場合に限ると考えられる（さらに独禁法43条の2に外国競争当局に情報提供を行う場合の条件や確認事項等が規定されている）。

第4節　排除措置

> **第7条【排除措置命令】**① 第3条又は前条の規定に違反する行為があるときは，公正取引委員会は……事業者に対し，当該行為の差止め，事業の一部の譲渡その他これらの規定に違反する行為を排除するために必要な措置を命ずることができる。
> ② 公正取引委員会は，第3条又は前条の規定に違反する行為が既になくなっている場合においても，特に必要があると認めるときは……次に掲げる者に対し，当該行為が既になくなっている旨の周知措置その他当該行為が排除されたことを確保するために必要な措置を命ずることができる。ただし，当該行為がなくなった日から7年を経過したときは，この限りでない。
> 一　当該行為をした事業者
> 二　当該行為をした事業者が法人である場合において，当該法人が合併により消滅したときにおける合併後存続し，又は合併により設立された法人
> 三　当該行為をした事業者が法人である場合において，当該法人から分割により当該行為に係る事業の全部又は一部を承継した法人
> 四　当該行為をした事業者から当該行為に係る事業の全部又は一部を譲り受けた事業者

1　本条の趣旨

　本条は，私的独占もしくは不当な取引制限の禁止（3条），または，不当な取引制限もしくは不公正な取引方法に該当する事項を内容とする国際的協定の禁止（6条）の違反行為者に対して，公取委が，行政処分として，違反行為を排除し，または，排除されたことを確保するために必要な措置（＝排除措置）を命ずることができる旨を定める規定である。1項は現存する違反行為，2項は既往の違反行為をそれぞれ対象とする。

排除措置命令は，違反行為を排除して，当該行為によってもたらされた違法状態を除去し，競争秩序の回復を図るとともに，再発を防止することを目的として，**作為・不作為を命ずる行政処分**であり，違反事業者の故意・過失，独禁法違反の認識等の主観的状態は問われない。

2 排除措置命令の内容

排除措置は，競争秩序の回復と再発防止の観点から，違反行為を排除するために必要な範囲内または違反行為が排除されたことを確保するために必要な範囲内において，公取委がその裁量において具体的な内容を決める。法文上は，現存の違法行為については，違反行為の差止め，事業の一部の譲渡が，既往の違反行為については，違反行為が既になくなっている旨の周知措置が，それぞれ例示されるが，無論，これに限らず，違反行為の個別具体的な態様に応じてさまざまに工夫される。

もっとも，排除措置命令は行政処分であり，行政処分一般に適用される平等原則や比例原則に違反することは，公取委の裁量の範囲を逸脱し，または，濫用したものとして許されない。また，内容が抽象的かつ不明確に過ぎ，具体的に履行が不能または著しく困難なものも許されない。

より具体的には，①現存の違反行為およびその実行手段の差止め・廃棄，または，既往の違反行為を取りやめていることの確認，②違法状態の除去を確実にするための取引先・需要者・同業者等への周知徹底，③違反行為の再発を予防するための将来に向けた違反行為の反復の禁止，④これら措置について公取委への報告および承認等の付随的措置，の４つが基本的な排除措置の内容の類型であり，公取委の裁量において，具体的な事案に応じて，これら内容が修正され，工夫される。

ハードコアカルテル事件においては，①について，今後は各社がそれぞれ自主的に事業活動を行う旨を取締役会において決議しなければならない旨，命じられることが通常である。また，③について，違反行為の反復を禁じるだけではなく，独禁法の遵守についての行動指針（コンプライアンス・プログラム）の作成や見直しを求めたり，独禁法の遵守について，従業員への定期的な研修および法務担当者による定期的な監査を求めたりすることもある。

　排除措置の対象となる事項は，違法とされた行為と同一ないし社会通念上同一性があると考え得る行為でなければならないが，当該違反行為そのものについてのみならず，これと同種，類似の違反行為についても，それら行為の行われるおそれがある場合に，その必要がある限り，相当の措置を命ずることができる（第1次育児用粉ミルク（明治商事）事件＝東京高判昭46.7.17行集22巻7号1070頁）。

　なお，価格カルテル事案において，価格をカルテル以前の水準に戻す価格引下げ命令について，公取委は，価格への直接介入になることを懸念し，排除措置としてこれを命じることは避け，代わりに，取引先との価格の再交渉を命じて，取引当事者間の自主的な価格形成に期待する姿勢を維持している。

　私的独占に対する排除措置においては，企業分割や結合関係の解消（株式の処分）といった**構造的措置**が可能かどうかという問題がある。もっとも，株式保有等の結合関係を通じた支配が私的独占として問題とされている場合は，違反行為の排除措置として当該株式の処分を命ずることができるのは当然であると考えられる（東洋製罐事件＝勧告審決昭47.9.18審決集19巻87頁 [**百16**]）。問題となるのは，私的独占の背景となった市場支配力や，私的独占行為によって形成・維持・強化された市場支配力そのものを対象とした構造的措置を命ずることが許されるかどうかである。この点，規定文言上の制約はなく，違反行為の差止めだけでは不十分であり，かつ，排除および反復予防のために必要と判断される限りにおいて，構造的措置をとることが許されるという考えと，反復予防のために，違反行為の源泉を排除するという観点から構造的措置を命ずるのは，排除措置命令として必要な範囲を超えるものであるとの考えがある。現在のところ，このような構造的措置が命じられたことはない。また理論的に言えば，私的独占に対する排除措置として命じることができる構造的措置の対象範囲は，当該行為の結果として形成・維持・強化された市場支配力の増加分に限られるべきところ，実際上，違反行為と因果関係をもつ市場支配力の形成・維持・強化部分を特定するのは極めて困難であるという問題点もある。

3 既往の違反行為に対する排除措置命令

　近年，公取委の調査開始によって，被疑事業者のほとんどは違反行為を取り

やめてしまうため，その時点で違反行為は事実上消滅するが，その後も，競争秩序の十分な回復が期待できず，再発のおそれがある場合も少なくない。既往の違反行為に対する排除措置命令は，このような場合に出されるものであり，公取委が，特に必要があると認める場合には，既に消滅した違反行為に対しても，当該行為の消滅後5年間に限り，**周知措置**その他の排除措置を命ずることができる。

(1) 違反行為がなくなっていること

既往の違反行為に対する排除措置は，違反行為がなくなった日から5年を経過したときは命じることができない。したがって，違反行為が，いつなくなったといえるか（終期）が問題となる。

不当な取引制限の終期は，合意の消滅時であり，合意の破棄や，相互拘束の事実上の消滅を示す特段の事情の存在等が必要となる。また特定の事業者が離脱したと評価されるためには外部的徴表が必要である（⇨ **第2節**「不当な取引制限の禁止」を参照）。また私的独占の終期の場合も同様に，排除・支配が消滅したと評価できることが必要であり，排他条件付取引等の取引相手方に対する支配の場合には，取引相手が拘束を受けずに事業活動ができる状態にあると評価できるような外部的徴表が必要である。なお私的独占においては，排除・支配行為と競争の実質的制限の始期・終期が一致しない場合もあり，外部環境の変化等の要因により競争の実質的制限の方が先に消滅したと認められる場合には，その消滅時が終期となる。

(2) 「特に必要があると認めるとき」

公取委は，従来，既往の違反行為に係るほとんどの事案で，「特に必要があると認めるとき」に当たるとして，排除措置を命じてきたが，同要件を基礎づける事実について必ずしも明示的な認定を行ってこなかった。この点が争われた郵便区分機談合審決取消請求事件（最判平19.4.19審決集54巻657頁**[百96]**）において，最高裁は，「特に必要があると認めるとき」の要件に該当するか否かの判断については，わが国における独禁法の運用機関として競争政策について専門的な知見を有する公取委の専門的な裁量が認められるとし，判断を基礎づける事実が明確に示されない場合でも，審決書の記載全体の中に基礎となる認定事実が示されていれば足りると判示した。

　このように,「特に必要があると認めるとき」要件の判断については,公取委の専門的な裁量が広く認められ,例外的に,裁量権の範囲を超え,または,その濫用があったと評価される場合にのみ,既往の行為に対する排除措置命令が違法となるにとどまる。

　同事件を契機として,公取委は,同要件該当性について明示的に理由を示すに至っている。同要件の適用を基礎づける事実としては,ほとんどの事案において,①違反行為が長期間にわたって行われてきたこと,②違反行為の取りやめが自主的ではなく公取委の審査開始等の外部的な要因を契機としたものであること,の2点が摘示されている。

(3) 除斥期間

　排除措置命令は,違法行為がなくなった日から7年を経過したときは行うことができない。これを除斥期間といい,独禁法執行のリスクに晒される事業者の法的安定性および独禁法の実効性確保という2つの利益の間の適正バランスという観点から定められている。現行ルールは,2019年改正により5年から7年に延長されたものである。

(4) 排除措置命令の受命者

　既往の違反行為について,「特に必要があると認めるとき」に排除措置を命ずることができる事業者の範囲には,違反事業者のほか,以下の法人または事業者が含まれる。①違反事業者が合併によって消滅したときにおける合併後存続し,または合併により設立された法人,②違反事業者から分割により当該違反行為に係る事業の全部または一部を承継した法人,③違反事業者から当該違反行為に係る事業の全部または一部を譲り受けた事業者。これに対して,違反行為に係る事業を譲渡等して当該事業から撤退した違反事業者に対しては,特段の理由がない限り,排除措置を命ずる必要はない。

第5節　課徴金

第1款　概　要

1　課徴金制度の趣旨

　公取委は，事業者または事業者団体が課徴金の対象となる独禁法違反行為を行った場合，当該違反事業者（事業者団体の違反の場合には構成事業者）に対して，課徴金を国庫に納付することを命ずる（7条の2，7条の9，8条の3，20条の2〜20条の6）。これを「課徴金納付命令」と呼ぶ。公取委は，排除措置を「命ずることができる」（7条など）のに対して，課徴金納付を「命じなければならない」。すなわち，課徴金の賦課において，公取委に裁量の余地はない。ただし，課徴金額が100万円に満たない場合には，納付を命ずることができない。

　課徴金制度は，違反行為の抑止，例えばカルテルであれば，「カルテルの摘発に伴う不利益を増大させてその経済的誘因を小さくし，カルテルの予防効果を強化すること」を目的とする（機械保険連盟料率カルテル事件＝ 2-31 ，多摩談合事件＝ 2-20 等）。課徴金制度は，1977年の独禁法改正により導入されたものである。導入時より，課徴金の性質をめぐり，①課徴金制度と刑事罰との関係，また②課徴金制度と不当利得返還制度との関係が，議論されてきた。

　まず判例は，同一の違反行為に課徴金と刑事罰（89条，95条）を併科しても，憲法39条後段が禁止する二重処罰に当たらないとする（シール談合課徴金事件＝最判平10.10.13判時1662号83頁）。上記目的を達成するための行政上の処分としての課徴金制度と，カルテル等の反社会性ないし反道徳性に着目して制裁として科される刑事罰とは，趣旨，目的，手続等を異にするからである。ただし，7条の7は，同一事件について罰金と課徴金を併科する場合には，罰金額の2分の1に相当する金額を課徴金から控除すると規定する。これは立法上，比例原則，罪刑均衡原則に配慮したものである。

　また課徴金制度は，カルテル等による利益をはき出させるものとして，そのやり得を防ぐものであり，経済的利得の帰属についてその不公正を是正するとの効果を持つ。そこで，課徴金制度と民法上の不当利得に関する制度の関係が

問題となる。判例は,「課徴金の額はカルテルによって実際に得られた不当な利得の額と一致しなければならないものではない」とする(機械保険連盟料率カルテル事件＝(2-31))。そして判例は,民法上の不当利得に関する制度は,専ら公平の観点から権利主体相互間の利害の調整を図る私法上の制度であり,課徴金制度とは,その趣旨,目的を異にし,両制度間の調整は不要とする(前掲シール談合課徴金事件,シール談合不当利得返還請求事件＝東京高判平 13.2.8 審決集 47 巻 690 頁 [百 100])。

2 課徴金制度の変遷

　上で述べたように,課徴金制度は,1977 年の独禁法改正において導入された。同改正は 1970 年代前半のオイルショック下での物価高騰(狂乱物価)を背景とし,課徴金制度は,独占的状態に対する規制(8 条の 4),特定の一般集中規制(旧 9 条の 2,11 条),同調的値上げの理由報告制度(旧 18 条の 2)とともに導入されたものである。その後,課徴金制度のみが,独禁法違反行為抑止の有効性に鑑み,一貫して強化改正を受けてきた。

　具体的には,日米構造問題協議を受けた 1991 年に算定率が引き上げられ,2005 年には,算定率の引上げとともに,対象となる違反行為が支配型私的独占に拡大され,また不当な取引制限について課徴金減免制度が導入された。2005 年改正にあたっては,不当利得以上の金銭を徴収するとの制度趣旨が明確に示され,同改正により,課徴金制度は,社会的公正の確保とともに,違反行為の予防効果を強化するとの複合的な趣旨および目的を有することになった。さらに,2009 年に排除型私的独占,特定の不公正な取引方法が対象となる違反行為に加えられるとともに,2019 年改正によって,新たに調査協力減算制度が導入されるなどして,現在に至っている。

3 課徴金額の算定

　課徴金納付命令の対象となるのは,【図表 2-1】に掲げる行為である。制度の効率的な運用のため,課徴金額は,実行期間または違反行為期間における違反行為の対象商品または役務の売上額や購入額に,表に掲げるあらかじめ定められた一定率を乗ずるとの算定方式をとる。課徴金の賦課と同様,課徴金額の算

【図表2-1】 違反行為ごとの課徴金算定率

不当な取引制限	10%（中小企業4％）
支配型私的独占	10%
排除型私的独占	6％
共同の取引拒絶 差別対価 不当廉売 再販売価格の拘束	3％
優越的地位の濫用	1％

定においても，裁量の余地はない。これは制度の効率的運用に鑑みたものである（⇨ 2-31 ）。

原則となる算定率は10％である。これは過去のカルテル事件について実証分析を行った結果，事業者が得る不当利得が売上高の8％を超える事件が多く，違反行為の抑止には，それ以上の金銭徴収が必要と考えられたからである。支配型私的独占について同じ算定率が用いられている理由は，支配型私的独占がしばしば不当な取引制限と同様の市場効果をもたらすからである。

2-31 **機械保険連盟料率カルテル事件**（最判平17.9.13民集59巻7号1950頁[百99]） 課徴金制度の算定方式は，①それが行政上の措置であり算定基準が明確であることが望ましく，また，②制度の積極的かつ効率的な運営により抑止効果を確保するためには算定が容易であることが必要との考えに基づき設計されている。

課徴金の算定率は，不当な取引制限について，**中小企業**について低くなっている。これは，一般に中小企業の利益率が大企業に比して低いと考えられること，また交渉力の小ささゆえに，違反行為を行った際の不当な利得が一般的に低いと考えられることに基づく。7条の2第2項が，中小企業を定義する。中小企業は，業種や事業ごとに，資本・出資の額，従業員数などにより決定される。中小企業算定率が適用されるのは，違反事業者および子会社等のすべてが同項の要件を満たす場合に限られる。

第2款　不当な取引制限に対する課徴金納付命令

> **第7条の2【不当な取引制限に対する課徴金納付命令】**①　事業者が，不当な取引制限……であって，商品若しくは役務の対価に係るもの又は商品若しくは役務の供給量若しくは購入量，市場占有率若しくは取引の相手方を実質的に制限することによりその対価に影響することとなるものをしたときは，公正取引委員会は，……当該事業者に対し，第1号から第3号までに掲げる額の合計額に100分の10を乗じて得た額及び第4号に掲げる額の合算額に相当する額の課徴金を国庫に納付することを命じなければならない。（略）
>
> 一　当該違反行為……に係る一定の取引分野において当該事業者及びその特定非違反供給子会社等が供給した当該商品又は役務……並びに当該一定の取引分野において当該事業者及び当該特定非違反供給子会社等が当該事業者の供給子会社等に供給した当該商品又は役務……の政令で定める方法により算定した，当該違反行為に係る実行期間における売上額
>
> 二　（略）
>
> 三　当該違反行為に係る商品又は役務の全部又は一部の製造，販売，管理その他の当該商品又は役務に密接に関連する業務として政令で定めるものであって，当該事業者及びその完全子会社等……が行ったものの対価の額に相当する額として政令で定める方法により算定した額
>
> 四　当該違反行為に係る商品若しくは役務を他の者……に供給しないこと……に関し，手数料，報酬その他名目のいかんを問わず，当該事業者及びその完全子会社等が得た金銭その他の財産上の利益に相当する額として政令で定める方法により算定した額

1　総　　論

　7条の2第1項は，不当な取引制限に対する課徴金納付命令について定める。同命令の対象となる不当な取引制限（または不当な取引制限を内容とする6条違反行為）は，「対価に係るもの」および「対価に影響することとなるもの」に限られる。

　このうち「対価に係るもの」には，①供給または購入における対価そのものを合意するもののほか，②対価に影響を与えることを目的とするもの，③対価に対して直接的な影響を及ぼすものを含む。入札談合は，対価への影響を目的ないし直接的な効果とするものとして，定型的に「対価に係るもの」に該当す

る（郵便区分機課徴金事件＝東京高判平 24.2.17 審決集 58 巻(2) 127 頁）。

　また「対価に影響することとなるもの」とは，①供給量または購入量，②市場占有率，③取引の相手方のいずれかを「実質的に制限することにより」，対価に影響を与える蓋然性を有するものである。①ないし③を実質的に制限すれば，通常，「対価に影響することとなる」と考えられる（⇨ 2-32 ）。2 条の 2 第 1 項が，②市場占有率を定義する。

> 2-32 　**ダクタイル鋳鉄管事件**（東京高判平 23.10.28 審決集 58 巻(2) 60 頁）
>
> 　市場シェアカルテルによって，自由競争の下における供給量よりも事業者個々の供給量が低位の水準に抑えられるならば，市場全体の供給量を制限する効果があり，問題の市場が需給関係による価格メカニズムが機能しない市場である等の特段の事情がない限り，市場の対価に影響することとなる。

2 課徴金納付命令の名宛人

　課徴金納付命令の名宛人は，不当な取引制限で 7 条の 2 第 1 項に該当する当該違反行為を実行した「当該事業者」である（クボタ事件＝東京高判平 24.2.24 審決集 58 巻(2) 166 頁 **[百 104]**〔1 つの商流に複数の違反行為者が関与している場合に，事実上の営業活動を行ったか否かにより，違反行為を実行したかを判断するとした事例〕）。違反行為事業者が合併により消滅した場合には，合併後の会社が課徴金納付命令の名宛人である（7 条の 8 第 3 項）。また，違反行為事業者が事業譲渡や会社分割を行った場合には，事業を引き継いだ会社が課徴金納付命令の名宛人である（同 4 項）。公共入札などにおいて，共同企業体の形による参加が義務づけられることがある。共同企業体の場合には，構成事業者が課徴金納付命令の名宛人となる。

3 実行期間

　実行期間とは，不当な取引制限の「実行としての事業活動を行った日」（始期）から，「実行としての事業活動がなくなる日」（終期）までの期間である（2 条の 2 第 13 項）。この期間は，終期から遡って 10 年を上限とする。また，実行期間が終了した日から 7 年を経過すると，課徴金の納付を命ずることができない（7 条の 8 第 6 項）。これを**除斥期間**という。不当な取引制限自体の始期およ

び終期と，不当な取引制限の実行期間の始期および終期とは異なり得る。なぜ
ならば前者が合意の成立および消滅を基準とするのに対して，後者は合意に従
った契約や販売を基準とするからである。同じ不当な取引制限の参加者であっ
ても，参加者ごとに実行期間の認定を行う。

　「実行としての事業活動を行った日」とは，例えば価格カルテルでは，**値上
げ予定日**である。同日の値上げに向けて需要者との交渉が行われた場合には，
実際に同日に値上げが実現されたか否かにかかわらない（日本ポリプロほか課徴
金事件＝審判審決平 19.6.19 審決集 54 巻 78 頁 [**百 103**]）。入札談合では，基本合意
に従い初めて入札がなされた日である。

　「実行としての事業活動がなくなる日」とは，例えば価格カルテルでは，合
意消滅日の前日である。入札談合において，個別調整がなされた後，基本合意
が消滅したものの，個別調整がなされた契約がそのまま締結された場合には，
実行期間の終期は同契約日となる。

4　「当該商品又は役務」の「売上額（……購入額）」

(1)　当該商品または役務

　「当該商品又は役務」の「売上額（……購入額）」が，課徴金算定の基礎とな
る。まず，カルテル事件において，「当該商品又は役務」は，①違反行為の対
象商品または役務の範疇に属する商品または役務であって，②違反行為による
拘束を受けたものである（東京無線タクシー協同組合課徴金事件＝審判審決平 11.
11.10 審決集 46 巻 119 頁 [**百 101**]）。①を満たすものについては，明示的または
黙示的に当該行為の対象からあえて除外したこと，または，これと同視し得る
合理的な理由によって定型的に拘束から除外されていることを示す**特段の事情**
がない限り，「当該商品又は役務」に該当すると推定される。これまで，別個
の価格付けがなされる特注品（東芝ケミカル課徴金事件＝審判審決平 8.8.5 審決集
43 巻 68 頁〔肯定〕），完全子会社に対する売上げなどについて，特段の事情があ
るかが争われてきた。後者については，**同一企業内での物資の移動**と同視し得
るかが，検討される（出光興産審決取消請求事件＝東京高判平 22.11.26 審決集 57 巻
⑵ 194 頁〔否定〕）。

　次に，談合事件において，「当該商品又は役務」は，「当該事業者が直接又は

間接に関与した受注調整手続の結果競争制限効果が発生したことを要する」（土屋企業事件＝東京高判平 16.2.20 審決集 50 巻 708 頁 [**百 102**]，多摩談合事件＝(2-33)）。たたき合い物件など，**具体的競争制限効果**の発生が争われる事例は多い。判例は，基本合意に基づく個別調整の対象から除外されたとの**特段の事情**がない限り，基本合意に基づく個別調整がなされ，具体的競争制限効果の発生が推認されるとする（タカヤ事件＝東京高判平 26.11.21 審決集 61 巻 228 頁 [**百 105**]）。カルテル事件と同様，特段の事情の存在は，当事会社がそれを立証する。アウトサイダーが存在する場合であっても，個別調整によりなお**競争単位の減少**は見られるとして，特段の事情の存在が認められない場合があろう。

> (2-33) **多摩談合事件**（最判平 24.2.20 民集 66 巻 2 号 796 頁 [**百 3，20**]＝(2-20) (2-21) (2-25)）　課徴金の対象となる「当該役務」とは，基本合意の対象とされた工事であって，基本合意に基づく受注調整の結果，具体的競争制限効果が発生するに至ったものをいうと解される。

(2) 売上額または購入額

課徴金算定の基礎となる売上額または購入額は，企業会計原則に従い，原則として，実行期間において引き渡された商品または役務の対価の合計である（独禁令 5 条）。これを**引渡基準**という。ただし，**著しい差異が生ずる事情**がある場合には，実行期間において契約された商品または役務の対価の合計による（独禁令 6 条）。例えば，契約から引渡しまでの間に大きな開きがある場合や，発注が特定時期に集中するような場合である。これを**契約基準**という。契約基準による修正は，違反行為の実行としての事業活動による不当利得が，課徴金額に，より適正に反映されるようにするためである。著しい差異が生ずる事情の判断について，東燃ゼネラル石油事件（東京高判平 18.2.24 審決集 52 巻 744 頁）は公取委に一定の裁量を認める。

引渡基準では値引き，返品，割戻金が，また契約基準では値引きが，それぞれ売上額または購入額から控除される。他方，費用が，売上額または購入額から控除されることはない（機械保険連盟料率カルテル事件＝(2-31) 〔売上額を事業者が取引相手から受け取る代金ないし報酬の合計から費用項目を差し引く前の数値として，損害保険につき営業保険料の合計額から純保険料の控除を認めなかった事例〕）。また消費税が控除されることはないとするのが公取委の実務であり，判例もそれ

を認める。

(3) 合　算

　供給カルテルについて，課徴金額は次の３つを合算したものになる（購入カルテルについては，１号に代わり，２号に従い金額を算定する）。

　第１に，①違反事業者と「特定非違反供給子会社等」が供給した当該商品又は役務と，②それらが「供給子会社等」に供給した当該商品又は役務について，実行期間における売上額の10％を算定する（7条の2第1項1号）。ここで，「特定非違反供給子会社等」は，違反事業者からの指示または情報に基づき当該商品または役務を供給する完全子会社等である（2条の2第7項）。また，「完全子会社等」は，議決権の全部を有する関係でつながる会社である（同条3項）。特定非違反供給子会社等に対する指示または情報の内容は，「他の者に当該違反行為に係る商品又は役務を供給することについて」のものに限られる（同条7項）。

　第２に，違反行為に「密接に関連する業務」について，違反事業者およびその完全子会社等が行ったものの対価の額の10％を算定する（7条の2第1項3号）。「完全子会社等」の範囲は，上で見た（2条の2第3項）。**密接関連業務**は，違反行為に係る商品または役務の全部または一部を行わないことを条件として行う製造，販売，加工その他の商品または役務を供給する業務であって，他の違反行為者が違反行為に係る商品または役務を供給するために必要とされるものである（独禁令6条1項）。

　第３に，違反事業者および完全子会社等が当該商品または役務を受けないことに関して得た金銭その他の財産上の利益に相当する額を算定する（7条の2第1項4号）。たとえば談合金がこれに該当する。上の２つが売上額の10％を乗じて計算されるのに対して，ここでは全額が課徴金額に算入される。

　なお，事業者が，審査官等による事実の報告や資料の提出の求めに応じない場合には，上で見た7条の2第1項各号の額を合理的な方法により推計することができる（同条3項）。審査規則23条の6第1項は，不当な取引制限について，実行期間のうち算定基礎額を把握できた期間における額を当該期間の日数で除したものに把握できない期間の日数を乗する方法を示している。

第7条の3【繰返しの違反の場合の加重算定率】 ①　前条第1項の規定により課徴金の納付を命ずる場合において，当該事業者が次の各号のいずれかに該当する者であるときは，同項……中「合算額」とあるのは，「合算額に1.5を乗じて得た額」とする。ただし，当該事業者が，第3項の規定の適用を受ける者であるときは，この限りでない。

一　当該違反行為に係る事件についての調査開始日から遡り10年以内に，前条第1項……による命令……を受けたことがある者（……）

二三　（略）

【違反の主導の場合の加重算定率】 ②　前条第1項の規定により課徴金の納付を命ずる場合において，当該事業者が次の各号のいずれかに該当する者であるときは，同項……中「合算額」とあるのは，「合算額に1.5を乗じて得た額」とする。ただし，当該事業者が，次項の規定の適用を受ける者であるときは，この限りでない。

一　単独で又は共同して，当該違反行為をすることを企て，かつ，他の事業者に対し当該違反行為をすること又はやめないことを要求し，依頼し，又は唆すことにより，当該違反行為をさせ，又はやめさせなかった者

二　単独で又は共同して，他の事業者の求めに応じて，継続的に他の事業者に対し当該違反行為に係る商品又は役務に係る対価，供給量，購入量，市場占有率又は取引の相手方について指定した者

三　前2号に掲げる者のほか，単独で又は共同して，次のいずれかに該当する行為であって，当該違反行為を容易にすべき重要なものをした者

イ　他の事業者に対し当該違反行為をすること又はやめないことを要求し，依頼し，又は唆すこと。

ロ　他の事業者に対し当該違反行為に係る商品又は役務に係る対価，供給量，購入量，市場占有率，取引の相手方その他当該違反行為の実行としての事業活動について指定すること（……）。

ハ　他の事業者に対し公正取引委員会の調査の際に当該違反行為又は当該違反行為に係る課徴金の計算の基礎となるべき事実に係る資料を隠蔽し，若しくは仮装すること又は当該事実に係る虚偽の事実の報告若しくは資料の提出をすることを要求し，依頼し，又は唆すこと。

ニ　他の事業者に対し次条第1項第1号，第2項第1号から第4号まで若しくは第3項第1号若しくは第2号に規定する事実の報告及び資料の提出又は第7条の5第1項の規定による協議の申出を行わないことを要求し，依頼し，又は唆すこと。

【繰返しかつ主導の場合の加重算定率】 ③　前条第1項の規定により課徴金の納付を命ずる場合において，当該事業者が，第1項各号のいずれか及び前項各号のいずれかに該当する者であるときは，同条第1項（……）中「合算額」とあるのは，「合算額に2を乗じて得た額」とする。

1 違反の繰返し

　本条は課徴金算定率が加重される場合について定める。1項は，調査開始日から遡り10年以内に課徴金納付命令を受けていた場合について，課徴金算定率の5割加算を定める。繰り返し違反行為を行う場合には不当利得が大きく，また違反行為抑止の必要性が大きいと考えられることを理由とする。調査開始日は2条の2第15項が定義する。本条は，1回目の違反行為が私的独占であっても適用され（7条の9第3項），また違反行為の対象となった商品・役務，一定の取引分野が同一である必要もない。

2 違反の主導等

　2項は，カルテルの**主導的事業者**に対する，課徴金算定率の5割加算を定める。主導的事業者とは，①カルテルを企て，かつ要求，依頼，そそのかす者（1号），②カルテルに係る商品の対価等を指定する者（2号），または③違反行為を容易にする重要な行為をした者（3号）である。3号については，2019年改正によって，隠蔽仮装の要求等をした者（同号ハ）や，課徴金減免制度に係る事実の報告等を行わないことを要求した者（同号ニ）などが含まれることになった。なお，カルテルの単なる調整役では，主導的事業者と認められない。高知談合事件（課徴金納付命令令平24.10.17審決集59巻(1)293頁）は，他の事業者からの求めに応じて対価および取引の相手方を指定したことから（2号），5割加算を認めた事例である。

　上で見たように，1項が規定する違反の繰返しによる算定率の加重は，私的独占による場合も対象である。これに対して，2項の規定は不当な取引制限に係る課徴金のみを対象とする。不当な取引制限とは異なり，私的独占については主導的事業者を観念しがたいからである。1項と2項いずれの要件も満たす場合，すなわち違反行為を繰り返した事業者が，カルテルの主導的事業者である場合については，課徴金算定率は10割加算となる（3項）（関西電力発注架空送電工事事件＝排除措置命令・課徴金納付命令平26.1.31審決集60巻(1)380頁ほか，466頁ほか[**百**107]）。

第3款　課徴金減免制度・調査協力減算制度

第7条の4【課徴金減免制度】①　公正取引委員会は，第7条の2第1項の規定により課徴金を納付すべき事業者が次の各号のいずれにも該当する者であるときは，同項の規定にかかわらず，当該事業者に対し，課徴金の納付を命じないものとする。

一　公正取引委員会規則で定めるところにより，単独で，当該違反行為をした事業者のうち最初に公正取引委員会に当該違反行為に係る事実の報告及び資料の提出を行った者（当該事実の報告及び資料の提出が当該違反行為に係る事件についての調査開始日（第47条第1項第4号に掲げる処分又は第102条第1項に規定する処分が最初に行われた日をいう。以下この条において同じ。）……以後に行われた場合を除く。）

二　当該違反行為に係る事件についての調査開始日以後において，当該違反行為をしていない者

②　第7条の2第1項の場合において，公正取引委員会は，当該事業者が第1号及び第5号に該当する者であるときは減算前課徴金額……に100分の20を乗じて得た額を，第2号及び第5号又は第3号及び第5号に該当する者であるときは減算前課徴金額に100分の10を乗じて得た額を，第4号及び第5号に該当する者であるときは減算前課徴金額に100分の5を乗じて得た額を，それぞれ当該減算前課徴金額から減額するものとする。

一　公正取引委員会規則で定めるところにより，単独で，当該違反行為をした事業者のうち2番目に公正取引委員会に当該違反行為に係る事実の報告及び資料の提出を行った者（当該事実の報告及び資料の提出が当該違反行為に係る事件についての調査開始日以後に行われた場合を除く。）

二　公正取引委員会規則で定めるところにより，単独で，当該違反行為をした事業者のうち3番目に公正取引委員会に当該違反行為に係る事実の報告及び資料の提出を行った者（当該事実の報告及び資料の提出が当該違反行為に係る事件についての調査開始日以後に行われた場合を除く。）

三　公正取引委員会規則で定めるところにより，単独で，当該違反行為をした事業者のうち4番目又は5番目に公正取引委員会に当該違反行為に係る事実の報告及び資料の提出（……既に公正取引委員会によって把握されている事実に係るものを除く。次号において同じ。）を行った者（当該事実の報告及び資料の提出が当該違反行為に係る事件についての調査開始日以後に行われた場合を除く。）

四　公正取引委員会規則で定めるところにより，単独で，当該違反行為をした事業者のうち6番目以降に公正取引委員会に当該違反行為に係る事実の報告及び資料の提出を行った者（当該事実の報告及び資料の提出が当該違反行為に係る事件についての調査開始日以後に行われた場合を除く。）

　　五　当該違反行為に係る事件についての調査開始日以後において，当該違反行為を
　　　していない者
③　第7条の2第1項の場合において，公正取引委員会は，当該事業者が第1号及び
　　第3号に該当する者であるときは減算前課徴金額に100分の10を乗じて得た額を，
　　第2号及び第3号に該当する者であるときは減算前課徴金額に100分の5を乗じて
　　得た額を，それぞれ当該減算前課徴金額から減額するものとする。
　　一　当該違反行為に係る第1項第1号又は前項第1号から第3号までに規定する事
　　　実の報告及び資料の提出を行った者の数が5に満たない場合において，当該違反
　　　行為に係る事件についての調査開始日以後公正取引委員会規則で定める期日まで
　　　に，公正取引委員会規則で定めるところにより，単独で，公正取引委員会に当該
　　　違反行為に係る事実の報告及び資料の提出（……既に公正取引委員会によって把
　　　握されている事実に係るものを除く。次号において同じ。）を行った者（第1項
　　　第1号又は前項第1号から第3号までに規定する事実の報告及び資料の提出を行
　　　った者の数とこの号に規定する事実の報告及び資料の提出を行った者の数を合計
　　　した数が5以下であり，かつ，この号に規定する事実の報告及び資料の提出を行
　　　った者の数を合計した数が3以下である場合に限る。）
　　二　当該違反行為に係る事件についての調査開始日以後公正取引委員会規則で定め
　　　る期日までに，公正取引委員会規則で定めるところにより，単独で，公正取引委
　　　員会に当該違反行為に係る事実の報告及び資料の提出を行った者（前号に該当す
　　　る者を除く。）
　　三　前2号に規定する事実の報告及び資料の提出を行った日以後において，当該違
　　　反行為をしていない者
④〜⑦　（略）

1 課徴金減免制度の趣旨

　本条は，課徴金減免制度（リニエンシー制度）について規定する。1項は，調
査開始前において，違反事実の報告等を最初に行った事業者について，課徴金
を全額免除することを定める。2項および3項は，課徴金を減額する場合につ
いて定める。

　課徴金減免制度の目的は，違反行為の抑止と発見にある(⇨ 2-34)。まず，不
当な取引制限の禁止が対象とするカルテルは，常にカルテル破り（他者がカル
テルを守る場合に，自分だけ抜け駆けして大きな利益を得る）の可能性に直面する。
カルテルに対して厳格な課徴金制度を用意しつつ，減免制度を用意することに
よって，カルテル破りの誘因効果を大きくし，ひいてはカルテルの成立自体を

抑止することができる。また，報告等を行った者に対して，公取委の調査への協力を求めることにより，公取委による違反事実の認定が容易となる。

> (2-34) **愛知電線事件**（東京高判平 25.12.20 審決集 60 巻(2) 108 頁 [**百 106**]）
> 　課徴金減免制度は，公取委の調査に全面的に協力して報告等を行った違反事業者に対し，その報告等の順番に応じて機械的に課徴金の減免を認めることにより，密室で行われて発見，解明が困難なカルテルや談合の摘発や事案の真相究明，違反状態の解消および違反行為の防止を図るとの趣旨に出たものである。

2　課徴金の免除

(1)　単独で

　1 項は，課徴金が免除される場合について規定する。調査開始日前の第 1 位の申請者には課徴金が免除される。逸脱への強いインセンティブを与えるとともに，第 1 位の申請者は最も重要な情報を有すると考えられるからである。

　カルテル参加者による共同での申請に対して課徴金免除を認めることを許せば，課徴金減免制度の趣旨であるカルテル破りの誘因を与えることなく，むしろカルテルのやり得を認めることで，カルテルの形成を促進する結果をもたらしかねない。したがって課徴金減免の申請は，「単独で」なされることが必要である。ただし，同一グループ内の 2 以上の会社による共同申請は，認められている（4 項）。

(2)　調査開始日前

　調査開始日は，立入検査（47 条 1 項 4 号）または臨検や捜索等（102 条 1 項）が最初に行われた日である。違反行為についていずれかの事業者に立入検査等が行われれば，その日が調査開始日となる（愛知電線事件＝(2-34)）。

(3)　当該違反行為に係る事実の報告および資料の提出

　「事実の報告」とは，自ら違反行為を行っていた事実，および他の事業者が共同して当該違反行為を行っていた事実を報告することである。「資料の提出」とは，違反行為の立証に資する資料を提出することである。

　事実の報告および資料の提出は 2 段階に分かれる。まず，違反行為の対象である商品または役務，違反行為の態様等を記した「様式第 1 号」を提出する。

これは電子メールによる提出に限られ，減免制度の適用順位はその受付順位による。様式第1号は，順位確保の機会を与えることで，事業者による素早い申請を促すとの意味を持つ（マーカー制度）。その後，違反行為に係る詳細な情報を記した「様式第2号」を，公取委が指定する期限内に提出する。期限までに報告書，資料が提出されることで，様式第1号の提出により確保された仮順位が確定する（公取委から5項に基づく通知がなされる）。確定した順位が1位であれば免除となる。申請内容がアメリカのディスカバリ制度の対象となる危険を避ける等のため，課徴金減免管理官に対する口頭による報告が認められる場合がある。

(4) 違反行為の取りやめ

調査開始日以後，当該違反行為をしていた者でないことが必要である（1項2号）。**違反行為の取りやめが課徴金減免申請時を基準としない趣旨は，申請時**とすれば，他の事業者が課徴金減免申請の事実を察知し，証拠隠蔽等を行う危険性が存在するからである。取りやめたというためには，取締役会において違反行為の取りやめを決議し，違反行為を行っていた社内部門に違反行為の取りやめを周知するなどすればよい（自動車メーカーが発注するヘッドランプ等事件＝排除措置命令平25.3.22審決集59巻(1)262頁ほか［**百108**］）。

③ 申請順位に応じた課徴金の減額

課徴金の減額は，減免申請の順位に応じた減算率に，事業者の調査協力が事件の真相の解明に資する程度に応じた減算率を加えたものを適用して決定される。2項および3項が申請の順位に応じた減算率を定めており（事業者の調査協力が事件の真相の解明に資する程度に応じた減算率については，7条の5），調査開始日前と調査開始日後で異なる。調査開始日前の情報は，立入検査に必要な情報を含むことから，価値が高いと考えられる。

まず，調査開始日前2番目の申請者は20%，調査開始日前3番目から5番目までの申請者は10%，6番目以下の申請者は5%となる（2項）。なお，4番目以降の申請者は，既に公取委が把握している事実以外について，報告および資料の提出を行うことが必要である。本項についても，1項と同じく，調査開始日以後における違反行為の取りやめが要件である（5号）。

次に，調査開始日後の申請者は，既に公取委が把握している事実以外について報告および資料の提出を行う場合において，調査開始日前の減免申請者数とあわせて5者以内である限り，最大3者に10%の減算率が適用される。立入検査等による把握事実以外についての報告および資料の提出が必要となるが，カルテルに関与した従業員の証言を整理して，カルテルに至る経緯，合意内容，実施方法を説明する報告資料がその例である。その他の申請者は5%の減算率であって，適用人数に制限はない。調査開始日以後における減額申請は，「様式第3号」を電子メールで送信することにより行う。期限は調査開始日から起算して20営業日を経過した日までである（減免規則7条・8条）。

第7条の5【調査協力減算制度】① 公正取引委員会は，……事業者……から次の各号に掲げる行為についての協議の申出があったときは，報告等事業者との間で協議を行うものとし，……報告等事業者との間で，報告等事業者が同号に掲げる行為をし，かつ，公正取引委員会が第2号に掲げる行為をすることを内容とする合意をすることができる。

一　次に掲げる行為

　イ　当該協議において，公正取引委員会に対し，報告し，又は提出する旨の申出を行った事実又は資料を当該合意後直ちに報告し，又は提出すること。

　ロ　……事実の報告及び資料の提出又はイに掲げる行為により得られた事実又は資料に関し，公正取引委員会の求めに応じ，事実の報告，資料の提出，公正取引委員会による報告等事業者の物件の検査……の承諾その他の行為を行うこと。

　ハ　公正取引委員会による調査により判明した事実に関し，公正取引委員会の求めに応じ，事実の報告，資料の提出，検査の承諾その他の行為を行うこと。

二　減算前課徴金額に次のイ又はロに掲げる事業者の区分に応じ，当該イ又はロに定める割合（……「上限割合」という。）の範囲内において，当該合意において定める特定の割合（……「特定割合」という。）を乗じて得た額を，当該減算前課徴金額から減額すること。

　イ　前条第2項第1号から第4号までに規定する事実の報告及び資料の提出を行った事業者　100分の40以下

　ロ　前条第3項第1号又は第2号に規定する事実の報告及び資料の提出を行った事業者　100分の20以下

② 公正取引委員会は，前項の協議において報告等事業者により説明された同項第1号に掲げる行為により得られる事実又は資料が事件の真相の迅速な解明に必要であることに加えて，報告等事業者が同項の合意後に当該事件についての新たな事実又は資料であって同項の公正取引委員会規則で定める事項に係る事実に係るものを把

握する蓋然性が高いと認められる場合において，当該新たな事実又は資料の報告又は提出に当該合意後一定の期間を要する事情があると認めるときは，報告等事業者に対し，当該協議において，報告等事業者が同号に掲げる行為に加えて第1号に掲げる行為をすることを当該合意の内容に含めるとともに，公正取引委員会が同項第2号に掲げる行為をすることに代えて第2号に掲げる行為をすることを当該合意の内容とするよう求めることができる。

一　次に掲げる行為

　イ　当該合意後，当該新たな事実又は資料を把握したときは，直ちに，公正取引委員会に当該新たな事実又は資料の報告又は提出を行うこと。

　ロ　イに掲げる行為により得られた事実又は資料に関し，公正取引委員会の求めに応じ，事実の報告，資料の提出，検査の承諾その他の行為を行うこと。

二　減算前課徴金額に，特定割合を下限とし，これに報告等事業者が前号に掲げる行為をすることに対し減算前課徴金額を更に減ずることができる割合として公正取引委員会規則で定めるところにより当該合意において定める割合を加算した割合……を上限とする範囲内において，公正取引委員会が当該行為により得られた前項の公正取引委員会規則で定める事項に係る事実の内容を評価して決定する割合（……「評価後割合」という。）を乗じて得た額を，当該減算前課徴金額から減額すること。

③〜⑪　（略）

1 調査協力に応じた課徴金の減額

申請順位に応じた減免率に加えて，事業者の協力度合いに応じた減算率を付与する**調査協力減算制度**が存在する（7条の5）。申請順位に応じた減算率が違反行為からの逸脱のインセンティブを与えるのに対して（7条の4），協力度合いに応じた減算率は調査協力のインセンティブを与えるものである。調査協力の度合いに応じた減算率の上限割合は，調査開始日前であれば最大40％，調査開始日後であれば最大20％である（7条の5第1項2号）。7条の4および7条の5をあわせれば，課徴金減免制度は，【図表2-2】のようになる。

2 協議・合意

事業者は課徴金減免制度における報告等を行った上で，事実の真相の解明に資する事実等を把握すべくさらに協力する意思がある場合には，**協議開始の申出**を行い，公正取引委員会と合意した上で，当該合意に基づく事実の報告また

【図表 2-2】 申請順位と減免率

調査開始	申請順位	申請順位に応じた減免率	協力度合いに応じた減算率
前	1 位	全額免除	
	2 位	20％	＋最大40％
	3〜5 位	10％	
	6 位以下	5 ％	
後	最大 3 社(注)	10％	＋最大20％
	上記以下	5 ％	

（注）公正取引委員会の調査開始日以後に課徴金減免申請を行った者のうち，減免率10％
　　　が適用されるのは，調査開始日前の減免申請者の数と合わせて 5 社以内である場合に限
　　　る。

（出典）公正取引委員会資料

【図表 2-3】 協議の流れ

※1　仮に，協議が不調に終わった場合，協議中の事業者の説明内容を記録していたと
　　　しても，それ自体は証拠にならない。
※2　事業者が協議において提示した協力行為を実施した場合，公正取引委員会は提示
　　　した減算率を適用する（事業者が減免失格事由に該当する場合は，申請順位に応じた
　　　減免率も協力度合いに応じた減算率も適用はなくなる。

（出典）公正取引委員会資料

は資料の提出を行うことができる（協議・合意は必須である）。協議の申出がで
きるのは，課徴金減免制度における報告等を十分に行った上で，7 条の 4 第 5
項に基づく通知（5 項通知）を受けた事業者に限られる。協議の申出ができる
時期は限られる（7 条の 5 第 8 項，減免規則 14 条）。協議の流れは**【図表 2-3】**の
ようになる。

　協力度合いに応じた減算率は，公正取引委員会と事業者との合意による。合
意には，（ア）減算率を特定して定めるもの（**特定割合の合意**）と，（イ）減算率の
上限と下限を定めるものがある。（ア）特定割合の合意は，公正取引委員会が，
課徴金減免制度（7 条の 4）における報告の内容などのほか，合意後に報告され
ると見込まれる事実や提出されると見込まれる資料を評価して，減算率を定め

【図表 2-4】 事件の真相の解明に資する程度に応じた減算率

調査開始日前	調査開始日以後	事件の真相の解明に資する程度
40%	20%	高い（全ての要素を満たす）
20%	10%	中程度である（2つの要素を満たす）
10%	5%	低い（1つの要素を満たす）

（出典）調査協力減算制度の運用方針 4 (3)

るものである（7条の5第1項）。これに対して，（イ）上限および下限についての合意は，公正取引委員会が，事業者が合意後新たに把握し，調査協力減算制度における報告等を行った事実等を評価して，上限および下限の範囲内で減算率を決定するものである（同条2項）。このような幅のある減算率の合意が可能であるのは，法文上，①事業者が合意後に新たな事実または資料であって，事件の真相の解明に資するものを把握する蓋然性が高いと認められる場合であり，かつ②当該事実または資料の報告または提出に一定の期間を要する事情があると認めるときに限られる（同項柱書）。もっとも公正取引委員会は，調査期間を通じた協力の内容が減算率に反映されることは，事業者にとっても有益と考えられることから，事業者に対して，通常，上限および下限についての合意を求めることになるとする（調査協力減算制度の運用方針 3(2)イ）。最終的な減算率（**評価後割合**）は，上限および下限の範囲内で，提出された事実等が事件の真相の解明に資する程度を公正取引委員会が評価して決定する。

3 評価方法・減算率

減算率（特定割合，評価後割合）は，事業者の報告等の内容が**事件の真相の解明に資する程度**に応じて，決定される。同評価について，公正取引委員会は，事件の真相の解明の状況を踏まえつつ，①具体的かつ詳細であるか否か，②公正取引委員会規則が定める「事件の真相の解明に資する」事項について網羅的であるか否か，③事業者が提出した資料により裏付けられるか否かの要素を考慮するとする（調査協力減算制度の運用方針 4(1)）。また，これら3つの要素から，**【図表 2-4】**のとおり減算率を決定するという。

事業者は，合意において定められた期限までに報告等を履行する。事業者が

調査協力減算制度に基づく報告等を期限までに履行しない場合には，協力度合いに応じた減算率のみならず，申請順位に応じた減算率も受けることができない（7条の6第7号）。調査協力減算制度における虚偽報告等（同条1号），減免申請等の妨害行為（同条5号），減免申請等を行った事実の漏洩（同条6号）が，減免失格事由として定められている。

４ 判別手続

　所定の手続により一定の条件を満たすことが確認された事業者と弁護士との間で秘密に行われた通信の内容を記録した物件を審査官がその内容に接することなく還付する手続が整備されている（審査規則23条の2以下，事業者と弁護士との間で秘密に行われた通信の内容が記録されている物件の取扱指針）。新課徴金減免制度を機能させるとともに，適正手続を保障することを目的とする。不当な取引制限にかかる行政調査手続を対象とする（犯則調査手続は対象外である）。本取扱いの要件を判断するために，**判別官**が置かれる（審査規則23条の4）。

> **第7条の6【課徴金減免の欠格事由】**　公正取引委員会が，……事業者に対し第7条の2第1項の規定による命令又は第7条の4第7項の規定による通知をするまでの間に，次の各号のいずれかに該当する事実があると認めるときは，同条第1項から第3項まで及び前条第3項の規定にかかわらず，これらの規定は，適用しない。
> 一　当該事業者（……）が報告した事実若しくは提出した資料又は当該事業者がした前条第1項第1号若しくは第2項第1号に掲げる行為により得られた事実若しくは資料に虚偽の内容が含まれていたこと。
> 二　当該事業者（第7条の4第1項第1号に規定する事実の報告及び資料の提出を行った事業者に限る。）が，同条第6項の規定による求めに対し，事実の報告若しくは資料の提出をせず，又は虚偽の事実の報告若しくは資料の提出をしたこと。
> 三　当該事業者（第7条の4第2項第1号から第4号まで又は第3項第1号若しくは第2号に規定する事実の報告及び資料の提出を行った事業者に限る。）が，同条第6項の規定による求めに対し，虚偽の事実の報告又は資料の提出をしたこと。
> 四　当該事業者がした当該違反行為に係る事件において，当該事業者が，他の事業者に対し（……）第7条の2第1項に規定する違反行為をすることを強要し，又は当該違反行為をやめることを妨害していたこと。
> 五　当該事業者が，他の事業者に対し（……）同条第1項第1号，第2項第1号から第4号まで若しくは第3項第1号若しくは第2号に規定する事実の報告及び資料の提出又は前条第1項の協議の申出を行うことを妨害していたこと。

六　当該事業者が，正当な理由なく，第7条の4第1項第1号，第2項第1号から第4号まで若しくは第3項第1号若しくは第2号に規定する事実の報告及び資料の提出を行った旨又は前条第1項の合意若しくは協議を行った旨を第三者に対し（……）明らかにしたこと。

七　当該事業者が，前条第1項の合意に違反して当該合意に係る行為を行わなかったこと。

　本条は，**欠格事由**について定める。①報告または提出資料に虚偽の内容が含まれている場合，②公取委から求められた報告または資料の提出をせず，もしくは虚偽の報告または提出をした場合，③他の事業者に違反行為を強要または他の事業者が違反行為をやめることを妨害した場合，④他の事業者による課徴金減免申請または調査協力の申出をおこなうことを妨害した場合，⑤正当な理由なく課徴金減免申請または調査協力の合意・協力をおこなったことを明らかにした場合，⑥調査協力減算制度に基づく合意事項をおこなわなかった場合には，減免の資格が付与されることはない（虚偽事実の報告によって課徴金減免が失格とされた事例として，シャッターカルテル事件＝審判審決令2.8.31審決集67巻1頁）。

　1号ないし3号における「虚偽の」報告とは，報告内容と事実に相違が存在することを知っているか，知り得た場合と解される。4号における「強要」とは，単なる調整役であることを含まない。7条の3第2項の主導的事業者との関係が問題となるが，両概念は別である。すなわち，主導的事業者であったとしても，直ちに強要の欠格要件に該当せず，課徴金の減免を受け得る。7条の3第2項が規定する主導的事業者をはじめ，カルテルの中心的事業者は，公取委によるカルテルの立証に重要な資料を有することも多い。それらによる減免申請を期待するのであれば，4号における「強要」は狭く解釈されるべきということになろう。

第7条の7①【罰金額との調整】　公正取引委員会は，……同一事件について，当該事業者に対し，罰金の刑に処する確定裁判があるときは，……当該罰金額の2分の1に相当する金額を控除した額を課徴金の額とするものとする。（略）
②③　（略）

本項は，罰金との調整を定める。私的独占，不当な取引制限を行った事業者に罰金が科され，なお同一の行為に課徴金の納付を命じる場合には，本来の課徴金額から罰金額の2分の1を控除した額をもって，納付を命じる課徴金額とする。罰金と刑事罰の併科は二重処罰に当たらず，調整は本来不要であるが，事業者に対する制裁という機能面では共通するところから，政策的に調整規定を設けるものである。課徴金納付命令後に刑事罰に係る確定裁判がなされる場合には，決定により納付命令額の変更を行う（63条）。

第7条の8【課徴金納付義務を負う者】 （略）

第4款　私的独占に対する課徴金納付命令

第7条の9【私的独占に対する課徴金納付命令】 ①　事業者が，私的独占（他の事業者の事業活動を支配することによるものに限る。）であって，当該他の事業者（以下この項において「被支配事業者」という。）が供給する商品若しくは役務の対価に係るもの又は被支配事業者が供給する商品若しくは役務の供給量，市場占有率若しくは取引の相手方を実質的に制限することによりその対価に影響することとなるものをしたときは，公正取引委員会は，……当該事業者に対し，第1号及び第2号に掲げる額の合計額に百分の十を乗じて得た額並びに第3号に掲げる額の合算額に相当する額の課徴金を国庫に納付することを命じなければならない。（略）

一　当該事業者及びその特定非違反供給子会社等が被支配事業者に供給した当該商品又は役務（……）並びに当該一定の取引分野において当該事業者及び当該特定非違反供給子会社等が供給した当該商品又は役務（……）並びに当該一定の取引分野において当該事業者及び当該特定非違反供給子会社等が当該事業者の供給子会社等に供給した当該商品又は役務（……）の政令で定める方法により算定した，当該違反行為に係る実行期間における売上額

二　当該違反行為に係る商品又は役務の全部又は一部の製造，販売，管理その他の当該商品又は役務に密接に関連する業務として政令で定めるものであって，当該事業者及びその完全子会社等（……）が行ったものの対価の額に相当する額として政令で定める方法により算定した額

三　当該違反行為に係る商品若しくは役務を他の者（……）に供給しないことに関し，手数料，報酬その他名目のいかんを問わず，当該事業者及びその完全子会社等が得た金銭その他の財産上の利益に相当する額として政令で定める方法により算定した額

② 事業者が，私的独占（他の事業者の事業活動を排除することによるものに限り，前項の規定に該当するものを除く。）をしたときは，公正取引委員会は，……当該事業者に対し，当該違反行為に係る一定の取引分野において当該事業者及びその特定非違反供給子会社等が供給した商品又は役務（……）並びに当該一定の取引分野において当該商品又は役務を供給する他の事業者（……）に当該事業者及び当該特定非違反供給子会社等が供給した当該商品又は役務（……）並びに当該一定の取引分野において当該事業者及び当該特定非違反供給子会社等が当該事業者の供給子会社等に供給した当該商品又は役務（……）の政令で定める方法により算定した，当該違反行為に係る違反行為期間における売上額に，百分の六を乗じて得た額に相当する額の課徴金を国庫に納付することを命じなければならない。（略）

③ （略）

1 支配型私的独占に対する課徴金納付命令

　本条は，私的独占に係る課徴金規定である。1項は支配型私的独占に係る課徴金について定める。対価に影響する支配型私的独占は，経済実態としてはカルテル類似の状況であると考えられるため，課徴金算定率，対価影響要件（「対価に影響する」等の要件）ともに，不当な取引制限に係る課徴金規定と同様の規定が置かれる。ただし，対象事業者が中小企業である場合の軽減率規定は適用されない。これは，支配型私的独占においては，違反行為者がたとえ中小企業であっても，市場支配力を行使して独占的利益を得ており，軽減措置を適用する必要性は低いとの考え方による。

　このほか，違反行為が繰り返された場合の加算措置は私的独占の場合にも認められるが，早期離脱による減額措置，主導的役割を果たした場合の加算措置，違反行為の報告等による課徴金減免（リニエンシー）制度は，いずれも私的独占には適用されない。

　支配型私的独占における対価影響要件とは，違反行為者が，被支配事業者の供給する商品等の価格決定に関与することを指す。例えば，メーカーが取引相手である流通業者の再販売価格を指示したり，入札の受注予定者を決め，被支配事業者である入札参加者を従わせたりする行為が該当する。また，供給量，市場占有率，または取引の相手方を実質的に制限することによって，対象となる商品・役務の対価に影響することとなる場合もこれに当たる。

なお，課徴金の対象となるのは，供給に係る私的独占の場合だけであり，購入に係る私的独占の場合は含まれない。これは購入に係る私的独占に対して法的措置がとられたことが少ないため，現状では課徴金の対象とする必要がないと考えられたことによる。

2 排除型私的独占に対する課徴金納付命令

　2項は，排除型私的独占に係る課徴金規定である。排除型私的独占については，1項（支配型私的独占に係る課徴金規定）に該当する場合以外の排除行為に対して，売上額の6%が課される。また，対価影響要件の定めはない。

　課徴金の算定期間は，「当該違反行為をした日……から当該違反行為がなくなる日までの期間」（＝違反行為期間）であり，2条の2第14項で定義される。それによれば最長で10年間とされている。

　排除型私的独占においては，排除行為によって市場の競争状況に変化が生じ，競争の実質的制限がもたらされるところ，排除が行われた時点と競争の実質的制限が生じた時点は異なる場合も少なくない。そのような場合，競争の実質的制限が生じた時点が「当該違反行為をした日」（始期）となる。

　「当該違反行為がなくなる日」（終期）とは，違反要件のいずれか1つが欠けた時点であり，排除行為を取りやめた時点，または，競争の実質的制限がなくなった時点のうち，いずれか早い方が終期となる。したがって，既往の違反行為の悪影響が市場に残っていても，違反行為の終期を認定することの妨げにはならない。

　支配型私的独占に対する課徴金の算定率は10%，排除型私的独占に対する課徴金の算定率は6%であるため，両行為が競合する場合や同一行為が支配型・排除型の双方に該当する場合に適用される課徴金の算定率が重大な問題となる。

　この点，本項のかっこ書が競合調整規定として置かれ，「他の事業者の事業活動を排除することによるものに限り，前項の規定に該当するものを除く」と規定するが，個別具体的に多様な行為態様を想定すると，この調整規定の解釈は必ずしも明らかでない。以下，(a) 1つの行為が排除と支配の二面性を有する場合，(b) 1つの事件において排除行為と支配行為が同時に行われ，いずれか一

方の行為だけでも競争の実質的制限が認められる場合，(c)別個の排除行為と支配行為が存在するが，両行為が相まって初めて競争の実質的制限が認められる場合，の3つのタイプに分けて考えてみよう。

(a)の場合は，例えば，川上や川下の取引先を拘束（支配）することにより，当該取引先をして自己の競争者との取引をしないようにさせる行為が想定される。一般的に，取引の相手方に対する拘束の強度が高ければ，「支配」の要件も充足することになるため，典型的な排他的取引事案では，支配を通じた競争者排除が成立し得る。ここで留意すべきは，課徴金対象となる支配型私的独占には対価影響要件が加重される点であり，その立法趣旨として，カルテル類似の支配型私的独占に限定されるとすれば，専ら競争者排除に向けられた（あるいはその手段としての）支配は対価影響要件を満たさない場合が多いだろう。そうした場合には，排除型私的独占としてのみ法的評価を受けることになる。

(b)の場合は，一方の行為がなくとも他方の行為単独の効果として競争の実質的制限が認められる場合である。これは本項のかっこ書が想定する典型的なケースであり，例えば，パラマウントベッド事件（＝ 2-9 ）はこのタイプに該当する。このような場合には，受注調整に係る支配行為のみが課徴金の評価対象となる。

(c)の場合は，各行為が単独では競争の実質的制限をもたらさず，支配行為と排除行為が相まって反競争効果が生じるような場合である。

このような私的独占については，支配行為が競争の実質的制限に寄与している以上，本条1項に係る10%の課徴金を課すべきだという見解が有力である。もっとも，排除行為の寄与分にあたる反競争効果にまで課徴金を課すべきでないとの考え方にも一理ある。例えば，支配型私的独占に係る課徴金の賦課は，競争の実質的制限への寄与の程度において支配行為が排除行為に優越している場合に限るといった解釈も可能だろう。

第3章

事業者団体に対する規制

> **第2条【定義―事業者団体】②**　この法律において「事業者団体」とは，事業者としての共通の利益を増進することを主たる目的とする2以上の事業者の結合体又はその連合体をいい，次に掲げる形態のものを含む。ただし，2以上の事業者の結合体又はその連合体であって，資本又は構成事業者の出資を有し，営利を目的として商業，工業，金融業その他の事業を営むことを主たる目的とし，かつ，現にその事業を営んでいるものを含まないものとする。
>
> 一～三　（略）

1　事業者団体の定義

(1)　「事業者の結合体又はその連合体」

　本項は，事業者団体を定義する。事業者団体は「2以上の事業者の結合体又はその連合体」である。具体的には，工業会，協会，協議会，組合といった団体や，連合会といったこれら団体の連合体が，事業者団体に当たる。団体の構成員は同業者に限られない。

　「事業者」は2条1項に定義される。自由業に属する者の結合体，例えば医師会が事業者団体であることは，自由業である医師の事業者性を前提とする。2条1項により，「事業者の利益のためにする行為を行う役員，従業員，代理人その他の者」は，8条の適用において事業者とみなされる。したがって，役員等が個人名義で加入する団体であっても，それらの者が所属する事業者のために活動するものであれば，事業者団体となる。

　「結合体又はその連合体」は，構成事業者とは別に事業者団体を独禁法の規制対象にするとの立法趣旨に基づき，理解される。すなわち団体が構成事業者とは別個独立の社会的存在である場合に，事業者の「**結合体**」を認定する。事業者の「結合体」は，法人のほか，法人格を有さない社団，財団，組合，契約による形態を含む（2条2項各号）。他方，事業者団体は，あくまで独立した事業者の結合体である。したがって参加事業者の事業活動が結合体の事業活動に没入する場合，そのような事業者の結合体は，事業者団体ではなく事業者となる。「**連合体**」とは，事業者団体の結合体である。

　事業者団体の活動については「事業者団体の活動に関する独占禁止法上の指針」（平7.10.30。以下，「事業者団体ガイドライン」という）が公表されている。また，特に医師会の活動については「医師会の活動に関する独占禁止法上の指針」（昭56.8.8）が公表されている。医師会に対する8条適用事例は多い（観音寺市三豊郡医師会事件＝東京高判平13.2.16審決集47巻545頁 [**百37**]）。さらに，団体の設立が義務づけられ，団体への加入が義務づけられている公認会計士，行政書士，弁護士，司法書士，土地家屋調査士，税理士，社会保険労務士および弁理士の8つの専門職業の各団体の活動について，「資格者団体の活動に関する独占禁止法上の考え方」（平13.10.24）が公表されている。

(2) 事業者としての共通の利益の増進を主たる目的とする

　事業者団体は「事業者としての共通の利益を増進することを主たる目的」とするものでなければならない。公取委は，これを広く解釈する（事業者団体ガイドライン第一の2）。まず**「事業者としての共通の利益」**とは，構成事業者の経済活動上の利益に直接または間接に寄与するものであればよい。事業者としての共通の利益の増進を目的に含まない学術団体，社会事業団体，宗教団体等は事業者団体に当たらない。また**「主たる目的」**とは，いくつかの目的のうち主要なものをいい，定款，規約等で定められる目的にとらわれず，活動内容等から実質的に判断する。

(3) 営利団体

　本条ただし書により，①資本または構成事業者の出資を有し，②営利事業を主たる目的として，③実際に同事業を行う事業者の結合体は，事業者団体ではなく，専ら事業者として扱われる。これを**営利団体**と呼ぶことがある。営利団体に該当しないが，自ら生産や販売等の事業を行うことにより事業者としての性質をも併せ持つ事業者団体については，行為の性質に応じて，事業者に対する規制と，事業者団体に対する規制を選択することになる。協同組合について，8条の適用事例と，19条の適用事例が存在するのはこのためである（協同組合に対して8条を適用した事例として日本遊戯銃協同組合事件＝ (**3-3**)，19条を適用した事例として山口県経済農業協同組合連合会事件＝勧告審決平9.8.6審決集44巻248頁）。19条の適用事例では，事業者としての性格を併せ持つ事業者団体が，自ら主体となって事業を行うに際して不公正な取引方法を用いたことが問題とされた

わけである。

2 事業者団体の意思決定

　事業者団体による違反行為を認定するためには，事業者団体による意思決定が必要となる。総会や理事会といった正式の意思決定機関による必要はない。例えば正式の意思決定機関ではない委員会や部会等における決定であっても，慣行上，団体の決定として扱われる場合がある（⇨ 3-1 ，日本冷蔵倉庫協会事件＝審判審決平 12.4.19 審決集 47 巻 3 頁 [百 39]〔幹部会が正式意思決定機関でないとの主張に対して，幹部会の承認は，理事会の承認と実質的に同様の意味を有するとした事例〕）。ただし公取委は，何らかの機関による決定は必要とする。

　事業者団体による意思決定の立証は，事業者による意思の連絡の立証と同じく，議事録等，直接証拠に基づく必要はない。会合の開催，会合の議題，構成事業者のその後の行動等，間接証拠に基づき，事業者団体の意思決定を立証することが可能である（広島県石油商広島市連合会事件＝審判審決平 9.6.24 審決集 44 巻 3 頁）。

> 3-1 　**大阪バス協会事件**（審判審決平 7.7.10 審決集 42 巻 3 頁 [百 36] ＝ 2-29　3-4 ）　　事業者団体の何らかの機関で決定がなされた場合に，その決定が構成員に実質的に団体の決定として遵守すべきものとして認識されたときには，その機関が団体の正式意思決定機関であるか否かにかかわりなく，その決定を団体の決定としてよい。

　事業者団体による意思決定を認め得ると同時に，構成事業者による意思の連絡を認め得る場合がある。このような場合に，事業者団体に対して 8 条 1 号を適用するのか，構成事業者に対して 3 条後段を適用するのかが問題となる。同問題について，最高裁は，その選択は公取委の合理的裁量とする（⇨ 3-2 ）。事例はないが，いずれか一方の適用では違反行為を実効的に排除できない場合には，3 条後段と 8 条 1 号を重畳的に適用することが可能と解される。

> 3-2 　**石油価格協定刑事事件**（最判昭 59.2.24 刑集 38 巻 4 号 1287 頁 [百 35] ＝2-28 ）　　「独禁法上処罰の対象とされる不当な取引制限行為が事業者団体によって行われた場合であっても，これが同時に右事業者団体を構成する各事業者の従業者等によりその業務に関して行われたと観念しうる事情のある

ときは，右行為を行ったことの刑責を事業者団体のほか各事業者に対して問うことも許され」る。そのいずれに対して刑責を問うかは，公取委ないし検察官の合理的裁量に委ねられる。

> **第8条【事業者団体に対する規制】** 事業者団体は，次の各号のいずれかに該当する行為をしてはならない。
> 　一　一定の取引分野における競争を実質的に制限すること。
> 　二　第6条に規定する国際的協定又は国際的契約をすること。
> 　三　一定の事業分野における現在又は将来の事業者の数を制限すること。
> 　四　構成事業者（事業者団体の構成員である事業者をいう。以下同じ。）の機能又は活動を不当に制限すること。
> 　五　事業者に不公正な取引方法に該当する行為をさせるようにすること。

1 本条の趣旨

　本条は，事業者団体の禁止行為を規定する。事業者団体に対する本条の規制は，事業者に対する3条の規制と比して，主体要件，行為要件，効果要件の3点において，より厳格である。第1に，1号において，2条6項で問題となった競争者性要件が問題になることはない。第2に，1号は行為要件，公共の利益要件をもたない。第3に，3号ないし5号は，一定の取引分野における競争の実質的制限に至らない行為を規制する。

2 「一定の取引分野における競争を実質的に制限すること」(1号)

(1) 価格制限・入札談合

　8条1号は，事業者団体が，一定の取引分野における競争を実質的に制限することを禁止する。一定の取引分野における競争の実質的制限とは，市場支配力の形成，維持，強化を意味する。事業者団体ガイドラインは，事業者の事業活動の諸要素のうち，商品または役務の価格や数量，顧客や販路，供給の設備等重要な競争手段である事項について制限することは，市場メカニズムに直接的な影響を及ぼすものであり，独禁法違反のおそれが強いとする（同ガイドライン第二(2)）。これは，事業者によるハードコアカルテルに相当するものである。事業者団体による価格制限，入札談合に対して，8条1号が適用された事例は

多い。合意によって不当な取引制限が成立するのと同様に，実行を待たず，決定によって8条1号違反は成立する。

　事業者団体が価格制限等とともに，その実施を確保するための行為を行う場合がある。例えば事業者団体が，価格制限を決定するとともに，同決定の実効性を確保するために，供託金制度，安値品買上制度，取引内容に係る情報交換制度（監視制度）を設けるような場合である。事業者団体ガイドラインは，これら実効性確保手段の扱いについて，①価格制限行為と一体として違反とすることも可能であるが，②価格制限行為とは独立して，8条4号・5号違反を問うことも可能とする。

(2)　その他の行為

　8条1号が対象とする行為は，事業者が行うハードコアカルテルに相当するものに限られない。事業者が行う非ハードコアカルテルに相当するもの，事業者が行う私的独占に相当するものも，8条1号の規制対象である。例えば安全や環境保護といった社会公共目的を達成するための事業者団体の決定，新規参入者を排除する事業者団体の行為が問題となる。

　これら行為の評価において，2条5項および6項に存在する公共の利益要件が8条1号に存在しないという非対称性が問題となる。2条6項の解説において述べたように（⇨ 第2章第2節 6(1)），最高裁によれば，公共の利益要件により，競争を実質的に制限する共同行為であっても独禁法違反とならない例外的場合が存在するからである。判審決は，1条の究極目的を，8条1号の競争の実質的制限の解釈において検討することにより，この問題を解決する。

　まず日本遊戯銃協同組合事件は，競争の実質的制限要件に公共の利益要件を明示的に読み込む（⇨ 3-3 ）。次に大阪バス協会事件は，公共の利益要件に言及することはないが，1条の独禁法の究極目的に立ち返り競争の実質的制限を判断することにより，結果として，競争の実質的制限要件に公共の利益要件を読み込むことと同じ結論を導く（⇨ 3-4 ）。これら判審決により，競争者排除行為（日本遊戯銃協同組合事件）であれ，競争回避行為（大阪バス協会事件）であれ，8条1号の競争の実質的制限要件において，2条6項の公共の利益要件に関すると同じ判断が必要になることが明らかとなっている。

▎ 3-3 **日本遊戯銃協同組合事件**（東京地判平 9.4.9 審決集 44 巻 635 頁 [**百** 6，43，

116] = (5-5)(7-13))　　　自由競争経済秩序の維持という法益と，問題の行為により守られる利益とを比較衡量して，独禁法の究極の目的に実質的に反しない例外的な場合には，公共の利益に反することはなく，結局，実質的には「一定の取引分野における競争を実質的に制限すること」に該当せず，独禁法に違反しない。

(3-4) **大阪バス協会事件**（審判審決平 7.7.10 審決集 42 巻 3 頁 **[百 36]** = (2-29)
(3-1)）　　　認可運賃を下回る最低運賃に関する協定は，道路運送法上，違法な取引条件に係る価格競争を制限しようとするものである。このような協定が 8 条 1 号（旧 8 条 1 項 1 号）の「競争を実質的に制限すること」という構成要件に当たるとして排除措置命令を採り得るかは，1 条の目的規定にまで立ち返り判断する必要がある。

3 「第 6 条に規定する国際的協定又は国際的契約をすること」（2 号）

　8 条 2 号は，事業者団体が，外国の事業者または事業者団体と，不当な取引制限または不公正な取引方法に該当する事項を内容とする国際的協定，国際的契約を締結することを禁止する。国際カルテルが問題になる場面では，6 条と同じく，その参加が禁止される。

4 「一定の事業分野における現在又は将来の事業者の数を制限すること」（3 号）

　8 条 3 号および 4 号は，1 号違反に至らない競争制限行為を禁止する（神奈川県 LP ガス協会事件 = (3-5)。8 条 3 号は，1 号とは異なり，競争の実質的制限に至らなくとも，競争政策上看過することができない影響を競争に及ぼすこととなる場合を対象とするとした事例）。4 号には「不当に」とある。これを手がかりとして，3 号および 4 号は，不公正な取引方法と同じく，自由競争減殺効果を問題にすると考えられる。ただし，8 条 3 号および 4 号と，8 条 5 号および 19 条には，次のような違いがある。すなわち，8 条 3 号および 4 号違反行為には刑事罰が用意されるのに対して（90 条 2 号），8 条 5 号および 19 条違反行為に刑事罰は用意されない。他方，8 条 5 号および 19 条違反行為が差止請求訴訟の対象であるのに対して（24 条），8 条 3 号および 4 号違反行為は差止請求訴訟の対象ではない。

8条3号は，一定の事業分野における事業者の数の制限を禁止する。「**一定の事業分野**」は，独占的状態の定義（2条7項）においても登場するが，独占的状態における意味とは異なると解されている。他方，「一定の取引分野」との関係については，解釈が分かれている。まず，相互に競争関係にある供給者群または需要者群のいずれか一方の事業活動の範囲を意味すると説明する立場がある。これは一定の取引分野を画定した後に，供給者側と需要者側の一方のみに注目するというものである。このような解釈によれば，「一定の事業分野」と「一定の取引分野」の画定作業は共通するということになる。これとは異なり，例えば供給側の一定の事業分野を検討する場面であれば，需要側の代替性を考慮せず，同一または同種の商品を供給する者をもって，一定の事業分野を画定するとの立場もある。このような解釈によれば，「一定の事業分野」と「一定の取引分野」の画定作業は必ずしも共通しない。

　ここでは，「**現在又は将来の事業者**」の数の制限が問題であるから，既存事業者の排除のほか，新規参入者に対する参入阻止を含む。「**数を制限する**」行為について，過去の事例は，次のような類型に分けられる。まず，事業者団体が公的義務を受託していることなどから，事業者団体に加入せずに事業活動を行うことが困難な状況下において，合理的理由なく団体への加入制限を行う類型がある（仙台港輸入木材調整協議会事件＝勧告審決平3.1.16 審決集 37 巻 54 頁，前掲観音寺市三豊郡医師会事件，神奈川県 LP ガス協会事件＝ (3-5) 〔事業者団体の構成員でなければ当該事業に参入することが一般に困難な状況にあれば足りる〕）。次に，事業者団体が構成事業者の取引先に対して，非構成事業者との取引を拒絶させる類型がある（第1次滋賀県生コン工業組合事件＝審判審決昭 58.9.30 審決集 30 巻 50 頁）。さらに，生産設備を買い取り廃棄するなど，事業者団体が非構成事業者の事業活動に直接的に介入する類型がある（第2次滋賀県生コン工業組合事件＝勧告審決平 5.11.18 審決集 40 巻 171 頁 [**百 38**]）。これら数の制限行為があっても，不公正な取引方法におけると同様に，正当な理由が認められる場合がある（⇨ (3-5) ）。

　(3-5) **神奈川県 LP ガス協会事件**（東京高判令 3.1.21 審決集 67 巻 615 頁）
　　もっぱら公正な競争秩序の見地から見て，正当な理由・目的があり，かつ，その理由・目的に照らして，その内容および手段に合理性・相当性が認めら

れる場合には，当該行為は不当なものといえず，8条3号に違反しない。競争回避の意図でなされた本件行為については，内容や手段の合理性・相当性の評価に入ることなく，正当化理由の存在が否定される。

5 「構成事業者の機能又は活動を不当に制限すること」（4号）

8条4号は，構成事業者の機能・活動の制限を禁止する。3号における「現在又は将来の事業者」は構成事業者に限らないが，4号で問題となるのは「構成事業者」の機能または活動に限る。構成事業者の機能または活動の制限が自由競争減殺効果を有する場合が，4号の規制対象である。2条1項に基づき事業者とみなされる役員等を構成員とする事業者団体において，「構成事業者」は，役員等ではなく，役員等が所属する事業者と解することになる。役員等の機能または活動を制限しても競争に影響はないからである。これまでの事例は，次のような4つの類型に分けることができる。

第1に，ハードコア制限であるが，構成事業者の市場シェアが小さい場合や，価格制限の対象となる製品が，構成事業者の取扱製品の一部のみに係る場合などである。石川県水晶米販売事業協同組合事件（勧告審決平8.1.12審決集42巻185頁）は，特定のブランド米に係る価格引上げであり，他の有力なブランド米が存在し，うるち精米市場における市場シェアが約30％にすぎなかった事例である。市場に有意な影響を及ぼすものの，市場シェアの小ささから，市場支配力の形成・維持・強化をもたらすまでには至っていないと判断されたと考えられる。また，東京湾水先区水先人会事件（排除措置命令平27.4.15審決集62巻315頁）は，会員が自らの判断により利用者と契約することを制限し，水先料の調整配分を行っていた事例である。これは構成事業者間の取引先制限カルテルと同様の機能を果たすものであるが，制限の程度から，1号違反に至ることがなかったと考えられる。

第2に，料金等について認可制度が存在する市場における，構成事業者の申請料金を制約する場合である。料金規制が存在するとしても，申請料金が事実上自動的に認可されるような場合には，1号違反が成立する。しかし，申請料金が必ずしも認可されるとは限らない状況にあれば，申請行為の制約と市場への影響との因果関係は切断される。このような場合，事業者団体による構成事

業者の申請行為の制約に対して，1号ではなく4号を適用せざるを得ない。

　これとは異なり，過去の事例には，届出制度が存在する場合において，事業者団体が構成事業者の届出料金を決定したものの，届出料金と実勢料金との乖離から，1号ではなく4号を適用したものがある（前掲日本冷蔵倉庫協会事件）。このような事例は，価格制限が1号適用を可能にする程度には十分な実効性を有しなかった場合として，第1の類型として整理できる。

　第3に，販売方法や広告など直接の競争手段以外の競争手段について，構成事業者の活動を制限した場合である。浜北市医師会事件（勧告審決平11.1.25審決集45巻185頁）は，広告方法について構成事業者に制限を課した事例である。非価格制限であっても，①価格広告の禁止のように価格制限と同視できる場合，②非価格制限が価格制限とともに行われている場合などには，1号違反を認定してよい場合があろう（滋賀県薬剤師会事件＝排除措置命令平19.6.18審決集54巻474頁〔価格広告制限にもかかわらず8条4号が適用された事例〕）。

　第4に，とりわけ自主規制や自主認証・認定について，構成事業者にその遵守や利用を「**強制**」する場合や，構成事業者間で「**差別的な適用**」を行う場合である。建築資材メーカーの団体が，地球温暖化防止を目的として，温室効果を有する化学物質を原材料とする建築資材の製造販売を停止するよう取り決めることについて，取決めを遵守するかどうかは会員の任意の判断によるものであること，会員間で不当に差別的なものにはならないことなどを理由に，独禁法上問題となるものではないとした事例がある（事業者団体による環境への影響が懸念される製品の製造販売を停止する取決め＝平成24年度相談事例9）。同事例で強制や差別的な適用があれば，8条4号違反が問題になるであろう。

　自主規制や**自主認証・認定**について，事業者団体ガイドラインは，①競争手段を制限し需要者の利益を不当に害するものではないか，および②事業者間で不当に差別的なものではないかの判断基準に照らし，③社会公共的な目的等正当な目的に基づいて合理的に必要とされる範囲内のものかの要素を勘案しつつ，その不当性を判断すると述べる。また，④事業者団体が自主規制等の利用・遵守を構成事業者に強制することは，一般的には独禁法上問題となるおそれがあると述べている（同ガイドライン第二の7⑵）。

6 「事業者に不公正な取引方法に該当する行為をさせるようにすること」（5号）

　8条5号は，事業者に不公正な取引方法に該当する行為をさせるようにすることを禁止する。「事業者」は構成事業者に限らない。「させるようにする」とは，強制することまでは必要なく，不公正な取引方法に該当する行為を行うよう働きかけることで足りる。

　アウトサイダーに対する間接取引拒絶に対して，8条5号が適用された事例がある。東日本おしぼり協同組合事件（＝勧告審決平7.4.24審決集42巻119頁［百41］ 6-9 ）は，事業者団体が，構成事業者の取引先である資機材供給業者に対し，新規参入業者に資機材を供給しないようにさせているとした事例である。資機材供給業者に「直接の取引拒絶に該当する行為」をさせているとするのである。他方，同様の事例において，事業者団体が，構成事業者に「間接の取引拒絶に該当する行為」をさせているとする事例もある（前掲仙台港輸入木材調整協議会事件，日本遊戯銃協同組合事件＝ 3-3 ）。

第2節　事業者団体の禁止行為に係る排除措置命令・課徴金納付命令

第8条の2【排除措置命令】①　前条の規定に違反する行為があるときは，公正取引委員会は，……事業者団体に対し，当該行為の差止め，当該団体の解散その他当該行為の排除に必要な措置を命ずることができる。
②　第7条第2項の規定は，前条の規定に違反する行為に準用する。
③　公正取引委員会は，事業者団体に対し，第1項又は前項において準用する第7条第2項に規定する措置を命ずる場合において，特に必要があると認めるときは，……当該団体の役員若しくは管理人又はその構成事業者（事業者の利益のためにする行為を行う役員，従業員，代理人その他の者が構成事業者である場合には，当該事業者を含む。……）に対しても，……必要な措置を命ずることができる。

　本条は，事業者団体による8条違反行為について，排除措置命令を規定する。1項は現存する違反行為，2項は既往の違反行為をそれぞれ対象とする。排除措置命令の具体的内容は，事業者を名宛人とした7条の場合と大きく変わるこ

とはないが，違反行為の反復を禁じるとともに，事業者団体の意思決定機関について，組織，規約，運営の改善を求めた事例がある（三重県バス協会事件＝勧告審決平2.2.2審決集36巻35頁）。また，事業者団体の解散を命じた事例もある（酢酸エチル協会事件＝勧告審決昭48.10.18審決集20巻118頁[**百97**]〔8条違反認定にもかかわらず，なお3条違反行為が行われたとして，解散が命じられた事例〕）。

3項は，事業者団体の違反行為について，事業者団体のみならず，事業者団体の役員・管理人，また構成事業者を名宛人として，排除措置命令を下し得ることを定める。「特に必要があると認めるとき」は，2項が準用する7条2項における「特に必要があると認めるとき」の解釈と同様，その判断にあたり公取委に広く専門的裁量を認める趣旨と考えられる。しかし本項に基づき排除措置命令が下された事件はこれまでにない。その理由の1つは，構成事業者を名宛人としたい場合に，問題の行為が事業者の行為とも事業者団体の行為とも評価できるのであれば，3条を適用すればよいからであろう。

> **第8条の3【課徴金納付命令】** 第2条の2（……），第7条の2，第7条の4（……），第7条の5，第7条の6並びに第7条の8第1項，第2項及び第6項の規定は，第8条第1号（不当な取引制限に相当する行為をする場合に限る。）又は第2号（不当な取引制限に該当する事項を内容とする国際的協定又は国際的契約をする場合に限る。）の規定に違反する行為が行われた場合について準用する。（後略）

本条は，事業者団体による8条1号・2号違反行為について，構成事業者に対する課徴金納付命令，構成事業者における課徴金減免制度，調査協力減算制度を規定する。8条1号に行為要件はないが，8条の3に基づく課徴金納付命令は「不当な取引制限に相当する行為をする場合に限る」。

課徴金納付命令の名宛人は，事業者団体ではなく，**構成事業者**である。これは違反行為の不当利得が構成事業者に帰属することを理由とする。課徴金は不当利得の徴収にとどまらない複合的な趣旨・目的を有するものへと法的性質を大きく変化させているが，8条の3の規定に変化はない。構成事業者であり，かつ違反行為に係る商品・役務の売上高があれば，違反行為に直接関与することがなくとも，課徴金納付命令の対象となる。累犯に係る課徴金の加算制度や主導的事業者に対する加算制度（7条の3）などの準用はない。

企業結合の規制

1　企業結合と企業結合規制

　「**企業結合**」とは，株式保有や合併等を手段とする企業間の結びつきをいい，「固い結合」として，カルテルや取引契約のような「緩い結合」と区別される。企業結合に係る独禁法規制は，一般に，経済力の集中それ自体に着目する「**一般集中**」規制と，特定の市場における競争制限効果に着目する「**市場集中**」規制に分けられる。

　一般集中に対する規制は，国民経済全体ないしは特定の産業部門全体における経済力の過度の集中が経済の活力を失わせるとともに，特定の市場における競争を阻害することにつながることから，経済力の集中それ自体を規制しようとするものである。戦前・戦中期に肥大した「**財閥**」を解体し，その効果を恒久化することを目的に1947年に制定された原始独禁法は，「事業支配力の過度の集中を防止」（1条）することを大きな柱としており，厳格な一般集中規制を定めていた。しかし，平成に入ってからの独禁法改正により，一般集中規制は大きく緩和されてきており，現在では，株式保有により事業支配力を過度に集中することとなる会社の設立等の禁止（9条），銀行・保険会社による事業会社の議決権保有割合の制限（11条）が残されているにとどまる。欧米の競争法において一般集中規制は行われていないこともあり，全廃を主張する見解もある。

　これに対し，市場集中に対する規制は，株式保有や合併等の行為をそれ自体として問題視するものではなく（大部分の合併等は，当事会社が競争力の強化等を目的として組織を再編しようとするものであり，競争に重大な影響を及ぼすものではない），それらが市場構造を非競争的に変化させ，競争制限的行為が行われやすくなることを防止するために，企業結合がもたらす特定の市場における具体的な競争制限効果に着目して例外的に規制しようとするものである。国際的には，企業結合規制とは市場集中規制を指し，競争法規制の重要な柱である。

2　市場集中規制

　独禁法は，市場集中規制について，主として結合の手段・態様に着目して，

会社の株式保有（10条），役員兼任（13条），会社以外の者による株式保有（14条），会社の合併（15条），会社の共同新設分割・吸収分割（15条の2），会社の共同株式移転（15条の3），会社の事業の譲受け等（16条）について，①一定の取引分野における競争を実質的に制限することとなる場合，②不公正な取引方法による場合という共通する基準に該当する結合を禁止するほか，これらの脱法行為を禁止する（17条）。ただし，②の場合が規制された先例はなく，検討する実益も乏しいことから，以下では専ら①の場合を対象とする。

　株式保有や合併等の企業結合は，当事会社相互の関係に着目して，次のように分類される。特に水平型企業結合は，競争単位の数を減少させることから，競争に及ぼす影響が直接的であり，問題となる可能性が相対的に高い。また，近年，デジタルネットワークを介して異分野・異業種が統合する垂直型や混合型の企業結合がもたらし得る弊害に注目が集まっている。

① **水平型企業結合**：競争関係にある会社間の結合
② **垂直型企業結合**：取引段階を異にする会社間の結合
③ **混合型企業結合**：①または②に該当しない結合（例えば，異業種に属する会社間の結合）

　なお，ある企業結合が，例えば水平的な側面と垂直的な側面を併有することもある。個々の企業結合の全体をいずれかに区分するのではなく，それぞれの側面に応じて競争上の影響を分析する必要がある。

　市場集中規制については，公取委が「企業結合審査に関する独占禁止法の運用指針」（平16.5.31，最終改定令元.12.17。以下「**企業結合ガイドライン**」という）を策定し，企業結合審査の対象，一定の取引分野の画定，競争の実質的制限の判断枠組みと判断要素，問題解消措置等に関する運用指針を網羅的に明らかにしている。特に2019年12月の改定により，デジタルサービス等の特徴（多面市場，ネットワーク効果，スイッチングコスト等）を踏まえた市場画定や競争分析の考え方が追記され，垂直型および混合型の企業結合に関する記述が近年の審査事例も踏まえてほぼ全面的に書き改められている。

③ 企業結合規制の手続

　独禁法が定める企業結合の規制手続は，他の違反行為類型と基本的に同じで

あり，8章2節に定める手続に従い排除措置命令を行うことになる（17条の2）。排除措置計画の認定手続（いわゆる確約手続。48条の2〜48条の5）によることもできる。また，合併等について，公取委は合併等の無効の訴えを提起することができる（18条）。しかし，公取委の企業結合審査の実務においては，競争上の弊害がある事案についても，当事会社が問題解消措置をとることを条件に問題ないものとして手続を終了する運用が行われている（⇨ 第3節 10条 **⑩**）。

　また，市場集中規制においては，一定規模以上の企業結合計画について，公取委への**事前届出**を義務づけ，実行前に審査を行う仕組みがとられており，一定期間，企業結合の実施が禁止される（この期間を「**禁止期間**」という）。

　この事前審査の運用として，長年，事前届出に先行して公取委への「**事前相談**」が広く行われ，非公式に処理する実務が行われてきた。特に，2002年12月に「企業結合計画に関する事前相談に対する対応方針」が策定され，事前相談の「制度化」が進められた。しかし，その後，事前相談による処理の遅延等に対する批判が高まったことから，公取委は，2011年7月以降，事前相談制度を廃止し，法定の事前届出を受けて審査を行うこととし，「企業結合審査の手続に関する対応方針」（平23.6.14，最終改定令元.12.17。以下「**企業結合手続方針**」という）を公表した。

　企業結合手続方針についても2019年12月に改定された。届出基準を満たさない企業結合であっても，買収対価の総額が大きい等の場合には企業結合審査を行うことを明記し，公取委への相談を促している（⇨ 第3節 10条 **⑨**）。

　なお，企業結合に係る公取委への報告・届出手続の詳細を定めた「私的独占の禁止及び公正取引の確保に関する法律第9条から第16条までの規定による認可の申請，報告及び届出等に関する規則」（届出規則）が制定されている。

4　企業結合と業務提携

　企業にとって，企業組織の再編を伴う企業結合と他の企業との合意・協定に基づく**業務提携**とは，一面では全く別物であるが，他の企業との協力関係の構築手段として共通する面がある。また，業務提携において，結合関係の形成に至らない程度の株式保有を伴うことも少なくない（なお，共同出資によるものを含めて業務提携と呼ぶこともある）。

　例えば，競争関係にある 2 社が，共同出資により生産子会社を設立する場合には株式取得や共同新設分割といった企業結合として審査されるが，一方が他方に OEM 供給を行う業務提携の場合には不当な取引制限の問題となる。しかし，両者は競争制限効果の分析や問題解消措置の設計等においてほぼ共通しており，独禁法上の判断が整合的なものとなるようにする必要がある。

　公取委の競争政策研究センターが設けた「業務提携に関する検討会」の報告書が 2019 年 7 月に公表された。報告書では，業務提携が事業活動の一体化の観点からみて企業結合と類似しており，企業結合ガイドラインの考え方を踏まえつつ，特有の性質を取り入れて市場競争への影響を評価することを提言している。また，業務提携に伴う情報交換・共有やコスト構造の共通化，イノベーションへの影響に関する分析方法を具体的に提示するとともに，業務提携の形態（水平的・垂直的・混合的）や個別類型（生産・販売・購入・物流・研究開発・技術・標準化）ごとの評価方法を詳細に整理している。

　公取委は，業務提携に関する一般的なガイドラインを作成していないが（ただし，2023 年 3 月に公表されたグリーンガイドラインには，業務提携に関するまとまった説明がある。⇨ **第2章第2節** ），業務提携の案件を検討する上でも企業結合ガイドラインは有用である。

第 2 節　一般集中規制

第 9 条【事業支配力過度集中の規制】①　他の国内の会社の株式（社員の持分を含む。以下同じ。）を所有することにより事業支配力が過度に集中することとなる会社は，これを設立してはならない。

②　会社（外国会社を含む。以下同じ。）は，他の国内の会社の株式を取得し，又は所有することにより国内において事業支配力が過度に集中することとなる会社となってはならない。

③　前 2 項において「事業支配力が過度に集中すること」とは，会社及び子会社その他当該会社が株式の所有により事業活動を支配している他の国内の会社の総合的事業規模が相当数の事業分野にわたって著しく大きいこと，これらの会社の資金に係る取引に起因する他の事業者に対する影響力が著しく大きいこと又はこれらの会社が相互に関連性のある相当数の事業分野においてそれぞれ有力な地位を占めていることにより，国民経済に大きな影響を及ぼし，公正かつ自由な競争の促進の妨げと

なることをいう。
④〜⑦　（略）

1　本条の趣旨と沿革

　本条は，他の国内の会社の株式を保有することにより事業支配力が過度に集中することとなる会社（以下「過度集中会社」という）を設立し（9条1項），あるいはそうした会社に転化すること（同条2項）を禁止するものである。本条3項に「事業支配力が過度に集中すること」の定義があり，公取委では，「事業支配力が過度に集中することとなる会社の考え方」（平14.11.12，最終改定平22.1.1。以下「9条ガイドライン」という）を公表している。

　本条は，もともと，会社の株式保有に対する厳格な規制の一環として，いわゆる「**持株会社**」（株式を所有することにより他の会社の事業活動を支配することを主たる事業とする会社）を全面的に禁止し，財閥の復活や同様の企業グループの形成を防止することを意図したものであった。しかし，1997年の独禁法改正により，持株会社を原則として解禁し，事業支配力が過度に集中することとなる持株会社のみを禁止することとされた。さらに，2002年の改正により，9条が事業支配力の過度集中をもたらす会社一般を禁止対象とすることとされた。

　現在では，NTT，日本郵政や銀行を中心とした金融グループのほか，多くの事業会社が持株会社方式の経営形態をとっており，また，事業統合の手段として持株会社を用いることも広く行われている（なお，持株会社方式による事業再編については，別途，市場集中規制の対象となる。⇨　**第3節**）。

2　過度集中会社

　過度集中会社に該当するかどうかは，「会社グループ」単位で判断される（9条ガイドライン1(1)）。会社グループとは，「当該会社」，「子会社」（議決権の過半数を保有する他の国内の会社をいい，当該会社と子会社が合わせて過半の議決権を保有する会社も子会社とみなされる〔9条5項〕），「実質子会社」（議決権保有比率が25％超50％以下で，かつ，第1位）の総体をいう。

　過度集中会社とは，①次の@ⓑⓒいずれかの類型に該当し，かつ，②国民経

済に大きな影響を及ぼし，③公正かつ自由な競争の促進を妨げるものをいう（同条3項）。

- ⓐ 総合的事業規模が相当数の事業分野にわたって著しく大きいこと
- ⓑ 資金に係る取引に起因する他の事業者に対する影響力が著しく大きいこと
- ⓒ 相互に関連性のある相当数の事業分野においてそれぞれ有力な地位を占めていること

③ 9条ガイドライン

9条ガイドラインは，本条3項の3類型（上記ⓐ～ⓒ）を受けて，数値基準により3類型を具体化している。これらの基準に合致する場合には，上記の②，③の要件は原則として満たされるものと解されている。

第1類型の「総合的事業規模が相当数の事業分野にわたって著しく大きい」ものとは，かつての財閥のような企業集団を念頭に置いたものであり，会社グループの総資産合計が15兆円を超え，かつ，5以上の主要な事業分野（売上高6000億円超の業種）のそれぞれにおいて別々の単体総資産額3000億円超の会社を有する場合が該当する。

第2類型の「資金に係る取引に起因する他の事業者に対する影響力が著しく大きい」ものとは，大規模金融グループを念頭に置いたものであり，単体総資産額が15兆円を超える大規模金融会社と金融または金融と密接に関連する業務を営む会社以外の一般事業分野で単体総資産額3000億円超の大規模会社を有する場合が該当する。

第3類型の「相互に関連性のある相当数の事業分野においてそれぞれ有力な地位を占めている」ものとは，相互に関連性を有する5以上（場合により3以上）の主要な事業分野（売上高6000億円超の業種）のそれぞれにおいて別々の有力な会社（売上高シェアで10%以上）を有する場合が該当する。

なお，分社化の場合，ベンチャーキャピタルの場合，金融会社の異業態への参入の場合，小規模（総資産額の合計が6000億円以下）の場合には，過度集中会社には該当しない。

4 報告・届出，違反の効果等

本条4項は，①持株会社（子会社株式の取得価額の合計が当該会社の総資産額の50％超を占める会社），②金融会社，③その他の一般事業会社について，会社グループとしての総資産額が一定基準（①は6000億円，②は8兆円，③は2兆円）を超える場合に，年次の報告書の提出を義務づけている（2022年度には合計116件の提出）。また，そうした会社の設立についても，届出を義務づけている（9条7項）。

過度集中会社の禁止規定に違反する行為がある場合には，公取委は，株式の処分等の措置を命ずることができる（17条の2第2項）。

> **第11条【銀行業・保険業を営む会社による議決権の取得等の規制】** ①　銀行業又は保険業を営む会社は，他の国内の会社の議決権をその総株主の議決権の100分の5（保険業を営む会社にあっては，100分の10。次項において同じ。）を超えて有することとなる場合には，その議決権を取得し，又は保有してはならない。ただし，公正取引委員会規則で定めるところによりあらかじめ公正取引委員会の認可を受けた場合及び次の各号のいずれかに該当する場合は，この限りでない。（後略）
> ②～④　（略）

1 本条の趣旨

本条は，金融会社による一般事業会社の支配を防止する観点から，金融会社による一般事業会社の議決権保有割合を形式的に制限するものである。当初は，銀行，保険会社のほか，証券会社等も対象に，5％以内とされ，1953年改正で10％に緩和されたものの，1977年改正で再び5％（保険会社は10％）に規制が強化された。その後，2002年改正により，本条の規制対象が銀行および保険会社に限定されるとともに，金融関連会社の議決権保有については規制対象から除外された。

2 規制の内容

銀行は一般事業会社の総株主の議決権の5％を超えて保有すること，保険会社は同じく10％を超えて保有することが禁止される。ただし，担保権行使や

代物弁済の受領等により議決権を保有することとなる場合や，公取委規則の定めるところにより公取委の認可を得た場合には，制限を超えて保有することができる。公取委は，この認可の基準について「独占禁止法第11条の規定による銀行又は保険会社の議決権の保有等の認可についての考え方」（平14.11.12，最終改定令4.11.1）を公表している。

第12条【会社による社債保有の規制】（削除）

第3節　市場集中規制

第10条【会社による株式の取得・所有の規制】① 会社は，他の会社の株式を取得し，又は所有することにより，一定の取引分野における競争を実質的に制限することとなる場合には，当該株式を取得し，又は所有してはならず，及び不公正な取引方法により他の会社の株式を取得し，又は所有してはならない。

② 会社であって，その国内売上高……と当該会社が属する企業結合集団（会社及び当該会社の子会社並びに当該会社の親会社であって他の会社の子会社でないもの及び当該親会社の子会社（当該会社及び当該会社の子会社を除く。）から成る集団をいう。以下同じ。）に属する当該会社以外の会社等（会社，組合（外国における組合に相当するものを含む。以下この条において同じ。）その他これらに類似する事業体をいう。以下この条において同じ。）の国内売上高を公正取引委員会規則で定める方法により合計した額（以下「国内売上高合計額」という。）が200億円を下回らない範囲内において政令で定める金額を超えるもの（以下この条において「株式取得会社」という。）は，他の会社であって，その国内売上高と当該他の会社の子会社の国内売上高を公正取引委員会規則で定める方法により合計した額が50億円を下回らない範囲内において政令で定める金額を超えるもの（以下この条において「株式発行会社」という。）の株式の取得をしようとする場合……において，当該株式取得会社が当該取得の後において所有することとなる当該株式発行会社の株式に係る議決権の数と，当該株式取得会社の属する企業結合集団に属する当該株式取得会社以外の会社等（第4項において「当該株式取得会社以外の会社等」という。）が所有する当該株式発行会社の株式に係る議決権の数とを合計した議決権の数の当該株式発行会社の総株主の議決権の数に占める割合が，100分の20を下回らない範囲内において政令で定める数値……を超えることとなるときは，公正取引委員会規則で定めるところにより，あらかじめ当該株式の取得に関する計画を公正取引委員会に届け出なければならない。ただし，あらかじめ届出を行うことが困難

である場合として公正取引委員会規則で定める場合は，この限りでない。

③〜⑤　（略）

⑥　第2項及び前項の「子会社」とは，会社がその総株主の議決権の過半数を有する株式会社その他の当該会社がその経営を支配している会社等として公正取引委員会規則で定めるものをいう。

⑦　第2項及び第5項の「親会社」とは，会社等の経営を支配している会社として公正取引委員会規則で定めるものをいう。

⑧　第2項の規定による届出を行った会社は，届出受理の日から30日を経過するまでは，当該届出に係る株式の取得をしてはならない。ただし，公正取引委員会は，その必要があると認める場合には，当該期間を短縮することができる。

⑨　公正取引委員会は，第17条の2第1項の規定により当該届出に係る株式の取得に関し必要な措置を命じようとする場合には，前項本文に規定する30日の期間又は同項ただし書の規定により短縮された期間（公正取引委員会が株式取得会社に対してそれぞれの期間内に公正取引委員会規則で定めるところにより必要な報告，情報又は資料の提出（以下この項において「報告等」という。）を求めた場合においては，前項の届出受理の日から120日を経過した日と全ての報告等を受理した日から90日を経過した日とのいずれか遅い日までの期間）（以下この条において「通知期間」という。）内に，株式取得会社に対し，第50条第1項の規定による通知をしなければならない。ただし，次に掲げる場合は，この限りでない。

一　当該届出に係る株式の取得に関する計画のうち，第1項の規定に照らして重要な事項が当該計画において行われることとされている期限までに行われなかった場合

二　当該届出に係る株式の取得に関する計画のうち，重要な事項につき虚偽の記載があった場合

三〜七　（略）

⑩　前項第1号の規定に該当する場合において，公正取引委員会は，第17条の2第1項の規定により当該届出に係る株式の取得に関し必要な措置を命じようとするときは，同号の期限から起算して1年以内に前項本文の通知をしなければならない。

⑪〜⑭　（略）

1　本条の趣旨

　本条は，会社が他の会社の株式を取得し，または所有することによって市場における競争を制限することとなることを規制するものである。会社が資本的に結合することには不可逆的な面があることから，一定規模以上の取得について事前届出を義務づけ，その実行前に審査する仕組みを設けている。

　本条は，市場集中規制に関する結合手段ごとの規定の最初に位置し，最も網羅的な定めを置いており，1項が実体的な規制基準，2項から7項までが事前届出義務，8項が当事会社の禁止期間，9項から14項までが公取委の措置期間に関する規定である。本条8項から14項までの規定は，合併等の手段による企業結合の場合に準用されている。

2　株式の取得・所有

　本条の規制は，他の会社の株式の「取得」だけでなく，「所有」も対象としている（株式の「取得」と「所有」を合わせて「保有」という）。これは，取得時点では株式取得会社と株式発行会社との間に「**結合関係**」が形成されておらず，あるいは実体基準を満たしていないが，その後の状況の変化により，結合関係が形成され，あるいは実体基準を満たすこととなる場合に，所有を規制できるようにするためである。

3　企業結合審査の枠組み

　株式保有の審査は，次の4つのステップから構成されている。この審査の枠組みは，合併等の他の企業結合についても同じである。
　①　結合関係（企業結合審査の対象性）の認定
　②　一定の取引分野の画定
　③　競争効果の分析（競争を実質的に制限することとなるか）
　④　問題解消措置の設計
　第1の「結合関係」の認定は，特に株式保有について必要になる（合併等においては，結合関係は明らかである）。極めて少数の株式を取得したからといって，取得会社が発行会社の事業経営に影響を及ぼすことは考えがたく，規制対象とする必要はない。しかし，取得割合が高まり，あるいはその他の要因から事業経営に相当の影響を及ぼし得るに至ると，そこに「結合関係」を認定して審査対象とすることになる。どのような基準や考慮事項によって結合関係を認定するかが最初のステップである。
　企業結合審査の対象となる結合関係が認められるすべての会社（以下「当事会社グループ」という）の事業活動について，一定の取引分野における競争に及

ぽす影響を審査することになるが，まず，「一定の取引分野」を画定する必要
がある（この第2の作業を「**市場画定**」という）。多角的な事業活動を展開する会
社が関わる企業結合であるほど，多数の取引分野が検討対象になる。

次いで，画定された取引分野ごとに，当該企業結合が競争に及ぼす影響を分
析し，「競争を実質的に制限することとなる」か否かを判断する第3のステッ
プが企業結合審査の中核である。

企業結合が一定の取引分野における競争を実質的に制限することとなると判
断される場合にも，当該企業結合の全体を禁止する必要はなく，競争上の問題
が解消されるような措置を講ずることで，当該企業結合を実行することが可能
になるのが通例である。必要な範囲で実効的な**問題解消措置**を設計し，その確
実な履行を確保することが最後のステップである。

企業結合ガイドラインは，以上の4ステップに沿って，公取委が用いる企業
結合審査の判断枠組みを提示するとともに，各ステップにおける判断要素を詳
述している。

【**図表4-1**】のフローチャートは，上記の4ステップに沿って審査手順と審査
基準を図示したものであり，企業結合ガイドラインに添付されている。

4 結合関係の認定

複数の会社が株式保有，役員兼任，合併等により一定程度または完全に一体
化して事業活動を行う関係（「結合関係」）が形成・維持・強化される場合に企
業結合審査の対象となる。当事会社の一方が他方を「支配」するような関係や
完全に一体化するような関係までは必要なく，相手方あるいは相互の事業活動
に「相当の影響」を及ぼす関係にあれば足りる。

逆に，株式保有や役員兼任が行われても，当該複数の会社が引き続き独立の
競争単位として事業活動を行うとみられる場合や，以前から結合関係にあった
ものが単に組織変更したにすぎない場合などには，市場における競争への影響
は想定しがたく，審査する必要はない。

企業結合ガイドライン上，株式保有により株式所有会社と株式発行会社との
間に結合関係が形成・維持・強化されるため企業結合審査の対象になるのは次
の場合である。なお，本条1項の文言上は「株式」の保有を規制するものであ

【図表4-1】 企業結合審査のフローチャート

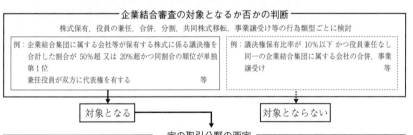

─── 企業結合審査の対象となるか否かの判断 ───

株式保有，役員の兼任，合併，分割，共同株式移転，事業譲受け等の行為類型ごとに検討

例：企業結合集団に属する会社等が保有する株式に係る議決権を合計した割合が 50%超 又は 20%超かつ同割合の順位が単独第1位
兼任役員が双方に代表権を有する　　　　　　　　　　　等

例：議決権保有比率が 10%以下 かつ役員兼任なし
同一の企業結合集団に属する会社の合併，事業譲受け　　　　　　　　　　　　等

対象となる　　　　　対象とならない

─── 一定の取引分野の画定 ───

当事会社グループが行っている事業すべてについて，取引対象商品の範囲，地理的範囲等をそれぞれ画定する。一定の取引分野の画定に当たっては，基本的には，需要者にとっての代替性の観点から，また，必要に応じて供給者にとっての代替性の観点からも判断することとなる。

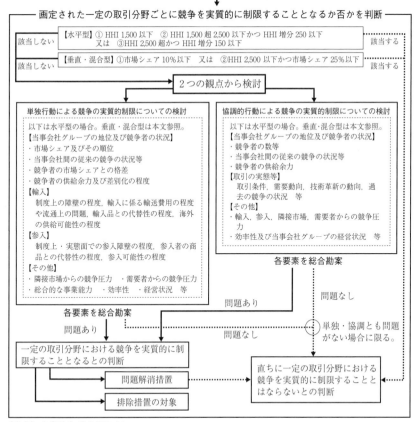

─── 画定された一定の取引分野ごとに競争を実質的に制限することとなるか否かを判断 ───

該当しない　【水平型】① HHI 1,500 以下　② HHI 1,500 超 2,500 以下かつ HHI 増分 250 以下　又は ③HHI 2,500 超かつ HHI 増分 150 以下　該当する

該当しない　【垂直・混合型】①市場シェア 10%以下　又は ②HHI 2,500 以下かつ市場シェア 25%以下　該当する

2 つの観点から検討

単独行動による競争の実質制限についての検討

以下は水平型の場合。垂直・混合型は本文参照。
【当事会社グループの地位及び競争者の状況】
・市場シェア及びその順位
・当事会社間の従来の競争の状況等
・競争者の市場シェアとの格差
・競争者の供給余力及び差別化の程度
【輸入】
　制度上の障壁の程度，輸入に係る輸送費用の程度や流通上の問題，輸入品との代替性の程度，海外の供給可能性の程度
【参入】
　制度上・実態面での参入障壁の程度，参入者の商品との代替性の程度，参入可能性の程度
【その他】
・隣接市場からの競争圧力　・需要者からの競争圧力
・総合的な事業能力　・効率性　・経営状況　等

協調的行動による競争の実質的制限についての検討

以下は水平型の場合。垂直・混合型は本文参照。
【当事会社グループの地位及び競争者の状況】
・競争者の数等
・当事会社間の従来の競争の状況等
・競争者の供給余力
【取引の実態等】
　取引条件，需要動向，技術革新の動向，過去の競争の状況　等
【その他】
・輸入，参入，隣接市場，需要者からの競争圧力
・効率性及び当事会社グループの経営状況　等

各要素を総合勘案

問題あり　　問題なし

各要素を総合勘案

問題あり　　問題なし　　単独・協調とも問題がない場合に限る。

一定の取引分野における競争を実質的に制限することとなるとの判断

問題解消措置

排除措置の対象

直ちに一定の取引分野における競争を実質的に制限することとはならないとの判断

（出典）企業結合ガイドライン

るが,「議決権」に着目して結合関係は判断される。また,「企業結合集団」とは,一体的な関係にある会社群を総体として捉えるための概念であるが,事前届出義務の箇所で解説する(⇨ **9**)。次の50%,20%という基準は,株式取得に係る事前届出の基準と同じである。

① 株式発行会社の議決権に占める,株式所有会社の属する企業結合集団に属する会社等が保有する議決権の合計の割合が50%を超える場合

② 上記の議決権の割合が20%を超え,かつ,当該割合の順位が単独で第1位となる場合

③ そのほか,単体での議決権保有比率の程度や順位,株主の分散状況,相互保有の状況,役員兼任関係,取引関係等を考慮して,結合関係が形成・維持・強化されると判断される場合(ただし,議決権保有比率が10%以下またはその順位が第4位以下のときは審査対象にはならない)

また,企業結合ガイドラインでは,**共同出資会社**(2以上の会社が,共通の利益のために必要な事業を遂行させることを目的として,契約等により共同で設立し,または取得した会社)の場合に,出資会社(親会社)と共同出資会社の間だけでなく,共同出資している株式所有会社間にも「共同出資会社を通じて間接的に結合関係が形成・維持・強化されることとなる」とされている。

企業結合ガイドラインが「結合関係」の認定を必要としていることに対しては,そのような認定は法律上の要件ではなく,単に当該株式保有と競争制限との間に因果関係が認められれば足りるとする有力な学説がある。また,少数株式取得をめぐっては,安易に結合関係を認定して,その認定後は完全に一体のものとして競争評価を行ってきた実務に対する批判や,そもそも少数取得は企業結合審査の対象外とすべきであるとする主張もある。企業結合ガイドラインが提示する議決権保有割合による数値基準(20%超・第1位だと結合関係が認定され,逆に10%以下では認定されないという取扱い)についても,実態に応じた実質的な判断が求められる。

（**4-1**）**新日鐵・住友金属の合併**(平成23年度事例2 [百 46]＝（**4-16**））
多数の商品市場について審査が行われたが,議決権保有比率が10%超・単独第1位であることに加え,従業員と役員との兼任,業務提携関係等を考慮して結合関係を認定した例(H形鋼における新日鐵と合同製鐵)と,議決権

保有比率が10％超・単独第１位であるが，第２位株主との格差が小さく，役員兼任がないこと等を考慮して結合関係を否定した例（熱延鋼板における新日鐵と日新製鋼等３社）がある。また，Ｈ形鋼について，上記の合同製鐵やトピー工業（新日鐵が20％超・第１位の株主）との間に結合関係を認定しつつ，「完全に一体化して事業活動を行うような強固な関係ではなく，緩やかであり，一定程度の競争関係を維持している」と判断され，競争効果の検討において一体性の程度を考慮している。

（4-2）**日本製鉄による東京製綱の株式取得**（令和３年度事例１）

　東京製綱の議決権の9.91％を保有する筆頭株主である日本製鉄が公開買付により東京製綱の議決権の19.91％を保有するに至り，第２位以下の株主との格差，両社間の取引関係・共同研究開発，本件公開買付の目的・経緯を総合的に考慮すると，当事会社グループには結合関係が生じると認めて，公取委は企業結合審査を行うと伝えた（議決権保有比率が20％に達していないので，事前届出義務はない）。これに対し，日本製鉄から，議決権保有比率が本件公開買付直前と同じ9.91％になるように株式を売却すること，売却が完了するまでの間，議決権保有比率が10％を超える部分については議決権を行使せず，また，役員等の兼任を行わないこと等の措置を講じる旨の申出があり，これが実施されるならば結合関係は解消されると認められたことから，公取委は審査を要しないと判断した。

5 　一定の取引分野の画定

（1）概　説

　一定の取引分野（単に「取引分野」あるいは「市場」ということがある）の画定は，企業結合審査の主戦場であった。取引分野を狭く画定することで当事会社の合計シェアを高く算定し，競争制限効果を事実上推定するという審査実務が主流であったからである。

　シェアの算定が競争効果分析の出発点にすぎないと認識されるようになってからも，シェア算定の前提となる取引分野の画定は，依然として重要な意味をもっている。企業結合ガイドラインでは，企業結合計画立案上の予測可能性の確保や審査対象事案の選別の観点から，市場シェアやそれを基に計算される**ハーフィンダール・ハーシュマン指数**（Herfindahl-Hirschman Index〔HHI〕：すべての

競争者の市場シェアを2乗した値の総和であり，例えば，シェアが40％，30％，20％，10％の4社の市場では，$40^2 + 30^2 + 20^2 + 10^2 = 3000$ である。また，2位企業と3位企業が合併すると，$40^2 + (30 + 20)^2 + 10^2 = 4200$ となり，合併による増分が1200である）に基づく**セーフハーバー**（その基準以下であれば，通常，競争の実質的制限にはつながらないという目安）を設定しており（⇨ **6**），それを満たせば原則として問題なしと判断されるからである。

　企業結合に限らず，独禁法違反行為は市場における競争を制限する行為であり，市場における競争が制限されるか否かを判断するには，原則として競争が行われる範囲，ないしは競争の場を画定する必要がある（市場シェアを算定するにも，その分母となる範囲を決定する必要がある）。この土俵を設定する作業が市場画定である。

(2)　市場の画定要素

　事業者間の競争は商品（役務〔サービス〕を含む意味で用いる）の顧客の獲得をめぐって行われるから，市場の範囲は商品によって細分化される（「**商品市場**」と呼ばれる）。また，取引には多くの場合に物理的な制約（輸送費用，買い回り範囲等）や政府規制による事業範囲の限定があり，地理的に細分化される（「**地理的市場**」と呼ばれる）。

　さらに，同じ商品や同じ地域内であっても，取引の属性（取引段階，大口顧客向け等）による区別が必要になることも考えられる。

　企業結合ガイドラインは，市場の画定要素について，商品の範囲，取引の地域の範囲（地理的範囲）を中心に，取引段階，特定の取引の相手方等の要素によっても画定されるとする。

　（**4-3**）**東宝・スバル事件**（東京高判昭 26.9.19 高民 4 巻 14 号 497 頁 [**百 4**]，最判昭 29.5.25 民集 8 巻 5 号 950 頁）　東宝がスバル興業の所有する 2 つの映画館について共同経営の契約を締結したことについて，東宝が営業の実権を収めている実態からみて事業の賃借（16 条 1 項 3 号）に当たるとされ，企業結合について法的措置がとられた数少ない事例の 1 つである（唯一の判決である）。公取委の審決は，丸の内，有楽町界隈という狭い地理的範囲で取引分野を画定し，そこでの競争の実質的制限を認定して賃借の禁止等を命じた。これに対して判決は，銀座を中心として京橋，日比谷，新橋，築地を連ねる映画館

が相近接して存在する地域を地理的範囲として取引分野を画定した（審決の結論は支持）。

(3) 市場の画定手法

　企業結合により競争が制限されることとなるか否かを判断するための範囲が市場（取引分野）であり，後述するとおり，当該市場において市場支配力が形成・維持・強化されることとなるか否かが判断される。そして，市場支配力を牽制できるのは，需要者側が有する代替品への移行可能性であり，供給者側が有する同等品の供給可能性である。

　需要者にとっての代替性や供給者にとっての代替性を判断する理論的方法として，アメリカ反トラスト法において発展してきた「SSNIP（Small but Significant and Non-transitory Increase in Price）」テストがある。SSNIP テストは，「**仮定的独占事業者**（hypothetical monopolist）」テストとも呼ばれ，ある事業者が，ある地域においてある商品を独占的に供給しているという仮定の下で，利潤最大化を図る目的で「小幅ではあるが実質的であり，かつ一時的ではない価格引上げ」（SSNIP）を行った場合に，需要者が他の商品または他の地域へ振り替える程度が小さいために（あるいは，他の供給者が別の商品から当該商品に，または別の地域から当該地域に転換できる程度が小さいために）当該独占事業者が価格引上げによって利潤を拡大できるときに，その範囲をもって市場と画定するものである。利潤を拡大できないときには，独占事業者の成立を妨げる競争圧力が代替商品または代替地域から働いていることを意味し，当該商品または当該地域の範囲は市場として狭すぎることになる。

　企業結合ガイドラインも，この SSNIP テストの考え方を採用しており，「小幅ではあるが実質的」とは 5% から 10% 程度の価格引上げをいい，「一時的ではない」とは 1 年程度をいうとする。そして，基本的には，需要者にとっての代替性の観点から判断し，必要に応じて供給者にとっての代替性の観点を考慮するとしている（同ガイドライン第 2 の 1）。

　実際には，この SSNIP テストを用いるには需要者や供給者の価格上昇に対する感応度を示す情報が必要であり，常に実用的とはいえないが，次に述べる実際上の市場画定方法を支える理論的方法論としても意味がある。

　企業結合ガイドラインは，代替性の判断に際しての考慮事項を詳しく提示し

ている。商品の代替性の程度は，当該商品の効用等の同種性の程度と一致することが多く，その評価にあたっては，内容・品質等，価格・数量の動き等，需要者の認識・行動を考慮に入れる。地理的範囲についても，需要者が通常どの範囲の地域の供給者から当該商品を購入することができるかという観点から判断できることが多く，その評価にあたっては，供給者の事業地域，需要者の買い回る範囲等，価格・数量の動き等，需要者の認識・行動を考慮に入れる。

　また，市場画定においては，市場に含めるか，含めないかの二者択一の判断を迫られる。しかし，代替性には強弱があり，連続的である。したがって，例えば，部分的に代替関係にある商品Ａと商品Ｂを考えると，「商品Ａ」市場として市場画定する場合にも，競争効果分析において商品Ｂによる隣接市場からの競争圧力を考慮に入れることが必要になり，逆に，「商品Ａおよび商品Ｂ」市場として市場画定する場合にも，商品Ｂの競争上の意義を割り引いて評価することが必要になることもある。

　2019年の企業結合ガイドラインの改定により，次の記述が追加されている。第三者にサービスの「場」を提供し，そこに異なる複数の需要者層が存在する多面市場を形成するプラットフォームの場合，基本的にはそれぞれの需要者層ごとに一定の取引分野を画定することになるが，間接ネットワーク効果（一方の側における需要者の増加自体により他方の側における商品の価値が高まり，当事会社の競争力を高める効果）が強く働くような場合には，それぞれの需要者層を包含した1つの取引分野を重層的に画定することがある。また，専ら価格ではなく品質等を手段として競争が行われているような場合には，ある地域におけるある商品の品質等が悪化した場合に，または，ある地域においてある商品の提供を受けるにあたり需要者が負担する費用が上昇した場合に，当該商品および地域について，需要者が当該商品の購入を他の商品または地域に振り替える程度を考慮することがある。

(4) 国境を越える市場画定

　地理的市場について，公取委の実務では当事会社の国内シェアのみを重視し，グローバルな競争の実態を適正に考慮していないとの批判があり，国境を越えた市場の画定が主張されてきた。企業結合ガイドラインの2007年改定において，初めて「国境を越えて地理的範囲が画定されること」があり得ることが明

記され，さらに，2011 年の見直しでは，「国境を越えて地理的範囲が画定される場合についての考え方」という小項目が立てられ，内外の供給者が実質的に同等の価格で販売しており，需要者が世界各地の供給者から主要な購入先を選定しているような場合には国境を越える地理的市場が画定され得るとしている。

> **(4-4)** ソニー・NEC による光ディスクドライブ事業に係る合弁会社の設立（平成 17 年度事例 8）　公取委が初めて世界市場を画定したとされる事例である。需要者である大手 PC メーカーによる全世界需要の本社一括調達や世界中の主要な供給者を対象とする競争的な調達先の選定，供給者側における世界的な統一価格の設定といった取引実態を考慮したものである。

6　セーフハーバー

取引分野の画定を受けて当該企業結合の競争効果分析に進むことになるが，企業結合ガイドラインは，企業結合の形態に応じて，市場シェアや HHI を指標とするセーフハーバーを設定している。セーフハーバーに該当する限り，競争の実質的制限がもたらされるとは通常考えられず，以降の分析を省略できる。

【水平型企業結合】

①　企業結合後の HHI が 1500 以下の場合

②　企業結合後の HHI が 1500 超 2500 以下であり，かつ，HHI の増分が 250 以下の場合

③　企業結合後の HHI が 2500 を超え，かつ，HHI の増分が 150 以下の場合

【垂直型・混合型企業結合】

①　関係するすべての取引分野における企業結合後の当事会社グループの市場シェアが 10％以下の場合

②　関係するすべての取引分野における企業結合後の HHI が 2500 以下であり，かつ，当事会社グループの市場シェアが 25％以下の場合

なお，企業結合ガイドラインは，水平型，垂直型・混合型を問わず，「過去の事例に照らせば，企業結合後の HHI が 2,500 以下であり，かつ，……当事会社グループの市場シェアが 35％以下の場合には，競争を実質的に制限することとなるおそれは小さいと通常考えられる」としており，実質的には合算市

場シェア35％が重要な目安になっていると考えられる。

7 競争効果分析

(1) 概　説

セーフハーバーに該当しない企業結合については，「競争を実質的に制限することとなる」か否かを具体的に分析することになる。「競争を実質的に制限する」は，不当な取引制限や私的独占と共通の要件であるが，「こととなる」の文言が付加されている。これは，企業結合規制が事前規制であり，蓋然性を示す文言を加えることで，競争制限の蓋然性が認められる場合には実行前であっても規制できるようにするためである。

(2) 「競争の実質的制限」

「競争を実質的に制限する」とは，「競争自体が減少して，特定の事業者又は事業者集団がその意思で，ある程度自由に，価格，品質，数量，その他各般の条件を左右することによって，市場を支配することができる状態をもたらすこと」（東宝・新東宝事件＝東京高判昭 28.12.7 高民 6 巻 13 号 868 頁）をいい，市場支配力の形成・維持・強化を意味する。**市場支配力**とは，競争的水準を超えて，一定の期間，自己に有利な取引条件を設定することができる力のことであり，こうした市場支配力が行使される態様として，次の 2 通りが考えられる。

第 1 は，**単独行動**による市場支配力の行使であり，当事会社が単独で，他の企業の存在や行動を気にすることなく，一方的に市場支配力を行使できるようになる場合である。

第 2 には，**協調的行動**による市場支配力の行使であり，当事会社と他の企業とが協調的な行動をとることによって市場支配力を行使できるようになる場合である。ここでいう「協調的行動」とは，不当な取引制限のような「意思の連絡」によるものである必要はない。

企業結合規制は，企業結合によって市場支配力が行使されるようになるこれらの 2 つの態様に着目し，具体的な状況の下で，そうした競争上の弊害が現実に生じそうかどうかを事前に分析するものである。企業結合ガイドラインは，これらの 2 つの態様による競争制限が生じるシナリオを解説するとともに，シナリオどおりに実際に競争制限効果が発現する蓋然性があるか否かを分析する

上で必要と考えられる判断要素を水平型，垂直型，混合型に分けて詳細に提示している。以下では，まず水平型企業結合について，単独行動による競争制限効果と協調的行動による競争制限効果に分けて概説し，次いで，垂直型，混合型それぞれについて，特有の競争制限効果を中心に略述する。

(3) 水平型企業結合：単独行動による競争制限効果

単独行動により市場支配力が行使できるようになる場合とは，次のようなシナリオが考えられる。商品が同質的な場合には，企業結合後の当事会社が単独で価格を引き上げたとしても，他の企業が価格を引き上げなければ，通常，他の企業の売上げが拡大し，当事会社の価格引上げは失敗に終わる。しかし，他の企業の生産・販売能力が小さい等の事情から，他の企業が価格を引き上げないで売上げを拡大することや需要者が購入先を当該他の企業に振り替えることができないときがある。

また，商品が差別化されている場合に，当事会社が代替性の高い複数のブランドの商品を販売しているとき（要するに，代替性の高いブランドを有する会社間で企業結合が行われるとき）には，当事会社全体としてはあるブランドの価格引上げによる売上げの減少を他の代替性の高いブランドの売上げの拡大によって償うことができる。

こうした場合には，当事会社が単独で当該商品の価格を一方的に引き上げることができる状態をもたらし得る。ガイドラインによれば，企業結合によってこうした状態がもたらされるか否かは，次の要素を総合勘案して判断される。

① 当事会社の地位および競争者の状況，市場における競争状況等

当事会社の市場シェアや順位，当事会社間の従来の競争の状況，競争者の市場シェアとの格差，競争者の供給余力（増産可能性）や商品の差別化の程度，研究開発の実態や市場の特性などが考慮される。前述のとおり，企業結合ガイドラインは，市場集中度によるセーフハーバーを設定しているが，逆に，市場集中度から市場支配力を推定するという立場はとっていない。しかし，市場集中度の分析は，競争効果分析の出発点として重要であり，特に，将来のシェアの変動見通し等を的確に織り込んだ評価が求められる。

また，有力な競争者が存在することは，単独での市場支配力の行使を牽制することができる可能性があるが，そのためには単に十分な供給能力を有するに

とどまらず，実際に供給を増大させるインセンティブを有するかが問われなければならない（後者を欠いては，単独による市場支配力の行使を牽制することはできず，また，協調的行動による市場支配力の行使につながるおそれがある）。

なお，2019 年のガイドライン改定により，考慮事項として研究開発の実態と市場の特性が追加された。前者は，当事会社が競合する商品の研究開発を行っている場合に，当該商品の市場や研究開発の意欲に及ぼす影響を考慮するものである。また，後者は，直接・間接のネットワーク効果や規模の経済性等の特性を踏まえて競争への影響を評価するものである。

② **輸　入**

ガイドラインは，輸入を 2 番目の判断要素として挙げており，輸入圧力が十分働いていれば，競争制限となるおそれは小さくなるとする。そして，制度上の障壁の程度，輸送費用の程度や流通上の問題の有無，商品の代替性の程度，海外の供給可能性の程度を考慮して，商品の価格の引上げに対応して，おおむね 2 年程度の間に輸入の増加が生じ，当事会社による市場支配力の行使を妨げるものとなるか否かを考慮するとしている。

輸入による競争圧力を考慮した事例は多いが，逆に，国内需要者の選好（品質，品揃え，納期等）を勘案して輸入品が競争圧力とはなりにくいと評価された事例もある。

③ **参　入**

参入圧力は，市場支配力の行使を牽制する最重要の要因であり，ガイドラインでは，制度上の参入障壁の程度，実態面での参入障壁の程度，商品の代替性の程度，参入可能性の程度を考慮して，商品の価格の引上げに対応して，おおむね 2 年程度の間に参入が行われ，当事会社による市場支配力の行使を妨げるものとなるか否かを考慮するとしている。

> (4-5) (4-7) **日本航空と日本エアシステムの事業統合**（平成 13 年度事例 10 ［百 47］＝
> (4-7)）　　協調的行動による市場支配力の行使が懸念された事案であるが，
> 当事会社や国土交通省がとることとしている新規参入促進策により，新規参
> 入航空会社が大手航空会社に対して有効な競争を行うことが可能な競争事業
> 者となる蓋然性が高いと評価された。

④　隣接市場からの競争圧力

　画定された市場とは別の商品市場を構成するが効用等において類似する競合品や隣接する地理的市場からの競争圧力が当該市場における市場支配力の行使を抑制する要因として評価できる場合がある。特に，商品市場を比較的狭く画定しつつ，当該市場外の競合品による競争圧力を評価するという実務が行われてきており，このような事例は非常に多い。

> （4-6）パナソニックによる三洋電機の株式取得（平成 21 年度事例 7）
> 　自動車用ニッケル水素電池が商品市場として画定され，当事会社の合算市場シェアが 100％になるものの，各社が研究開発中の自動車用リチウムイオン二次電池の実用化および量産化の動きに伴い，今後，ニッケル水素電池からリチウムイオン二次電池への代替が急速に進むと考えられ，リチウムイオン二次電池がニッケル水素電池の市場における当事会社の価格引上げに対する牽制力となっていると評価された。

⑤　需要者からの競争圧力

　ガイドラインは，需要者側からの競争圧力（価格引下げ圧力）が当事会社の市場支配力の行使を制約し得るとして，需要者の間の競争状況，取引先変更の可能性，市場の縮小といった取引関係を考慮するとしている。しかし，単独の市場支配力の行使が問題となるような場合には，需要者側が取引先を容易に変更できるとは思われず，過大な評価はできないと指摘されている。

⑥　総合的な事業能力

　かつては，企業結合により当事会社の総合的事業能力が高まり，競争者が対抗することが困難になるおそれがあることを懸念する実務がとられていたが，近年では，この要素は重視されていない。

⑦　効率性

　当事会社は，生産設備の統合や輸送費用の節減，研究開発の効率化等による効率性向上を目的に企業結合を行うのであり，こうした効率化に資する企業結合は容認されるべきであるとする主張がある。企業結合が効率性を実現し，当事会社が競争的な行動をとることが見込まれる場合に，それを評価することは適切である。ガイドラインでは，企業結合に固有の効率性向上であること，効率性の向上が実現可能であること，効率性の向上により需要者の厚生が増大す

るものであることの3条件が満たされる場合に，効率性を評価するとしている。

⑧　当事会社の経営状況

　企業結合が業績不振会社（あるいは業績不振部門）の救済やてこ入れを目的に行われることがあるが，当事会社の経営状況も事業能力を評価する上で考慮される（「破綻会社」理論）。企業結合が行われないと近い将来に倒産して市場から退出してしまうような場合で，救済可能な事業者で競争への影響がより小さいものが存在しないときには，当該企業結合を容認することが社会的にも望ましい。退出が見込まれる以上，競争者の数が減少することは避けられないし，そうした会社は既に競争力を失っており，そうした企業結合が市場支配力の形成につながるおそれは小さいともいえる。

⑨　一定の取引分野の規模

　これは，市場規模が小さく，企業結合がなくても複数の事業者による競争の維持が困難な場合には，当該複数の事業者が企業結合によって1社となったとしても，通常，競争の実質的制限には当たらないとするものであり，ふくおかフィナンシャルグループによる十八銀行の株式取得（＝ 4-12 参照）で初めて示された考え方を明記したものである。

(4)　水平型企業結合：協調的行動による競争制限効果

　企業結合後の市場において，当事会社と他の企業との間で，互いの行動を高い確度で予測することができるようになり，協調的な行動をとることが双方の利益となることがある。ある企業の価格引上げに対して，他の企業が価格を引き上げないで売上げを拡大しようとしても，当該企業が対抗策を講じると予測されるから，むしろ当該企業の価格引上げに追随して当該他の企業も価格を引き上げる方が自己の利益になり，当該企業もそのことを知っているからこそ，先に価格を引き上げ，他の企業の追随を期待している。こういう関係が成立するような場合には，当事会社と他の企業にとって，互いに価格を引き上げることが利益になり，協調的行動により当該商品の価格を引き上げることができる状態につながる。

　ガイドラインによれば，企業結合によってこうした状態がもたらされるか否かは，次の要素を総合勘案して判断される。

①　当事会社の地位および競争者の状況，市場における競争状況等

② 取引の実態等

③ 輸入，参入および隣接市場からの競争圧力等

④ 効率性および当事会社の経営状況

これらの要素は単独行動による競争制限効果の場合とほぼ同じであるが，「取引の実態等」の項目において，取引条件等の情報入手，需要・技術革新の動向，過去の競争行動の観点から競争者との協調的行動がとられやすいか否かを検討することが示されている。

協調的行動による市場支配力の行使の可能性を検討することは，価格カルテルの行われやすさに関する経済的証拠（市場構造的証拠および市場行動的証拠）を分析することと同様である。高い市場集中度（少数の競争者）のほか，競争者間でのコスト構造等の類似性や商品の同質性，競争者の価格その他の取引条件等に関する情報の入手しやすさ（市場の透明性）といった市場構造面や，過去の競争行動の状況（過去の価格カルテル等の違反歴を含む）や一匹狼企業の存在等の企業行動面を分析することで，協調的行動の蓋然性を判断することができる。

> **4-7** 日本航空と日本エアシステムの事業統合（＝［百 47］ **4-5**）
>
> 国内の主要な航空会社 3 社のうちの 2 社が統合するものであり，同調的な運賃設定が容易になり，同一路線に就航する会社が少なくなるなど，交渉力を有しない一般利用者に不当に不利益となることが懸念された事案である。

(5) 共同出資会社

共同出資会社の設立は，出資を伴わない業務提携と同様，単独では困難な事業活動を可能にすることから競争促進的である反面，競争制限的になるおそれもあり，慎重な検討を要する。この場合に，親会社と共同出資会社の関係のほかに，共同出資する親会社相互間の関係が問題となり得る（⇨ **4**）。企業結合ガイドラインは，協調的行動による競争制限効果の項目において，共同出資会社の扱いを説明している。

特定の事業部門の全部を共同出資会社に統合して親会社の業務と分離する場合には，部分合併として，共同出資会社の市場シェア等を考慮すればよい。

これに対し，特定の事業部門の一部が共同出資会社に統合されるが，親会社にも業務が残る場合には，共同出資会社の運営を通じて親会社間に協調関係が生じるおそれがある。例えば，生産部門を共同出資会社に統合するが，販売は

親会社が引き続き行う場合を考えてみる。親会社間に協調関係が生じるおそれはあるが、それを防止するための実効的な措置を講じ、販売面での競争が維持されるときには、競争への影響は小さいと考えられる。しかし、対象商品の総費用に占める生産費用の割合が大きいと、共同生産により生産費用が共通化し、販売面の競争の余地が減少し、協調的な行動につながるおそれもある。

さらに、共同出資会社の目的・範囲を超えて、他の商品や地域にまで協調関係が生じるおそれもある（スピルオーバー効果）。

> **4-8** カンタス・日本航空による共同出資会社の設立（平成23年度事例8）
> 　共同出資会社を設立してLCC（Low Cost Carrier）事業（格安航空旅客運送事業）に参入するものである。共同出資会社のLCC事業と当事会社の航空旅客運送事業とが関連性を有していることから、共同出資会社の運営を通じて、当事会社が独自に行う事業に関する情報（運賃の卸価格等）が共有され、当事会社間に協調関係が生じる可能性はあるが、当事会社が競合する路線に共同出資会社が就航する予定はないことから、そのおそれはないと判断された。

なお、共同出資会社の設立・運営がハードコアカルテルの偽装にすぎない場合には、株式保有に関する10条違反の問題として、あるいは不当な取引制限として規制される。

> **4-9** 日本油脂ほか事件（勧告審決昭50.12.11審決集22巻101頁［百32］）
> 　産業用爆薬の製造業者6社が爆薬の製造販売のための共同出資会社を設立することについて、公取委から10条1項違反の疑いがあるとして株主構成の変更を求められたことから、6社が、3社のみの出資に変更するとともに、共同出資会社を6社で運営するための協定を締結し、実施していた事案であり、6社による不当な取引制限として法適用されている。

(6) 垂直型企業結合

　これまで企業結合ガイドラインでは垂直型と混合型を一括して簡潔に記述していたが、2019年の改定により、垂直型と混合型を分けてそれぞれ詳細に競争分析の考え方が示されている。これは、近年、垂直型や混合型の企業結合で詳細な審査を必要とする事案が多発し知見が蓄積されたことや、デジタル分野等においてデータ等の重要な投入財を有する企業を買収する事例が増えていることを反映したものである。

　垂直型や混合型の企業結合にあっては，競争者の数を減少させるものではないので，水平型に比べて競争に与える影響は一般に大きくないが，水平型にはない競争上の問題を生じさせることがある。垂直型については，例えば，原材料メーカーと完成品メーカーとの統合，あるいはメーカーと流通業者の統合の場合に，垂直統合の当事会社間で優遇された，あるいは優先的な取引が行われる結果，競争者に対する費用引上げ効果が生じ，競争者の排除につながり，それにより当事会社が市場支配力を行使できるようになることがある。また，垂直統合の相手方から，競争者の価格等の情報を入手できるようになることから，協調的行動につながったり，協調的行動からの逸脱を監視することが容易になったりするおそれがある。

　改定された企業結合ガイドラインには，垂直型における単独行動による競争制限効果として，川下市場における供給拒否等による「**投入物閉鎖**」の能力とインセンティブの有無を分析するとともに，秘密情報の入手による市場の閉鎖性・排他性を検討すること，また，川上市場における購入拒否等による「**顧客閉鎖**」の能力とインセンティブの有無を分析するとともに，秘密情報の入手による市場の閉鎖性・排他性を検討すること，さらに，協調的行動による競争制限効果として，秘密情報の入手による協調的行動の容易化等を分析することが詳述されている。

　(4-10) ASML・サイマーの統合（平成 24 年度事例 4 [百 48]）
　　半導体露光装置のメーカーである ASML（最終親会社はオランダ法人）がその必須の部品である光源のメーカーであるサイマー（米国法人）の株式の全部を取得する計画について，市場閉鎖や秘密情報の入手の観点から競争制限につながるおそれがあると考えられた事例である。川上（光源）市場におけるサイマーの競争者は 1 社，川下（露光装置）市場における ASML の競争者は 2 社しかいない状況において，本件垂直統合により，川下市場における ASML の競争者がサイマーとの取引機会を奪われる（取引上不利に扱われることを含む）おそれ（投入物閉鎖）や，川上市場におけるサイマーの競争者がASML との取引機会を奪われる（取引上不利に扱われることを含む）おそれ（顧客閉鎖）があり，また，当事会社が川上市場および川下市場における競争者の秘密情報を入手し得ることになり，自己に有利に用いることにより競争者が不利な立場に置かれるおそれがある。しかし，当事会社が差別的な取引

を行わず，秘密保持を徹底し，これらの遵守状況を独立した監査チームが監査する等の措置をとることにより問題は解消すると判断された。

(7) 混合型企業結合

混合型については，当事会社それぞれの商品を組み合わせて供給したり，それぞれが単独で供給する場合の価格の合計額より安く一括して供給したりすること（**組合せ供給**）により，市場における競争者の競争力や牽制力が減退し，市場の閉鎖性・排他性（**混合型市場閉鎖**）をもたらすことがある。また，当事会社グループ内で接続性を確保するために秘密情報が交換される場合に，競争者の秘密情報を入手して自己に有利に用いることにより，市場の閉鎖性・排他性の問題が生じたり，協調的行動が容易になったりすることもあり得る。さらに，混合型企業結合の一方当事会社の市場に他方当事会社が参入する具体的な計画を有していないとしても，仮に他方当事会社が参入することが可能であり，実際に参入すれば一方当事会社にとって有力な競争者となることが見込まれる場合には，この混合型企業結合は新規参入の可能性（**潜在的競争**）を消滅させることになり得る。

改定された企業結合ガイドラインには，異業種を結びつけるデータや知的財産権等の重要な投入財に着目し，混合型企業結合がもたらし得るさまざまな競争制限効果を分析することが示されている。

> (4-11) Google・Fitbit の統合（令和 2 年度事例 6）
>
> 本件は，Google（G）が腕時計型ウェアラブル端末の製造販売業を営む Fitbit（F）を買収するものであり，G が行う基本ソフト（OS）提供事業と F が行う端末製造販売業の垂直型結合のほか，健康関連データベース提供事業（G と F）とデジタル広告関連事業（G）の混合型結合として審査が行われた。公取委は，G が，G および F が保有する健康関連データを自らのデジタル広告関連事業に使用した場合には，デジタル広告配信時のターゲティングの精度の向上を通じ，現在も有力である G のデジタル広告関連事業における地位がさらに強化され，市場の閉鎖性・排他性の問題が生じる可能性があると指摘したところ，G は，当該データをデジタル広告関連事業に使用しないこととし，第三者による監視の結果を公取委に報告する等の問題解消措置を申し出た。

8 問題解消措置の設計

　企業結合計画がそのまま実行されると一定の取引分野における競争が実質的に制限されることとなる場合であっても，当該競争制限の弊害を解消するに足る措置を講ずることができるのであれば，その措置の実施を条件に当該企業結合計画を容認することが望ましい。こうした問題解消措置は，当該計画がもたらし得る競争上の弊害を実効的に除去するに十分な措置であることが必要である。

　問題解消措置は，一般に構造的措置と行動的措置に区分されるが，両者の中間的な措置も考えられる。**構造的措置**とは，企業結合がもたらす市場の構造的変化を直接的に打ち消す措置であり，結合関係の形成を防止するための議決権保有比率の引下げや集中度の上昇を抑制するための事業譲渡が典型である。他方，**行動的措置**とは，企業結合によって容易になるおそれがある競争制限行為が行われないように当事会社の行動に一定の制約を課すものであり，例えば，共同出資会社による共同生産計画にあっては，販売面の独立を確保するための措置や情報隔壁の構築等が考えられ，また，垂直的な結合では，結合関係にない事業者に対する差別的な取扱いの禁止といった措置が考えられる。また，両者の中間的な措置として，競争者に対するコストベースでの商品引取権の設定，知的財産権その他の事業上必要な経営資源の使用許諾等により，輸入や新規参入を促進する措置が考えられる。

　企業結合ガイドラインでは，「事業譲渡等構造的な措置が原則であ」るとしつつ，「技術革新等により市場構造の変動が激しい市場においては，一定の行動に関する措置を採ることが妥当な場合も考えられる」とする（同ガイドライン第7の1）。また，問題解消措置は，原則として当該計画の実行前に履行されるべきであり，実行後となる場合には，措置を講じる期限を明確に設定することが必要である（例えば，事業譲渡を行う場合には，計画の実行前に少なくとも譲渡先が決定していることが望ましい）。

　しかし，これまでに問題解消措置がとられた事案をみると，ガイドラインで明記されている原則とは異なり，行動的措置，ないしは中間的な措置を条件に結合計画を容認している事例が多い（新日鐵・住友金属の合併＝ 4-16 参照）。こ

れは一面では，わが国においては事業譲渡等に消極的な受け止め方が強く，事業や資産の市場が十分形成されていないこともあり，構造的措置が実際的ではないと考えられてきたことによると思われる。

> **4-12** ふくおかフィナンシャルグループによる十八銀行の株式取得（平成30年度事例10）　長崎県の地方銀行である親和銀行等を子会社に持つふくおかフィナンシャルグループが同県の地方銀行である十八銀行の株式に係る議決権の50％超を取得する計画について，公取委は，長崎県および同県内の複数の経済圏における中小企業向け事業性貸出しの取引分野における競争が実質的に制限されることとなると指摘した。これに対して，当事会社が実効的な問題解消措置を提示することができないまま審査が長引いたが，最終的には，当事会社グループが合計で1千億円弱相当の事業性貸出債権を他の金融機関に譲渡すること（これにより債権譲渡を受ける金融機関が当事会社グループに対して一定程度の競争圧力を有することとなる），不当な金利上昇等を予防するためのモニタリング体制を構築・実施することやこれらの措置の実施状況について公取委に報告することを条件に容認された。
>
> なお，本件審査を契機に，地域の銀行や乗合バス会社の経営統合等と地域経済政策の在り方が政府全体として検討され，独禁法特例法の制定につながった（⇨⑪）。

9　事前届出

会社の株式取得，合併，分割，共同株式移転および事業等の譲受けであって一定規模以上のものについては，公取委への事前届出が義務づけられている。届出を要する範囲を設定するにあたっては，届出義務を負う会社や届出を受理し審査を行う公取委の事務負担，競争上の弊害をもたらすおそれのある企業結合の実効的な把握の観点，さらには国際的な整合性も踏まえる必要がある。また，独禁法の規制は実質的な判断が何よりも重要であり，法人格単位の形式的な基準ではなく，会社同士の関係を考慮した実質的な基準であることが求められる。

こうした観点から，企業結合の事前届出制度は，結合の手段別ではあるが実質的に共通の，当事会社の国内売上高を指標とする規模基準を設定している（外国会社の場合にも同じである）。また，「企業結合集団」という概念を導入して

一体的な関係にある会社群を総体として把握し，集団単位で国内売上高を計算することとし，原則として国内売上高合計額により基準を設定している。逆に，同一企業結合集団内部の組織再編にすぎないものを届出義務の対象外としている（同一企業結合集団内の会社間の株式取得も同様）。

　ここで企業結合集団とは，株式取得会社の最終の親会社（会社の親会社であって他の会社の子会社ではないもの）およびその子会社からなる企業グループのことである（10条2項）。また，ここでいう「子会社」および「親会社」についても，会社法等と同じく「実質基準」による定義があり（10条6項・7項，届出規則），「財務及び事業の方針の決定」に対する支配の有無により判断される。

　また，特に株式取得については，合併等による企業結合が一回的に行われるのに対し，連続的に議決権保有割合を引き上げることが可能であり，どの水準に達したときに届出を求めるかが重要な意味を持つ（この水準のことを「届出閾値」という）。2009年の独禁法改正により，株式取得の結果，株式取得会社が属する企業結合集団が，株式発行会社の議決権の20％および50％を超えて所有することとなる場合にそれぞれ届出を求めることとされた（10条2項，独禁令16条3項）。従来，単体ベースで10％，25％，50％を超える場合に30日以内の事後報告が求められていたことと比べると，企業結合集団ベースとなっており，単純な比較は難しいが，届出閾値が簡素化され，やや緩和されたといえる。

　また，こうした届出は，「あらかじめ」する必要があり，届出書が受理されると，その日から30日を経過するまでは実行することができない（10条8項本文等）。届出義務の違反や禁止期間中の実行に対しては，罰則の定めがある（91条の2第3号・4号により200万円以下の罰金）。

> (4-13) **キヤノンによる東芝メディカルの株式取得と事前届出**（平成28年度事例10）　キヤノンは，本件株式取得の届出の前に，東芝メディカルの普通株式を目的とする新株予約権等を取得し，その対価として，実質的には普通株式の対価に相当する額を東芝に支払うとともに，キヤノンが新株予約権を行使するまでの間，キヤノンおよび東芝以外の第三者（特定目的会社）が東芝メディカルの議決権付株式を保有することとなった。これについて，公取委は，第三者を通じてキヤノンと東芝メディカルとの間に一定の結合関係が形

成されるおそれがあったと判断し，これら一連の行為が届出前になされたことは事前届出制度の趣旨を逸脱し，10条2項の規定に違反する行為につながるおそれがあるとして，キヤノンに対して注意を行った。キヤノンは，米国，EU，中国の競争当局から本件について届出義務懈怠の制裁を受けており，独禁法上の事前届出制度の不備が表面化したものともいえる。

　ところで，事前届出の要否と実体審査の可否とは全く別である。届出閾値に達しない株式取得により結合関係が認められることがあり得るし（⇨ 4-2 ），届出の規模要件を満たさない企業結合であっても違法とされることがあり得る。

　企業結合手続方針が2019年に改定され，届出不要の企業結合計画に関する審査の項目が大幅に拡充された。被買収会社の国内売上高等に係る基準のみを満たさないために届出不要となる企業結合計画のうち，買収に係る対価の総額が大きく，かつ，国内の需要者に影響を与えると見込まれるものについては，当事会社に資料等の提出を求め，企業結合審査を行うことが明記された。さらに，買収対価の総額が400億円を超えると見込まれ，かつ，被買収会社が国内に拠点を有する，国内の需要者向けに営業活動を行っている，国内売上高合計額が1億円を超えるなど，当該計画が国内の需要者に影響を与えると見込まれる場合には，公取委に相談することが望まれる旨明記された。しかも，相談がない場合には当事会社に資料等の提出を求め審査を行うこと，買収対価が400億円以下であっても必要があれば審査を行うことが注記されている。届出を要しない企業結合計画に関する審査が毎年度10数件行われており， 4-11 Google・Fitbit の統合事例もその一例である。

⑩　審査手続

　企業結合審査の手続は，事前届出・事前審査制度が設けられていること，事前届出がされた案件については公取委の措置期間が制限されていることもあり，他の独禁法違反行為類型とは実質的に大きく異なっている。また，当事会社とのコミュニケーションを重視した審査実務が形成されており，競争制限の蓋然性が認められる事案であっても排除措置命令を行うことは実際上想定されていない。

　本条8項から14項までの規定や届出規則に係る実務上の取扱いを集大成し

た企業結合手続方針が作成されている（⇨ **第1節 ❸**）。なお，この手続方針には公取委が「企業結合審査において参考とする資料の例」が添付されており，企業結合ガイドラインが示している判断要素に関連する統計その他の資料を当事会社が準備する上で必ず参照すべきものである。また，2019年の改定により，「参考とする資料の例」に「当事会社の認識を確認するために，当事会社の内部文書……の提出を求めることがある」と注記された。従来からの実務を明確化したものと説明されているが，実際上の影響は大きいと思われる。

企業結合計画について公取委への届出を予定する会社は，当該届出を行う前に，届出書の記載方法等に関する「**届出前相談**」をすることができる。届出前相談を行うことにより，届出後の審査の短縮を図る実務が一般化しているとみられる。

企業結合審査は，事前届出を受理してから30日以内に行われる「**第1次審査**」と，より詳細な審査が必要であると判断して追加的な報告等を求めて行う「**第2次審査**」に分かれる。公取委は，30日の禁止期間内に，①独禁法上の問題がないと判断するか（当事会社が申し出た問題解消措置をとることを前提に問題ないと判断する場合を含む），②詳細な審査のために報告等の要請（10条9項）を行うか，③確約手続通知を行うか，いずれかの対応をとることになる。制度上は，報告等の要請を行うことなく排除措置命令前の意見聴取の通知をすることも可能である。また，第2次審査の開始の如何を問わず，案件を公表して意見募集をすることがある。

①の場合には，「排除措置命令を行わない旨の通知」をすることになる（届出規則9条）。この場合に，禁止期間を短縮する手続が設けられており，大多数の届出案件で短縮されている。

また，②の報告等の要請を行い，第2次審査を開始した場合には，公取委はその旨を公表し，第三者は公表後30日間，意見書を提出することができる。公取委が排除措置命令前の意見聴取の通知をすることができる期間は，届出受理の日から120日を経過した日とすべての報告等を受理した日から90日を経過した日のいずれか遅い日までの期間に延長される（10条9項）。この延長された期間内に，公取委は，ⓐ独禁法上問題ないと判断して（当事会社が申し出た問題解消措置をとることを前提に問題ないと判断する場合を含む），排除措置命令を

行わない旨の通知をするか，ⓑ確約手続通知を行うか，ⓒ排除措置命令前の意見聴取の通知をするか，いずれかの対応をとる。

第1次審査の①の場合や第2次審査のⓐの場合で，当事会社が申し出た問題解消措置をとることを前提に独禁法上問題ないと判断されたときには，届出会社がその問題解消措置の内容を届出書に記載する（実際上届出変更書を提出するか，届出書を再提出することになる）。その後に当事会社が主要な問題解消措置を実行しないという事態が生じた場合には，通常，「重要な事項が当該計画において行われることとされている期限までに行われなかった場合」（10条9項ただし書1号）に該当すると考えられ，公取委は，当該期限から1年以内に意見聴取の通知をして排除措置命令を行うことができる（同条10項）。

また，第1次審査の③の場合や第2次審査のⓑの場合とは，違反被疑行為者との合意により独禁法上の問題点を解消するための確約手続（48条の3。⇨ **第9章第2節第2款**）に付すものであり，届出会社は問題解消措置を記載した排除措置計画の認定申請を検討することになる。ただし，企業結合審査においては，上記のとおり，かねてより実質的に同様の実務が行われており，確約手続が利用される可能性は低いとみられている（これまで例はない）。

企業結合の審査手続は，【図表4-2】のフローチャートのとおりである。

公取委は，2022年6月16日に公表した「デジタル化等社会経済の変化に対応した競争政策の積極的な推進に向けて——アドボカシーとエンフォースメントの連携・強化」において，企業結合審査のエンフォースメントの強化に向けた取組パッケージを明らかにした。そこでは，第1に，第2次審査の開始の如何を問わず，必要に応じ，第三者からの情報・意見の募集を行うこと，第2に，企業結合審査においても，必要かつ相当な範囲において独禁法40条の一般調査権限を行使すること，第3に，審査の初期段階から取締役会における資料や社内の競争分析に係る資料などの内部文書の提出を求めること，第4に，経済分析室と連携しながら，経済分析を活用することが表明されている。

また，2021年4月に企業結合担当の審議官が設置され，企業結合調査官が毎年度増員されるなど，企業結合審査体制の強化も進められている。加えて，公取委は積極的に公表していないが，2021年4月から，企業結合課職員を審査官に指定して違反事件として企業結合事案を取り上げることができる態勢が

【図表4-2】 企業結合審査手続

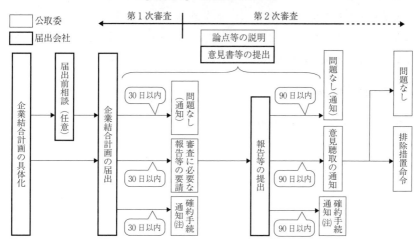

（注）以降の手続は，「確約手続に関する対応方針」による。

（出典）公取委「平成29年度における主要な企業結合事例について」（平30.6.6公表）参考2の「企業結合審査のフローチャート」をもとに作成

整備されている。

　こうした取組が企業結合の実効的な審査につながることが期待されるが，こうした内容を企業結合手続方針に反映させることが適切である。

11 地域基盤企業合併等特例法

　地方乗合バス会社や地域銀行の経営統合等に関する独禁法による企業結合審査の特例を定める法律（地域基盤企業合併等特例法）が2020年に制定された。これは，ふくおかフィナンシャルグループによる十八銀行の株式取得案件（＝ 4-12 参照）の公取委による企業結合審査が長期化し，債権譲渡等の問題解消措置を条件に最終的に容認されたものの，企業結合審査が地域経済を支える地域銀行の経営統合を推進する上での支障になりかねないとの金融庁等からの問題提起を受けて，内閣総理大臣主宰の未来投資会議における地方創生に関わる議題として検討された結果，主務大臣の認可を得て行う地域銀行の経営統合と地方乗合バス会社の共同経営協定・経営統合について独禁法の適用除外とするものである。認可にあたっては公取委との協議が求められており，また，10

年以内に廃止するものとされている。本法の対象となる企業結合については，主務大臣の認可を得て行うか，公取委の企業結合審査を受けるか，当事会社が選択できることになる。これまで特例法による認可が行われた企業結合は，地域銀行に係るもの2件である（2023年12月末時点）。

12 企業結合審査の現状

2009年改正により届出基準が引き上げられたことから，従来に比べて株式取得を含む企業結合の事前届出件数は大きく減少しており，年間300件程度である（8割程度が株式取得）。また，問題解消措置をとることを前提に排除措置命令を行わないこととされた事案は，毎年度数件である。

企業結合審査の透明性を確保し，事業者の予測可能性を高める観点から，主要な企業結合事例の概要が毎年度10件程度公表されており，事案によっては，処理が終了した時点でその都度公表されることもある。また，排除措置命令を行わない旨通知した事案について，平成29年度以降，四半期ごとにそのリストが公表されている。

また，届け出られた案件が取り下げられることがあり，その中には独禁法上の問題の指摘を受けて取り下げられたものも含まれていると考えられる。また，第1次審査の過程で問題解消措置をとることを前提に問題ないと判断された案件の中には，公表されていないものがある。

さらに，届出を要しない企業結合案件の審査が増えているが，届出基準の見直しや届出義務の不履行に対する措置の整備が必要である。

近年の企業結合の届出・審査の状況は，【**図表4-3**】のとおりである。

第13条【役員兼任の規制】① 会社の役員又は従業員（継続して会社の業務に従事する者であって，役員以外の者をいう。以下この条において同じ。）は，他の会社の役員の地位を兼ねることにより一定の取引分野における競争を実質的に制限することとなる場合には，当該役員の地位を兼ねてはならない。
② 会社は，不公正な取引方法により，自己と国内において競争関係にある他の会社に対し，自己の役員がその会社の役員若しくは従業員の地位を兼ね，又は自己の従業員がその会社の役員の地位を兼ねることを認めるべきことを強制してはならない。
　第2条【定義—役員】③ この法律において「役員」とは，理事，取締役，執行役，

業務を執行する社員，監事若しくは監査役若しくはこれらに準ずる者，支配人又は本店若しくは支店の事業の主任者をいう。

【図表4-3】 企業結合の届出・審査の状況

	2020年度	2021年度	2022年度
届出件数 （うち外国企業を当事会社に含むもの）	266 (20)	337 (44)	306 (37)
第1次審査で終了したもの （うち禁止期間の短縮を行ったもの）	258 (199)	328 (248)	299 (243)
第1次審査終了前に取下げがあったもの	7	8	7
第2次審査に移行したもの	1	1	0
当該年度内審査終了案件のうち届出を要しないもの	9	14	15
問題解消措置を前提に問題ないと判断したもの	6	3	1

（出典）公取委「企業結合関係届出の状況（各年度版）」

1 本条の趣旨

　本条は，会社の役員または従業員が競争関係にある会社等の役員を兼任することにより競争を制限することとなることを規制するものである。会社の意思決定に参画し，業務を執行する立場にある役員が複数の会社，特に競争関係にある会社の役員を兼任する場合には，競争制限的な共通の意思決定がなされるなど，市場における競争に悪影響が及ぶこととなる。役員兼任は，株式保有関係を背景に行われることが多く，その場合には株式保有として規制すれば足りるが，融資や取引関係を背景に行われることもあり，本条が別途設けられている。なお，かつては一定の場合に公取委への事後届出が必要であったが，1998年改正により廃止された。

2 役　員

　2条3項が「役員」の定義を定めており，会社法上の役員（取締役，会計参与および監査役をいう。会社329条1項）より広い。企業結合ガイドラインでは，「株式会社・相互会社の取締役・監査役，合名会社・合資会社・合同会社の業

務を執行する社員，会社法上の支配人（会社法第10条），会社法で支配人と同じ権限を有するとみなされる会社の使用人（例えば，本店総支配人，支店長，営業本部長）等」をいい，また，「これらに準ずる者」とは「取締役，監査役等に当たらないが，相談役，顧問，参与等の名称で，事実上役員会に出席するなど会社の経営に実際に参画している者」をいう（同ガイドライン第1の2(1)）。

3 規制の内容

会社の役員が他の会社の役員を兼ねる場合，会社の従業員が他の会社の役員を兼ねる場合が本条1項の規制対象である。会社の役員が他の会社の従業員になる場合や会社の従業員が他の会社の従業員を兼ねる場合は，規制対象外である。

企業結合ガイドラインは，株式保有の場合と同様，役員兼任によって兼任当事会社間に「結合関係」が形成・維持・強化される場合に規制が及ぶとして，次の場合に結合関係が認められるとしている。

① 兼任当事会社のうちの1社の役員総数に占める他の当事会社の役員または従業員の割合が過半である場合

② 兼任する役員が双方に代表権を有する場合

また，上記①または②以外の場合は，ⓐ常勤または代表権のある取締役による兼任か否か，ⓑ兼任当事会社のうちの1社の役員総数に占める他の当事会社の役員または従業員の割合，ⓒ兼任当事会社間の議決権保有状況，ⓓ兼任当事会社間の取引関係（融資関係を含む），業務提携等の関係を考慮して，結合関係が形成・維持・強化されるか否かが判断される。

結合関係が認められる場合の市場画定や競争の実質的制限の判断については，株式保有の場合と同じである。

なお，本条2項は，不公正な取引方法による役員兼任の強制を禁止するものであるが，競争関係にある会社に限定される反面，自社の役員が従業員の地位を兼ねる場合も対象になる。

4 事 例

役員兼任のみで結合関係が認められることは考えにくく，通常，株式保有と

併せて用いられ，株式保有の違反として処理されている。

4-14 **広島電鉄事件**（同意審決昭 48.7.17 審決集 20 巻 62 頁［**百 44**]）

　広島電鉄が，競争関係にある広島バスの発行済株式総数 13 万株の約 85%に当たる 11 万株を取得するとともに，広島バスの取締役 5 名のうち 3 名，監査役 1 名に自社の役員または従業員を兼任させた事案である。広島電鉄に 10 条 1 項，兼任役員に本条 1 項が適用され，広島電鉄にその所有する広島バスの株式 11 万株のうち 8.5 万株の処分が，兼任役員に広島バスの役員の辞任が，命じられている。

> **第 14 条【会社以外の者による株式の取得・所有の規制】**　会社以外の者は，会社の株式を取得し，又は所有することにより一定の取引分野における競争を実質的に制限することとなる場合には，当該株式を取得し，又は所有してはならず，及び不公正な取引方法により会社の株式を取得し，又は所有してはならない。

1 本条の趣旨

　本条は，「会社以外の者」による株式保有を規制するものであり，10 条に基づく会社による株式保有の規制と同じ内容であるが，事前届出の義務はない。

2 規制の内容

　「会社以外の者」とは，会社法等で規定される株式会社，相互会社，合名会社，合資会社，合同会社または外国会社以外の者をいい，事業者であるか否かを問わない。具体的には，各種の財団法人・社団法人，特殊法人，地方公共団体，金庫，組合，個人等株式を保有し得るすべての者が含まれる。

　会社以外の者による株式保有が独禁法上問題となり得る場合としては，会社の役員が競争関係にある会社の株式を保有する場合や，会社以外の者が競争関係にある 2 以上の会社の株式を保有する場合が考えられ，その判断基準は会社による株式保有の場合と同じである。

> **第 15 条【合併の規制】** ①　会社は，次の各号のいずれかに該当する場合には，合併をしてはならない。
> 一　当該合併によって一定の取引分野における競争を実質的に制限することとなる

1 本条の趣旨

　本条は，会社の合併により市場における競争が制限されることとなることを規制するものであり，特に，競争単位の減少を通じて市場構造が非競争的になり，競争制限行為が行われやすくなることを防止しようとするものである。合併は，別個の会社が法的・組織的に一体化することとなり，結合関係が最も強固であり，また，事後的な分離には困難を伴うことから，特に実効的な規制が必要であると考えられてきた。このため，株式取得について事後報告で足りた2009年改正前においても，合併や事業等の譲受けについては事前届出制がとられていた。2009年改正により，株式取得についても事前届出制がとられ，企業結合集団単位の規定が整備されたことから，本条では10条の所要の規定を準用している。

2 規制の内容

　規制の対象となる合併とは，国内の会社同士の合併と，外国の会社同士の合併である（会社法上，国内の会社と外国会社の合併は想定されていない）。
　実体的な規制基準は，株式保有の場合と同じであり，「一定の取引分野における競争を実質的に制限することとなる場合」に禁止される（15条1項）。
　なお，株式保有や役員兼任を通じて一定の結合関係にある当事会社について，結合関係がそれほど強くないことから競争への影響は問題ないとされた場合であっても，当事会社が合併することにより結合関係が強化されることから問題となることがあり得る。
　合名会社や相互会社を株式会社に組織変更するといった，会社の組織変更（会社2条26号，保険業85条）を目的とする合併や，いわゆる親子会社間，兄弟会社間，叔父甥会社間の合併といった，同一の企業結合集団に属する会社同士の合併については，結合関係が形成・強化されるものではないので，通常，審

査の対象とはならない。ただし，後者の場合に，当該企業結合集団に属していない会社との結合関係が形成・強化される場合には，その結合関係が審査の対象となる。

　株式取得の場合と同一の規模基準により，合併の事前届出が義務づけられており（15条2項），届出やその後の禁止期間，措置期間等については株式保有に係る規定が準用される（同条3項）。なお，すべての合併会社が同一の企業結合集団に属する場合には，届出義務が免除される（同条2項ただし書）。これらの点は，分割，共同株式移転および事業等の譲受けに共通である。

3　事　例

　従来，企業結合の中心的な手段は合併であったが，会社法における会社組織の再編手法の多様化等により，中心的な手段が株式取得を用いるものになってきている。

　合併について，本条に基づく法的措置がとられた事案は，〔4-15〕の1件のみである。

> 〔4-15〕 **新日鐵合併事件**（同意審決昭44.10.30審決集16巻46頁［百45］）
> 　国内1位と2位の高炉メーカーの合併について，公取委が合併をしないよう勧告するとともに東京高裁に緊急停止命令の申立てをしたところ，両社が勧告を応諾せず，審判手続が開始されたが，その途中で同意審決となった事案である。鉄道用レール（合算シェア100%），食缶用ブリキ（同61.2%），鋳物用銑（同56.3%）および鋼矢板（同98.3%）の4品目について，設備の譲渡，株式の譲渡，技術の提供等の措置をとることを条件に，本件合併は認められた。審決が「有効な牽制力ある競争者」の有無という，単独行動による競争制限の観点から判断していることに対しては，複占を容認し，実質的に独占に近いような場合しか禁止できなくなるとして，厳しい批判がなされてきた。現在では，有効な牽制力という場合には，単にその能力だけでなく，そのインセンティブを有するか否かを精査すべきこと，また，単独行動による競争制限の観点だけでなく，協調的行動による競争制限の観点も同様に重要であることが認識されている。
>
> 〔4-16〕 **新日鐵・住友金属の合併**（＝［百46］〔4-1〕）
> 　〔4-15〕で誕生した新日鐵が40年後に今度は住友金属と合併するという事

案である。既に 2002 年に日本鋼管と川崎製鉄の統合により JFE ができており，本件合併が認められると国内の製鉄業が実質的に複占になることから，公取委の判断が注目された。公取委は，競合する約 30 の品目を検討した結果，無方向性電磁鋼板と高圧ガス導管エンジニアリング業務について違法のおそれがあるとして問題点を指摘したところ，当事会社から問題解消措置の申出があり，当該措置がとられれば競争制限には至らないと判断された。企業結合ガイドライン上，問題解消措置は構造的措置が原則とされる中で，両品目とも，当該製品のコストベースの引取権の設定（5年間限定），あるいは新規参入者が出てきた際の同等条件での鋼管等の供給等という措置にとどまったことに対しては批判もある。

第 15 条の 2【共同新設分割・吸収分割の規制】① 会社は，次の各号のいずれかに該当する場合には，共同新設分割（会社が他の会社と共同してする新設分割をいう。以下同じ。）をし，又は吸収分割をしてはならない。
一 当該共同新設分割又は当該吸収分割によって一定の取引分野における競争を実質的に制限することとなる場合
二 当該共同新設分割又は当該吸収分割が不公正な取引方法によるものである場合
②～④ （略）

1 本条の趣旨

本条は，他の企業結合の手段と同一の基準で，会社の共同新設分割および吸収分割を規制するものである。会社分割制度は，2000 年の商法改正により創設されたもので，株式会社または合名会社がその事業に関して有する権利義務の全部または一部を分割し，他の会社または新設会社に包括的に承継させる制度である（会社 2 条 29 号〔吸収分割〕・30 号〔新設分割〕）。単独の新設分割は，企業内の組織再編にすぎず，競争上の影響はないが，他の会社と共同して行う共同新設分割および他の会社に承継させる吸収分割は，当事会社間に結合関係が形成され，会社の合併や事業譲受け等と同様の影響が生じ，また，事業承継会社と当該会社の株式を割り当てられる会社との間に結合関係が形成・強化される場合には，株式保有と同様の問題が生じることから，2000 年の独禁法改正で追加された規定である。

2 規制の内容

　一定の取引分野における競争を実質的に制限することとなる共同新設分割または吸収分割は，本条1項により禁止される。会社法上，「事業」自体の承継は要件ではないが，実際上，事業の全部または重要部分の承継を伴うものが対象となる。

　届出義務については，共同新設分割と吸収分割に分け，さらに「全部承継会社」（事業の全部を承継させようとする会社）と「重要部分承継会社」（事業の重要部分を承継させようとする会社）の組み合わせに応じて，国内売上高合計額または当該分割の対象部分に係る国内売上高の金額によって事前届出を要する基準が設定されている（15条の2第2項・3項）。

　企業結合ガイドラインによれば，ここで事業の「**重要部分**」とは，事業を承継しようとする会社ではなく，事業を承継させようとする会社（分割をする会社）にとっての重要部分を意味し（これは，事業の重要部分の譲受け等〔16条1項〕について伝統的にとられている解釈であるが，会社法上の「事業の重要な一部の譲渡」〔会社467条1項2号〕の解釈とは異なる），当該承継部分が1つの経営単位として機能し得るような形態を備え，事業を承継させようとする会社の事業の実態からみて客観的に価値を有していると認められる場合をいう。しかし，企業結合ガイドラインは，同時に，「重要部分」に該当するか否かについては「承継される事業の市場における個々の実態に応じて判断される」とも述べており，むしろこの部分に意味がある。

> **第15条の3【共同株式移転の規制】**①　会社は，次の各号のいずれかに該当する場合には，共同株式移転（会社が他の会社と共同してする株式移転をいう。以下同じ。）をしてはならない。
> 一　当該共同株式移転によって一定の取引分野における競争を実質的に制限することとなる場合
> 二　当該共同株式移転が不公正な取引方法によるものである場合
> ②③　（略）

1 本条の趣旨

　本条は，他の企業結合の手段と同一の基準で，会社の共同株式移転を規制するものである。最近の大型企業結合にあっては，2以上の会社が持株会社を新設し，株式移転を行うことで当該持株会社の子会社になるという，共同株式移転によるものがみられる。これは，新設される会社が当事会社の株式の全部を取得するものであり，合併と同様の強固な結合関係を形成することになる。2009年改正前には，会社の株式保有の問題と考えられてきたが，持株会社の新設と共同株式移転が同時に行われることから，株式取得について事前届出制を導入する場合に，仮に独禁法上問題があると判断したときにも，共同株式移転の対象となる持株会社が事前には存在していないために排除措置を命ずべき会社（株式取得会社）が存在しないという事態が生じる。このため，2009年改正において，株式取得に係る事前届出制の導入に併せて，共同株式移転に関する本条が追加された。

2 規制の内容

　共同株式移転の実体的規制基準や事前届出義務の範囲は，株式取得や合併と同じである。また，審査手続については，株式取得に関する規定が準用される。

> **第16条【事業の譲受け等の規制】**① 会社は，次に掲げる行為をすることにより，一定の取引分野における競争を実質的に制限することとなる場合には，当該行為をしてはならず，及び不公正な取引方法により次に掲げる行為をしてはならない。
> 一　他の会社の事業の全部又は重要部分の譲受け
> 二　他の会社の事業上の固定資産の全部又は重要部分の譲受け
> 三　他の会社の事業の全部又は重要部分の賃借
> 四　他の会社の事業の全部又は重要部分についての経営の受任
> 五　他の会社と事業上の損益全部を共通にする契約の締結
> ②③　（略）

1 本条の趣旨

本条は，他の企業結合の手段と同一の基準で，会社の事業の譲受け等を規制

するものである。本条の規制対象となる会社の行為とは，事業の譲受け，事業上の固定資産の譲受け，事業の賃借，事業の経営の受任，損益共通契約であり，これらが合併と同様の効果をもたらすことによる。

2 規制の内容

事業の譲受け，事業上の固定資産の譲受け，事業の賃借，事業の経営の受任にあっては，全部の譲受け等だけでなく，「重要部分」の譲受け等も対象となる。この「重要部分」の解釈については，共同新設分割・吸収分割の場合と同様である。

実体的な規制基準は株式取得や合併と同じであり，審査手続については株式取得に関する規定が準用される。また，事業または事業上の固定資産の全部または重要部分の譲受けについては事前届出義務があることも同様である。

第4節　脱法行為の禁止等

第17条【脱法行為の禁止】 何らの名義を以てするかを問わず，第9条から前条までの規定による禁止又は制限を免れる行為をしてはならない。

1 本条の趣旨と内容

本条は，9条から16条までの規定により禁止・制限される行為に形式的には該当しないが，実質的に該当すると認められる行為（脱法行為）を規制しようとするものである。例えば，会社の株式保有の規制において，会社が第三者に資金提供して他の会社の株式を保有する場合に，株式保有会社を違反行為者として10条1項を適用できると解するのであれば，本条を適用する必要はないが，公取委では，10条等の規定は株式の名義人に適用され，会社が第三者名義で実質的に保有する場合には脱法行為として本条が適用されると解している。

2 事 例

(4-17) **日本楽器事件**（勧告審決昭 32.1.30 審決集 8 巻 51 頁）

　日本楽器が資金を提供して取引先の会社に競争会社である河合楽器の発行済株式総数の 24.5％を取得させたことがピアノ等の製造販売の分野における競争を実質的に制限することとなると認められ，10 条による規制の脱法行為であるとして，本条が適用された事案である。しかし，本件では，日本楽器が河合楽器株式の実質的な所有者であるから，直接 10 条を適用できるとする批判がある。

(4-18) **野村證券株式所有事件**（勧告審決平 3.11.11 審決集 38 巻 115 頁）

　2002 年改正前の 11 条による証券会社の株式保有制限を超える関係会社の株式を他の会社に依頼して保有してもらい，第三者への譲渡を制限する等していた野村證券に対し，同条の規制を免れる行為であるとして，本条を適用した事案である。

第 17 条の 2【排除措置命令】①　第 10 条第 1 項，第 11 条第 1 項，第 15 条第 1 項，第 15 条の 2 第 1 項，第 15 条の 3 第 1 項，第 16 条第 1 項又は前条の規定に違反する行為があるときは，公正取引委員会は，第 8 章第 2 節に規定する手続に従い，事業者に対し，株式の全部又は一部の処分，事業の一部の譲渡その他これらの規定に違反する行為を排除するために必要な措置を命ずることができる。

②　第 9 条第 1 項若しくは第 2 項，第 13 条，第 14 条又は前条の規定に違反する行為があるときは，公正取引委員会は，第 8 章第 2 節に規定する手続に従い，当該違反行為者に対し，株式の全部又は一部の処分，会社の役員の辞任その他これらの規定に違反する行為を排除するために必要な措置を命ずることができる。

---

1 本条の趣旨

　本条は，企業結合規制の違反に対して公取委が 8 章 2 節の手続に従い，排除措置命令を行うことができる旨を定めるものである。1 項が会社の株式保有（10 条），金融会社の株式保有（11 条），会社の合併（15 条），共同新設分割・吸収分割（15 条の 2），共同株式移転（15 条の 3），事業の譲受け等（16 条）およびこれらの脱法行為（17 条）に係る違反の場合の事業者に対する措置を，2 項が過度集中会社（9 条），役員兼任（13 条），会社以外の者の株式保有（14 条）およ

びこれらの脱法行為（17条）に係る違反の場合の違反行為者に対する措置を規定する。

2 排除措置の内容と手続

株式保有に係る違反の場合には「株式の全部又は一部の処分」が，合併等に係る違反の場合には「事業の一部の譲渡」が，役員兼任に係る違反の場合には「会社の役員の辞任」が，それぞれ命じられるほか，「その他これらの規定に違反する行為を排除するために必要な措置」が命じられる。

公取委が排除措置命令を行うためには，所定の期間内に，排除措置命令前の意見聴取を行う旨の通知をする必要がある（49条，50条）。また，この通知を行わないこととしたときには，排除措置命令を行わない旨の通知書が交付される（届出規則9条）。

3 問題解消措置の履行担保

事前届出を受理した企業結合計画が一定の取引分野における競争を実質的に制限することとなると認められる場合にも，当事会社が一定の適切な措置を講じることにより，その問題を解消できるのが通例である。公取委の実務においては，こうした場合に，問題解消措置の履行を担保するための措置として事前届出書に当該措置を追加記載することを求め（通常，問題解消措置に係る変更報告書が提出される），排除措置命令は行わないとする運用がなされている（当事会社が当該措置を履行しない場合には，排除措置命令前の意見聴取の通知期限が1年延長される〔10条9項1号，10項〕）。これに対しては，法運用の実効性や透明性を確保する観点から，必要に応じ，排除措置命令を行うべきであるとの指摘がある。また，排除措置計画の認定手続（確約手続）は企業結合規制にも適用されるが（48条の2〜48条の5），上記のような運用の下で実際に用いられることは想定されない。

> **第18条【合併等の無効の訴え】**（略）

第5章

不公正な取引方法の禁止

第 19 条【不公正な取引方法の禁止】事業者は，不公正な取引方法を用いてはならない。

1　本条の趣旨

　本条は不公正な取引方法の禁止規定である。不公正な取引方法は，独禁法による規制の主要な柱の 1 つと位置づけられ，公取委による法執行上も違反事例の数は多い。不公正な取引方法の定義は 2 条 9 項によって規定され，取引拒絶，不当廉売，再販売価格の拘束，抱き合わせ販売，不当表示，優越的地位の濫用など，さまざまな行為類型が含まれる。効果要件については，私的独占や不当な取引制限では「競争の実質的制限」をもたらす行為が禁止されるのに対して，不公正な取引方法では「**公正な競争を阻害するおそれ**」（＝**公正競争阻害性**）をもたらす行為が禁止される。

　なお，本条による禁止のほかに，事業者団体が事業者に不公正な取引方法をさせること（8 条 5 号），不公正な取引方法に該当する事項を内容とする国際協定・契約を締結すること（6 条），および不公正な取引方法による企業結合（独禁法第 4 章）に対する禁止規定が置かれている。

2　不公正な取引方法の定義──2 条 9 項と一般指定

　不公正な取引方法の定義は，2 条 9 項によって規定されており，同項 1 号ないし 5 号で直接規定されるもの（**法定類型**）と，同項 6 号に基づき公取委が指定するもの（**指定類型**）とに分かれる。法定類型は課徴金の対象行為となるが，指定類型は課徴金の対象とならないという違いがある。

　2 条 9 項 6 号に基づく公取委の指定には，一般指定と特殊指定の 2 種類がある。一般指定は，業種横断的にすべての事業分野に適用されるものであるのに対して，特殊指定は，特定の事業分野または特定の取引方法にのみ適用されるものである。一般指定は，もともと 1953 年に初めて制定され（以下，「昭和 28

年一般指定」という），その後，1982年，2009年と2度の改正を経て現在に至っている。現行の一般指定は，1982年に改正された旧一般指定（昭和57年公取委告示15号）を原型としつつ，2009年の独禁法改正に伴って大幅に改定されたものである（平成21年公取委告示18号）。他方，特殊指定は，さまざまな改廃を経て，現在，大規模小売業，物流業（特定荷主による物品の運送・保管委託），新聞業の3つがある。もっとも，新聞業を除く2つの特殊指定の規制対象行為のほとんどは優越的地位濫用に関するものであり，2条9項5号の規制対象範囲を超えるものはない。後述のように優越的地位濫用が課徴金対象となった現在，法執行には特殊指定でなく2条9項5号の適用が予想されるため，わざわざ特殊指定を置く実質的な意味が失われつつある。

　2009年の独禁法改正前には，現行の2条9項6号に相当する規定のみが置かれており（旧2条9項），不公正な取引方法の具体的な定義は，公取委による一般指定（旧一般指定）と特殊指定によって定められていた。2009年改正により，不公正な取引方法の一部に，新たに課徴金が課されることとなったため，構成要件の明確性および事業者の予測可能性の観点から，対象行為は法定される必要があるとして，旧一般指定の関連規定を参考に，課徴金の対象となる違反行為の実体規定について2条9項1号～5号で直接規定されることとなった。

　結果として，2条9項の条文構造はやや分かりにくいものになっている。特に，旧2条9項では不公正な取引方法を「公正な競争を阻害するおそれがあるもののうち，公正取引委員会が指定するもの」と定義していたのに対して，現行2条9項の法定類型（1号～5号）は，一見すると「公正競争阻害性」という効果要件が欠落しているようにも読める。しかしながら，上述のとおり，法定類型は，旧一般指定の関連規定の一部を法定化したものであり，公正競争阻害性を効果要件とすることに変わりはない。具体的には，法定類型の各号における「**正当な理由がないのに**」，「**不当に**」，「**正常な商慣習に照らして不当に（な）**」の各規定文言が公正競争阻害性を意味するものと解されている。これは旧一般指定の各項における同様な文言の解釈をそのまま踏襲するものである（第1次育児用粉ミルク（和光堂）事件＝ 5-27 ）。

　このように，法定類型は，課徴金導入に伴う必要から，旧一般指定の関連規定の一部を切り出して法定化したものであるから，不公正な取引方法の全体像

【図表 5-1】 不公正な取引方法の規定構造

行為類型	2条9項および一般指定(現行法)	旧一般指定	公正競争阻害性
不当な差別的取扱い	共同・直接の供給拒絶(法定)(1号イ)	共同・直接の取引拒絶 (1項1号)	自由競争減殺
	共同・直接の購入拒絶(指定)(1項1号)		
	共同・間接の供給拒絶(法定)(1号ロ)	共同・間接の取引拒絶 (1項2号)	
	共同・間接の購入拒絶(指定)(1項2号)		
	その他の取引拒絶(指定)(2項)	その他の取引拒絶(2項)	
	継続して行う差別対価(法定)(2号)	差別対価(3項)	
	その他の差別対価(指定)(3項)		
	取引条件等の差別的取扱い(指定)(4項)	取引条件等の差別的取扱い(4項)	
	事業者団体における差別的取扱い(指定)(5項)	事業者団体における差別的取扱い(5項)	
不当対価取引	原価を著しく下回る不当廉売(法定)(3号)	不当廉売(6項)	自由競争減殺
	その他の不当廉売(指定)(6項)		
	不当高価購入(指定)(7項)	不当高価購入(7項)	
不当な顧客誘引・取引強制	ぎまん的顧客誘引(指定)(8項)	ぎまん的顧客誘引(8項)	競争手段の不正さ
	不当な利益による顧客誘引(指定)(9項)	不当な利益による顧客誘引(9項)	
	抱き合わせ販売等(指定)(10項)	抱き合わせ販売等(10項)	自由競争減殺
			競争手段の不正さ
事業活動の不当拘束	排他条件付取引(指定)(11項)	排他条件付取引(11項)	自由競争減殺
	再販売価格の拘束(法定)(4号)	再販売価格の拘束(12項)	
	拘束条件付取引(指定)(12項)	拘束条件付取引(13項)	
取引上の地位の不当利用	取引上の優越的地位の濫用(法定)(5号)	優越的地位の濫用(14項)	自由競争基盤侵害
	取引の相手方の役員選任への不当干渉(指定)(13項)		
競争者に対する不当取引妨害・内部干渉	競争者に対する取引妨害(指定)(14項)	競争者に対する取引妨害(15項)	自由競争減殺
			競争手段の不正さ
	競争会社に対する内部干渉(指定)(15項)	競争会社に対する内部干渉(16項)	競争手段の不正さ

(注1) 現行法のあみかけ部分は課徴金の対象となる法定類型を,白地の部分は一般指定の類型をそれぞれ示す。

(注2) 現行法の一般指定3項・その他の差別対価は,2条6項イ(不当な差別的取扱い)だけでなく,ロ(不当対価取引)にも基づく指定である。

を適切に理解するためには，法定類型を単独で理解しようとせずに，2条9項6号イ〜ヘ（旧2条9項1号〜6号とほぼ同内容）および一般指定と併せ読む形で頭を整理した方がよい。

このような理解から，本章の解説も，不公正な取引方法の各行為類型を網羅的にカバーする2条9項6号イ〜ヘの順序に従い，①不当な差別的取扱い，②不当対価取引，③不当な顧客誘引・取引強制，④事業活動の不当拘束，⑤取引上の地位の不当利用，⑥競争者に対する不当な取引妨害・内部干渉の順に，各行為類型の解説を行うこととする。

3 公正競争阻害性の解釈

(1) 公正競争阻害性の判断における3つの観点

「公正競争阻害性」の解釈については，古くからさまざまな考え方が示されてきたが，現在も強い影響力を持つ理論的な整理は，独占禁止法研究会報告書「不公正な取引方法に関する基本的な考え方」（1982年）の立場であり，公取委の法運用もおおむねこの立場に沿って展開されてきた。これによれば，公正競争阻害性には，**①自由競争減殺**，**②競争手段の不公正さ**，**③自由競争基盤の侵害**の3つがあり，不公正な取引方法とは，これらのいずれか，またはいくつかを同時に侵害する行為であると理解される。1個の行為とこれら3つの要素のいずれかが1対1で対応する必要はないが，対象行為がどのような意味で公正競争阻害性を有するのかを明確化することは，排除措置命令の具体的な内容を決める上でも重要である。

① 自由競争減殺

自由競争減殺とは，競争の実質的制限には至らない程度の自由競争の制約を意味する概念であり，「制限」ではなく，「減殺（げんさい）」という言葉によって使い分けられているが，その不当性の性質は，競争の実質的制限の場合と同じものである。両者の違いは，市場に対する弊害の程度の大きさの差であると考えてよい。したがって，現実に競争の実質的制限（市場支配力の形成・維持・強化）が生じることまで立証する必要はなく，その萌芽的段階において要件が充足される。

<u>5-1</u> **マイクロソフト非係争条項事件**（審判審決平 20.9.16 審決集 55 巻 380 頁
[百 93] = <u>6-6</u>）　　「公正な競争を阻害するおそれ」は，「具体的な競争減
殺効果の発生を要するものではなく，ある程度において競争減殺効果発生の
おそれがあると認められる場合であれば足りるが，この『おそれ』の程度は，
競争減殺効果が発生する可能性があるという程度の漠然とした可能性の程度
でもって足りると解すべきではなく，当該行為の競争に及ぼす量的又は質的
な影響を個別に判断して，公正な競争を阻害するおそれの有無が判断される
ことが必要である。」

　自由競争減殺が生じるメカニズムないし原因となる行為の性質の違いに応じ
て，**競争回避型**と**競争排除型**とが含まれる点も，私的独占および不当な取引制
限における競争制限のメカニズムと対応している。すなわち，**競争回避型**とは，
事業者間での競争の回避を通じて競争減殺効果が生じる場合を，**競争排除型**と
は，他の事業者を市場から排除したり，新規参入を阻害したりすることによっ
て競争減殺効果が生じる場合をそれぞれ指しており，個別の行為類型の反競争
的な性質を理解するのに役立つ。例えば，共同の取引拒絶のように，行為態様
に応じて双方の要素を併せ持つ行為もあるが，排除措置命令の内容として何を
命ずるかという問題とも関わりつつ，対象行為がどのように自由競争減殺を
もたらすかを見極めることが重要である。

　不公正な取引方法の規制においては，私的独占や不当な取引制限における
「一定の取引分野」のように，市場画定を求める明文の規定は存在しないが，
自由競争減殺の観点からの規制においては**市場画定**が行われることが望ましい
（東洋精機製作所事件 = <u>5-30</u>，ウインズ汐留事件 = 東京地判平 17.6.9 審決集 52 巻
832 頁）。競争への弊害の有無を判断するためには，どのような競争が問題とな
っているかをあらかじめ明らかにする必要があるからである。

　② **競争手段の不公正さ**
　競争手段の不公正さは，価格・品質・サービスを中心とする**能率競争**という
観点からみて，競争手段それ自体が反社会的・反倫理的であるなど非難に値す
るものであることを意味する。より具体的には，自己の商品・役務の価格や品
質等の情報を歪めて伝える不当表示等，顧客の合理的かつ適正な選択を歪める
ような行為（一般指定 8 項，9 項に対応）や，競争者の商品・役務の価格や品質

等の情報を歪めて伝える誹謗中傷やあからさまな妨害行為等（一般指定14項，15項に対応），および，市場における有力な地位を利用した取引強制（一般指定10項）がこれに当たる。なお，不当表示等の場合，それを放置すると能率競争からかけ離れた競争手段が蔓延して，独禁法が守るべき自由かつ公正な競争秩序が損なわれることが問題視され，この点において，競争秩序への影響との連続性を持つと考えられてきた。また，競争者の取引を妨害するタイプの不公正な競争手段は，競争排除型の自由競争減殺の一類型とみることもできる。

③　自由競争基盤の侵害

自由競争基盤の侵害とは，事業者の自由で自主的な判断に基づく取引が妨げられることによって，その**競争機能の発揮**が妨げられることをいう。より具体的には，取引上の優越的地位を不当に利用して，取引の相手方に，競争が機能していれば課し得ないような不利益を課すことである。例えば，大規模小売業者が，商品の納入業者に対して交渉上圧倒的な優位に立つことはよく知られており，その優位性を利用して，押し付け販売や人員派遣を強要する等の不利益を課す場合などがこれに当たる（2条9項5号，一般指定13項に対応）。

優越的地位濫用規制の独禁法体系上の位置付けをめぐっては，自由競争基盤の侵害という考え方のほかに，違反行為者がその競争者よりも不当に有利になる点や，不利益を受ける事業者がその競争者より不当に不利になる点に着目する考え方がある。

また，既に競争が機能することを期待できないような市場状況の下で行われる搾取行為としてとらえる見解もある。これは，ある事業者との取引を必要とする取引相手群と当該事業者とで構成される範囲を市場と観念した上で，その市場における市場支配力の搾取的濫用ととらえるものであり，優越的地位濫用規制を市場支配力規制の一部として再構成する試みと評価されるが，関連条文の文理解釈上はやや難があるように思われる。

なお，②と③については，問題となる行為が**社会的な広がり**をもって行われていることが要件として必要かという論点がある（いわゆる「行為の広がり」論）。これについて，最高裁は，③に関連して，岐阜商工信用組合事件（＝最判昭52.6.20民集31巻4号449頁［百122］(7-14)）において1対1の関係でも優越的地位濫用の成立を認めており，要件としては不要と解される。ただ，公取委が取

り上げる場合には，単なる民事紛争ではなく，一定の社会的広がり，あるいは社会的伝播性のある事件を優先的に選択すべきであるから，その意味で社会的広がり等は公取委の事件選択の基準ではあるといえる。

(2) 「不当に」「正常な商慣習に照らして不当に（な）」「正当な理由がないのに」

法定類型，指定類型が規定する各行為類型をみると，「不当に」「正常な商慣習に照らして不当に（な）」「正当な理由がないのに」という３つの表現が使い分けられているが，これらはいずれも公正競争阻害性を意味するものと解されている。これら文言のそれぞれの意義は次のように理解されている。

「不当に」とは，行為要件に該当するだけでは原則的に公正競争阻害性があるとはいえず，個別的に公正競争阻害性が示されて初めて不公正な取引方法といえる行為類型であり，「正常な商慣習に照らして不当に（な）」においては，個別に公正競争阻害性を示す際に正常な商慣習が参照される。これに対して，「正当な理由がないのに」は，その行為要件に該当すれば原則として公正競争阻害性が認められることを意味すると解されており，経済的な経験則に照らして，当該行為が定型的に反競争効果を持つことが多いことを反映して，事実上の推定を認めたものである。このような推定は，立証責任を転換するものではないが，一定の行為類型に該当するならば公正競争阻害性が一応推定されるという意味において，一般に**原則違法**とも呼ばれている。

ただし，「正当な理由がないのに」との文言が付されている２条９項１号・一般指定１項（共同の取引拒絶），２条９項３号（不当廉売）等の行為類型に関する事件では，単に行為要件を充足する事実が認められても，それだけで直ちに違法とはされず，対象行為の態様に応じて，個別的に効果要件該当性が判断される場合があることにも注意が必要である。

> 〔5-2〕**都営芝浦と畜場事件**（最判平元.12.14民集43巻12号2078頁〔**百59**〕＝
> 〔1-1〕）　独禁法19条の趣旨は公正な競争秩序を維持することにあるから，
> 「不当に」ないし「正当な理由がないのに」なる要件に当たるかどうかは，
> 専ら公正な競争秩序維持の見地に立ち，具体的な場合における行為の意図・
> 目的，態様，競争関係の実態および市場の状況等を総合考慮して判断すべき
> ものである。

> (5-3) **着うた事件**（審判審決平 20.7.24 審決集 55 巻 294 頁）
> 　一般指定 1 項は「正当な理由がない」限り不公正な取引方法に該当すると定めており，「かかる共同の取引拒絶行為については，その行為を正当化する特段の理由がない限り，公正競争阻害性を有するものとするものである」。

(3)　正当化事由等の考慮要因

　公正競争阻害性を判断するにあたって，たとえ上記 3 つの競争秩序への弊害（悪影響）のいずれかが認められる場合であっても，当該行為を正当化する理由が認められれば，これと競争への悪影響とを比較衡量して公正競争阻害性なしとの結論が導かれることがあり得る。これは，「競争の実質的制限」の判断における「公共の利益に反して」と同じ性質の問題であり，また，「公共の利益に反して」の文言がない 8 条 1 号（事業者団体事案）の適用においても「競争の実質的制限」の中で正当化事由が勘案されている（大阪バス協会事件＝審判審決平 7.7.10 審決集 42 巻 3 頁 [百 36] (3-1) (3-4)）。問題は，どのような考慮要因が，どのような範囲において正当化事由として認められるかという点である。

　まず，競争秩序の維持とは関係のない，単なる事業上の合理性や必要性が正当化事由となることはないが（第 1 次育児用粉ミルク（和光堂）事件＝ (5-27)），効率性の改善など，競争秩序と関連性をもつ事業上の合理性について考慮することを排除するものではない。また，都営芝浦と畜場事件（＝ (5-2) ）において，最高裁は，「行為の意図・目的，態様，競争関係の実態及び市場の状況等を総合考慮して判断すべきものである」と述べ，食肉の低廉かつ安定的な供給という公益的な政策目的も行為の意図・目的として考慮した上で公正競争阻害性を判断した。

　また，商品の安全性の確保についても，広い意味での公益に関わるものであり，これを正当化事由として考慮することについて異論はない。例えば，抱き合わせ取引等が安全性の確保のために必要であると主張された東芝昇降機サービス事件大阪高裁判決（＝ (5-4) ）では，安全性の確保は，公正競争阻害性を判断する際の考慮要因の 1 つであると判示されている（ただし，一般論として考慮要因であることを認めつつ，当該事件ではこれを考慮しても公正競争阻害性がないとはいえないとした）。

5-4 東芝昇降機サービス事件（大阪高判平 5.7.30 審決集 40 巻 651 頁 [百 64] ＝ 5-26 ）　「商品の安全性の確保は，直接の競争の要因とはその性格を異にするけれども，これが一般消費者の利益に資するものであることはいうまでもなく，広い意味での公益に係わるものというべきである。したがって，当該取引方法が安全性の確保のため必要であるか否かは，右の取引方法が『不当に』なされたかどうかを判断するに当たり，考慮すべき要因の 1 つである。」

　これら考慮要因による正当化の可否について，一般論としては，独禁法 1 条の究極目的に実質的に反しないと考えられるかどうかによって判断されるものと考えられる。より具体的には，①目的の正当性，②手段の相当性という 2 つの観点から評価される。例えば，対象行為について，独禁法 1 条の観点からみてある正当な目的が認められるような場合であっても，より競争制限的でない代替手段をとり得るならば，当該行為は正当化されない。また社会的相当性・必要性といった考慮要因は，市場に及ぼす影響や行為者の反競争的な意図を検討する際の間接証拠としてのみ考慮されるとの見解もある。この見解は，公正競争阻害性の判断においては「専ら公正な競争秩序維持の見地」から違法性を評価するという判断枠組みを堅持すべきという考えによるものと考えられるが，実際の違法性判断の具体的基準において，これら見解の間に実質的な差はほとんどない。

5-5 日本遊戯銃協同組合事件（東京地判平 9.4.9 審決集 44 巻 635 頁 [百 6, 43, 116] ＝ 3-3 7-13 ）　安全性に係る「自主基準設定の目的が，競争政策の観点から見て是認しうるものであり，かつ，基準の内容及び実施方法が右自主基準の設定目的を達成するために合理的なものである場合には，正当な理由があり，不公正な取引方法に該当」しない。

第 2 節　行為類型

第 1 款　不当な差別的取扱い

　不当な差別的取扱いとは，不当に他の事業者を差別的に取り扱うことをいう。**差別的に取り扱う**とは，特定の事業者とそもそも取引をしないこと（取引拒絶）

や，取引する際の条件において差別すること等を意味する。

具体的な行為類型として，①共同の取引拒絶（2条9項1号，一般指定1項），②その他の取引拒絶（一般指定2項），③差別対価（2条9項2号，一般指定3項），④取引条件等の差別的取扱い（一般指定4項），⑤事業者団体における差別的取扱い等（一般指定5項）がある。また，新聞業における特殊指定において特定の差別対価が不公正な取引方法として指定されている。

1 取引拒絶

取引拒絶は，差別的取扱いの究極的形態であり，単に取引を拒絶する場合だけでなく，取引に係る商品・役務の数量や内容を制限することも含まれる。また，取引関係のある相手方との取引を停止する場合だけでなく，取引の新規申込みに対する拒絶も含まれる。

取引拒絶の行為形態を分類するならば，まず，競争者と共同して行うか（共同の取引拒絶），競争者以外の者と共同して行うか，あるいは，事業者が単独で行うか（単独の取引拒絶）による区別，供給か購入かによる区別，さらには，事業者が自ら「拒絶する」か（直接の取引拒絶），他の事業者に「拒絶させる」か（間接の取引拒絶）による区別があり，これらの組み合わせに応じて，適用条文や違反要件に違いがある。

取引先の選択は本来自由であり，取引を拒絶された相手方（被拒絶者）が他に代替的な取引相手を見つけることが容易であるならば，取引拒絶が独禁法上問題となることはない。他方，被拒絶者が代替的な取引相手を見つけるのが困難な場合には，市場からの排除または新規参入の阻害という競争への悪影響が生じる場合がある。したがって，取引拒絶においては自由競争減殺の観点から公正競争阻害性が判断されることになる。

取引拒絶が共同で行われる場合には，被拒絶者に対する排除効果が大きくなり，かつ，複数の事業者が共同するという人為的手段を通じて行われるという点において，単なる取引先選択の自由の行使を超えた人為性が認められ，非難可能性が高まると評価されることとなる。

また，市場における有力な事業者が，その地位を利用して（取引先事業者を不利に取り扱うことを通じて），取引先事業者に取引拒絶をさせたり（間接の取引拒

絶)，競争回避型の行為をさせたりすることがある。間接の取引拒絶の場合には，取引先事業者に取引を拒絶「させる」点に単なる取引先選択の自由を超えた人為性を見いだすことができる。

(1) 共同の取引拒絶

第2条【定義—不公正な取引方法】 ⑨ この法律において「不公正な取引方法」とは，次の各号のいずれかに該当する行為をいう。
　一　正当な理由がないのに，競争者と共同して，次のいずれかに該当する行為をすること。
　　イ　ある事業者に対し，供給を拒絶し，又は供給に係る商品若しくは役務の数量若しくは内容を制限すること。
　　ロ　他の事業者に，ある事業者に対する供給を拒絶させ，又は供給に係る商品若しくは役務の数量若しくは内容を制限させること。
　六　前各号に掲げるもののほか，次のいずれかに該当する行為であって，公正な競争を阻害するおそれがあるもののうち，公正取引委員会が指定するもの
　　イ　不当に他の事業者を差別的に取り扱うこと。
【一般指定】 ① 正当な理由がないのに，自己と競争関係にある他の事業者（以下「競争者」という。）と共同して，次の各号のいずれかに掲げる行為をすること。
　一　ある事業者から商品若しくは役務の供給を受けることを拒絶し，又は供給を受ける商品若しくは役務の数量若しくは内容を制限すること。
　二　他の事業者に，ある事業者から商品若しくは役務の供給を受けることを拒絶させ，又は供給を受ける商品若しくは役務の数量若しくは内容を制限させること。

① 概　要

　2条9項1号は，課徴金の対象となる共同の取引拒絶（法定類型）についての定義規定であるが，その対象行為は，「供給」を拒絶する行為（と拒絶させる行為）に限定されている。これは，私的独占において，供給に係る類型だけが課徴金の対象とされていることと平仄を合わせたものである。

　同号イは直接の取引（供給）拒絶を，同号ロは間接の取引（供給）拒絶を，それぞれ規定している。なお，課徴金の対象となるのは，10年以内に対象行為を繰り返した場合に限られる（20条の2）。

　これに対して，2条9項6号イに基づく一般指定1項は，上記の法定類型以外の競争者による共同の取引拒絶について規定している。すなわち，「供給を受けること」（購入）を対象として，1項1号は直接の取引拒絶を，2号は間接

の取引拒絶を，それぞれ規定しており，それ以外の規定文言は法定類型と同じである。

② 「競争者と共同して」

共同の取引拒絶に該当するためには，「競争者と」共同して行う取引拒絶でなければならない。したがって，メーカーと流通事業者による共同行為など，競争関係にない事業者間で共同して取引拒絶しても，一般指定2項の規制対象行為に該当することはあっても，2条9項1号や一般指定1項の共同の取引拒絶には当たらない。ただし，メーカーと流通業者のように主たる取引段階が異なる事業者間の共同行為であっても，販売面での競合関係があるなどの場合には，競争関係が認められる。

また，「共同して」とは，不当な取引制限における「共同して」と同義であると解される。すなわち，行為の単なる外形的一致があるだけでは不十分であり，取引を拒絶すること，または，拒絶させることについての**意思の連絡**があることを意味する。したがって，明示の意思の連絡がなくとも，「相互に他の事業者の取引拒絶行為を認識して，暗黙のうちにこれを認容する」場合もこれに含まれる（着うた事件＝ 5-3 ）。

③ 「させる」

間接の取引拒絶の場合の「させる」は，行為を強要する等の立証までは必要ない。取引を拒絶するよう要求し，相手方がこれに従って実行している事実があれば要件は充足され，経済上の利益または不利益によって実効性が確保される場合もこれに含まれる。

④ 公正競争阻害性

共同の取引拒絶には，単なる取引先選択の自由の行使を超えた人為性が認められ，かつ，拒絶の相手方に対する排除効果が顕著に大きくなるため，「**正当な理由がないのに**」という文言が付され，原則として公正競争阻害性を有するものと考えられている。典型的な共同の取引拒絶の事例として，競争者による安売りを防止し，価格維持を図るためのものや，新規参入を抑止し，競争単位が増えることを防ぐためのものなどがある。

5-6 **ロックマン工事施工業者事件**（勧告審決平 12.10.31 審決集 47 巻 317 頁 [百 52]）　特定の土木工法に不可欠なロックマン機械の独占的販売業者 A

とAからこれを購入して同工法を施工する土木工事業者17社が共同して，Aは他の施工業者（17社の競争者）にロックマン機械を貸与・販売することを，17社は他の施工業者にこれを貸与・転売することをそれぞれ拒絶した。17社の行為は旧一般指定1項に，Aの行為は旧一般指定2項に，それぞれ該当する。

5-7 **新潟タクシー共通乗車券事件**（排除措置命令平19.6.25審決集54巻485頁 [**百53**]）　新潟市でタクシー事業を営む20社は共同して，より低額の運賃を設定する3社に対して，新潟交通圏において利用者が複数のタクシー事業者から選択して乗車できる共通乗車券事業から排除する目的で，同事業を営むAらに低額運賃3社との契約を拒絶させることは旧一般指定1項2号に該当する。

5-6 は，典型的な集団ボイコットの事例であり，特段の正当化事由なく新規参入を阻止したことが明らかな事件である。公取委は，施工業者間の共同行為の部分に対して旧一般指定1項を適用し，Aに対しては，旧一般指定2項を適用したが，17社のロックマン機械の貸与・転売とAの貸与・販売とを合わせて同機械の供給と考えれば，Aと17社とを競争者とみることも可能であり，全体として共同の取引拒絶とすることも可能だったと考えられる。

　ただし，例外的には，**正当な目的**を実現する手段として取引拒絶が行われる場合もある。例えば，安全性や環境基準など，正当な目的を持った自主規制を実施するために取引拒絶が用いられる場合などがそれに当たる（日本遊戯銃協同組合事件＝ **5-5** ）。また，ジョイント・ベンチャー等の共同行為により効率性が達成されるために，他の事業者と取引しないことが合理的にみて必要と考えられる場合や，排除効果が小さく被排除者の事業活動が困難化しない場合にも個別の判断が必要となる。以下の事例をみてみよう。

5-8 **東京手形交換所事件**（東京高判昭58.11.17審決集30巻161頁 [**百42**]）
　東京銀行協会が設置する東京手形交換所は，手形制度の信用維持を図るため，不渡手形を2度出した者について，手形交換所に参加する全金融機関が取引停止処分（当座勘定および貸出しの禁止）とすることを取り決めているが，これは手形，小切手による信用取引の安全を守り，手形制度の信用維持を図るという公益目的に資するものであって，手形交換業務に密接に関連するから，昭和28年一般指定1号にいう「不当に」経済上の利益を提供しないこ

とに当たらない。

(5-9) 関西国際空港新聞販売取引拒絶事件（大阪高判平 17.7.5 審決集 52 巻 856 頁 = **(7-4)**）　新聞の卸売会社 A〜E は，関西空港島における新聞の卸売について，販売窓口を一本化する目的で，共同出資会社 Y を設立した。他の販売業者 X が，A〜E に新聞の卸売取引を申し込んだところ，拒絶された。大阪高判は，A〜E 以外の即売業者や Y から仕入れることができたことを理由に公正競争阻害性がないとした。

(5-10) 着うた事件（東京高判平 22.1.29 審決集 56 巻(2)498 頁 **[百 51]**）
　大手レコード会社 5 社が，着うた提供事業を行うのに必要な原盤権のライセンスを，5 社が同事業を委託する共同出資会社レーベルモバイル以外の着うた提供事業者に共同して拒絶することは，旧一般指定 1 項 1 号に該当する（⇨ **(5-3)**）。

(5-11) パチンコ等遊技機差止仮処分申立事件（東京地決令 3.3.30 判時 2494 号 82 頁）　風営法施行規則改正により設置が許されなくなった旧規則機の計画的撤去を推進するための共同の取引拒絶行為は，目的達成のために必要かつ合理的な範囲にとどまり，かつ，手段としての相当性が認められるので，独禁法 2 条 9 項 1 号の「正当な理由」があり，不公正な取引方法には該当しない。

　(5-8) は，事業者団体の 8 条 5 号の事案であるが，不渡手形を出した者に対する取引停止処分について，「信用取引の安全を守り，手形制度の信用維持を図るという公益目的に資するもの」であるから，適用除外法（昭 22 法 138 号。1999 年廃止）2 条 3 号にいう業務の遂行に「必要な範囲」に含まれ独禁法の適用が除外された事例であり，判決は，傍論として，不公正な取引方法にも該当しないと述べる。また，**(5-9)** では，共同出資会社を含めて代替的な取引先があり得たことを理由に公正競争阻害性を否定している。

(2)　その他の取引拒絶（単独の取引拒絶等）

第 2 条⑨六イ　（略）
【一般指定】②　不当に，ある事業者に対し取引を拒絶し若しくは取引に係る商品若しくは役務の数量若しくは内容を制限し，又は他の事業者にこれらに該当する行為をさせること。

① 概　要

　一般指定2項は，単独の取引拒絶等，2条9項1号および一般指定1項以外の取引拒絶についての定義規定であり，前段は「**拒絶する**」行為を（直接の取引拒絶），後段は「**拒絶させる**」行為（間接の取引拒絶）を規定している。したがって，競争者以外の者と共同して取引拒絶する場合も，本項の規制対象となることは上述のとおりである（ロックマン工事施工業者事件＝　5-6　）。

② 公正競争阻害性

　一般指定2項には，「不当に」という文言が付されており，個別に公正競争阻害性の有無を判断することが求められている。

　このうち**間接の取引拒絶**については，取引先事業者に取引を拒絶「させる」点に人為性が見いだされ，後述する排他条件付取引や拘束条件付取引の場合と同様に，市場における有力な事業者が，取引先事業者に自己の競争者との取引を拒絶させることにより，市場閉鎖効果が生じる場合には，公正競争阻害性が認められる（流通・取引慣行ガイドライン第1部第2の2(1)イ）。「市場における有力な事業者」「市場閉鎖効果」については，　第4款　3(3)の　用語解説1・2　を参照すること。

　　5-12　松下電器産業事件（勧告審決平13.7.27審決集48巻187頁［百55]）

　　　多くの家電製品において有力な事業者である松下電器産業が，廉売店に対する自社製品の流通経路を調査し，代理店等に対して，廉売店への自社製品の直接または間接の販売を拒絶させていたことは，旧一般指定2項に該当する。

　問題となるのは，**単独かつ直接の取引拒絶**の場合である。どの事業者と取引するかは，基本的には事業者の取引先選択の自由の問題であり，ある事業者と取引しないという選択をしても，原則として独禁法上の問題は生じない。

　例外的に独禁法上問題となる場合として，流通・取引慣行ガイドラインは，①独禁法上違法な行為の実効を確保するための手段として取引を拒絶する場合，②市場における有力な事業者が，競争者を市場から排除するなどの独禁法上不当な目的を達成するための手段として取引拒絶を行い，これによって取引を拒絶される事業者の通常の事業活動が困難となるおそれがある場合に公正競争阻害性が見いだせるとしている（同ガイドライン第2部第3）。

　①については，例えば，単独かつ直接の取引拒絶が，取引先事業者に対する

再販売価格維持や違法な排他条件付取引の拘束手段として用いられる場合には，目的となる当該行為が違法となるとともに（法2条9項4号，一般指定11項），その実効性を確保するために行われる直接の取引拒絶それ自体が，一般指定2項に該当し，違法となる。

> ⑤-13 **雪印乳業・農林中金事件**（審判審決昭31.7.28審決集8巻12頁［**百9**］＝ ②-3）　北海道における集乳量シェア約80％の乳業者雪印乳業および北海道バターと密接な関係にあり，畜産農家にとって不可欠の乳牛導入資金を供給し得る唯一の金融機関である農林中金が，畜産農家の原料乳の取引先がこれら2社でないということ以外格別の理由もなく乳牛導入資金の供給を拒絶することは，昭和28年一般指定1号に該当する。2社に対する私的独占の適用については，②-3 参照。

②については，不当な目的の有無を問わずに，被拒絶者の事業活動が困難となるおそれが生じていれば，自由競争減殺を認めてよいとする見解もあるが，被拒絶者の不利益が大きいというだけで直ちに取引拒絶が不当なものと評価されるわけではない。

> ⑤-14 **東京スター銀行事件**（東京地判平23.7.28審決集58巻(2)227頁［**百54**]）　2つの銀行X・Y間で締結されたATMの相互利用契約に係る銀行間利用料（一方の顧客による他方設置ATMの利用に基づく銀行間の支払）について，X・Y間の支払額はかつて拮抗していたが，XがATM顧客手数料を無料とする事業を開始したことにより，YからXへの支払額がXからYへの支払額を大幅に超過するようになったため，2年間にわたる交渉を経て，YがATM利用委託契約を解除したことには正当な理由があり，Xを排除する不当な目的はない。

2　差別対価・取引条件等の差別的取扱い

> **第2条⑨二**　不当に，地域又は相手方により差別的な対価をもって，商品又は役務を継続して供給することであって，他の事業者の事業活動を困難にさせるおそれがあるもの
> **六イ**　不当に他の事業者を差別的に取り扱うこと。
> **ロ**　不当な対価をもって取引すること。
> **【一般指定】**③〔独禁法〕第2条第9項第2号に該当する行為のほか，不当に，地域

(1)　概　要

　一般に，特定の商品・役務について，地域による需給状況の相違はもとより，個別取引において対価を含む取引条件にさまざまな差異が生じることは，経済活動において日常的に生じることであり，さまざまな個別状況を反映した対価その他の取引条件の格差それ自体が公正競争阻害性を帯びるものではない。しかしながら，例外的に，有力な事業者による差別的な対価その他の取引条件の設定行為が，反競争的な目的・効果をもつ場合がある。

　差別的取扱いの対象となる取引条件には，商品・役務の品質，内容，規格，数量，決済手段，取引時期，保証条件等が含まれる。また，「取引の実施」には，情報提供など取引条件の一部とはされないが，事実上取引に付随する種々の取扱いが広く含まれる。

　「対価」は取引条件の一部であるが，価格は競争のもっとも重要な要素である等の理由から，一般指定4項における取引条件等の差別的取扱いとは別個の行為類型として，差別対価が規定されている。法定類型の差別対価（2条9項2号）は，差別的な対価で「供給する」行為のみを対象としているが，これは私的独占や不公正な取引方法に係る課徴金対象行為を，すべてこのように限定していることによる。

　差別対価規制は，4項と異なり，相手方が事業者に限定されておらず，反競争効果の性質という観点において，**不当廉売に準ずる行為**（不当廉売型）と，**取引拒絶に準ずる行為**（取引拒絶型）の双方を包摂するものと考えられてきた。ここで不当廉売に準ずる行為とは，特定の地域・相手方に対してのみ不当に低い価格を設定することにより自己の競争者を市場から駆逐しようとする行為であり，不当廉売との違いは，不当に低い価格を設定するのが，あらゆる相手方に対してか，特定の地域または相手方に対してのみかによる。また，取引拒絶に

準ずる行為とは，特定の事業者に対してだけ，対価において不利な取扱いを行い，上述の取引拒絶の場合と同様の競争減殺効果を生じさせる行為をいう。したがって，供給する行為を考えると，不当廉売型では価格が低すぎることが，取引拒絶型では価格が高すぎることが，それぞれ問題視されることになる。

(2) 違反要件

差別対価や差別的取扱いに係る上記各規定には，いずれも「不当に」という文言が付されており，個別に公正競争阻害性の有無を判断することが求められているが，不当廉売型と取引拒絶型とでは，公正な競争秩序に及ぼす悪影響のあらわれ方に違いがあるため，公正競争阻害性など違反要件が異なると考えられる。

① 不当廉売型

不当廉売に準ずる差別対価については，旧一般指定6項の不当廉売の一部が課徴金の対象となり，法定類型として2条9項3号に定められたことに合わせて，法定類型として規定されたという経緯がある。このことは，2条9項2号において，旧一般指定3項にはなく，2条9項3号と同じ文言である「継続して」および「他の事業者の事業活動を困難にさせるおそれがあるもの」（これについては，第2款 ①「不当廉売」の項を参照）によって違反要件の絞り込みが行われている点，ならびに，供給に係る差別対価に限定されている点に表れており，同号が，主として，不当廉売型に準ずる行為を念頭に置くものであることが窺われる。ただし，取引拒絶に準ずる行為を除外する明文規定はなく，同号の要件に該当する限り，取引拒絶型の差別対価も課徴金の対象となり得ると考えるべきだろう。

不当廉売型の差別対価の不当性（公正競争阻害性）については，不当廉売に係る違法性判断基準と同様の考え方に従い，個別具体的な事案において，行為者の意図・目的，取引価格・取引条件の格差の程度，供給に要する費用と価格との関係，行為者および競争者の市場における地位，取引の相手方の状況，商品の特性，取引形態等を総合的に勘案し，市場における競争秩序に与える影響が判断される（不当廉売ガイドライン5(1)イ(イ)）。

また対価の不当性判断基準については，行為者が自らと同等またはそれ以上に効率的な事業者を市場から駆逐するような価格水準であるかどうかによって

判断される。このような違法性基準が妥当とされるのは，次のような理由による。すなわち，市場において価格差が生じるのは，事業者間の能率競争や市場における需給調整の反映とみる余地があり，地域または相手方による価格差があることだけを理由として，これを規制することは，需要動向や供給コストに応じた価格設定による競争的行動をかえって萎縮させることになるからである。したがって，不当廉売型の差別対価においては，単に差別的な低価格が設定されただけでは足りず，原価割れを要件とすべきものと考えられる。もっとも，不当廉売とは異なる類型として定められている差別対価においては，原価割れでなくとも，価格差に加えて，行為者の効率性を反映しないことを示す何らかの追加的な要素が立証されれば，差別対価の要件を満たすという考え方もある。

　判例には，有力な事業者による競争者の顧客に限定された攻撃的な価格引下げ行為である場合，たとえ設定された対価が原価割れでなくとも，例外的に市場における地位の維持・強化を目的とした不当な力の行使に当たると評価される可能性を示唆したものがある（⇨ 5-16 ）。

> 5-15 LP ガス──ニチガス事件（東京高判平 17.5.31 審決集 52 巻 818 頁 [百 56 ②]）　不当な差別対価とは，価格を通じた能率競争を阻害するものとして，公正競争阻害性が認められる価格をいい，当該売手が自らと同等またはそれ以上に効率的な業者が市場において立ち行かなくなるような価格政策をとっているか否かを基準に判断するのが相当であり，その際不当な差別対価に当たるかどうかの判断においては原価割れの有無がその要素になる。

> 5-16 LP ガス──トーカイ事件（東京高判平 17.4.27 審決集 52 巻 789 頁 [百 56 ①]）　「市場において大きなシェアを占め，強大な競争力を有している……事業者が，その力を背景として，地域又は相手方により価格に大きな差を設ける方法によって，……顧客を奪取し，その市場の支配力を強めることにより，市場の競争を減殺しようとするなどの場合」には，「市場の構造ないし動向，行為者の市場における地位（マーケットシェア），行為者と競争事業者との供給コストの差及び価格差を設けた行為者の主観的意図等を総合的に勘案して」不当な力の行使に当たるかどうかが判断される。

② 取引拒絶型

　取引拒絶に準ずる差別対価については，取引拒絶の場合と同様に，再販売価格維持や違法な排他的取引契約を遵守しない取引相手に対して高価格を設定す

る一方で，遵守する取引相手には有利な低価格を設定し，独禁法上違法または不当な目的を達成するための手段とする場合などが典型的に問題となる（⇨ 5-17）。取引拒絶にまで至らない差別対価・取引条件等の差別的取扱いであっても，不利な扱いを受けた相手方にとっては，相手方事業者間の競争への影響という観点から，取引拒絶に匹敵する死活的な不利益となる場合もある。他方，上述のとおり，個別の取引状況に応じて取引条件の差異が生じるのはごく通常のことであり，個別事案ごとに，公正競争阻害性の有無についての判断が必要となる。

また，こうした反競争効果は，対価以外の取引条件の差別によっても生じるところ，一般指定4項該当行為と差別対価行為とが並行して行われる場合も少なくない。そのような場合には，これら行為を包括的に評価して4項を適用することもできる（⇨ 5-18）。

なお，「対価」とは，商品・役務の提供に対して現実に支払われる価格を指す。したがって，リベート等の金銭的給付が実質的な割引として機能している場合には，当該割引分を差し引いた実勢価格が「対価」となる。もっとも，一単位あたりの割引額を算定しがたい場合には，4項に係る「取引の条件又は実施」として考えればよいだけのことである。

5-17 **東洋リノリューム事件**（勧告審決昭 55.2.7 審決集 26 巻 85 頁［百 57］）
　ビニルタイル（市況品）の総販売数量の大部分を占める東洋リノリュームら製造4社は，ビニルタイルの価格カルテルを実施するとともに，カルテル価格を維持する目的で，取引相手方である工事店を組合員とする協同組合の設立を援助し，非組合員に対して，組合員向け価格よりも1枚あたり4～5円高い価格を設定した。この行為は昭和28年一般指定4号に該当する。

5-18 **オートグラス東日本事件**（勧告審決平 12.2.2 審決集 46 巻 394 頁［百 58］）
　東日本における自動車用補修用ガラスの卸売市場において第1位のオートグラス東日本が，積極的に輸入品を取り扱う取引先に対して，卸売価格を引き上げ，配送の回数を減らす行為は，一般指定4項に該当する。

第2款　不当対価取引

不当対価取引は，不当な対価により取引するという行為類型であり，不当に

安価で供給して競争者を排除する**不当廉売**（2条9項3号，一般指定6項）と，不当に高価で購入して競争者を排除する**不当高価購入**（一般指定7項）とがある。

1 不当廉売

> **第2条⑨三** 正当な理由がないのに，商品又は役務をその供給に要する費用を著しく下回る対価で継続して供給することであって，他の事業者の事業活動を困難にさせるおそれがあるもの
> 六ロ 不当な対価をもって取引すること。
> **【一般指定】⑥** 法第2条第9項第3号に該当する行為のほか，不当に商品又は役務を低い対価で供給し，他の事業者の事業活動を困難にさせるおそれがあること。

(1) 概 要

2条9項3号および，2条9項6号ロに基づく一般指定6項は，不当廉売を定めている。2009年改正以前の旧一般指定6項は，前段と後段に分かれていたが，そのうち前段部分を課徴金の対象となる法定類型として独禁法2条9項3号に移し，後段部分を現行の一般指定6項に残したものである。

価格による競争は，独禁法が維持・促進しようとする能率競争の中心的な競争手段であり，市場における需要動向，自らの生産性，同業者の価格設定等を踏まえた自由な価格設定行動を通じて，競争の活性化がもたらされるところ，価格設定行為に対する規制的介入による萎縮効果および過剰規制リスクを極力回避できるよう十分に謙抑的な違法性判断基準が求められる。

例えば，活発な価格競争によって，ある事業者が市場から排除される場合，駆逐された事業者の眼には，競争相手の価格設定が「不当廉売」と映りがちであるが，競争政策の観点からそれを非難することができないのは当然のことであり，当該廉売が公正な競争を害するような性質のものであることが必要である。

2条9項3号の違反要件は，①「正当な理由がないのに」，②「供給に要する費用を著しく下回る対価」で商品・役務を供給すること，③継続して供給すること，④他の事業者の事業活動を困難にすることである。また，一般指定6項の違反要件は，①「不当に」，②「低い対価」で商品・役務を供給すること，

③他の事業者の事業活動を困難にすることである。

(2) 不当な対価の水準（対価要件）

2条9項3号は，不当な対価の水準として「供給に要する費用を著しく下回る対価」と定め，一般指定6項は「低い対価」と定めている。これら対価基準は，旧一般指定において前段・後段にそれぞれ規定されていたものであり，「供給に要する費用」とは，廉売行為者の**総販売原価**であると解されており，また，「低い対価」についても，総販売原価を下回ることが前提であると解されてきた。ここで総販売原価とは，厳密には一単位あたり平均総費用のことであり，仕入原価もしくは製造原価に販売費および一般管理費を加えたものである。このように，総販売原価を下回ることを要件としているのは，行為者の総販売原価を上回る価格設定によって市場から排除されてしまうような競争者は，要するに行為者よりも非効率なのだから駆逐されても仕方がない（＝およそ独禁法による規制の対象とはなり得ない）と考えられるからである。また，事業者への萎縮効果という見地からも明確に独禁法違反とならない価格水準を明示しておくことが望ましい。これに対して，採算性を度外視した価格設定や商品・役務の供給により，競争者の顧客を獲得することは，企業努力または正常な競争過程を反映せず，競争者を排除する目的以外には経済合理性が見いだせない場合も多い。そのような場合には，**行為者と同等またはそれ以上に効率的な事業者**の事業活動を困難にさせるおそれがあり，競争政策の観点から規制の必要があるからである。

もっとも，総販売原価を下回る価格での販売は，事業者にとって短期的には特に異常なことではない。というのは，総販売原価には設備投資費や研究開発費のように固定的性質を持つ費用が含まれるため，少なくとも短期的には，総販売原価を下回っていても，供給を継続した方がその商品・役務の供給に係る損失が小さくなり，その対価で供給することが合理的だからである。

そこで，学説や不当廉売ガイドラインは，法定類型の「供給に要する費用を著しく下回る対価」について，「**廉売対象商品を供給しなければ発生しない費用**」を下回る対価という基準を立てている（これについては，**第2章第1節 4**(3)①も参照）。これは欧米等で不当廉売規制の推定基準として広く採用されている一単位あたり**平均可変費用**ないし**平均回避可能費用**の概念に準ずるものであり，商

品を供給すればするほど損失が拡大するため，廉売行為者にとっても廉売行為者と同等に効率的な事業者にとっても直ちに損失をもたらし，事業の継続等に影響を与える水準といえるからである。このコスト基準の具体的な算定方法は，可変的な性質を持つ費用を下回る対価を意味し，可変的性質を持つ費用に該当するかは，①廉売対象商品の供給量の変化に応じて増減する費用か，②廉売対象商品の供給と密接な関連性を有する費用かという観点から評価して判断するとしている（例：原材料費用，仕入費用）。なお，平均可変費用と平均回避可能費用の違いは，可変費用が供給量に応じて変動する費用であり固定費用を含まないのに対し，回避可能費用は供給停止を決定する時点で固定費用の支出が含まれていればそれも含まれる点に違いがあるとされている。また，長期的には多くの費用は可変的になるため，何が可変的な費用かという性質の決定は，問題となる廉売行為の意思決定における廉売期間に依存する形で個別事案ごとに判断されることになる。

　問題は，廉売の価格水準が平均回避可能費用を上回り，総販売原価を下回る場合である。米国では，平均回避可能費用を上回る価格水準においては合法推定すべきとする見解も有力であるが，違法となる領域をそれに限定すべきでない。というのは，長期的には，設備投資費用を含め，すべての費用は可変的な性質を持つところ，平均回避可能費用を上回り総販売原価を下回る価格水準であっても，行為の態様次第では，固定費用の負担を伴う新規参入の阻害や，競争者の設備投資等に係る判断への悪影響等，廉売行為者と同等またはそれ以上に効率的な事業者に脅威を与える場合があり得るからである。例えば，ある商品の総販売原価のうち，開発投資等の固定費用が大部分を占め，可変費用が極端に低いなどの場合には，固定費用を回収できない水準の価格設定を続けることで新規参入を断念させる戦略が現実味を帯びる（ゼンリンに対する警告＝公取委警告平 12.3.24）。一般指定 6 項にいう「低い対価」とは，このような場合をいい，主観的要素や行為態様等の追加的な要素を個別に立証することで不当性を認める余地があると考えられる（一般指定 6 項）。例えば，石油製品小売りの廉売において，仕入価格（可変費用）を上回るが，仕入価格に人件費等の販売経費を加えた総販売原価を下回る低価格による石油製品の販売について，競争者を排除する意図をもって行ったこと等が考慮され，旧一般指定 6 項後段（現

行一般指定 6 項）に当たるとされた事例がある（濱口石油事件＝排除措置命令平
18.5.16 審決集 53 巻 867 頁）。

> 5-19 **ヤマト運輸郵政公社事件**（東京高判平 19.11.28 審決集 54 巻 699 頁［百 62］
> ＝ 7-1 7-5 ）　　旧一般指定 6 項後段は，「役務等の供給の対価が総販売
> 価格を下回るが，その程度が著しくない場合又は供給の態様が継続的でない
> 場合でも，公正な競争秩序の維持という観点から不当と認められる対価での
> 役務等の供給を不公正な取引としたもの」である。
>
> 5-20 **中部読売新聞社事件**（東京高決昭 50.4.30 高民 28 巻 2 号 174 頁［百 60］＝
> 9-4 ）　　中部読売新聞社が東海 3 県を販売地域とする中部読売新聞を発
> 行するにあたり，紙面のほとんどについて業務提携先の読売新聞社から提供
> を受け，1 か月の購読料を 500 円と設定した行為について，東京高裁は，原
> 価を形成する要因が企業努力によるものでなく，当該事業者の場合にのみ妥
> 当する特殊な事情によるものであるときは，これを考慮の外におき，そのよ
> うな事情のない一般の独立の事業者が自らの責任において，その規模の企業
> を維持するために経済上通常計上すべき費目を基準としなければならないと
> して，業務提携による援助という特殊事情を除外した原価を 812 円と計算し，
> 原価を下回る対価に当たると判断した。
>
> 5-21 **シンエネコーポレーション事件**（排除措置命令平 19.11.27 審決集 54 巻 502
> 頁［百 61 ①］），**東日本宇佐美事件**（排除措置命令平 19.11.27 審決集 54 巻 504 頁
> ［百 61 ②］）　　栃木県小山市において 3 給油所を運営し，一般消費者に対し
> て普通揮発油を販売するシンエネコーポレーションが，同じく 3 給油所を運
> 営する東日本宇佐美と，互いに販売価格の引下げを繰り返し，最大 37 日間，
> 仕入価格を最大で 10 円以上下回る価格で普通揮発油を販売したことは，「供
> 給に要する費用を著しく下回る対価で継続して供給し」たことに当たる。

(3)　総販売原価における共通費用の配賦

　総販売原価には，広告宣伝費や一般管理費のように複数の事業に共通する費
用も含まれるため，廉売対象商品に係る総販売原価を算定するために，共通費
用を合理的な基準に基づき配賦しなければならない。不当廉売ガイドラインも，
廉売行為者の実情に即した**合理的な配賦基準**と認められる限り，廉売行為者の
選択した配賦基準に基づき費用配賦を行うこととしているが，企業会計上の原
価は競争政策上の目的に基づき算定されるものでなく，相当に裁量的であるた

め，事業者自身による操作の入り込む余地も小さくない。

　このように，総販売原価の算定（立証活動）には実際上の困難がつきまとうが，個別事案ごとの事実関係に応じて，競争政策の観点から廉売行為者の企業会計上の原価に修正が加えられる場合もある。例えば，密接な関係のある企業からの援助によって原価が低く見積もられる等の特殊事情がある場合に，通常計上すべき費目は計上すべきものとして原価を算出した事例がある（中部読売新聞社事件＝（5-20））。

　独占的分野と競争的分野の両事業を兼営する事業者の場合，**共通費用**をどのように配賦するかについては，①スタンドアローン方式（競争的分野の事業を単独で行う際に必要となる費用を算定し，残りの費用を独占的分野の費用とする方式で，共通費用は競争的事業の費用となる），②増分費用方式（独占的分野の事業を単独で行う際に必要となる費用を算定し，残りの費用を競争的事業の費用とする方式で，共通費用は独占的事業の費用となる），③共通費用配賦（ABC）方式（独占的事業，競争的事業それぞれを行うのに必要な作業時間や占有面積，体積等の比率によって共通費用を両方に配賦する方式）がある。ヤマト運輸郵政公社事件（＝（5-19））で，原告・ヤマト運輸は，被告・郵政公社のゆうパック（小包）事業についてスタンドアローン方式により「供給に要する費用」（旧一般指定6項前段）を算定すべきであると主張したが，判決は，旧一般指定6項の適用に際して，共通費用をABC方式により複数の事業に配賦することが一般的に合理的であり，スタンドアローン方式のみが許容され，ABC方式は許容されないというのは，政策論としてはともかく，旧一般指定6項の解釈としては直ちに採用できないとした。

(4) 市場価格

　価格水準について，市場価格を下回る必要があるとする見解がある。これは，中部読売新聞社事件（＝（5-20））やヤマト運輸郵政公社事件（＝（5-19））において，裁判所が，一般論として，不当廉売規制は，対価が「市場価格を下回る」だけでなく「供給に要する費用（原価）を下回る」場合を規制対象とすると判示したことを受け，行為者が市場価格を所与のものとして行動する価格受容者である場合を想定してのことと考えられる。もっとも，「市場価格」は法文上の要件ではなく，裁判所も，「市場価格」が，当然に「供給に要する費用」を上回るものと考えているようにも読めるが，実際上，具体的な「市場価格」

を特定することは困難である場合が多く, 短期的には, 原価を下回る場合もあり得る。また, 市場価格は商品の需給に応じて変動し, 有力な事業者の生産・販売数量に影響を受けるため, 現実に不当廉売が問題となる市場状況においては, 行為者は, 市場価格を所与のものとして, 受動的に対価を設定する価格受容者ではない。したがって, 「市場価格を下回ること」は必要条件と考えるべきでない。

(5) 「継続して」

「継続して」とは, 廉売行為が一時的なものにとどまらず, 相当期間にわたって繰り返し行われているか, その蓋然性があることを指す。また, 廉売は, 必ずしも間断なく行われる必要はない。商品特性や購買行動に応じて, 特定期日に繰り返し廉売が行われる場合であっても, 競争者の販売に持続的に影響を及ぼすことが認められるならば, 「継続して」要件を満たす。

(6) 「他の事業者の事業活動を困難にさせるおそれ」

他の事業者の事業活動を困難にさせる結果が招来される蓋然性が認められることをいい, ①廉売を行っているとされる事業者の事業の規模と態様, ②問題となる商品, 役務の性質, 供給の数量, 期間, 方法, ③廉売によって影響を受けるとされる他の事業者の事業の規模と態様等を総合的に考慮して判断するのが相当であるとされる (ヤマト運輸郵政公社事件 = 5-19)。

(7) 「埋め合わせ」要件の要否

「埋め合わせ」要件とは, 廉売行為による**利益犠牲** (損失) を, 競争者退出 (または協調回帰) 後の市場支配力行使による超過利潤で回収可能であるという蓋然性を不当廉売成立の要件とするアメリカの判例法理である。これは, 問題となる市場において競争単位が多数存在し, 参入障壁が小さい等, 廉売行為が行われても事後に市場支配力が行使される懸念が大きくなければ, むしろ, 不当廉売規制による価格競争の抑制効果の方がより問題であるとの考え方に依拠し, 不当廉売規制に慎重を期すための法理である。

少なくとも, 不公正な取引方法における不当廉売規制においては, 「埋め合わせ」を要件とする必要はないと考えられる。というのは, 競争者を排除する以外に合理的な説明のつかない価格水準の廉売行為であり, 競争者の事業活動の困難化が生じている以上, 公正競争阻害性を認めるべきだからである。例え

ば，2つのスーパーが牛乳の対抗的引下げを繰り返し，仕入価格を著しく下回る価格で販売したマルエツ事件・ハローマート事件（勧告審決昭57.5.28審決集29巻13頁・18頁）は，目玉商品の廉売による集客という目的が窺われた事例であるが，廉売の効果として牛乳専売店の事業活動の困難化が生じたケースである。

(8)　公正競争阻害性

法定類型については，「正当な理由がないのに」の文言が，一般指定6項については，「不当に」の文言がそれぞれ付されている。後者について，個別的に公正競争阻害性の有無を判断することについては異論がない。それでは，前者についてはどうか。上述のとおり，平均可変費用ないし平均回避可能費用を下回る価格水準に設定する廉売行為は，「供給に要する費用を著しく下回る対価」であると推定され，継続して行われる場合には行為要件を充足するが，後述のとおり，個別的に公正競争阻害性の有無を判断することが求められる場合も少なくない。

例えば，最高裁は，地方公営企業の総販売費用を著しく下回る料金でのサービスの供給につき，「正当な理由がないのに」との文言が付されていた旧一般指定6項についても，不当廉売に係る公正競争阻害性は，専ら公正な競争秩序維持の見地に立ち，具体的な場合における行為の意図・目的，態様，競争関係の実態および市場の状況等を総合考慮して判断すべきとした（都営芝浦と畜場事件＝ 5-2 ）。

(9)　正当化事由

行為要件を充足する廉売行為であっても，正当化事由を考慮した結果，「公正な競争を阻害するおそれ」がないとされることもあり得る。これについて不当廉売ガイドラインは，生鮮食料品のように品質が急速に低下するおそれのあるものや季節商品のようにその販売の最盛期を過ぎたものについて見切り販売をする場合，需給関係から価格が低落している場合，廉売対象商品の原材料の再調達価格が取得原価より低くなっている場合において，商品や原材料の市況に対応した低価格を設定する場合，商品の価格を決定した後に想定しがたい原材料価格の高騰により販売価格が原価を下回る場合，といった例を挙げる（不当廉売ガイドライン3(3)）。

都営芝浦と畜場事件（＝ 5-2 ）は，食肉の低廉かつ安定的な供給という政

策目的によるものであって競争者排除の意図がなく，廉売行為者Yと競争関係に立つ事業者の大多数がYより低い対価を設定していたという事実を認め，Yの廉売が市場価格への受動的対応であったこと等が総合考慮された。また地方公共団体が，過疎地域において，交通弱者向けの福祉バスを低運賃で運行した行為について，公益目的であり，過疎地域においてはこのような形でしか住民の交通の利便を向上させることができないことを理由に「正当な理由」があるとした事例がある（町営福祉バス事件＝山口地下関支判平 18.1.16 審決集 52 巻918 頁（ 1-3 ））。

2　不当高価購入

> **第2条⑨六ロ**　不当な対価をもって取引すること。
> **【一般指定】⑦**　不当に商品又は役務を高い対価で購入し，他の事業者の事業活動を困難にさせるおそれがあること。

　不当高価購入は需要者についての不当対価取引を規制するものである。これまで法適用例はなく，どのような違法性基準で「不当に高い対価」水準を判断すべきか明らかでないが，不当廉売規制の趣旨を踏まえるならば，同等に効率的な競争者にとって採算に合わないような高価格で購入し，競争者を排除する目的以外におよそ合理性が見いだせない場合を指すものと考えられる。

［　第3款　不当な顧客誘引・取引強制　］

1　ぎまん的顧客誘引

> **第2条⑨六ハ**　不当に競争者の顧客を自己と取引するように誘引し，又は強制すること。
> **【一般指定】⑧**　自己の供給する商品又は役務の内容又は取引条件その他これらの取引に関する事項について，実際のもの又は競争者に係るものよりも著しく優良又は有利であると顧客に誤認させることにより，競争者の顧客を自己と取引するように不当に誘引すること。

(1) 概　説

2条9項6号ハに基づく一般指定8項は，マルチ商法，無限連鎖講，過大な売上予測によるフランチャイズ加盟店の募集など，ぎまん的行為全般を規制対象とする。これに対し，(3)で述べる景品表示法はぎまん的な表示のみが対象である。また一般指定8項は，事業者を含めて顧客一般に対する行為を規律するが，景品表示法は消費者に対するものに限られる。実際上，不当な顧客誘引の規制は，大部分，景品表示法によっている。

(2) 要　件

① 行為要件

商品・役務の内容とは，その品質，規格などを，取引条件とは価格，数量，支払条件などを，その他取引に関する事項とは原産地，国産品か否かなどをそれぞれ意味する。これらについて実際のものや競争者の提供するものより，著しく優良または有利であると顧客に誤認させることが必要である。「著しく」といえるかは，社会的に許容される誇張の限度を超えるかどうかによる。顧客に「誤認させる」と規定されているが，実際に顧客が誤認したかどうかは問わず，客観的にみて誤認させるものであれば足りる。「競争者の顧客」についても，既に競争者と取引している顧客に限らず，潜在的に競争者と取引する可能性のある顧客も含まれる。

② 公正競争阻害性

「不当に」，すなわち本項の「公正な競争を阻害するおそれ」は，顧客の適正かつ自由な選択を歪めるとともに，適正な表示等を行っている競争者の顧客を奪うおそれがあること，すなわち価格，品質を中心とした競争から逸脱した**競争手段の不公正さ**に求められる。一般指定8項のうち，「不当に」以外の行為要件を満たす事実が立証されれば，競争手段としての不公正さを内容とする公正競争阻害性も備わっていると考えられるから，特段，この点に関する立証を要しない。市場を画定し，そこおける競争に問題となる行為が阻害的効果を及ぼすことを立証する必要もない。行為の広がり（相手方の数，継続性・反復性，伝播性等）は公取委の事件選択の基準であり，違反要件ではないと解される。

5-22 **ホリディ・マジック事件**（勧告審決昭50.6.13審決集22巻11頁）

　ピラミッド型販売組織の最上位に位置するゼネラル等が多額の収入を得るためには相当数のディストリビューター（最下位の販売員）を配下に所属させる必要があるところ，ディストリビューターとなる者に限りがあり，ディストリビューターとなる時期が遅れれば勧誘が困難となるにもかかわらず，被勧誘者に対する講習会において，照明，音楽，映画，話術，握手ぜめ等で会場の雰囲気を盛り上げながら，過去に多額の収入を得た事例等を引用して，誰でも容易に多額の収入が得られるよう暗示を与えることは，消費者に対して，正常な商慣習に照らして，不当な利益をもって，競争者の顧客を自己と取引するように誘引するものであり，昭和28年一般指定の6号に該当し，19条に違反する（現行法では，一般指定8項に当たると解される）。

(3)　景品表示法

①　独禁法との関係

　不当景品類及び不当表示防止法（景品表示法）は，1962年に不当景品類と不当表示を規制対象とし，審判を経ることなく排除命令を迅速に発出できる独禁法の特例法として制定された。2009年には，「公正な競争を阻害するおそれがあると認められる」表示の禁止から「一般消費者による自主的かつ合理的な選択を阻害するおそれがあると認められる」表示の禁止に改正されるとともに，1条の目的から「公正な競争を確保」することが削除され，消費者法としての性格を強めている（同法は公取委から消費者庁に移管された）。ただし，一般指定8項（および9項）の公正競争阻害性が競争手段としての不公正さに求められてきたことから，これと「**一般消費者による自主的かつ合理的な選択を阻害するおそれ**」の要件とは極めて類似したものであって，規制基準の閾値（比喩的にいえば，要件としてのハードルの高さ）としては変化がないものと解される。

②　不当表示を行う主体

　消費者を誘引する手段として不当な表示を行う「事業者」（2023年景表法改正後の5条。以下も改正後の条数）とは，当該「表示の内容の決定に関与した者」である。これには，ⓐ「自ら若しくは他の者と共同して積極的に表示の内容を決定した」事業者だけでなく，ⓑ「他の者の表示内容に関する説明に基づきその内容を定めた」事業者やⓒ「他の事業者に決定を委ねた」事業者も含まれる

（⇨ 5-23 ）。ベイクルーズ事件では，ルーマニアで縫製されたズボンにつきイタリア製である旨の説明を衣料品輸入卸売業者から受け，これを信用して品質保証タッグ等の取付けを依頼した小売業者も不当表示を行う事業者とされた。

5-23 ベイクルーズ事件（東京高判平20.5.23審決集55巻842頁［**百128②**］）
　　景品表示法は，その目的を達成するため，公取委が，一般消費者の誤認を排除する措置および再発を防止する措置を事業者に命じることができるとしていること，同法4条1項（当時）は不当表示を行った違反者に対して民事的・刑事的な非難を加えてその責任を問うたり刑罰を科したりするものではないことを考慮すれば，不当な表示を行った「事業者」（4条1項〔当時〕）とは「表示内容の決定に関与した事業者」と解すべきであり，これには，上記の⒜のみならず，⒝や⒞も含まれると解するのが相当である。

③　不当な表示

　景品表示法5条は不当表示を3つに分けて規定している。第1は，商品・役務の品質，規格その他の内容について実際のものまたは他の事業者のものよりも著しく優良であると示す不当表示である（1号）。13回実施予定の海外主催旅行のうち4回は「24時間沈まない太陽」を見られないのに，すべての旅行で見ることができると誤認されるリーフレットの表示はこの例である（日本交通公社事件＝審判審決平3.11.21審決集38巻3頁）。

　本号のいわゆる**優良誤認表示**に，健康食品，痩身器具等の効能効果を標榜する広告が当たるかどうか問題となることが少なくない。これについては，内閣総理大臣より権限の委任を受けた消費者庁長官（景表38条1項）が当該表示が1号に当たるか否かを判断するため，表示の裏付けとなる合理的な根拠を示す資料の提出を当該表示をした事業者に求めることができ，事業者が資料を提出しないときは，当該表示を1号に該当するものとみなす**不実証広告規制**が2003年改正により導入された（景表7条2項）。商品・役務の効能効果につき表示を行う者は，それに関する最も的確な情報を持っているはずであり，事業者にこれを提供させても公平の観念に反しないとの考え方に基づくものである。提出した資料が当該表示を裏づける合理的な根拠を示す資料に当らなければ「当該資料を提出しない」ものと判断される（「ニコチンをビタミンに変える」とタバクールと称する商品の包装紙に大きく表示した，オーシロ事件＝東京高判平22.10.29審

決集 57 巻(2)162 頁 **[百 130]**，その合憲性につき，だいにち堂事件＝最判令 4.3.8 判時 2537 号 5 頁）。

　第 2 の不当表示は，商品・サービスの価格その他の取引条件について実際のものまたは他の事業者のものよりも著しく有利であると誤認される**有利誤認表示**である（景表 5 条 2 号）。比較対象となる価格として意図的に高い価格を表示し，販売価格が低廉であるかのように誤認させる二重価格表示はその例である。また，「ヤマダさんより安くします」，「ヤマダさんよりお安くしてます」等の店内ポスターが，競争者のものより著しく有利であると誤認させる表示か否かが争われたヤマダ対コジマ事件では，一般消費者の認識・期待と現実の間にギャップはなく，誤認を生じさせるものとはいえないとされた（東京高判平 16.10.19 判時 1904 号 128 頁）。

　第 3 は，商品・役務の取引に関する事項について一般消費者に誤認されるおそれのある表示で，消費者庁長官が指定するものである（景表 5 条 3 号，38 条）。現在，商品の原産国，無果汁の清涼飲料水等，消費者信用の融資費用，おとり広告，不動産のおとり広告，有料老人ホームについて指定が行われており，上記ベイクルーズ事件は原産国告示に関するものである。

　デメリット事項の不表示が不当表示に当たるかは，理論的には上の第 1 から第 3 に共通に問われる問題である。取引において重要な事項を表示しないことにより表示物全体として何らかの表示を行っていると解されるならば，不表示も不当表示に当たるといえよう（例えば，建築基準法により新築・改築・増築ができない制限付きの不動産物件であるのに，その旨を表示せず，これらが可能であるかのように示す表示）。

　④　エンフォースメント

　5 条の禁止に違反して不当表示を行う事業者に対して，消費者庁長官は当該行為の差止め，再発防止のために必要な事項を命じることができる（景表 7 条，38 条）。また，不当表示や禁止・制限される景品類の提供を行った疑いのある事業者が是正措置を消費者庁長官に申請して認定を受けたときは，措置命令（景表 7 条 1 項）と後述の課徴金納付命令（景表 8 条 1 項）を受けないこととする是正措置計画の制度（景表 26 条〜28 条）が導入された（2023 年改正）。**適格消費者団体**が優良誤認表示と有利誤認表示に対して差止請求をすることができるこ

と（景表 34 条 1 項 1 号・2 号。クロレラチラシ事件 = 最判平 29.1.24 民集 71 巻 1 号 1 頁 [百 129]），**公正競争規約**（景表 36 条）の形で食品（乳製品，酒類等），医薬品，家庭電気製品等の表示に関する業界の自主規制を規定していることも本法の特色の 1 つである。

⑤ 課徴金制度等

景品表示法は 2014 年 6 月に改正され，都道府県知事も措置命令（景表 7 条）とこれを行うための調査（景表 25 条）をすることができることとなった（景表 38 条 11 項）。次いで同年 11 月の改正では，課徴金制度が導入された。ホテル，レストラン等におけるメニュー表示問題（偽装・誤表示）が起こったこともあり，不当表示規制の実効性を確保する必要が認められたことによるものである。景品表示法の課徴金制度は，ⓐ優良誤認表示，有利誤認表示を対象とし（前者については，定められた期間内に表示の合理的な根拠を示す資料を提出しなければ優良誤認と推定される不実証広告規制が課徴金との関係でも導入された〔景表 8 条 3 項〕），ⓑ当該不当表示の対象期間（最長 3 年）における対象行為に係る売上額の 3% を課徴金額とするものであるが（150 万円未満となるときは命じられない），ⓒ自らの行った表示が不当表示であることを知らず，または知らないことにつき相当の注意を怠った者でないと認められるときは，内閣総理大臣（委任により消費者庁長官）は納付を命じることができないとするものである（景表 8 条 1 項ただし書。日産自動車に対する課徴金納付命令を取り消した消費者庁裁決平 30.12.21 参照）。逆に，違反行為から遡って 10 年以内に課徴金納付命令を受けたことがある事業者に対して，再度，課徴金を課す場合には，1.5 倍に加算する規定も 2023 年改正により導入された（景表 8 条 5 項）。

また ⓓ対象行為につき自ら報告した事業者は課徴金額を 50% 減額され（景表 9 条。対象行為についての調査があり，納付命令があることを予知して報告した場合を除く），ⓔ一般消費者の被害回復を促す観点から，消費者庁に認定された計画に基づいて被害者に購入額の 3% 以上の返金を行おうとするときは，その額を課徴金額から減額することとされる（景表 10 条 1 項，11 条 2 項）。

課徴金制度を導入する改正景品表示法は 2016 年 4 月 1 日に施行され，100 件を超える納付命令が発出されており（2023 年 4 月末現在），返金措置による減額も行われたケースも現れている。

2 不当な利益による顧客誘引

> **第2条⑨六ハ**　（略）
> 【**一般指定**】⑨　正常な商慣習に照らして不当な利益をもって，競争者の顧客を自己
> と取引するように誘引すること。

(1) 概　説

　一般指定9項も独禁法2条9項6号ハに基づく指定であり，不当な景品，供応，融資，損失補塡などによる誘引行為一般を規制対象とする。景品表示法が「取引に付随して」（2条3項）提供される景品類のみを規律するのに対して，一般指定9項は，商品・役務の購入を条件としないで，郵便はがき，電子メール等で申し込むことができ，抽選で金品等が提供される「オープン懸賞」等も対象とする。

(2) 行為要件

　「競争者の顧客」は，実際に競争者と取引している顧客に限らず，潜在的に競争者と取引する可能性がある顧客を含むことは一般指定8項と同じである。

(3) 公正競争阻害性

　本項の公正競争阻害性も，一般指定8項と同様，顧客の適正かつ自由な選択を歪め，競争者の顧客を奪うおそれがあることに求められる（**競争手段の不公正さ**）。証券会社が，顧客との取引関係を維持・拡大するため，一部の顧客に対して損失補塡を行うことは，この要件を充足する（⇨ 5-24 ）。

> 5-24 **野村證券事件**（勧告審決平3.12.2審決集38巻134頁）
> 　証券会社が，顧客に対し，有価証券の売買その他の取引等につき，当該有価証券等について生じた顧客の損失の全部もしくは一部を補塡し，またはこれらについて生じた顧客の利益に追加するため，当該顧客等に財産上の利益を提供する行為は，投資家が自己の判断と責任で投資をするという証券投資における自己責任原則に反し，証券取引の公正性を阻害するものであって，証券業における正常な商慣習に反するものと認められる。

(4) 景品表示法

　景品表示法にいう景品類とは，顧客を誘引するための手段として，自己の供

給する商品・サービスの取引に付随して相手方に提供する物品，金銭その他の経済上の利益である（景表 2 条 3 項）。内閣総理大臣（権限の委任により消費者庁長官〔景表 38 条〕）は，不当な顧客の誘引を防止し，一般消費者による自主的かつ合理的な選択を確保するため必要があると認めるときは，景品類の最高額，総額，種類，提供の方法その他景品類の提供に関する事項を制限し，景品類の提供を禁止することができる（景表 4 条）。

これは告示によることとされており（景表 6 条 2 項），現在，業種を問わず適用される「一般消費者に対する景品類の提供に関する事項の制限」および「懸賞による景品類の提供に関する事項の制限」の両告示により，次のように過大な景品類の規制が行われている。

① 総付景品（懸賞によらず購入者全員に提供される景品類）については，取引価額の 20％（当該金額が 200 円未満の場合は 200 円）以内

② 懸賞による場合は，取引価額の 20 倍（上限 10 万円）を限度とし，かつ総額が懸賞に係る売上予定総額の 2％以内

③ 共同懸賞（小売業者の相当多数が共同で行うもの）は，取引の価額にかかわらず 30 万円以内で，かつ懸賞に係る売上予定総額の 3％以内

④ カード合わせ（2 以上の文字，絵，符号等の符票を集めて，特定の組合せを提示させる方法）による懸賞は，全面禁止

3 抱き合わせ販売その他の取引強制

第 2 条⑨六ハ （略）
【一般指定】⑩ 相手方に対し，不当に，商品又は役務の供給に併せて他の商品又は役務を自己又は自己の指定する事業者から購入させ，その他自己又は自己の指定する事業者と取引するように強制すること。

(1) 概 要

一般指定 10 項は，前段において抱き合わせ販売を，後段においてその他の取引強制を，それぞれ規定する。抱き合わせ販売の違反要件は，①抱き合わせる商品・役務（以下，「主たる商品」という）と抱き合わされる商品・役務（以下，「従たる商品」という）が別個の商品であること，②従たる商品を「購入させる」

こと，③公正競争阻害性があること，である。

(2) 「他の商品」

「他の商品」の判断については，組み合わされた商品がそれぞれ独自性を有し，独立して取引の対象とされているか否かという観点から判断される（流通・取引慣行ガイドライン第1部第2の7(3)，排除型私的独占ガイドライン第2の4(1)，東芝昇降機サービス事件＝ 5-4 5-26 ）。ただし，複数の商品を組み合わせることにより，内容・機能において新たな価値が加えられ，抱き合わせ前のそれぞれの商品と比べて実質的な変更がもたらされる場合（例：デジタル複合機）や，組み合わされた商品が通常1つの単位として販売・使用されている場合（例：靴と靴ひも）などは，単一の商品であると判断されよう。

(3) 「購入させる」

「購入させる」の判断については，相手方に対する強制ないし拘束の強度が考慮されるが，客観的にみて，従たる商品を購入しなければ主たる商品を供給しないという関係が成立し，少なからぬ顧客が従たる商品の購入を余儀なくされているか否かによって判断される（藤田屋事件＝審判審決平4.2.28審決集38巻41頁）。相手方の意に反して取引が強制されることまでは必要なく，経済的利益によって誘引される場合も含まれる。

主たる商品と従たる商品とを別々に購入できる場合であっても，別個に販売される主たる商品の供給量が過少で，多くの需要者が主たる商品に併せて従たる商品も購入するしかない場合も，実質的に他の商品を購入させているものと評価される。

複数の商品をセットにして値引き販売する行為（「セット割引」または「バンドル割引」）について，排除型私的独占ガイドラインは，セット割引価格が行為者の主たる商品と従たる商品を別々に購入した場合の合計額よりも低くなるため多くの需要者が引きつけられるときも，実質的に他の商品を購入させているのと同様であるとする。ただし，ある競争者との間で，主たる商品と従たる商品のセットについての競争関係が成立する場合には，当該競争者との競争については，「商品を供給しなければ発生しない費用を下回る対価設定」の観点から排除行為該当性が判断されるとの記述がある（排除型私的独占ガイドライン第2の4(1)）。

⑷ 公正競争阻害性

抱き合わせ販売の公正競争阻害性には，競争手段の不公正さ，および，自由競争減殺の2つのタイプが含まれ，個別事案ごとに，これら2つのいずれかの側面に着目した違法性判断が行われる。抱き合わせ販売は，かつて，典型的な取引強制の行為類型として，競争手段の不公正さにその不当性が求められてきたが，近年は，自由競争減殺の側面に着目すべきであるとの見解が有力となり，流通・取引慣行ガイドラインにおいても，他の垂直的取引制限と同様に，自由競争減殺という観点から公正競争阻害性の有無を判断する考え方が示されている（同ガイドライン第1部第2の7）。

競争手段の不公正さの場合は，従たる商品の購入を強いられ，顧客による商品・役務の選択の自由を妨げるおそれのある競争手段であることそれ自体が問題となるため，市場全体における競争に及ぼす影響（＝「行為の広がり」）は違反要件とはいえない。この点，公取委による法執行例からは，対象行為の反復性，伝播性等の「行為の広がり」を，公正競争阻害性を認定する際に考慮しているようにも見えるが（前掲藤田屋事件），「行為の広がり」は，あくまでも公取委の事件選択上の基準にとどまるものと考えるべきである。

自由競争減殺の場合は，主たる商品の市場における有力な事業者による抱き合わせ行為を通じて，従たる商品の市場において市場閉鎖効果が生じる場合に当たるかどうかが問題となる。「市場における有力な事業者」「市場閉鎖効果」については，　第4款　3⑶の　用語解説1・2　を参照すること。

> 5-25　**日本マイクロソフト抱き合わせ事件**（勧告審決平10.12.14審決集45巻153頁［百63］）　パソコンユーザーにとって需要が極めて高い応用ソフトのパソコンメーカー向けのライセンスにあたり，日本マイクロソフト社が表計算ソフトでシェア第1位の「エクセル」と，当時，ワープロソフトでシェアの小さかった「ワード」を併せてライセンスする契約を締結した結果，同社の「ワード」は他社のワープロソフト「一太郎」に代わってシェア第1位になった。この行為は一般指定10項に該当する。

本件において，主たる商品は表計算ソフト，従たる商品はワープロソフトである。

5-26 **東芝昇降機サービス事件**（大阪高判平 5.7.30 審決集 40 巻 651 頁 [百 64]
= 5-4)）　東芝製エレベーターの保守点検業務を行うとともに，同社製
エレベーターの保守部品を事実上独占販売する同社の子会社東芝昇降機サー
ビス（被告）が，独立系保守業者とエレベーターの保守契約を結ぶ原告・ビ
ル所有者に，取替調整工事とともにでなければ保守部品の供給を拒絶するこ
とは，買手に商品選択の自由を失わせ，事業者間の公正な能率競争を阻害す
るものであって，不当というべきである。

　本件において，主たる商品は東芝製エレベーターの保守部品，従たる役務は
その取替調整工事である。

第4款　事業活動の不当拘束

1　総　説

(1)　概　説

　相手方の事業活動を不当に拘束する条件をもって取引する行為は，旧2条9
項4号に基づいて旧一般指定11項〜13項に定められていた。2009年独禁法改
正により，再販売価格の拘束（以下，「再販行為」という）が法定類型として現行
2条9項4号に移されることになったが，2条9項6号ニに基づいて指定され
た排他条件付取引（現一般指定11項）および拘束条件付取引（現一般指定12項）
と併せ，規定内容は改正前と実質的に変わりがない。

　事業活動の不当拘束に対する規制は次のような趣旨に基づいている。すなわ
ち，取引の対価その他の取引条件，取引先の選択等は，本来，取引当事者の自
由な判断によって決定されるべきものであるところ，これらを拘束すると，良
質廉価な商品・役務の提供を通じて行われるべき公正な競争が人為的に妨げら
れるからである（第1次育児用粉ミルク（和光堂）事件＝ 5-27)）。

(2)　「拘束」

　事業活動の拘束の内容にはさまざまなものがあるが，公正な競争秩序の観点
から問題になる典型的な内容は，価格，取引先，取引の地域，販売方法等であ
る。価格以外の制限・拘束は，非価格制限行為と総称される。

　「拘束」の認定は，何らかの**人為的手段**によって，取引相手方の事業活動の

制限について実効性が確保されているかどうかによって判断される。したがって，取引当事者間で合意する場合はもとより，相手方が従わない場合に，出荷停止やリベート金額削減等の経済上の不利益を課す場合も拘束に当たる。また，利益供与によるものであっても実効性を確保する効果があれば「拘束」に当たる（資生堂再販事件＝同意審決平 7.11.30 審決集 42 巻 97 頁 (6-17))。その他，店頭でのパトロールや秘密番号による流通ルートの探索等の実効性確保手段が講じられた場合に「拘束」があると認定された例がある（エーザイ事件＝勧告審決平 3.8.5 審決集 38 巻 70 頁）。さらに，実際に不利益を課すことまでは必要なく，従わない場合に不利益を課すことの通知・示唆があれば足りると判断されている。

　これに対して，例えばメーカーが希望小売価格や建値を設定するだけで，取引の相手方（販売業者）が実売価格を自由に決定できる場合には，再販売価格の「拘束」には当たらない（流通・取引慣行ガイドライン第 1 部第 1 の 1 (2)）。

> (5-27) **第 1 次育児用粉ミルク（和光堂）事件**（最判昭 50.7.10 民集 29 巻 6 号 888 頁 [百 66]）　「『拘束』があるというためには，必ずしもその取引条件に従うことが契約上の義務として定められていることを要せず，それに従わない場合に経済上なんらかの不利益を伴うことにより現実にその実効性が確保されていれば足りる」。

　「拘束」の終期の判断は，拘束の手段・方法とされた具体的行為が取りやめられたか，当該具体的行為を打ち消すような積極的な措置がとられたか，あるいは，販売業者が制約を受けずに事業活動をすることができるようになっているかという観点からなされ，制限の対象となっている商品の一般的な価格動向等が考慮される（ソニー・コンピュータエンタテインメント(SCE)事件＝ (5-34))。2009 年改正により，再販売価格の拘束に課徴金が課されるようになったため，この論点の重要性はこれまでよりも高まっている。

(3) 公正競争阻害性

　事業活動の不当拘束の公正競争阻害性は，自由競争減殺に求められているが，拘束の内容に応じて，競争回避型と競争排除型のいずれかまたは双方に分類される。この点，再販行為では競争回避が問題となり，排他条件付取引では競争排除が問題となるが，拘束条件付取引は，事業活動の不当拘束という類型の一般条項的な位置付けを与えられているので，拘束の内容や行為態様等に応じて

競争回避と競争排除のいずれか一方または双方が問題となる。

　また，2条9項4号には「正当な理由がないのに」の文言が付され，再販行為が認められれば原則として違法となる。再販行為は，取引先事業者間の価格競争を減少・消滅させることになるため，競争阻害効果が大きいからである。これに対して，一般指定11項および12項には「不当に」の文言が付され，具体的行為や取引の対象・地域・態様等に応じて，当該制限・拘束による競争への質的・量的な影響を個別に考慮して公正競争阻害性の有無が判断される。地域制限や排他条件付取引等の非価格制限行為については，行為者の地位や行為態様等に応じて個別的に競争阻害効果の有無を判断する必要があるのに加え，効率性の達成や競争促進等の望ましい効果を有する場合があるからである。各行為類型における公正競争阻害性判断のより具体的な考慮要素については，各行為類型の項で説明する。

　さらに，**親子会社間の取引**または**兄弟会社間の取引**が，実質的に同一企業内の行為に準ずるものと認められる場合には，当該取引は，この款で取り上げる規制類型を中心として，原則として不公正な取引方法の規制を受けない。実質的に同一企業内の行為に準ずるものと認められるかどうかの判断基準について，流通・取引慣行ガイドラインは，①親会社による子会社の株式所有の比率，②親会社から子会社に対する役員派遣の状況，③子会社の財務や営業方針に対する親会社の関与の状況，④親子会社間・兄弟会社間の取引関係（子会社の取引額に占める親会社・兄弟会社との取引の割合等）により総合的に判断すると述べる（同ガイドライン（付）親子会社・兄弟会社間の取引）。

2　再販売価格の拘束

> **第2条⑨四**　自己の供給する商品を購入する相手方に，正当な理由がないのに，次のいずれかに掲げる拘束の条件を付けて，当該商品を供給すること。
> 　イ　相手方に対しその販売する当該商品の販売価格を定めてこれを維持させることその他相手方の当該商品の販売価格の自由な決定を拘束すること。
> 　ロ　相手方の販売する当該商品を購入する事業者の当該商品の販売価格を定めて相手方をして当該事業者にこれを維持させることその他相手方をして当該事業者の当該商品の販売価格の自由な決定を拘束させること。

(1) 概　説

　2条9項4号は，再販売価格を直接または間接に拘束する行為について規定する。例えばメーカーが，自己の商品を購入する卸売業者の販売価格を指示してその価格で販売させる行為（同号イ），および，自己の商品を卸売業者から購入する小売業者の販売価格を指示して当該卸売業者をして小売業者に指示価格で販売させるようにする行為（同号ロ）がこれに当たる。

　2009年改正によって旧一般指定12項の内容がそのまま，法定類型として独禁法2条9項4号に規定され，10年以内に繰り返し行った場合に課徴金が課されることとなった（独禁20条の5）。なお，他の課徴金賦課の対象行為と異なり，2条9項4号においては，規制対象が**「商品」の価格拘束**に限定されている。

(2) 行為要件

　直接または間接の取引相手の販売価格に対する「拘束」の意味については，上記**1**(2)の説明を参照。もっとも，現実の複雑な取引実態に照らして，間接の取引先であっても，自己の子会社や営業部門に相当する販売会社を通じて小売業者に販売する場合や，卸売業者を介した取引であっても小売業者の取引条件等を行為者が自ら決定する等，実質的には小売業者を相手方として取引していると認められる場合には，「自己の供給する商品を購入する相手方」に当たるとする取扱いがなされてきた（日産化学工業事件＝排除措置命令平18.5.22審決集53巻869頁[**百67**]）。

　なお，拘束の対象となる取引先事業者の範囲については，ブランド内価格競争を制限すると認められる程度の広がりが必要であるが，取引先事業者のうち大手量販店2社に対してのみ行われた拘束で，当該量販店の販売価格が他の取引先業者の販売価格に影響を及ぼすような状況の下では再販行為と認定することができる（資生堂再販事件＝同意審決平7.11.30審決集42巻97頁 6-17 ）。

(3) 公正競争阻害性

　再販行為の公正競争阻害性は，自由競争減殺のうちの**競争回避**に求められている。というのは，メーカーによる再販行為の範囲において，当該メーカーの商品をめぐる卸売業者間または小売業者間の価格競争が制限・消滅するからである。また，「正当な理由がないのに」と定められており，同行為が行われれ

ば原則として公正競争阻害性が認められる。

　これに関連して，再販行為について，**ブランド内価格競争**を制限するが，**ブランド間競争**を促進することがあるか，仮にあるとすればブランド内価格競争の制限による弊害とブランド間競争の促進による利益を比較衡量することが許されるかという問題がある。ブランド内価格競争の制限がブランド間競争を促進する理論的可能性としては，小売業者による販売促進サービスや顧客サポートの拡充を通じて対象商品のブランド価値を高めるとともに，こうしたサービスを自らは提供せずに「ただ乗り」する安売り業者から小売業者を守ることができる点や，新規事業者の市場参入が容易になる点などが以前から指摘されてきた。

　この点，「行為者とその競争者との間における競争関係が強化されるとしても，それが，必ずしも相手方たる当該商品の販売業者間において自由な価格競争が行われた場合と同様な経済上の効果をもたらすものでない以上，競争阻害性のあることを否定することはできない」と述べ，両者を具体的に比較衡量することなく（＝ブランド間競争の促進効果を考慮することなく），一定のブランド内価格競争の制限があれば市場全体の競争（ブランド間競争）を阻害するおそれがあると判示したと考えられる判例がある（第1次育児用粉ミルク(和光堂)事件＝(5-27)）。もっとも，この判例は，特定のブランドを一度選んだら他の銘柄に変更することがないという育児用粉ミルクの商品特性を踏まえて理解する必要がある。再販行為が実効性をもって行われるのは，行為者が市場における有力な事業者であるか，製品差別化が進んでいる場合がほとんどだからである。

　したがって，再販行為が実効的に行われている状況において，実際上は，ブランド間競争が促進されるかどうか疑わしいものの，理論的には，ブランド内競争が制限されてもブランド間競争が維持・促進される場合には，市場全体における競争は阻害されないから，公正競争阻害性を認めるべきでないという見解も一定の説得力をもち得る。流通・取引慣行ガイドラインもこの理論的可能性を認め，①再販行為によって実際に競争促進効果が生じてブランド間競争が促進され，それによって対象商品の需要が増大し，消費者の利益の増進が図られ，かつ，②当該競争促進効果が，再販行為以外のより競争阻害的でない他の方法によっては生じ得ないものである場合には，必要な範囲および期間に限っ

て認められると述べる（同ガイドライン第1部第1の2(2)）。ただし，再販行為が
ない状態と比較して，市場競争が消費者利益の観点からどのように改善された
かを比較する合理的かつ明確な判断基準がないため，法的基準として適用する
には大きな困難が伴うものと思われる。

中小小売業者や特定業種の維持は「正当な理由」に当たらない（⇨ (5-28) ）。

> (5-28) **ハマナカ毛糸事件**（東京高判平23.4.22審決集58巻(2)1頁 [**百69**]）
>
> 　旧一般指定12項（現2条9項4号）の「正当な理由」は，公正な競争秩序
> 維持の観点から，当該拘束条件が相手方の事業活動における自由な競争を阻
> 害するおそれがないことをいう。再販行為（本件行為）により中小小売業者
> の生き残りを図るということは，中小小売業者が自由な価格競争をしないこ
> とで生き残りを図るというのであるから，公正かつ自由な競争秩序維持の見
> 地からみて正当性がないことは明らかであり，産業，文化として手芸手編み
> 業を維持するということも，一般消費者の利益を確保するという独占禁止法
> の目的と直接関係するものではない。よって，本件行為に旧一般指定12項
> の正当な理由があるとはいえない。

(4)　2条9項4号の外延

再販行為あるいはそれに類似する行為であっても，以下のような場合には2
条9項4号に該当しない。

①　取引の対象が「商品」でない場合　　2条9項4号は「自己の供給する
商品を購入する相手方」に対する再販行為を規制対象とする。したがって，役
務取引の場合や，特許ライセンス（実施許諾）契約に基づき，特許を実施して
製造される製品の価格を拘束する場合などは，本規定の適用対象範囲外であり，
拘束条件付取引の一般条項である12項が適用される（20世紀フォックス事件＝
(5-32) ）。

②　委託販売・取次等の場合　　メーカーが委託者として商品の滅失毀損や
売れ残り等の危険を負担し，自己の計算において委託販売が行われている場合
や，卸売業者が単に取次として機能しているにすぎず，実質的な価格交渉はメ
ーカーと小売業者の間で行われる場合等には，メーカーが取引先に価格を指示
しても，通常，違法ではない。ただし，委託販売の形式をとっていても，メー
カーが危険負担しない場合は，真正の委託販売には当たらず，2条9項4号が

適用される（第2次育児用粉ミルク（森永乳業）事件＝審判審決昭52.11.28審決集24巻106頁）。

③　再販適用除外制度の対象である場合（⇨ **第6章** 23条参照）

3　排他条件付取引

> **第2条⑨六ニ**　相手方の事業活動を不当に拘束する条件をもって取引すること。
> **【一般指定】⑪**　不当に，相手方が競争者と取引しないことを条件として当該相手方と取引し，競争者の取引の機会を減少させるおそれがあること。

(1)　概　要

一般指定11項は，不当な排他条件付取引について定める。排他条件付取引には，供給者が需要者に排他条件を課す場合，需要者が供給者に課す場合，および，供給者・需要者が相互に排他条件を課し合う場合がある。

本項には「拘束」という文言はないが，本項は2条9項6号ニに基づき指定されたものであり，「拘束」があることが必要である。

競争者と取引しないことを条件として相手方と取引する典型例には，相手方の仕入れのすべてを自己から購入するようにさせる全量購入契約（⇨ 5-29），メーカーが販売業者との契約において，自己の商品のみ取り扱うことを条件として継続的商品供給を行う専売店制，販売業者が特定メーカーの商品を一手に引き受けて販売し，他の販売業者には供給させない一手販売契約などがある。

5-29 **大分県酪農業協同組合事件**（勧告審決昭56.7.7審決集28巻56頁）
大分県内の酪農業者を組合員とし，県内で生産される生乳の約9割を一手に集荷し，販売する大分県酪農業協同組合は，県内の乳業者（乳製品メーカー）が仕入れる生乳の全量を自己から購入するようにさせていたが，これは昭和28年一般指定7号に該当する。

(2)　行為要件

行為要件については，上述**1**(2)の「拘束」の説明および私的独占の「排他的取引」の項（⇨ **第2章第1節** **4**(3)②）を参照すること。

(3) 公正競争阻害性

排他条件付取引における公正競争阻害性は，自由競争減殺のうち主として競争排除に求められる。一般に，取引の相手方が自己の競争者と取引しないことを条件として取引することは，それ自体違法ではないが，市場における有力な事業者によって排他条件付取引が行われ，それによって市場閉鎖効果が生じる場合には公正競争阻害性が認められる（流通・取引慣行ガイドライン第1部第2の2(1)イ）。この排除効果がより甚だしい場合には，私的独占の「排除」による競争の実質的制限にも該当することになる。

《用語解説1：市場における有力な事業者》

「市場における有力な事業者」と認められるかどうかについては，市場シェアが20％を超えることが一応の目安とされ，それを下回ると違反にならない（＝セーフハーバー基準）（流通・取引慣行ガイドライン第1部の3(4)）。シェア算定の対象となる「市場」の画定は，基本的に需要者にとっての代替性という観点から判断され，必要に応じて供給者にとっての代替性という観点も考慮される。従来，一応の目安としてシェア10％以上またはその順位が上位3位以内とされていたが，2016年改正により，セーフハーバー基準が引き上げられている。

《用語解説2：市場閉鎖効果》

「市場閉鎖効果」とは，被拒絶者（競争者）にとって「代替的な取引先を容易に確保することができなくなり，事業活動に要する費用が引き上げられる，新規参入や新商品開発等の意欲が損なわれるといった，新規参入者や既存の競争者が排除される又はこれらの取引機会が減少するような状態をもたらすおそれ」をいう（流通・取引慣行ガイドライン第1部の3(2)ア）。

「市場閉鎖効果が生じる場合」に該当するか否かの判断にあたっては，①ブランド間競争の状況（市場集中度，商品特性，製品差別化の程度，流通経路，新規参入の難易性等），②ブランド内競争の状況（価格のバラツキの状況，当該商品を取り扱っている流通業者等の業態等），③行為者の市場における地位（市場シェア，順位，ブランド力等），④当該行為の相手方の事業活動に及ぼす影響（制限の程度・態様等），⑤当該行為の相手方の数および市場における地位，を総合的に考慮して判断される（同ガイドライン第1部の3(1)）。また，市場閉鎖効果の有無の判断に加え，対象行為によって生じ得る競争促進効果もまた考慮される。

また，この判断にあたっては，他の事業者の行動も考慮の対象となる。例えば，複数の事業者が制限・拘束を並行的に実施する場合には，一事業者のみが行う場

合と比べ市場全体として市場閉鎖効果が生じる可能性が高くなる（同ガイドライン第 1 部の 3(2)ア）。

(5-30) **東洋精米機製作所事件**（東京高判昭 59.2.17 審決集 30 巻 136 頁 [百 65]）

　「公正競争阻害性の有無は，……行為者のする排他条件付取引によって行為者と競争関係にある事業者の利用しうる流通経路がどの程度閉鎖的な状態におかれることとなるかによって決定されるべきであり，一般に一定の取引の分野において有力な立場にある事業者がその製品について販売業者の中の相当数の者との間で排他条件付取引を行う場合には，その取引には原則的に公正競争阻害性が認められる」。

　本判決は，精米機の市場シェア 28％，業界第 1 位の製造業者であるとされた東洋精米機製作所が，取引先販売業者との間で，自社製品と競合する他社製品を取り扱わないこと等を内容とする特約店契約を締結・実施していたことが排他条件付取引に当たるとした審判審決（昭 56.7.1 審決集 28 巻 38 頁）に対する審決取消訴訟である。東京高裁は，公取委による「有力な立場」の認定において市場シェアが過大となる算出方法の誤り，「販売業者の中の相当数の者」の認定の基礎となる販売業者の総数（分母）に関する証拠の問題等を指摘し，実質的証拠を欠くと判断して審決を取り消したが，公正競争阻害性については，複数のメーカーが排他条件付取引を並行的に実施しているといった特段の事情がある場合には，公正競争阻害性が認められない余地が生ずるとの一般論を述べた。これに対しては，学説から強い批判がなされ，流通・取引慣行ガイドラインでは，上述のとおり，市場閉鎖効果が生じる可能性が高まると記述されている。

　排他条件付取引に係る正当化事由について，流通・取引慣行ガイドラインは，①完成品メーカーが部品メーカーに対し，原材料を支給して部品を製造させている場合に，その原材料を使用して製造した部品を自己にのみ販売させること，②完成品メーカーが部品メーカーに対し，ノウハウを供与して部品を製造させている場合で，そのノウハウの秘密を保持し，またはその流用を防止するために必要と認められるときに自己にのみ販売させることを挙げる（同ガイドライン第 1 部第 2 の 2(1)ウ）。

また，ある商品を購入した後に必要となる補完的商品に係る市場（いわゆるアフターマーケット）において特定の商品を購入させる行為が抱き合わせ販売に該当することがある（流通・取引慣行ガイドライン第1部第2の7⑶）。例えば，いったん，あるメーカーの商品を購入すると容易に買い替えができず（＝「転換コストが高い」という），ロックイン効果と呼ばれる「囲い込み」現象が生じる場合には，当該メーカーのアフターマーケットを独立の市場（従たる商品の市場）として画定し，そこでの自由競争減殺を問題とするという考え方である。この場合，主たる商品の市場における事業者の有力性は必ずしも問われないことになる（⇨ (5-31)）。もしそうであるならば，アフターマーケットそれ自体を競争保護の対象とする場合には，抱き合わせではなく，不当な取引妨害（一般指定14項）を適用すべきとの考え方もありえよう（⇨ **第6款 ❶**「取引妨害」の項を参照）。

　　(5-31) **ブラザー工業事件**（東京地判令3.9.30審決集68巻243頁）　　プリンタ製造業者Yが，その製造するインクジェットプリンタについて，技術上の必要性等の合理的な理由なく設計変更を行い，Xらの互換品カートリッジを使用不能にすることは，Xらの互換品カートリッジを排除する目的で行ったものと認められ，Xらを当該プリンタにおいて使用可能なカートリッジの市場から不当に排除するおそれがある。

4　拘束条件付取引

> **第2条⑨六二　（略）**
> **【一般指定】⑫** 法第2条第9項第4号又は前項に該当する行為のほか，相手方とその取引の相手方との取引その他相手方の事業活動を不当に拘束する条件をつけて，当該相手方と取引すること。

(1)　概　要

　一般指定12項は，独禁法2条9項4号の再販行為と一般指定11項の排他条件付取引以外のさまざまな拘束条件付取引を規定する，「事業活動の不当拘束」の一般条項である。一般指定12項には，「不当に」の文言が付され，対象行為の形態や拘束の程度等に応じて，自由競争減殺の観点から個別に公正競争阻害

性の有無が判断されるが，拘束条件の類型に応じて競争回避型に当たる場合と
競争排除型に当たる場合とがある。

(2) 拘束条件の類型および公正競争阻害性

① 2条9項4号以外の価格の拘束（競争回避型）

独禁法2条9項4号は，「自己の供給する商品」の販売価格の拘束に対して
のみ適用され，それ以外の価格の拘束には一般指定12項が適用される。例え
ば，役務取引の場合（20世紀フォックス事件＝ 5-32 ），供給された商品を加工
して完成品として販売する場合（ヤクルト本社事件＝勧告審決昭40.9.13審決集13
巻72頁 6-3 ），供給された商品を用いて役務を提供する場合（小林コーセー事
件＝勧告審決昭58.7.6審決集30巻47頁），ライセンスを受けた特許技術を実施し
て製造した商品を販売する場合（知的財産ガイドライン第4の4(3)），フランチャ
イズ・システムにおいて，加盟店が本部以外から仕入れた商品の販売価格を本
部が拘束する場合などが挙げられる。これらの場合，再販行為と同様に，販売
業者間の価格競争が制限されるため，原則として公正競争阻害性が認められる
（⇨2条9項4号〔 2 「再販売価格の拘束」〕の説明を参照）。

> 5-32 **20世紀フォックス事件**（勧告審決平15.11.25審決集50巻389頁）
> 　20世紀フォックスジャパン社は，その配給する20世紀フォックス映画に
> ついて，上映者（映画館）が入場者から対価として徴収する入場料を拘束し
> たが，これは旧一般指定13項（現12項）に該当する。
>
> 5-33 **セブン‐イレブン事件**（福岡地判平23.9.15審決集58巻(2)438頁）
> 　コンビニエンスストアのフランチャイザーが，フランチャイジーにデイリ
> ー商品の値下げ販売（見切り販売）をやめるよう強く指導するとともに，そ
> れに応じない場合にはフランチャイズ契約を解除する等の不利益を示唆する
> ことは，相手方とその取引の相手方との取引を不当に拘束する条件を付けて，
> 当該相手方と取引を行っているものであり，旧一般指定13項（現12項）に
> 当たる。

② 販売先の拘束（競争回避型または競争排除型）

メーカーが，取引相手方である流通業者に対して課す取引先の拘束には，い
くつかの形態がある。

（ⅰ）安売り業者への販売制限

事業者が，卸売業者に対して，取引先の小売業者が安売りを行っていることを理由として，当該小売業者へ販売しないようにさせる場合は，これによって小売業者間の価格競争が減少・消滅し競争阻害効果が大きくなるため再販行為に対する考え方に準じて，原則として違法となる（流通・取引慣行ガイドライン第1部第2の4(4)）。

　(ii)　帳合取引の義務付け

　事業者が，卸売業者に対して，その取引先小売業者を特定させ，小売業者が特定の卸売業者としか取引できないようにする帳合取引を義務づける場合（小売業者の取引できる卸売業者を1つに限定する場合は「一店一帳合制」という），本来，流通業者において自由に決定されるべき販売先の選択が制限される（第2次育児用粉ミルク（明治乳業）事件＝審判審決昭 52.11.28 審決集 24 巻 86 頁）。

　公正競争阻害性について，流通・取引慣行ガイドラインは，帳合取引の義務付けによって，「価格維持効果が生じる場合」には違法となると述べる（同ガイドライン第1部第2の4(2)）。

《用語解説3：価格維持効果》

　「価格維持効果」とは，「非価格制限行為により，当該行為の相手方とその競争者間の競争が妨げられ，当該行為の相手方がその意思で価格をある程度自由に左右し，当該商品の価格を維持し又は引き上げることができるような状態をもたらすおそれ」をいう（流通・取引慣行ガイドライン第1部の3(2)イ）。

　また，「価格維持効果が生じる場合」に当たるかどうかは，①ブランド間競争の状況（市場集中度，商品特性，製品差別化の程度，流通経路，新規参入の難易性等），②ブランド内競争の状況（価格のバラツキの状況，当該商品を取り扱っている流通業者等の業態等），③行為者の市場における地位（市場シェア，順位，ブランド力等），④当該行為の相手方の事業活動に及ぼす影響（制限の程度・態様等），⑤当該行為の相手方の数および市場における地位，を総合的に考慮して判断される（同ガイドライン第1部の3(1)）。また，価格維持効果の有無の判断に加え，対象行為によって生じ得る競争促進効果も考慮される。

　また，この判断にあたっては，他の事業者の行動も考慮の対象となる。例えば，複数の事業者が制限・拘束を並行的に実施する場合には，一事業者のみが行う場合と比べ市場全体として価格維持効果が生じる可能性が高くなる（同ガイドライン第1部の3(2)イ）。

帳合取引の義務付けが，再販行為の実効性確保手段として実施される場合には，再販行為と一体のものとして公正競争阻害性がとらえられるが，再販行為と併せて実施される場合であっても，再販行為とは独立して違法とされる場合には，上記の諸事項が考慮される。

(iii) 仲間取引（横流し）の禁止

仲間取引の禁止（流通業者間の転売の禁止）は，取引先の選定に制限を課すものであり，販売段階での競争制限に結びつく可能性があるため，これにより「価格維持効果が生じる場合」には違法となる。また，仲間取引の禁止が，安売り業者への販売禁止のために行われる場合には，原則として違法となる（流通・取引慣行ガイドライン第1部第2の4(3)）。

他方，化粧品メーカーの販社が，特約店（小売業者）に課したカウンセリング販売（対面販売）義務が違法でない場合には，当該特約店に対して，メーカーと契約関係のない小売業者への卸売販売を禁止することは，カウンセリング販売に必然的に伴う義務として同様に違法ではないとした判決がある（花王化粧品販売事件＝最判平10.12.18審決集45巻461頁［百71②]）。

5-34 ソニー・コンピュータエンタテインメント(SCE)事件（審判審決平13.8.1審決集48巻3頁［百70]＝6-1 6-16）　ゲーム機およびゲームソフト市場において第1位を占めるメーカーSCEが，小売業者との直取引による単線的で閉鎖的な流通経路を構築した上で，小売業者間の横流しを禁止し，閉鎖的流通経路外への製品の流出を防止した。審決は，横流し禁止は，販売業者の取引先の選択を制限し，販売段階での競争制限に結びつきやすいものであり，それにより商品の価格が維持されるおそれがある場合には原則として旧一般指定13項（現12項）に該当するが，例外的に，その行為の目的や目的を達成する手段としての必要性・合理性の有無・程度等からみて，当該行為が公正な競争秩序に悪影響を及ぼすおそれがあるとはいえない特段の事情が認められるときは，公正競争阻害性はないと判断すべきであるとした。

正当化事由について，SCEは，横流し禁止の合理性として，実需の把握や，一般消費者への商品情報の提供の確保といった目的を主張したが，審決は，こうした目的は競争制限効果の小さい他の代替的手段によっても達成できるものであって，SCEが横流しを禁止すべき必要性・合理性の程度は低いとして否

定した（⇨ 第1節 **3**(3)「正当化事由等の考慮要因」の項を参照）。

(iv) 農産物の出荷先の制限

(5-35) **土佐あき農協事件**（東京高判令元.11.27 審決集 66 巻 476 頁）

　農協が自ら以外の者にナスを出荷すること（系統外出荷）を制限する条件を付けて組合員からナスの販売を受託していることは一般指定 12 項に該当する。

③ **販売地域の制限（競争回避型）**

　事業者が流通業者に対して行う販売地域制限のうち，(a)一定の地域を主たる責任地域として定め，当該地域内において，積極的な販売活動を義務づけること（責任地域制），および，(b)店舗等の販売拠点の設置場所を，一定地域内に限定または指定すること（販売拠点制）については，商品の効率的な販売拠点やアフターサービス体制の確保等という意味で競争促進的な面もあり，通常，違法とはならない。

　これに対して，(c)一定の地域を割り当て，地域外での販売を制限すること（厳格な地域制）は，「市場における有力な事業者」が行い，これによって「価格維持効果が生じる場合」には違法となる。また，(d)一定の地域を割り当て，地域外の顧客からの求めに応じた販売を制限すること（地域外顧客への受動的販売制限）も，これによって「価格維持効果が生じる場合」には違法となる（流通・取引慣行ガイドライン第1部第2の3）。「市場における有力な事業者」については，**3**(3)の **用語解説1** を，「価格維持効果」については **4**(2)の **用語解説3** を，それぞれ参照すること。

④ **販売方法の制限（競争回避型・競争排除型）**

　事業者が，自己の商品の安全性・品質の確保，ブランドイメージの維持等の合理的な目的のために，小売業者に対して，販売方法の制限を課すことそれ自体は，独禁法上問題となるものではない。説明販売，品質管理の方法，店舗内の陳列場所・売り方，チラシ等の広告・表示などの指示が例として挙げられるが，これら販売方法の制限を手段として，小売業者間の競争を制限したり，競争者を排除したりする場合には，公正競争阻害性が認められる。

(5-36) **ジョンソン・エンド・ジョンソン事件**（排除措置命令平 22.12.1 審決集 57 巻(2)50 頁 **[百 75]**）　使い捨てコンタクトのシェア第1位で高いブランド力

を持つジョンソン・エンド・ジョンソンが，小売業者間の価格競争を制限するため，取引先小売業者が広告において商品の販売価格を表示しないようにさせたことは，不当な拘束条件付取引に当たる。

(5-36) では，小売価格そのものの制限は認定されなかったため，2条9項4号に当たるとはされなかったものの，価格表示の制限が認められたため，再販行為に準じた取扱いがなされ，原則違法とされた。流通・取引慣行ガイドラインも同様の趣旨を述べる（第1部第2の6(3)）。

(5-37) **資生堂東京販売事件**（最判平10.12.18民集52巻9号1866頁［百71①]）
化粧品最大手メーカーの販売会社が，特約店契約を結んだ小売業者に対して，契約上，消費者に対面しカウンセリングを行った上で販売する義務を負わせることは，その販売方法にそれなりの合理性があり，その制限が他の小売業者にも同等に課されている場合には，旧一般指定13項（現12項）に該当しない。

(5-37) の最高裁判決の示した一般論は，流通・取引慣行ガイドライン（第1部第2の6(2)）の考え方と同趣旨のものであるが，これは公正競争阻害性を判断するための法的基準としては意味のないものであると言わざるを得ない。最高裁も，それなりの合理性があり，相手方に同等に課される販売方法の制限が「それ自体としては」公正な競争秩序に悪影響を及ぼすおそれがないと述べるにとどまり，この基準を満たす限り，すべての場合に不当性を免れるとは到底言えない。流通・取引慣行ガイドラインも，販売方法の制限を手段として，小売業者間の競争が制限される場合には公正競争阻害性が認められるとする。本件判決は，事案の解決に必要な限りで販売方法の制限が旧一般指定13項（現12項）に該当しない場合を示したにとどまり，それに該当する場合の違法性基準を示したものではないことに注意する必要がある。

⑤ **競争品取扱い制限（競争排除型）**
取引先事業者に対する自己の競争者との取引や競争品の取扱いを制限する場合の行為態様および公正競争阻害性については，排他条件付取引の場合と同様である（⇨一般指定11項〔3〕「排他条件付取引」の説明を参照）。

⑥ **同等性条件（最恵国条件）の義務付け（競争排除型・競争回避型）**
デジタル・プラットフォーム事業者が，自社の提供するプラットフォームを

利用する取引先事業者に対して，他の販売経路と同等または他の販売経路よりも有利なものとする条件を契約上盛り込んで要請する場合，同様のサービスを提供する他のプラットフォームや取引先事業者自身との競争関係に悪影響が生じるおそれがある。

宿泊予約サイトについて，Booking.com 事件（公取委確約認定令 4.3.16），エクスペディア事件（公取委確約認定令 4.6.2），楽天トラベル事件（公取委確約認定令元.10.25）が，オンラインモールについて，Amazon マーケットプレイス事件（公取委平 29.6.1 公表，自発的措置の申出により調査打切り）が，電子書籍について，Amazon 電子書籍事件（公取委平 29.8.15 公表，自発的措置の申出により調査打切り）が，それぞれ先例として存在する。

⑦ 知的財産に関する制限

特許等のライセンス契約において，ライセンサーがライセンシーの事業活動に制限を課す行為が独禁法上問題となる場合がある（⇨ **第6章** 21 条**4**の解説を参照）。

第5款　取引上の地位の不当利用

取引上の地位の不当利用の規制は，独禁法 2 条 9 項 5 号によるほか，2 条 9 項 6 号ホに基づく一般指定 13 項および特殊指定（大規模小売業特殊指定，物流業特殊指定，新聞業特殊指定 3 項）ならびに下請代金支払遅延等防止法（以下，「下請法」という）によっても行われるが，ここでは特殊指定以外について取り上げる。

1　取引上の優越的地位の濫用

> **第2条⑨五**　自己の取引上の地位が相手方に優越していることを利用して，正常な商慣習に照らして不当に，次のいずれかに該当する行為をすること。
> 　イ　継続して取引する相手方（新たに継続して取引しようとする相手方を含む。ロにおいて同じ。）に対して，当該取引に係る商品又は役務以外の商品又は役務を購入させること。
> 　ロ　継続して取引する相手方に対して，自己のために金銭，役務その他の経済上の利益を提供させること。
> 　ハ　取引の相手方からの取引に係る商品の受領を拒み，取引の相手方から取引に

> 係る商品を受領した後当該商品を当該取引の相手方に引き取らせ，取引の相手方に対して取引の対価の支払を遅らせ，若しくはその額を減じ，その他取引の相手方に不利益となるように取引の条件を設定し，若しくは変更し，又は取引を実施すること。

(1) 概　説

　2条9項5号は取引上の優越的地位の濫用の定義規定である。2009年改正で本号に該当する行為で継続して行われるものに課徴金が課されることとなったため（20条の6），旧一般指定14項を一部修正して法律上に規定された。

(2) 「正常な商慣習に照らして不当に」（＝公正な競争を阻害するおそれ）

　優越的地位を濫用する行為（2条9項5号イ，ロ，ハ）がどのような意味で公正な競争を阻害するおそれを有するかといえば，取引主体の自由かつ自主的な判断により取引が行われるという**自由競争基盤の侵害**に求められる。したがって，優越的地位を濫用する行為者と取引相手を含む市場を画定し，濫用行為が当該市場において競争を減殺する効果を生じさせるかどうかを判断する必要はなく，取引上の優越的地位を濫用する行為が相手方の自主的決定（取引するかどうか，どのような条件で取引するかを交渉し決定すること）を侵害すること自体に公正な競争を阻害するおそれが内在的に認められる。

　公取委「優越的地位の濫用に関する独占禁止法上の考え方」（平22.11.30，最終改正平29.6.16。以下，本号の解説において「優越ガイドライン」という）などでは，この趣旨とともに「取引の相手方はその競争者との関係において競争上不利となる一方で，行為者はその競争者との関係において競争上有利となるおそれがある」ことが追加的に指摘されることがある。これは優越的地位濫用規制が公正かつ自由な競争の維持と関係することを示すための説明であって，この点の立証がなければ公正競争阻害性が認められないというわけではないと解される。後掲の日本トイザらス事件以降の審決でも，特段，この点の立証は行われていない。

　また優越ガイドラインでは「行為の広がり」が公正な競争を阻害するおそれの成否に関係するかのように記述されている。しかし，濫用行為が広く行われているか否かは公取委が取り上げる事件を選択する基準にとどまり，濫用行為が社会的な広がりをもって行われていなければ公正競争阻害性がないというわ

けでもない（1対1の関係でも優越的地位の濫用を認定した岐阜商工信用組合事件〔＝最判昭 52.6.20 民集 31 巻 4 号 449 頁 **[百 122]** (7-14)〕を参照）。

(3) **行為要件**

2 条 9 項 5 号に該当するためには，「自己の取引上の地位が相手方に優越していることを利用して」イ，ロ，ハに規定される濫用行為を行うという要件を満たす必要がある（以下，この款では，優越的地位を有する事業者を Y，その取引相手を X と記述する）。

① 「自己の取引上の地位が相手方に優越していることを利用して」

これについては，私的独占（2 条 5 項）で要件とされる（行為開始後の）市場支配力ないし市場支配的地位が必要なわけではない。X にとって Y との取引の継続が困難になることが事業経営上大きな支障をきたすため，Y が X にとって著しく不利益な要請を行っても，X がこれを受け入れざるを得ないような場合の Y の地位で足りる（優越ガイドライン）。

取引上の優越的地位が認められるかどうかは，X の Y への取引依存度（X の売上高全体に占める Y への売上高の大きさ），Y の市場における地位（例えば Y が百貨店業界において売上額が第 1 位であること等から，これと取引することにより X の信用が高まる，X にとって安定需要が見込めるなどの事情），X が取引先を変更する現実的可能性（X が Y 以外の取引相手 Z へ取引先を変更する可能性，X が Y との取引以外には転用困難な設備投資を行ったか否かなど），その他 Y との取引の必要性を示す具体的事実を考慮して判断される。優越的地位の有無の認定にあたって，Y の行為が不利益行為に当たるか，不利益行為の内容，X が受け入れたことについて特段の事情があったかどうかを中心に，考慮された事件があったが（日本トイザらス事件＝審判審決平 27.6.4 審決集 62 巻 119 頁 **[百 79]**），その後，公取委は，上記の具体的事実（取引依存度については，納入業者の営業拠点の取引依存度の大きさやその順位の高さを含めて）とともに，不利益を納入業者が受け入れた経緯や態様も総合考慮して，Y が優越的地位にあるかどうかを判断する方向に転換し，これを裁判所も是認している（ラルズ事件＝東京高判令 3.3.3 審決集 67 巻 444 頁）。

(5-38) **三井住友銀行事件**（勧告審決平 17.12.26 審決集 52 巻 436 頁 **[百 76]**）

三井住友銀行はその総資産額が銀行業界において第 1 位の地位にある。他

方，同行と融資取引を行っている事業者，特に中小事業者の中には，当面，同行からの融資に代えて同行以外の金融機関からの融資等によって資金手当てをすることが困難な事業者が存在する。これらの事業者は，三井住友銀行から融資を受けられなくなると事業活動に支障をきたすため，融資取引を継続する上で融資の取引条件とは別に同行からの種々の要請に従わざるを得ない立場にあり，その取引上の地位は三井住友銀行に対して劣っている。

なお，公取委は，2019年末，「デジタル・プラットフォーム事業者と個人情報等を提供する消費者との取引における優越的地位の濫用に関する独占禁止法上の考え方」（令元.12.17，最終改正令4.4.1）において，デジタル・プラットフォーム運営事業者が検索エンジン，SNS，電子商取引等のサービスを一般消費者に提供し，消費者は経済的価値を有する「個人情報等」（個人情報の保護に関する法律上の「個人情報」〔同2条1項．他の情報と照合することにより容易に特定の個人を識別できる個人に関する情報を含む〕とウェブサイトの閲覧履歴，携帯電話の位置情報など）を対価として提供して，一定のサービスを受ける場合，その消費者は独禁法2条9項5号にいう「取引の相手方」，「取引する相手方」に当たるとして，消費者に対する優越的地位濫用の規制可能性を初めて示した。

② **不利益行為**

（ⅰ） **購入強制**（2条9項5号イ）

継続して取引する相手方に対して取引対象である商品・役務以外の商品・役務を購入させることであり，三越事件（＝ 5-39 ）で納入業者が必要としていない高価な時計，絵画，絨毯などを購入させた行為がこれに当たる。「継続して取引する相手方」には，条文のかっこ書にも明らかなように，実際に継続して取引してきた相手方に限らず，新たに継続して取引しようとする相手方を含む（ロも同じ）。

イではハと異なり，取引の相手方に「不利益」となることが特に要件として規定されていない。これはイに規定される行為を行えば，当該行為に「不利益」が内在していることから，不利益の立証を特段必要としないとしたものと解される（ロも同じ）。

5-39 **三越事件**（同意審決昭57.6.17審決集29巻31頁）

百貨店業界第1位の三越が，同社が開発し直輸入した商品でマージン率の

高いもの，映画製作会社と共同して制作した映画の前売入場券，軽井沢で行う花火大会の入場券等を取引関係を利用して，三越との継続取引を強く望む納入業者に購入させることは昭和28年一般指定10号に該当する。

(ii)　経済上の利益を提供させること（2条9項5号ロ）

ロは継続して取引する相手方に対して，売場改装費用を負担させ，手伝い店員を派遣させるなど経済上の利益を提供させることである。典型例は，Yが棚卸し，棚替えなど自己の利益にしかならない業務を行わせるためXに対してその負担で従業員の派遣を要請するような行為である。Xの商品の販売促進に直接寄与しないのに，Yが自己の催事，売場の改装，広告などのために協賛金をXに負担させる行為も同様である（⇨ 5-40 ）。

5-40 　ドン・キホーテ事件（同意審決平19.6.22審決集54巻182頁）
　　優越的地位にある事業者が棚卸しや棚替えの作業を行わせるため，その仕入担当者から作業を行う店舗，日時等を納入業者に連絡し，事前の合意がないのに，納入業者の負担で，その従業員を派遣するよう要請すること，負担額，算出根拠，使途等について，あらかじめ納入業者との間で明確にせずに新規店舗に対する協賛金を提供させることは，旧一般指定14項2号に該当する。

　他方，YがXに金銭や役務を提供させる場合であっても，それがXにとって見返りとなる直接的利益を生むことがないとはいえない。例えば，納入業者Xが家電量販店Yの要請に従って従業員をYに派遣しXの商品だけの販売に当たることにより，Xにとって売上げの増大，消費者ニーズの把握などの直接的利益が生じる場合である。このような場合をどう考えればよいだろうか。問題はYの従業員派遣要請がXの自主的決定を侵害しないかどうかだから，事前の任意の合意の有無，派遣された従業員がXの商品の販売のみに従事するかどうか，派遣費用がYによって負担されるか否か等を考慮して判断することになる。ただし，Yからの利益提供の要請に応じれば，将来取引が継続・拡大するであろうというようなXの間接的利益が「見返りとなる直接的利益」に含まれないことはいうまでもない。

　この点，少なくとも2条9項5号イとロに関して，経済的利益（協賛金，従業員派遣）を提供させる条件等が不明確で，相手方にあらかじめ計算できない不利益を与える場合はもとより，その条件等が明確であっても，相手方が得る

直接の利益等を勘案して合理的と認められる範囲を超えた負担となり，相手方に不利益を与えることとなる場合（ロ），相手方が事業遂行上必要としない商品等の購入要請であり，または購入を希望しなくても，今後の取引に与える影響を懸念して，要請を受け入れざるを得ない場合（イ）などは，これに該当するとしたものがある（前掲ラルズ事件）。

(iii) 相手方に不利益となるような取引条件の設定，変更または取引の実施
（2条9項5号ハ）

ハには，**受領拒否**（例えばYの発注に基づいてXが製造した商品を納入しようとしたところ，売行き不振，売場の改装・棚替えなどを理由にYが当該商品の受領を拒否すること），**不当返品**（例えばYが購入した商品を展示に用いたために汚損したとしてXに返品すること），**支払遅延**（Yが自己の一方的な都合により契約で定めた支払期日にXに対価を支払わないこと），**代金減額**（Xから商品・役務の提供を受けたにもかかわらず，Yが業績悪化，予算不足，顧客からのキャンセルなど自己の一方的な都合で契約に定めた対価を減額することなど）が例示されている。その他，対価の一方的決定，商品を受領した後にYの一方的都合でXに製造のやり直しを要請することもハに該当する。旧一般指定14項4号にいう「取引の実施」について不利益を与えたとされた事件として，セブン－イレブン事件がある（⇨ 5-41）。また被告・飲食店ポータルサイトが原告を含むチェーン店の評点（消費者の評価や口コミに基づき算出した点数で，消費者が飲食店を選択する際の参考となる情報の1つ）を算出するためのアルゴリズムの変更を事前に通知することなく行うことは，当該飲食店ポータルサイトが公表していた評点の意義や評価方法に照らして，原告にあらかじめ計算できない不利益を与えるものであり，公正な競争秩序の維持，促進の観点から是認される商慣習に照らして不当であり，2条9項5号ハの「取引の相手方に不利益となるように……取引を実施すること」に当たるとされた（食べログ事件＝東京地判令4.6.16 LEX/DB25593696。ただし，東京高判令6.1.19判例集未登載で取り消された）。

商品やサービスの取引条件の設定（例えば取引価格の決定）がハに当たるかどうかの判断は困難であるが，XとYの協議の有無，通常の購入価格・販売価格との乖離の程度，X以外の取引相手とのYの取引価格などを考慮して判断するほかないであろう。

5-41 セブン-イレブン事件（排除措置命令平 21.6.22 審決集 56 巻(2)6 頁 [百 78]）

　コンビニ本部が加盟店に対して商品の見切り販売を取りやめさせることは，加盟店が廃棄される商品の原価相当額を全額負担する仕組みの下で，見切り販売によりその負担を軽減する機会を失わせるものであり，ロイヤルティの額が加盟店で廃棄された商品の原価相当額の多寡に左右されないものであるから，正常な商慣習に照らして不当に，取引の実施について加盟店に不利益を与えるものである。

2 下請法

　独禁法の優越的地位濫用規制を補完するため 1956 年に制定されたのが下請代金支払遅延等防止法（下請法）である。下請法は，独禁法によっては認定がしばしば困難な優越的地位や濫用行為を形式的・具体的に定めるとともに（2条7項〜9項，4条），親事業者が製造委託等をした場合，給付の内容や代金額等を記載した書面を下請事業者に交付する義務を負わせ（3条），また，下請代金が減額された場合には，減額分を下請事業者に支払うべきことなど，下請事業者が被った損害を回復させるための措置をとるよう，親事業者に対し，公取委が勧告することができるとするものである（7条）。

　独禁法と下請法は一般法と特別法の関係にあるわけではなく，ある行為が両法に該当する場合，常に下請法が優先して適用されることにはならない（理論上は独禁法が適用される可能性がある）。ただ，下請法8条は，下請法に基づく勧告に親事業者が従ったときには独禁法20条，20条の6が適用されないと規定しており，実際には下請法が先に適用されることになる。

(1) 親事業者と下請事業者

　下請法が適用されるのは，製造委託，修理委託，情報成果物作成委託，役務提供委託における「**親事業者**」と「**下請事業者**」の取引である。取引上の地位が優越する「親事業者」と劣位にある「下請事業者」は，【**図表 5-2**】のように資本金額・出資総額と取引内容によって形式的に定まる（2条7項，8項，下請代金支払遅延等防止法施行令〔平 13 政令 5 号〕1 条 1 項，2 項。「親事業者」欄に記載された事業者が右隣の「下請事業者」欄の事業者に発注する場合）。

取　引	親事業者	下請事業者
Ⓐ物品の製造・修理委託，Ⓑプログラムの情報成果物作成委託，Ⓒ運送・倉庫での物品保管・情報処理の役務の提供委託	資本金の額・出資の総額が3億円超の法人	個人または資本金の額・出資の総額が3億円以下の法人
Ⓐ物品の製造・修理委託，Ⓑプログラムの情報成果物作成委託，Ⓒ運送・倉庫での物品保管・情報処理の役務の提供委託	資本金の額・出資の総額が1千万円超・3億円以下の法人	個人または資本金の額・出資の総額が1千万円以下の法人
情報成果物作成委託，役務提供委託（Ⓑ，Ⓒ以外）	資本金の額・出資の総額が5千万円超の法人	個人または資本金の額・出資の総額が5千万円以下の法人
情報成果物作成委託，役務提供委託（Ⓑ，Ⓒ以外）	資本金の額・出資の総額が1千万円超・5千万円以下の法人	個人または資本金の額・出資の総額が1千万円以下の法人

(2)　親事業者の禁止行為

　4条1項は親事業者の禁止行為を定めている（役務提供委託の場合は，①，④を除く）。①受領拒否（1号），②支払遅延（2号），③代金減額（3号），④不当返品（4号），⑤買いたたき（5号），⑥自己の指定する物・役務の購入強制（6号），⑦報復措置（7号）。

　4条2項は親事業者が次の行為によって下請事業者の利益を不当に害することを禁止している（役務提供委託の場合は，⑧を除く）。⑧自己から購入させた原材料等の対価を下請代金の支払期日より前に支払わせること（1号），⑨支払期日までに割引を受けることが困難な手形の交付（2号），⑩経済上の利益を提供させること（3号），⑪給付内容を変更させ，給付をやり直させること（4号）。

(3)　運　用

　公取委が7条に基づいて**勧告**をした件数は，ここ数年，10件前後で推移している（2022年度は6件）。また，対象事業者名が公表される勧告に至らず，**指導**が行われたにとどまるケースは2010年度から4000件以上に達している（2022年度は8665件で過去最高）。2022年度に勧告または指導の原因となった行為類型別でみると，手続規定（発注書面の交付，作成・保存の義務）違反が7531件，実体規定違反が7098件である。後者の内訳は下請代金の支払遅延4069件

（実体規定違反の57.3%），下請代金の減額1273件（同17.9%），買いたたき913件（同12.9%）などとなっている。公取委は，下請事業者の被った不利益について親事業者に対して，下請代金の減額分の返還（減額事件），遅延利息の支払（支払遅延事件），商品の引き取り（返品事件），商品の受領（受領拒否事件），利益提供分の返還（不当な経済上の利益提供事件）等の原状回復を行わせている。

3 取引の相手方の役員選任への不当干渉

> **第2条⑨六ホ** 自己の取引上の地位を不当に利用して相手方と取引すること。
> **【一般指定】⑬** 自己の取引上の地位が相手方に優越していることを利用して，正常な商慣習に照らして不当に，取引の相手方である会社に対し，当該会社の役員（法第2条第3項の役員をいう。以下同じ。）の選任についてあらかじめ自己の指示に従わせ，又は自己の承認を受けさせること。

　一般指定13項は法2条9項6号ホに基づく指定である。自己の取引上の地位が相手方に優越していることを利用して，取引の相手方である会社に対して，その役員の選任をあらかじめ自己の指示に従わせるか，承認を受けさせることが行為要件である。「正常な商慣習に照らして不当に」の意味は，取引相手である会社の自由意思により役員が選任され，自主的な判断により取引が行われるという**自由競争基盤を侵害すること**に求められる。

　（5-42）**三菱銀行事件**（勧告審決昭32.6.3審決集9巻1頁）
　　三菱銀行は，取引先である近江絹糸に対し，工場建設資金の融資に際して，その派遣に係る役員をもって近江絹糸の代表取締役3名中，社長，副社長の地位を確保したほか，取締役会の権限と自主性を無視して「代表取締役相互申合事項」を決定して会社の役員の権限を一方的に定め，もって近江絹糸の経営権を掌握しているものであって，これは銀行の債権保全のため相当なるものと認められず，昭和28年一般指定9号および10号に該当し，独占禁止法19条に違反する。

第6款　競争者に対する不当な取引妨害・内部干渉

1 取引妨害

> **第2条⑨六ヘ**　自己又は自己が株主若しくは役員である会社と国内において競争関係
> にある他の事業者とその取引の相手方との取引を不当に妨害し，又は当該事業者が
> 会社である場合において，その会社の株主若しくは役員をその会社の不利益となる
> 行為をするように，不当に誘引し，唆し，若しくは強制すること。
> **【一般指定】⑭**　自己又は自己が株主若しくは役員である会社と国内において競争関
> 係にある他の事業者とその取引の相手方との取引について，契約の成立の阻止，契
> 約の不履行の誘引その他いかなる方法をもってするかを問わず，その取引を不当に
> 妨害すること。

(1) 概　要

一般指定14項の違法要件は，①行為者が妨害の対象となる事業者と国内に
おいて競争関係にあること，②取引を妨害すること，③公正競争阻害性がある
こと，である。

公正競争阻害性が認められる限り，競争者に対する妨害と評価できる行為で
あれば，他の不公正な取引方法の行為類型に該当する場合であっても，取引妨
害として問題にすることができるという意味において，本項は，競争者を排除
するタイプの不公正な取引方法の**一般条項的な性格**を持つ。

(2) 公正競争阻害性

上記のような14項の性格上，その公正競争阻害性も，多種多様の行為態様
に応じて，競争手段の不公正さと自由競争減殺のいずれか，または双方に求め
られる。

(3) 「妨害すること」

一般指定14項の文言は抽象的であり，「取引妨害」には多種多様な行為が含
まれる。このため本項の射程は広く，「取引妨害」概念のみに依拠して正常な
競争行為との区別を行うのは困難である。したがって，取引拒絶，排他条件付
取引等，より行為要件が特定化された規定の適用が可能である場合はそれらを
適用し，14項は補完的に適用すべきであると考えられる。

これまで本項が適用された妨害行為の態様には、以下のようなものがある。

①　脅迫・威圧，誹謗・中傷，物理的妨害，内部干渉など，行為の外形からみて反社会的・反倫理的であって競争手段として不公正な行為である場合（熊本魚事件＝勧告審決昭 35.2.9 審決集 10 巻 17 頁）。

> (5-43) **神鉄タクシー事件**（大阪高判平 26.10.31 審決集 61 巻 260 頁［**百 86**]）
>
> 　神鉄タクシー（被告）の乗務員らが，タクシー待機場所で客待ちする個人タクシー事業者ら（原告）に対して，タクシー後部扉の横に座り込んだり，前に立ちはだかったり，タクシーの前に割り込んだりする等の妨害行為は，物理的実力を用いて，利用者との旅客自動車運送契約の締結を妨害するものであるから，一般指定 14 項にいう不当な取引妨害に当たる。

(5-43) は，物理的妨害が一般指定 14 項の取引妨害とされた初の裁判例であるとともに，競争者に対する取引妨害について高裁レベルで初めて独禁法 24 条に基づく差止請求が認容された事案でもある（⇨ **第 7 章第 1 節** **6** を参照）。大阪高裁は，立ちはだかり等の物理的妨害を取引妨害として認定する一方で，原告らのタクシーよりも後方で客待ちする被告のタクシーに利用者を組織的に誘導した行為については取引妨害に当たらないとしたが，タクシー乗り場においては先頭車両に順次乗車するのが一般的な慣行であることに照らすならば，この誘導行為にも競争手段の不公正さが認められるべきとの批判がある。

②　競争者の顧客を奪取する行為が，債権侵害として不法行為に該当するような態様で行われる場合（東京重機工業事件＝勧告審決昭 38.1.9 審決集 11 巻 41 頁）。

③　取引拒絶等による競争者排除の場合（⇨ **第 1 款** **1**「取引拒絶」および **第 3 款** **3**「抱き合わせ販売その他の取引強制」の項も参照）。

東芝昇降機サービス事件（＝ (5-26)）では，独立系保守業者（競争者）と保守契約を結ぶエレベーター所有者に限って，部品（取替調整工事込み）の発注に対して納期を 3 か月も遅延させ，競争者との保守契約を解除させた行為が旧一般指定 15 項（現 14 項）に当たるとされた。同様の事例として，独立系保守業者に対する保守用部品の出荷時期を著しく遅らせるとともに，その販売価格を自社の契約先管理業者等向け販売価格の 1.5 倍から 2.5 倍に設定した事例（東急パーキングシステムズ事件＝勧告審決平 16.4.12 審決集 51 巻 401 頁［**百 81**]）がある。

> (5-44) **第一興商事件**（審判審決平 21.2.16 審決集 55 巻 500 頁［**百 82**]）

業務用通信カラオケ機器の販売・賃貸事業分野においてシェア 44％（第 1 位）の第一興商が，競争者エクシングを攻撃する方針の下に，同事業において有力な管理楽曲をもつ子会社に，エクシングとの使用許諾契約の更新を拒絶させ，その事実をカラオケ機器の卸売業者等に告知した行為は，同方針の下での一連の行為であって，本件行為は，競争手段として不公正であるとともに，妨害の対象となる取引に悪影響を及ぼすおそれがあるものであり，旧一般指定 15 項（現 14 項）に該当する。

（5-45） **ヨネックス事件**（勧告審決平 15.11.27 審決集 50 巻 398 頁 [**百 84**]）

バドミントン用水鳥シャトルの国内販売数量第 1 位のヨネックスは，小売業者に廉価な輸入品を取り扱わないよう要請し，従わない場合には自社の廉価シャトルの供給拒絶を示唆するとともに，バドミントン大会主催者等が輸入品の提供を受ける場合には同社は協賛しない旨示唆し，輸入品を大会使用球としないよう要請した。これらの行為は輸入販売業者とその取引相手の取引を不当に妨害するものである。

（5-46） **ディー・エヌ・エー事件**（排除措置命令平 23.6.9 審決集 58 巻 (1) 189 頁 [**百** 85]）　携帯電話向けソーシャル・ネットワーキング・サービス（SNS）事業最大手ディー・エヌ・エーが，ソーシャルゲーム提供事業者に対して，競争者であるグリーにゲームを提供しないよう要請し，これに応じない事業者については自社のウェブサイトに当該事業者のリンクを掲載しない措置をとる行為は，それによって，ディー・エヌ・エーが有力な事業者であると判断して選定したソーシャルゲーム提供事業者の少なくとも過半について，グリーが自社のサイトを通じて新たにソーシャルゲームを提供させることが困難となっており，グリーとソーシャルゲーム提供事業者との取引を不当に妨害するものである。

④　公共調達における公的機関への働きかけ等による競争者排除の場合（フジタ事件＝排除措置命令平 30.6.14 審決集 65 巻 (2) 1 頁）（⇨ **第 2 章第 1 節** **4** (3)⑤，パラマウントベッド事件＝勧告審決平 10.3.31 審決集 44 巻 362 頁 [**百 15**] （2-9）も参照）。

⑤　輸入総代理店契約を背景として，輸入総代理店または供給業者が，価格維持を目的として，第三者による並行輸入を阻害する場合。

ここで並行輸入とは，輸入総代理店以外の第三者が輸入総代理店契約に基づくルートとは別のルートで契約対象商品（真正商品）を輸入することをいう。

並行輸入品は，通常，輸入総代理店経由よりも廉価で販売されるため，輸入総代理店は小売価格を維持するため，さまざまな方法で並行輸入品に係る取引を妨害しようとすることがある。流通・取引慣行ガイドラインは，総代理店または供給業者による行為で，契約対象商品の価格を維持するために行われる場合には違法となる並行輸入の阻害行為として，以下のような行為を列挙する（同ガイドライン第3部第2の2)。

(i) 並行輸入業者が海外における取引先に購入申込みをする等，海外の流通ルートから真正商品を入手しようとする場合に，当該取引先に対し，並行輸入業者への販売を中止するようにさせること。

(ii) 並行輸入品を取り扱わないことを条件として販売業者と取引すること。

(iii) 卸売業者に対し，並行輸入品を取り扱う小売業者には契約対象商品を販売しないようにさせること。

(iv) 並行輸入品を取り扱う事業者に対し，十分な根拠なしに当該商品を偽物扱いし，商標権の侵害であると称してその販売の中止を求めること。

(v) 並行輸入品を取り扱う小売業者の店頭に出向いて並行輸入品を買い占めること。

(vi) 総代理店または販売業者以外の者では並行輸入品の修理が著しく困難である場合や，これら以外の者から修理に必要な補修部品を入手することが著しく困難である場合において，合理的な理由なく修理または補修部品の供給を拒絶したり，販売業者に修理または補修部品の供給を拒絶するようにさせること。

(vii) 正当な理由なく，取引先である雑誌，新聞等の広告媒体に対して，並行輸入品の広告を掲載しないようにさせるなど，並行輸入品の広告宣伝活動を妨害すること。

5-47 **星商事事件**（勧告審決平8.3.22審決集42巻195頁 [百83]）

ハンガリー・ヘレンド社製品（紅茶茶碗等）の輸入総代理店・星商事が，並行輸入品の仕入れルートを探知し，ヘレンド社をして，外国の総代理店等に対して並行輸入業者への同社製品の供給を停止するようにさせたことは旧一般指定15項（現14項）に該当する。

2 競争会社の内部干渉

> **第2条⑨六へ**　（略）
> **【一般指定】⑮**　自己又は自己が株主若しくは役員である会社と国内において競争関係にある会社の株主又は役員に対し，株主権の行使，株式の譲渡，秘密の漏えいその他いかなる方法をもってするかを問わず，その会社の不利益となる行為をするように，不当に誘引し，そそのかし，又は強制すること。

　本項は，競争者である会社の内部の意思決定や業務執行に干渉して，当該会社の株主や役員をして，競争者の不利益となる行為をするようにさせる行為を規定する。内部干渉の方法は，「いかなる方法」でもよく，その公正競争阻害性は，競争手段の不公正さに求められる。これまで本項に該当するとして規制された事例はない。

第3節　不公正な取引方法に係る排除措置・課徴金

第1款　不公正な取引方法に係る排除措置

> **第20条【不公正な取引方法に係る排除措置】①**　前条の規定に違反する行為があるときは，公正取引委員会は，第8章第2節に規定する手続に従い，事業者に対し，当該行為の差止め，契約条項の削除その他当該行為を排除するために必要な措置を命ずることができる。
> **②**　第7条第2項の規定は，前条の規定に違反する行為に準用する。

1 本条の趣旨

　本条は，不公正な取引方法に対する排除措置についての規定である。不公正な取引方法に該当する違反行為に対しては，その他の独禁法違反の場合と同様に，公取委は，当該行為を排除するために必要な措置を命じることができる。1項は現存する違反行為，2項は既往の違反行為をそれぞれ対象とする規定である。

2 排除措置の内容

　既往の違反行為に対する排除措置命令については，7条2項を準用しており，その内容および論点は基本的に同一である。排除措置の具体的内容について，20条は行為の差止めのほか，契約条項の削除を例示するが，結局のところ，違反行為の排除のために必要な範囲において措置の内容が工夫されることに変わりなく，本質的に7条の場合と同一である。

第2款　不公正な取引方法に係る課徴金

1 総　説

　2009年独禁法改正によって，新たに不公正な取引方法の一部が課徴金の対象とされた（20条の2〜20条の7）。課徴金の対象とされた行為類型は，原則として違法とされるもの，あるいは，抑止力を強化すべきとの要請が強かったものであり，法2条9項1号〜5号で規定されている（法定類型）。金銭的制裁の対象となる行為類型に係る要件は，告示でなく法律で定める必要があるとの判断によるものである。

　具体的には，自由競争減殺型の4類型（共同の供給拒絶，差別対価，不当廉売，再販売価格の拘束）と，自由競争基盤侵害型の優越的地位濫用の計5類型が課徴金の対象とされた。不公正な取引方法では，競争侵害の程度は「公正な競争を阻害するおそれ」で足りるところ，特に自由競争減殺型の4類型については，正常な事業活動を萎縮させる懸念があり，課徴金の対象とすることについて慎重であるべきとの意見が強かった。そこで，共同の供給拒絶，差別対価，不当廉売，再販売価格の拘束の4類型については「繰り返し」要件等を，優越的地位の濫用については「継続してするもの」という要件を，それぞれ加重して，課徴金の賦課に慎重を期している。

2 自由競争減殺型（4類型）に係る課徴金

第20条の2【共同の供給拒絶に係る課徴金】事業者が，次の各号のいずれかに該当

する者であって，第19条の規定に違反する行為（第2条第9項第1号に該当する
ものに限る。）をしたときは，公正取引委員会は，……当該事業者に対し，違反行
為期間における，当該違反行為において当該事業者がその供給を拒絶……した事業
者の競争者に対し供給した同号イ……の商品又は役務（同号ロに規定する違反行為
にあっては，当該事業者が同号ロに規定する他の事業者（以下この条において「拒
絶事業者」という。）に対し供給した同号ロ……の商品又は役務（当該拒絶事業者
が当該……商品又は役務を供給するために必要な商品又は役務を含む。），拒絶事業
者がその供給を拒絶……した事業者の競争者に対し当該事業者が供給した当該同一
の商品又は役務及び拒絶事業者が当該事業者に対し供給した当該同一の商品又は役
務）の政令で定める方法により算定した売上額に100分の3を乗じて得た額に相当
する額の課徴金を国庫に納付することを命じなければならない。ただし，当該事業
者が当該違反行為に係る行為について第7条の2第1項……若しくは第7条の9第
1項若しくは第2項の規定による命令……を受けた……ときは，その納付を命ずる
ことができない。
一　当該違反行為に係る事件についての調査開始日から遡り10年以内に，前条
　　……（第2条第9項第1号に係るものに限る……）又はこの条の規定による命令
　　を受けたことがある者（後略）
二　当該違反行為に係る事件についての調査開始日から遡り10年以内に，その完
　　全子会社が前条……又はこの条の規定による命令（当該命令の日において当該事
　　業者の完全子会社である場合に限る。）を受けたことがある者

第20条の3【差別対価に係る課徴金】（略）（20条の2とほぼ同じ。規定文言のわず
　かな違いについては解説を参照）

第20条の4【不当廉売に係る課徴金】（略）（20条の2とほぼ同じ。規定文言のわず
　かな違いについては解説を参照）

第20条の5【再販売価格の拘束に係る課徴金】（略）（20条の2とほぼ同じ。規定文
言のわずかな違いについては解説を参照）

(1)　4類型に共通する規定

①　課徴金算定率

　課徴金の算定率は，売上額の3％である。課徴金の加重・減免に係る諸措置
はいずれも適用されない。

②　繰返し要件

　違反行為に課徴金が課されるのは，違反事業者が，調査開始日等からさかの
ぼり過去10年以内に，当該違反行為と同一の行為類型に係る違反行為につい
て排除措置命令，課徴金納付命令または違法宣言審決（いずれも確定したもの）

を受けている場合に限られる。同一行為を繰り返すことが必要なため,「繰返し要件」と呼ばれることがある。

③　違反行為期間（算定期間）

課徴金の算定期間は,排除型私的独占に係る課徴金の場合と同様に,「当該違反行為をした日……から当該違反行為がなくなる日までの期間」（＝違反行為期間。18条の2）であり,最長で10年間とされる。行為の始期と終期については,　第2章第5節第4款　**2**を参照すること。

④　重複賦課の調整（各条のただし書）

各違反行為が,不当な取引制限または私的独占の要件を満たすことがあり得る。違反行為者が,不当な取引制限または私的独占として課徴金納付命令を受ける場合には,不公正な取引方法に係る課徴金納付は命じられない。

他方,1つの違反行為が,同時に複数の不公正な取引方法に係る課徴金規定の要件に該当する場合の調整については,差別対価が不当廉売にも該当する場合の調整が規定されるのみで（20条の3ただし書）,それ以外の場合の調整規定は置かれていない。例えば,再販売価格拘束の実効性を確保する手段として取引拒絶または差別対価（準取引拒絶型）が行われる場合の調整規定は存在しないが,いずれかの違反行為に該当することによって,他の違反行為の適用が当然に排除されると考えるべきだろう。

⑤　「売上額」の控除基準等

量目不足,返品,値引き等の場合における控除基準（独禁令22条）,契約対価と引渡し対価の間に著しい差異が生じる場合の処理（独禁令23条）については,不当な取引制限の場合と同様である（⇨　第2章第5節第2款　**4**(2)の説明を参照）。

(2)　共同の供給拒絶に対する課徴金

①　概　要

法20条の2は,共同の供給拒絶（2条9項1号）に係る課徴金規定である。課徴金の対象となる共同の取引拒絶は,2条9項1号の要件に合致する法定類型のみであり,「供給」を拒絶した（させた）場合に限定され,「購入」を拒絶した（させた）場合は含まれない。これは,排除型私的独占において供給に係るもののみが課徴金対象とされたため,私的独占の萌芽的行為とされる共同の

取引拒絶もこれに倣ったものと考えられる。

② 「売上額」の算定方法（課徴金の対象取引）

（ i ） 直接の供給拒絶

直接の供給拒絶の場合は，被拒絶事業者の競争者に対して引き渡された対象商品・役務の対価の合計が「売上額」となる。

（ ii ） 間接の供給拒絶

違反事業者が，他の事業者（拒絶事業者）に供給拒絶させる場合は，(a)違反事業者から拒絶事業者に対し引き渡された対象商品・役務（拒絶事業者が当該商品・役務を供給するために必要な商品・役務を含む）の対価，(b)違反事業者から被拒絶事業者の競争者に対し引き渡された対象商品・役務の対価，(c)拒絶事業者から違反事業者に対し引き渡された対象商品・役務の対価，の3つを合算したものが「売上額」となる。

(3) 差別対価・不当廉売

① 概　要

法20条の3と20条の4は，それぞれ差別対価（2条9項2号）と不当廉売（2条9項3号）に係る課徴金規定である。差別対価は，不当廉売型と準取引拒絶型とに分かれるが，20条の3は，いずれの行為類型にも適用されるものと考えられる。また，違反行為者が2条9項3号に該当する不当廉売として課徴金納付命令を受けたときは，20条の3による課徴金納付は命じられない。

② 「売上額」の算定方法（課徴金の対象取引）

差別対価の場合には，差別的な対価において引き渡された商品・役務の対価の合計が「売上額」となる。したがって，不当廉売型においては，廉売価格による商品・役務の販売が課徴金の対象取引であり，準取引拒絶型においては，不当な高価格による商品・役務の販売が課徴金の対象取引になる。

不当廉売の場合には，廉売価格において引き渡された商品・役務の対価の合計が「売上高」となる。

(4) 再販売価格の拘束

① 概　要

法20条の5は，再販売価格の拘束（2条9項4号）に係る課徴金規定である。2条9項4号は，「商品」の再販売価格を拘束する場合にのみ適用される。ま

た再販売価格の拘束には，違反事業者の直接の取引相手方の販売価格を拘束する場合（同号イ）と，取引相手方をして，その販売する商品を購入する事業者の販売価格を拘束させる場合（同号ロ）とがある。

　② 「売上額」の算定方法（課徴金の対象取引）

　上記いずれの形態においても，課徴金の対象取引になるのは，違反事業者から直接の取引相手方への商品供給であり，拘束条件を付けて直接の取引相手に引き渡される商品の対価の合計が「売上額」となる。

3 優越的地位の濫用に係る課徴金

第20条の6【優越的地位の濫用に係る課徴金】　事業者が，第19条の規定に違反する行為（第2条第9項第5号に該当するものであって，継続してするものに限る。）をしたときは，公正取引委員会は，第8章第2節に規定する手続に従い，当該事業者に対し，違反行為期間における，当該違反行為の相手方との間における政令で定める方法により算定した売上額（当該違反行為が商品又は役務の供給を受ける相手方に対するものである場合は当該違反行為の相手方との間における政令で定める方法により算定した購入額とし，当該違反行為の相手方が複数ある場合は当該違反行為のそれぞれの相手方との間における政令で定める方法により算定した売上額又は購入額の合計額とする。）に100分の1を乗じて得た額に相当する額の課徴金を国庫に納付することを命じなければならない。ただし，その額が100万円未満であるときは，その納付を命ずることができない。

　公取委は，2条9項5号イ，ロ，ハのいずれかに該当する優越的地位の濫用行為であって，継続してするものが行われた場合，課徴金の納付を命じなければならない。課徴金の額は，違反行為期間（18条の2）における違反行為者と取引上の地位が劣っている相手方との売上額（違反行為者が販売する場合）または購入額（行為者が購入する場合）の1％である（100万円未満の場合は命じられない）。

　注意しなければならないのは，2条9項5号イ，ロ，ハに該当する行為に対する課徴金は，それが「継続して」行われた場合に課されること，20条の2ないし20条の5に規定されるものと異なり，1回の違反で直ちに課されること，違反行為の対象となった商品ではなく相手方との取引額全体が課徴金算定の基礎となることである。

優越的地位濫用に係る課徴金に関する最初の審決は，優越的地位の濫用規制の趣旨（取引の相手方の自由かつ自主的な判断による取引を阻害するとともに，当該取引の相手方はその競争者との関係において競争上不利となるおそれがある一方で，行為者はその競争者との関係において競争上有利になるおそれがあるから，公正な競争を阻害するおそれのある，このような行為を規制する必要があること）に照らせば，優越的地位濫用に該当するような行為が複数みられるとしても，また複数の取引先に対して行われたものであるとしても，それが組織的，計画的に一連のものとして実行されているなど，それらの行為を行為者の優越的地位の濫用として一体として評価できる場合には，独占禁止法上1つの優越的地位の濫用として規制されることになり，課徴金算定の基礎となる違反行為期間も，濫用行為が最初に行われた日を「当該行為をした日」とし，濫用行為がなくなったと認められる日を「当該行為がなくなる日」とするのが相当であるとした（日本トイザらス事件＝審判審決平27.6.4審決集62巻119頁 **[百79]**）。このような算定方法を，裁判所は優越的地位濫用の課徴金制度の趣旨（摘発に伴う不利益を増大させて経済的誘因を小さくし，予防効果を強化することを目的として設けられ，優越的地位濫用の禁止の実効性を確保する行政上の措置として機動的に発動できるようにしたもので，算定基準も明確であることが望ましく，算定が容易であることが必要であること）等から是認している（前掲ラルズ事件）。

行為者の優越的地位濫用として一体として評価できるケースが多いとすれば，大部分の優越的地位濫用事件で，行為の類型や取引相手にかかわらず，2条9項5号イ，ロまたはハの濫用行為が最初に行われた日から，濫用行為がなくなったと認められる日までを算定期間として，優越的地位にある行為者の劣後する地位にある取引相手との間の売上額の1%の合計を課徴金額とすることになる。

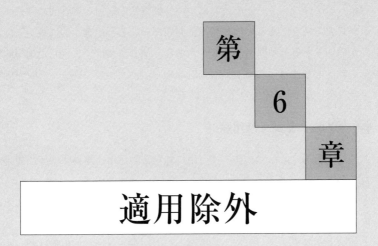

第 6 章

適用除外

1 独禁法第6章の趣旨

　独禁法は，業種や分野を問わず，広く「事業者」や「事業者団体」を適用対象とし，あらゆる経済活動に対して規律を及ぼしている。しかし，他の法令や政策との関係から，一定の行為について独禁法の適用を例外的に除外する取扱いが必要であり，あるいは独禁法上問題がないことを確認的に規定しておくことが適切であると判断されることがある。第6章には，こうした適用除外として，知的財産法による権利行使（21条），組合の行為（22条），再販売価格の拘束（23条）の3つの条文を置いている。

2 個別法に基づく適用除外

　独禁法自体ではなく，他の法令中に独禁法の適用を除外する旨の規定が置かれていることがある。こうした個別法による適用除外は，1950年代から1960年代にかけて，主として一定の要件と手続の下にカルテルを容認するために制度化されたものである。しかし，1999年の適用除外制度の見直しにより，多くの制度が廃止され，現存する主要なものとしては，損害保険に関する保険業法，損害保険料率算出団体に関する法律，運輸業に関する海上運送法，道路運送法，航空法等によるものに限られている。

　地方乗合バス会社の共同経営協定・合併等や地域銀行の合併等について，主務大臣の認可を得て行う場合には，独禁法の適用除外とする特例法が2020年に制定・施行された（⇨ 第4章第3節 10条 ⑪）。主務大臣の認可に際しては，公取委との協議が必要であり，また，10年以内に廃止するものとされている。特に乗合バス会社による運行路線や便数・ダイヤの調整等に関する共同経営協定が多数認可されている。

> **第21条【知的財産法による権利行使】**　この法律の規定は，著作権法，特許法，実用新案法，意匠法又は商標法による権利の行使と認められる行為にはこれを適用しない。

① 本条の趣旨

　本条は，独禁法と知的財産法との関係について言及する唯一の条文であるが，その解釈はもとより，この規定の必要性自体に関してもさまざまな論議がなされてきた。現時点では，本条の文言には一見反するが，「権利の行使と認められる行為」を限定的に解することにより，知的財産制度の趣旨に反するような行為に対しては独禁法による規律が及ぶとする解釈・運用が広く支持されている。

　公取委は，本条の解釈を含め，知的財産の利用に係る制限行為に対する独禁法の適用についての考え方を包括的に明らかにした「知的財産の利用に関する独占禁止法上の指針」（平 19.9.28，最終改正平 28.1.21。以下「**知的財産ガイドライン**」という）を策定している。

② 知的財産と独禁法

　独禁法が保護しようとする市場競争の促進にとって，既存の商品や技術同士の「静態的な」競争を維持することに加えて，研究開発や創作活動の成果である新しい商品や技術がもたらす「動態的な」競争を喚起することが重要である。独禁法 1 条の目的規定に「技術……の不当な制限……を排除することにより，……事業者の創意を発揮させ」と明記されているとおり，独禁法は競争の動態的な側面にも目を向けており，その意義はますます高まっている。

　知的財産法と独禁法は，総体として，研究開発とその成果の利用を促進することを通じた経済発展を目指すという高次の共通目的に向けて協働することが求められている。知的財産基本法 10 条は，「知的財産の保護及び活用に関する施策を推進するに当たっては，その公正な利用及び公共の利益の確保に留意するとともに，公正かつ自由な競争の促進が図られるよう配慮するものとする」と定めており，逆に，本条の規定は，独禁法の解釈において知的財産制度の趣旨や知的財産の特質を考慮に入れることを求めるものである。

③ 本条の解釈

　本条の文言上，知的財産権の行使行為に対しては独禁法の適用が全面的に除

外される旨定めているかのようにみえるが，現時点では，この規定が知的財産権の濫用的な行使に対する独禁法の適用を排除するものとは解されていない。

　本条の解釈として，公取委の実務や判例がとっている立場は，**趣旨逸脱説**と呼ばれる。この説は，知的財産法と独禁法が究極目的を共通にし，相互に補完関係にあることを強調して，本条が確認的な適用除外を定めるものであるとしつつ，問題となっている行為が知的財産制度の趣旨を逸脱するものである場合には正当な権利行使とはいえず，適用除外の対象から外れると解釈する。

　公取委の知的財産ガイドラインが示す解釈を敷衍すれば，次のように整理できる。

　①　本条の規定により，知的財産法による「**権利の行使と認められる行為**」は独禁法の適用除外となり，同法の適用を受けない。

　①′　なお，本条に列挙されている法律は，例示であって，本条に挙げられていない種苗法，半導体集積回路の回路配置に関する法律等により保護される知的財産権についても同様である。また，不正競争防止法により保護される営業秘密は，排他的な権利とはいえないが，その性質上準じて考えることができる。

　②　「権利の行使」に当たるか否かについては，知的財産法により保護される権利の排他的利用を認められた者がそれを実現する行為といえるかという観点から判断される。

　②′　したがって，そもそも権利の行使に関わらない行為に対しては独禁法が直截に適用される。権利の存続期間終了後や譲渡による権利消尽後の行為のような知的財産法による保護範囲の外にある行為や，権利者間の共同行為が典型例である。また，有効な権利であることが前提になる。

　③　特に，権利者が他の者に利用させないようにする行為や利用できる範囲を制限する行為は，外形上「**権利の行使とみられる行為**」に該当する。

　④　しかし，「権利の行使とみられる行為」に該当するものであっても，知的財産制度の趣旨を逸脱しまたはその目的に反すると認められる場合には，「権利の行使と認められる行為」には該当せず，本条の適用はなく，したがって，独禁法の適用を受ける。

　④′　この判断に際しては，競争に与える影響も考慮される（知的財産基本法10条参照）。

⑤ 以上の検討により，独禁法の適用を受けると判断される行為について，独禁法違反の要件を満たすか否かがさらに評価されることになる。

このように，知的財産が関わる行為に対する独禁法の適用にあたっては，知的財産法による「権利の行使」といえるか，知的財産制度の趣旨を逸脱するものでないか，独禁法違反の要件を満たすか，という3段階の検討を経ることになる。ただし，これは論理的に段階を追った説明であり，実質的にはこれらの判断を一体的・同時的に行うことになると考えられる。

趣旨逸脱説をとった事例として，次の判審決がある。

(6-1) ソニー・コンピュータエンタテインメント (SCE) 事件（審判審決平13.8.1審決集48巻3頁 [百70] ＝ (5-34)(6-16)）　販売店に中古ゲームソフトの取扱いを禁止する行為について，「映画の著作物」に認められる「頒布権」（著作26条1項，2条1項19号）の行使として本条による適用除外が認められるかが争点となった。審決は，中古ソフト取扱い禁止行為が再販売価格の拘束行為と一体的に，それを補強するものとして機能しており，中古ソフト取扱い禁止行為を含む全体としての再販売価格の拘束行為が公正競争阻害性を有するものである以上，仮に中古ソフト取扱い禁止行為が「外形上頒布権の行使とみられる行為に当たるとしても，知的財産保護制度の趣旨を逸脱し，あるいは同制度の目的に反するものである」として，適用除外となることを否定した（なお，その後，中古ゲームソフト大阪事件〔最判平14.4.25民集56巻4号808頁〕により，ゲームソフトの頒布権は適法な譲渡により消尽すると判断されたことから，知的財産法の解釈としても「権利の行使」に当たらないことが明らかとなった）。

(6-2) 日之出水道機器数量・価格制限事件（知財高判平18.7.20判例集未登載 [百92]）　特許権等の実施許諾数量の制限が問題となった民事事件であるが，独禁法21条の趣旨は，特許権等の権利行使と認められる場合には，独占禁止法を適用しないことを確認的に規定したものであって，発明，考案，意匠の創作を奨励し，産業の発達に寄与することを目的とする特許制度等の趣旨を逸脱し，または上記目的に反するような不当な権利行使については，独禁法の適用が除外されるものではないと解される，と判示している（事案の処理としては趣旨逸脱を否定）。

また，「権利の行使」に当たらないとされた事例として，次の審決がある。

（6-3）**ヤクルト本社事件**（勧告審決昭 40.9.13 審決集 13 巻 72 頁）

　発酵乳飲料の特許権および商標権を加工業者にライセンスするにあたり，小売価格の遵守等を約束した小売業者以外の者との取引を禁止した事案であるが，価格拘束は権利の行使には関係のないことであり，適用除外とはならないと判断されたと考えられる（映画の配給にあたり映画館の入場料を制限した 20 世紀フォックス事件〔＝勧告審決平 15.11.25 審決集 50 巻 389 頁（5-32）〕も同様）。

（6-4）**ぱちんこ機製造特許プール事件**（勧告審決平 9.8.6 審決集 44 巻 238 頁［百10］＝（2-7））　　共同のライセンス拒絶が排除型私的独占に当たるとされた事案であり，個々の権利者単独でのライセンス拒絶であれば「権利の行使とみられる行為」であるが，複数の権利者が共同してライセンスを拒絶しており，知的財産法が認める態様による権利の行使とはいえないと判断されたものと考えられる（着うた事件〔＝東京高判平 22.1.29 審決集 56 巻(2) 498 頁［百 51］（5-10）〕も同様）。

　上記のような公取委のガイドライン・審決や判例が採用している解釈は，本条の文言を尊重しつつ，学説の対立を止揚するものであり，巧みな解釈論といえる。明示的な適用除外規定がある以上，それを無視することなく，その不当な拡張を防止し，独禁法の的確な解釈運用を確保する上で，趣旨逸脱説は有効なものであると一般に評価されている。その意味で，本条は，解釈・立場の違いはあれ，知的財産法と独禁法の関係についての注意を促し，知的財産が関わる独禁法問題について慎重な判断を求める規定として機能している。

4　知的財産ガイドライン

　知的財産をめぐる独禁法問題は，当初，外国からの技術導入契約における不当条項の審査において生じていたのであり，公取委では 1968 年に「国際的技術導入契約に関する認定基準」を策定していた。その後，1989 年に国内契約も対象に「特許・ノウハウライセンス契約における不公正な取引方法の規制に関する運用基準」が策定され，さらに 1999 年に「特許・ノウハウライセンス契約に関する独占禁止法上の指針」に改定された。この改定では，従来の不公正な取引方法に関する記述のほか，私的独占および不当な取引制限の観点からの記述が加えられた。

　2007 年の知的財産ガイドラインは，以上のような経緯を踏まえ，知的財産

の利用に関する独禁法上の考え方を包括的に示すものとして作成されており，次のような特徴を有している。第1に，従来の指針が特許・ノウハウのみを対象としていたのに対し，本ガイドラインは「知的財産のうち技術に関するもの」を幅広く対象としている。第2に，独禁法上の評価を行う上では，不公正な取引方法にあっても原則として市場の画定が必要であることを明記するとともに，関係事業者の市場シェアの合計によるセーフハーバー（20%）を設定している。第3に，競争減殺効果の分析に関する横断的な記述を充実させている。第4に，「技術を利用させないようにする行為」（ライセンスの拒絶や権利の買い集め等）に関する記述を新たに追加している。

その後，知的財産ガイドラインの「技術を利用させないようにする行為」の項に**標準規格必須特許**（standard essential patent）に関する記述が追加されている（平28.1.21 改正）。これは，「公正，妥当かつ無差別な（fair, reasonable, and non-discriminatory：FRAND）条件」によるライセンスを約束したことにより技術標準に採用されている必須特許の権利者がその約束に反して，ライセンスを受ける意思がある者に対してライセンスを拒否したり，高額のライセンス料を要求したりする行為が排除型私的独占や不公正な取引方法（その他の取引拒絶，競争者に対する取引妨害等）に該当するおそれがあることを明記するものであり，近年世界中で競争法や知的財産法における取扱いが議論になっている問題についての考え方を示したものである。

> **6-5** **ワン・ブルー・エルエルシー事件**（公取委平 28.11.18 公表 [百 94]）
>
> FRAND 条件によるライセンスが約束されているブルーレイディスク規格に係る必須特許を管理するパテントプール会社（ワン・ブルー）が，同規格による製品の製造販売業者でライセンス契約の締結に至っていないイメーションの製品を販売する小売業者に対して，ライセンスを受けていない製品の販売が特許権侵害に該当し，特許権者は差止請求権を有すると通知したことが不公正な取引方法（競争者に対する取引妨害）に該当すると判断された事案であるが，公取委は，違反行為が繰り返されるおそれはなく，排除措置を命ずる必要性がないとして審査を終了した。

知的財産が関わる独禁法問題は多様であり，関係する知的財産の特質とその行使の態様を明らかにし，独禁法違反行為の一般的な分析の基準や手法を用い

て個別具体的に判断していくことになるが，その際には，知的財産やそのライセンスが競争に及ぼす影響を適切に考慮することが重要である。例えば，特許権のライセンス契約において，ライセンサーがライセンシーに対してライセンシーが現に所有または将来取得することとなる特許権をライセンサーやその指定する事業者（他のライセンシーや特許製品のユーザー）に対して行使しない義務を課すことがある。こうした非係争義務（NAP〔non-assertion of patents〕条項）は，ライセンサーの市場における地位を強化することにつながり，ライセンシーの研究開発意欲を損ない，新たな技術の開発を阻害するおそれがあるが，権利関係の安定をもたらし，紛争防止に役立つこともある。

（6-6）　マイクロソフト非係争条項事件（審判審決平 20.9.16 審決集 55 巻 380 頁［百 93］ ＝（5-1））　　本件は，ウィンドウズ OS に関連する知的財産権を有する米国マイクロソフト社が日本国内の PC メーカーらと締結したウィンドウズ OS の OEM 販売許諾契約において，ウィンドウズシリーズ（将来製品・後継製品を含む）に組み込まれる PC メーカーらのオーディオ・ビジュアル（AV）技術について，PC メーカーらが特許侵害の訴え等を提起することを制限する非係争条項を定めていたことが旧一般指定 13 項（現 12 項）に該当するとされた事例である。

　審決は，競争に悪影響が生じる市場として，AV 技術一般ではなく，より狭いパソコン AV 技術に着目し，非係争条項により，PC メーカーらのパソコン AV 技術に係る研究開発意欲を損ない，新技術・改良技術や新製品等の出現が妨げられるおそれがあり，また，マイクロソフト社がパソコン AV 技術に係る特許権を無償で利用できることとなり，特許権侵害訴訟を提起されない安定した同技術を自社のライセンシーに提供できることから，同社の地位を強化するものであり，パソコン AV 技術取引市場における競争秩序に悪影響を及ぼすおそれがあると判断した。また，マイクロソフト社は，非係争条項にはウィンドウズシリーズの権利義務関係の安定をもたらすという競争促進効果があると主張したが，審決は，権利関係の安定性をもたらすことの重要性を認めつつ，それを上回る自由競争減殺効果が認められるとし，さらに，より制限的でない他の手段もあることを指摘して，同社の主張を退けた。

（6-7）　クアルコム事件（審判審決平 31.3.13 審決集 65 巻(1) 263 頁）
　本件は，携帯無線通信の第三世代標準規格（CDMA）に係る知的財産権の

権利者である米国クアルコム社が，国内の端末等のメーカーらにその実施権を一括してライセンスする契約において，①クアルコム社および関連会社によるCDMA端末および部品の製造・販売等のために，本件ライセンス契約において特定された国内端末等メーカーらが保有しまたは保有することとなる知的財産権の全世界的・非排他的な実施権を無償で許諾すること（無償許諾条項），②クアルコム社，同社の部品ユーザーおよび同社のライセンシーに対して対象知的財産権に基づく権利主張を行わないこと（非係争条項）という契約条件を設定していることが旧一般指定13項（現12項）に該当するかが争われた事案である。

審決は，本件ライセンス契約がクロスライセンス契約の性質を有すると認定し，そうした契約は原則として公正競争阻害性を有するものとは認められず，国内端末等メーカーらの研究開発意欲を阻害するなどしている点についての証拠等に基づくある程度具体的な立証等が必要になるとし，審査官が本件条項について主張した，適用範囲が広範であること，無償ライセンスとしての性質を有すること，不均衡であることを否定し，また，国内端末等メーカーらの研究開発意欲を阻害するおそれやクアルコム社の有力な地位が強化されるおそれが単なる可能性にとどまり，公正競争阻害性に関する具体的な立証がないと判断して，排除措置命令を取り消した。

本件とマイクロソフト非係争条項事件（＝ 6-6 ）で結論を異にした理由として，クロスライセンスとしての性質の有無，非係争条項の内容や範囲が考えられる。また，本件については，FRAND義務の観点からの検討が必要であったことも指摘されている。

その他の知的財産が関わる具体的な事例については，各章を参照されたい（パラマウントベッド事件＝勧告審決平10.3.31審決集44巻362頁［百15］ 2-9 ，第一興商事件＝審判審決平21.2.16審決集55巻500頁［百82］ 5-44 ，星商事事件＝勧告審決平8.3.22審決集42巻195頁［百83］ 5-47 ，ブラザー工業事件＝東京地判令3.9.30審決集68巻243頁 5-31 ）。

第22条【組合の行為】 この法律の規定は，次の各号に掲げる要件を備え，かつ，法律の規定に基づいて設立された組合（組合の連合会を含む。）の行為には，これを適用しない。ただし，不公正な取引方法を用いる場合又は一定の取引分野における競争を実質的に制限することにより不当に対価を引き上げることとなる場合は，こ

の限りでない。
一　小規模の事業者又は消費者の相互扶助を目的とすること。
二　任意に設立され，かつ，組合員が任意に加入し，又は脱退することができること。
三　各組合員が平等の議決権を有すること。
四　組合員に対して利益分配を行う場合には，その限度が法令又は定款に定められていること。

1　本条の趣旨

　本条は，小規模事業者または消費者の相互扶助を目的とする協同組織の組合（その連合会を含む）の行為に対する適用除外を定めるものであり，主として中小企業等協同組合法（中協法）による事業協同組合や農業協同組合法による農業協同組合（農協）が関わる。単独では有効な競争単位たり得ない中小の事業者が団結することで競争力を高め，大企業と対等に取引ないしは競争ができるようになることは，独禁法の基本理念に合致し，競争政策上も望ましいと考えられてきており，独禁法制定当初から設けられている規定である。

　こうした適用除外の趣旨に鑑み，適用除外の対象となる団体を限定し，適用除外が認められる要件（いわゆる「**協同組合原則**」）を明記し，また，適用除外とならない例外を定めている。

　　(6-8)　**岐阜県生コンクリート協同組合事件**（審判審決昭 50.12.23 審決集 22 巻 105 頁）　　小規模事業者以外の事業者が加入しているために適用除外にならないと判断され，販売価格カルテルに 8 条 1 号が適用された事案である。本条の適用除外の趣旨について，「事業規模が小さいため単独では有効な競争単位たりえない事業者に対し，組合組織による事業協同化の途をひらくことによって，これらの事業者の競争力を強め，もって，公正かつ自由な競争を促進しようとするにある」としている。

2　適用除外の対象となる組合

　本条による適用除外を受けられる組合とは，本条の趣旨や各号に規定されている要件から明らかなように，協同組織の組合に限られる。森林組合や信用金庫，労働金庫も含まれるが，民法上の組合や商法上の匿名組合，中小企業団体

の組織に関する法律による商工組合などは，本条による適用除外の対象となる組合ではない。

3 適用除外の要件

協同組織の組合であっても，適用除外を受けるためには，次の4要件を満たす必要がある（これらは，それぞれの組合法においても規定されている）。

①**小規模事業者の相互扶助の目的**（1号）：小規模性については，各組合法において具体的な要件が定められており，その要件を満たす場合には本号の要件を満たすものとみなされる。中協法では，製造業等においては資本金3億円または従業員数300人を超えない事業者のみで構成されていることが必要であり，この要件を満たさない事業協同組合については，公取委が本号の要件を満たすか否かを判断する（中協7条）。また，実質的に小規模事業者ではないと認められる者に対して，公取委は脱退命令を発することができる（中協107条）。

本号の小規模要件を満たさないとして独禁法が適用された事例は多数あり，事業者団体の競争制限行為として8条各号が適用されている。

> 6-9 **東日本おしぼり協同組合事件**（勧告審決平7.4.24審決集42巻119頁［百41］）　得意先争奪の禁止行為について8条4号が適用されている。

②**加入脱退の自由**（2号）：既存組合員の同意や経験年数を加入要件としている場合には，この要件を欠くと判断される。

> 6-10 **全国病院用食材卸売業協同組合事件**（勧告審決平15.4.9審決集50巻335頁）　地区ごとのブロック会の同意を加入要件としていたものであり，販売地域制限に対して8条4号が適用されている。

③**平等の議決権**（3号），④**利益分配の限度**（4号）：これらの要件を欠くとして独禁法が適用された事例はない。

4 「組合の行為」

適用除外になる「組合の行為」とは，各組合法に基づく行為のみをいい，それ以外の行為は含まれないと一般に解されている。例えば，中協法では「組合員の事業に関する共同事業」が挙げられており（中協9条の2第1項1号），共同事業を行う上で必要な制限行為（例えば，共同出荷を行うにあたり，各組合員に

出荷数量を割り当てること）は適用除外となる。しかし，組合員の活動に制約を加えることだけを目的とする制限行為や，協同組合が他の事業者と共同して行う行為は，本条にいう「組合の行為」には当たらないと解される。また，協同組合の支部の行為が協同組合の活動と独立して行われる場合も同様である。

協同組合が他の事業者や他の協同組合と価格協定等を行ったことが不当な取引制限に該当し，独禁法3条に違反するとされた事例は多数ある。

> (6-11) **大阪地区生コンクリート協同組合事件**（勧告審決昭 55.2.13 審決集 26 巻 110 頁）　　大阪地区で生コンクリートの共同販売事業を行う5つの協同組合が販売価格を共同して決定していた事案であるが，本条との関係についての判断は示されていない。

また，近時，「組合の行為」に該当しないことを明示して8条1号該当であると判断した事例が現れた。

> (6-12) **網走管内コンクリート製品協同組合事件**（排除措置命令平 27.1.14 審決集 61 巻 138 頁 [**百 131**]）　　販売価格等に関する決定が組合の「実施する販売について定めたものではなく，組合員等の需要者に対する……販売について取引の相手方及び対価を制限することを定めたものであって，……独占禁止法第 22 条に規定する組合の行為に該当しない」として，独禁法の適用を受けると判断された。

なお，協同組合の行為が支配型私的独占に該当すると判断した福井県経済農業協同組合連合会事件（＝排除措置命令平 27.1.16 審決集 61 巻 142 頁 [**百 17**] (2-11)）では，本条との関係には言及していないが，競争制限の目的・効果しかない行為であって，「組合の行為」に該当しないと判断されたものと考えられる。

5 適用除外の例外

協同組織の組合の行為が，①不公正な取引方法を用いる場合，②一定の取引分野における競争を実質的に制限することにより不当に対価を引き上げることとなる場合には，適用除外とはならない（22条ただし書）。

①は，組合が事業者として，他の事業者に対して不公正な取引方法を用いる場合である。これには，組合員に対して行う場合（利用強制など）とその取引先等に対して行う場合（競争者の排除など）があり，多数の適用事例がある。

6-13 **大分大山町農業協同組合事件**（排除措置命令平 21.12.10 審決集 56 巻(2) 79 頁 [百 74]）　農産物直売所を運営する農業協同組合が，競合する直売所にも登録して出荷する取引先出荷業者（大部分は非組合員）に対し，競合直売所に出荷しないようにさせていることが拘束条件付取引に該当すると判断された。

6-14 **奈良県生コンクリート協同組合事件**（勧告審決平 13.2.20 審決集 47 巻 359 頁）　アウトサイダーのセメントの入手を妨害したことが競争者に対する取引妨害に当たると判断された。

特に農協による違反事例が後を絶たないことから，公取委では「農業協同組合の活動に関する独占禁止法上の指針」（平 19.4.18，最終改正平 30.12.27）において，不公正な取引方法との関係で問題となる農協の行為を網羅的に明らかにしている。問題となりやすい行為の 1 つとして，組合員に対する農協事業の利用強制があるところ，平成 27 年の農業協同組合法の改正により，農協は組合員に事業の利用を強制してはならないことが明記された（農協 10 条の 2）。利用強制が農協組合員の自主的な取引を阻害するとともに，農協の競争事業者の取引機会を減少させることとなり，不公正な取引方法に該当するおそれがあることに留意する必要がある。

なお，協同組織の組合が不公正な取引方法を用いる場合には適用除外とならないことから，それが一定の取引分野における競争の実質的制限をもたらすときには私的独占に該当することになると考えられるが，こうした適用例はない。

6-15 **全国農業協同組合連合会（全農）事件**（勧告審決平 2.2.20 審決集 36 巻 53 頁 [百 73]）　青果物用段ボール箱について 50％の供給シェアを有する全農が，農協組織による系統ルート以外のルートによる供給を阻止するために段ボール箱メーカーや段ボール原紙メーカーの事業活動を不当に拘束する条件を付けて取引していること等が不公正な取引方法（拘束条件付取引等）に該当すると判断された事案であるが，系統外ルートによる供給を排除することによる私的独占として法適用すべきであったとする批判がある。

また，②は，協同組織の組合を適用除外とする趣旨からみて，競争制限により不当な対価引上げをもたらすような行為まで適用除外とすることは適切ではないことから設けられている。実際に対価が引き上げられることを要するものではなく，また，「不当に」とは，大企業との対抗という協同組合制度の趣旨

から判断されるものであり，引上げ幅を重視することは適切ではない。なお，この例外の適用例はない。

第23条【再販売価格の拘束】①　この法律の規定は，公正取引委員会の指定する商品であって，その品質が一様であることを容易に識別することができるものを生産し，又は販売する事業者が，当該商品の販売の相手方たる事業者とその商品の再販売価格（その相手方たる事業者又はその相手方たる事業者の販売する当該商品を買い受けて販売する事業者がその商品を販売する価格をいう。以下同じ。）を決定し，これを維持するためにする正当な行為については，これを適用しない。ただし，当該行為が一般消費者の利益を不当に害することとなる場合及びその商品を販売する事業者がする行為にあってはその商品を生産する事業者の意に反してする場合は，この限りでない。

②③　（略）

④　著作物を発行する事業者又はその発行する物を販売する事業者が，その物の販売の相手方たる事業者とその物の再販売価格を決定し，これを維持するためにする正当な行為についても，第1項と同様とする。

⑤⑥　（略）

1　本条の趣旨

商品の生産・販売業者がその取引相手方（販売業者）に対して，その商品の再販売価格（取引相手方がその商品を次の取引先に販売する際の価格であり，消費者向けの販売価格であることが多い）を拘束する行為は，「再販売価格の拘束」（2条9項4号）に該当し，不公正な取引方法として独禁法19条の規定に違反する（⇨ 第5章第2節第4款）。本条は，政策的な観点からこの再販売価格の拘束（**再販**と略称される）に係る適用除外を定めており，1953年改正により導入されたものである。公取委が指定する商品に係る「**指定再販**」（23条1項）と，「**著作物**」について法律上認められている「**法定再販**」（同条4項）がある。かつては化粧品，石鹸，洗剤等の多数の家庭用品が指定商品とされていたが，1997年4月までにすべて取り消されており，法定再販制度を含め，制度の意義や妥当性に疑問が持たれている。

2　指定再販

公取委が指定する商品に係る再販制度の趣旨は，「販売業者の不当廉売又は

おとり販売等により，製造業者の商標の信用が毀損され，あるいは他の販売業者の利益が不当に害されることなどを防止する」（第1次育児用粉ミルク（明治商事）事件＝最判昭50.7.11民集29巻6号951頁）ことにあるとされている。

　指定の要件として，①品質が一様であることを容易に識別できること，②一般消費者に日常使用されること，③自由な競争が行われていることが必要である。③は，再販行為により**ブランド内競争**（当該製造業者のブランドの商品を販売する業者間の競争）が制限されるとしても，**ブランド間競争**（当該商品をめぐる製造・販売業者によるブランド相互間の競争）が維持されている限り，弊害は小さいと考えられることによるものである。しかし，再販行為が実効的に実施されるのは，行為者が大きなシェアを有し，あるいは製品差別化が行われ，ブランド間競争が活発ではない状況においてであるから，制度自体が矛盾をはらむものである。

3 法定（著作物）再販

　著作物に係る法定再販制度の趣旨は，必ずしも明らかではないが，戦前からの定価販売の慣行を追認したものとされている。また，著作物の種類ごとに，例えば，新聞については戸別配達の維持，書籍・雑誌については多様な出版物の発売や書店での展示販売の確保といった説明が後付け的になされているが，再販行為の必要性とは必ずしもつながらないと思われる。

　こうした趣旨からは，1953年の立法当時に定価販売の慣行がみられた著作物に限って，ここでいう「著作物」に該当するものとして扱うことが適切であり，公取委では，新聞，書籍，雑誌，レコード盤，音楽用テープおよび音楽用CDの6品目に限定する解釈を一貫してとってきている。ネットワークを通して配信される電子書籍については，「物」ではなく，情報として流通することから，著作物再販の対象とはならない。また，著作物と著作物ではない商品をセット商品として販売する場合には，その商品は著作物ではなく，適用除外の対象とはならない。

> 6-16 ソニー・コンピュータエンタテインメント(SCE)事件（＝ 5-34 6-1 ）
> 　テレビゲームソフトの再販行為が違反とされた事例であり，著作物再販として適用除外となる旨の被審人の主張が退けられている。

4 適用除外となる行為とその例外

適用除外となる行為は、事業者が単独で「再販売価格……を決定し、これを維持するためにする正当な行為」に限られる。したがって、事業者が共同して、あるいは事業者団体が集団的に再販行為を行うことは適用除外とならないし、価格維持に必要な限度を超えた制限（例えば、地域・顧客制限）を課すことも同様である。また、一般消費者の利益を不当に害する場合や生産者の意に反して行う場合にも、適用除外とはならない（23条1項ただし書）。

さらに、生活協同組合などの法令に基づき設立されている協同組合等を相手方として再販行為を行うことはできない（23条5項）。大学生協で書籍等が値引き販売されているのは、これを根拠とするものである。

> 6-17 **資生堂再販事件**（同意審決平7.11.30審決集42巻97頁）
> 化粧品が指定商品とされていた時期に、生協の役員等の個人や関連法人と再販契約を締結することで実質的に生協を相手方として再販行為を行っていることが違反とされた事例である。

5 再販適用除外の見直し論

平成に入ってから、法定再販制度に対してはさまざまな問題点が指摘されてきた。まず、音楽用CDの価格が各社ほぼ同一水準で設定され、国際的にも割高であること、世界的にも音楽用CDを適用除外としている国が稀であることが指摘され、現在では、発売から一定期間経過後は小売業者が自由に価格を設定できる仕組み（時限再販）がとられている。

また、出版物の再販は、本来、出版社等が任意に実施するものであるのに、事実上義務化しており、また、ブランド内競争の制限だけでなく、ブランド間競争の制限をもたらしており、大量の返品、過大な景品付き販売等につながっているおそれがあること等が指摘されてきた。

他方、著作物再販制度が著作権者等の利益保護や多様な著作物の制作・流通を可能にしており、文化的・公共的な観点からの配慮が必要であるとする意見もある。公取委では、競争政策の観点からは制度廃止の方向で検討すべきものであるとしつつ、国民的合意が得られていないという理由から、当面存置する

ことが適切であると判断しており（「著作物再販制度の取扱いについて」〔平13.3.23〕），部分再販，時限再販の拡大，長期購読割引の導入などの制度の弾力的運用に向けた関係業界の取組みを促している。

第

7

章

民事救済

この章では，独禁法違反行為の被害者がどのように救済を受けることができるかについてみていこう。具体的には，訴訟当事者の請求内容によって，不公正な取引方法の差止め（**第1節**），独禁法違反を原因とする損害賠償（**第2節**）に係る24条，25条，26条のほか，債務の不存在確認や契約上の地位確認等が求められた事件を通じて，独禁法違反の法律行為の私法上の効力（**第3節**）について学ぶことにしよう。

第1節　差止請求

> **第24条【差止請求】**　第8条第5号又は第19条の規定に違反する行為によってその利益を侵害され，又は侵害されるおそれがある者は，これにより著しい損害を生じ，又は生ずるおそれがあるときは，その利益を侵害する事業者若しくは事業者団体又は侵害するおそれがある事業者若しくは事業者団体に対し，その侵害の停止又は予防を請求することができる。

1　概　説

本条は，2000年5月の独禁法改正により導入され，2001年4月より施行された**私人による不公正な取引方法の差止請求**に係る規定である。本条が設けられたのは，公取委がすべての独禁法違反に対応できるとは限らないこと，民事救済として事後的な損害賠償によっては十分でない場合があることによる。このように差止請求制度は，民事救済の手段を拡充することを基本的な趣旨とするが，同時に被害者の救済に必要な範囲で独禁法違反行為の全部または一部を差し止めることにより，公正かつ自由な競争を回復し，違反行為を抑止する効果も期待され，その意味で公益に資する側面も併せもつものである。

以下，①差止めの対象である「第8条第5号又は第19条の規定に違反する行為」，差止めの主体に係る②「利益を侵害され，又は侵害されるおそれ」と③「これにより著しい損害を生じ，又は生ずるおそれ」，④請求の内容である「侵害の停止又は予防」，⑤現在までの本条に関する事件，⑥その他関連する規定について解説する。

2 差止めの対象行為

　私人による差止めの請求は，8条5号または19条の規定に違反する行為，すなわち事業者団体が事業者に不公正な取引方法に該当する行為をさせるようにすることか事業者が行う不公正な取引方法について行うことができる。**不公正な取引方法**を対象としたのは，これにより差止めを必要とするような損害が生じ得ると考えられること，救済として有効な差止めが命じられること，特定の私人の私益を侵害するものが多いこと，取引当事者が事実関係の詳細を承知している場合が多いことが立法時の理由であった（「独占禁止法違反行為に係る民事的救済制度に関する研究会報告書」〔1999年〕）。他方，私的独占や不当な取引制限は「一定の取引分野における競争を実質的に制限すること」が要件となっており，市場における競争全体に対する重大な侵害で，不特定多数の私人の私益を侵害するものであるから公取委に委ねるのが適当であること，企業結合についても競争的市場構造を維持するため企業結合の実態を把握して公取委が対応することが適当と考えられること等から除外されたとしている（同報告書）。

　ただし，**私的独占**（2条5項），**不当な取引制限**（2条6項）も不公正な取引方法として再構成できれば，差止請求が可能である。例えば，エム・ディ・エス・ノーディオン事件（＝勧告審決平10.9.3審決集45巻148頁**[百88]**　2-2）で行われた排除行為を排他条件付取引と，有線ブロードネットワークス事件（＝勧告審決平16.10.13審決集51巻518頁**[百11]**　2-1）で用いられた排除行為を差別対価とそれぞれ再構成して差止めを請求することはできるし，共同して他者を排除する不当な取引制限も共同の取引拒絶（2条9項1号，6号イに基づく一般指定1項・2項）として差止めの請求をすることが可能である。

　同様に**下請法違反行為**も取引上の優越的地位濫用と再構成することで差止請求可能である。**景品表示法違反**は，2009年改正後，「一般消費者による自主的かつ合理的な選択」を阻害するおそれがあると認められるもの（不当表示），「一般消費者による自主的かつ合理的な選択」を確保するための告示に違反するもの（不当景品類）となっているが，独禁法上のぎまん的顧客誘引または不当な利益による顧客誘引（2条9項6号ハに基づく一般指定8項または9項）と再構成することができれば差止めの対象となると考えられる（⇨　**第5章第2節**　の

第 5 款 **2**「下請法」，第 3 款 **1 2**「景品表示法」の箇所を参照）。

　不公正な取引方法に該当する行為は，事実審口頭弁論終結時に，差止めを必要とする程度に持続する状態で現存することを要する（⇨ **7-1** ）。

> **7-1** ヤマト運輸郵政公社事件（東京高判平 19.11.28 審決集 54 巻 699 頁［**百119**］＝ **5-19** **7-5** ）　　不公正な取引方法に該当する行為による「侵害の停止又は予防」が判決で命ぜられる場合には，停止又は予防の語義に照らし，原則として，事実審口頭弁論の終結時後の実現を予定することになるから，差止請求の要件としての「不公正な取引方法に該当する行為」は，事実審口頭弁論の終結時において，差止めを必要とする程度に持続する状態で現存することを要し，主観訴訟である差止請求を基礎付ける利益侵害，著しい損害も，事実審口頭弁論の終結時に現存し，又は発生の蓋然性があることを要する。

3 利益侵害

　差止めの対象である違反行為によって侵害され，または侵害されるおそれがある「利益」は，公正かつ自由な競争が行われている市場において取引を行う上で得られる経済的価値その他の利益をいうものと解される。したがって，例えば被告の廉売によって組合員が廃業することにより原告・商業組合に入るべき組合費が減少したことや公取委への申告のためにデータの収集，申告書の作成を強いられたことなどは，24 条でいう「利益」の侵害に当たらない（⇨ **7-2** ）。近い将来において差止めによる救済を必要とする損害が生じる蓋然性があれば，利益が侵害される「おそれ」がある。この要件も事実審口頭弁論終結時に現存するか，発生の蓋然性があることを要する（⇨ **7-1** 。「著しい損害」も同様）。なお，「利益を侵害され，又は侵害されるおそれ」は訴訟要件ではなく，実体法上の要件と解される（⇨ **7-3** ）。

> **7-2** 石油不当廉売差止請求事件（東京地判平 19.10.15 審決集 54 巻 696 頁＝ **7-3** ）
> 　　ここでいう利益とは，公正かつ自由な競争が行われている市場において取引を行っていく上で得られる利益をいう。ガソリンの販売を行っていない原告・東京都石油商業組合は，被告の行為によって，利益が侵害され，または侵害されるおそれがあるとはいえない。

> **7-3** 石油不当廉売差止請求事件（＝ **7-2** ）
> 　独禁法 24 条の文言は，実体法上の差止請求権の発生要件事実とは別異に，

当該差止請求権に基づき訴訟を遂行し得る資格を定めたものとは解されないから，被告らの本案前の抗弁は失当である。

4 著しい損害

以上に述べた要件を充足する者であっても，「これにより著しい損害を生じ，又は生ずるおそれ」がなければ差止めを行うことができない。「著しい損害」については，3つの考え方がある。第1説は，侵害行為と被侵害利益を観察して，損害賠償請求を認容する場合より侵害行為の悪性が高く，被侵害利益が大きい場合（損害賠償が認められる場合よりも高度の違法性がある場合）に「著しい損害」の要件を満たすとするものである。第2説は差止めを認容するに足る有意な損害であるとし，取るに足りぬ損害を排除することに，この要件の意義があるとする。第3説は，不公正な取引方法の禁止によって発生を防止しようとする利益の侵害，あるいは不公正な取引方法に該当すると判断する法的観点と直接の関係がある利益侵害とする説である（例えば，間接の取引拒絶は，被拒絶者との取引を拒絶させられる事業者にも一定の損害が生じるが，「著しい損害」は被拒絶者に生じ，取引を拒絶させられる事業者には生じないとする）。

下級審の裁判例には，第1説によったと思われるもの（⇨ 7-4 ）や不正競争防止法等，他の法律に基づく差止請求権との均衡や過度に厳格な要件を課したときには差止請求制度の利用価値が減殺されることにも留意しつつ定められたものとして，第1説の枠内ながら若干緩和的に解したもの（⇨ 7-5 ）があったが，最近では，違反行為による利益侵害の態様および程度，これによる損害の性質，程度および回復の困難の程度等を総合考慮して判断すべきとするものもあらわれている（食べログ事件＝ 第5章第2節第5款 1 。後掲 6 の神鉄タクシー事件大阪高判も参照）。本条が25条や民法709条等に加えて導入された趣旨・目的は，被害者が選択し得る民事救済の手段を拡充するとともに，公取委が必ずしも対応できない違反行為の全部または一部を差し止めて公正かつ自由な競争を回復することに求められるから，「著しい損害」の意義は，この点を踏まえて過度に制限的に解しないことが必須であると考えられる（立法論としては，特許法，著作権法，不正競争防止法等の知財法や消費者契約法などにはないこの要件は廃止することが望ましい）。

(7-4) **関西国際空港新聞販売取引拒絶事件**（大阪高判平 17.7.5 審決集 52 巻 856
頁 = (5-9)）　　著しい損害があって差止めが認められる場合とは，独禁法
19 条に違反する行為が，損害賠償請求が認められる場合より高度の違法性
を有すること，すなわち，被侵害利益が損害賠償請求が認められる場合より
大きく，侵害行為の悪性が損害賠償請求が認められる場合より高い場合に差
止めが認容されるものというべきであり，その存否については，当該違反行
為および損害の態様，程度等を勘案して判断するのが相当である。

(7-5) **ヤマト運輸郵政公社事件**（東京高判平 19.11.28 審決集 54 巻 699 頁 [百
119] = (5-19) (7-1)）　　「著しい損害」の要件は，一般に差止請求を認容す
るには損害賠償請求を認容する場合よりも高度の違法性を要するとされてい
ることを踏まえつつ，不正競争防止法等他の法律に基づく差止請求権との均
衡や過度に厳格な要件を課した場合は差止請求の制度の利用価値が減殺され
ることにも留意しつつ定められたものであって，例えば当該事業者が市場か
ら排除されるおそれがある場合や新規参入が阻止されている場合等，独占禁
止法違反行為によって回復しがたい損害が生じる場合や金銭賠償では救済と
して不十分な場合等がこの要件に該当するものと解される。

5 請求の内容

24 条は「侵害の停止又は予防」を請求することができるとしている。この文
言の下で，原告は**不作為**のみならず**作為**を請求し，裁判所はこれを命令できる
かが問題となる。これが問われるのは特に取引拒絶についてである。①この文
言の文理，②作為義務の強制執行が不可能であること，③通常存在する契約関
係などの民事上の権利に基づいて一定の作為を求めることができることを理由
に，24 条においては作為の請求を許容し，これを命じることは想定されてい
ないとした裁判例がある（三光丸事件 = 東京地判平 16.4.15 審決集 51 巻 877 頁）。

しかし，①については，侵害の停止や予防のために一定の作為が必要である
点で独禁法と共通する不正競争防止法は，1993 年改正前において，私人の差
止請求権について，（営業秘密に係る不正行為を除いて）作為義務を課す明文の規
定を欠いていたが，判例上これが認められていたこと（侵害を構成した物の廃棄，
侵害の行為に供した設備の除去など），②についても代替執行や間接強制は不可能
でないと思われること，③契約関係が存在しない場合には，この論拠は妥当し

ないことから，説得的でない。学説においては，侵害の停止または予防に必要な一定の作為は，取引の継続や開始を含めて請求することができ，これを命じることもできると解するものが有力である。

ソフトバンク光ファイバ接続請求事件（東京地判平26.6.19審決集61巻243頁[百120]）では，端的に，不公正な取引方法の禁止に違反する行為が不作為による場合もあり得るから，不作為による損害を停止または予防するための作為を含むと解するのが相当であると判示された。

6 差止請求事件の現状

本条に基づく差止請求事件を公取委の審決集，年次報告，各種データベースなどに公表されている資料からみると，60件以上確認できる（2023年3月末現在）。このうち，少なくとも，訴え取下げが16件，和解が13件，判決・決定が39件であり，主張された不公正な取引方法の類型は，取引妨害，取引上の優越的地位濫用，その他（単独）の取引拒絶，不当廉売，共同の取引拒絶，抱き合わせ販売が多い。競争バス会社の一定区間での無償運行の差止めを認容した判決（宇都宮地大田原支判平23.11.8審決集58巻(2)248頁，ただし東京高判平24.4.17審決集59巻(2)107頁で取消し），仮処分申請事件で不当な取引妨害の疎明があるとされた決定（ドライアイス事件＝東京地決平23.3.30[百121]，ただし排他条件付取引等に該当し無効だと主張した別訴〔東京地判平25.3.19〕で請求棄却〔いずれも判例集未登載〕）がそれぞれ1件あるものの，大部分の事件で原告は不公正な取引方法が行われたことの証明に成功していなかった。その後，神鉄タクシー事件（＝大阪高判平26.10.31審決集61巻260頁[百118] (5-43)，最決平27.9.25審決集62巻464頁）で初めて原告の差止請求が認容された。最近では，ごく僅かの事件で請求が認諾されたと報じられたものや優越的地位濫用の差止めを命じた仮処分命令申立て事件があるが，大部分の事件では上述の趨勢に変わりはない。

判決文が公表されているものでみる限り，24条に期待された潜在的違反の掘り起こしという意味をもつ事件もみられなくはないが，他方では当事者に特殊な私的紛争において24条が用いられる場合も多く，違反行為を差し止めることにより競争秩序を回復して公益に資するという機能は未だ実現されている

とはいえない。

7 文書提出命令・秘密保持命令

2009年改正で文書提出命令の特則を定める規定が独禁法に設けられた（80条〜83条）。制度導入前の予想と異なり，24条訴訟は不公正な取引方法の立証さえ必ずしも容易でないことが明らかになったため，違反行為の立証に必要な文書の提出を命じることにより，被害者の救済と公正かつ自由な競争の回復に役立てようというのが立法理由である。

例えば不当廉売の差止めを請求する場合，被告の商品・サービスの価格がその「供給に要する費用」（2条9項3号）を著しく下回ることを原告が証明する必要があるが，この立証は，通常，被告の下にある資料によるほかない。このような場合，原告は文書提出命令の申立てをすることが考えられるが（民訴219条），技術または職業の秘密に関する事項で黙秘義務が免除されていないものが記載されている文書や専ら文書の所持者の利用に供するための文書については，所持者は提出を拒むことができる（民訴220条4号ハ，ニ）。そのため，独禁法に特則を設けて，所持者において提出を拒むことにつき「正当な理由」がない限り，裁判所は文書開示命令を行うことができることとした（80条1項）。「**正当な理由**」は，秘密を開示すること等による文書所持者の不利益と文書が提出されないことにより訴訟当事者が受ける不利益を比較衡量して，裁判所が判断するものとされる。

「正当な理由」の有無について判断するため，裁判所は，何人にも書類の開示をせず秘密を保持したまま，所持者に書類の提示をさせることができ（インカメラ手続。80条2項），提示された書類を開示して意見を聴く必要があると認めるときは，開示請求の申立人を含めて訴訟の当事者等（代理人，使用人その他の従業者），訴訟代理人または補佐人に対して当該書類を開示することができる（80条3項）。その場合，裁判所は，事業者の営業秘密の不当な使用，開示を制限するため，当該書類の開示を受けたこれらの者に対して，当事者の申立てに基づき，その営業秘密を訴訟追行の目的以外に用いないこと，他人に開示しないことを命令することができる（81条1項）。

8 その他

24条による差止請求訴訟については，以下のような規定が「第9章　訴訟」に置かれている。

(1) 担保提供命令

本条による差止請求訴訟は，例えば競争者の低価格販売が原価割れでないことを知りながら，これを牽制するなど不正の目的で提起される可能性もないではないから，被告が不正の目的によるものであることを疎明した場合，裁判所は，被告の申立てにより，決定で相当の担保を立てるべきことを原告に命じることができる（78条1項・2項）。

(2) 裁判所と公取委の関係

差止請求訴訟が提起された場合，①裁判所は公取委に通知するものとし，②裁判所は公取委に対し，当該事件に対する独禁法の適用その他の必要な事項について意見を求めることができ，③公取委は，裁判所の許可を得て，裁判所に対し，当該事件に対する独禁法の適用その他の必要な事項について意見を述べることができる旨が規定されている（79条1項・2項・3項）。24条訴訟は公正かつ自由な競争の回復という公益にも資するはずのものであるから，公取委が何らかの形で関与することが適当であると考えられること，裁判所が独禁法の専門行政機関である公取委の意見を参酌できるようにすることが有益であると考えられること，裁判所間，裁判所と公取委の間において独禁法の解釈・運用に齟齬が生じないようにする必要があると考えられることによる規定である。公取委は，前掲食べログ事件で，裁判所の求めに応じて初めて意見を述べた。

(3) 裁判管轄の特例

差止請求訴訟は，①民事訴訟法4条（被告の普通裁判籍による管轄＝被告の住所地，主たる事務所・営業所の所在地），同法5条9号（不法行為地）により，当該地を管轄する地方裁判所，②当該地裁を管轄に含む高等裁判所の所在地を管轄する地方裁判所または，③東京地方裁判所に提起することができる（84条の2第1項）。例えば被告の本店が京都市にある場合，原告は，京都地裁，大阪地裁または東京地裁に24条訴訟を提起することができる。また同一の不公正な取引方法につき，原告が損害賠償と差止めを請求する場合，差止請求訴訟に管轄権

を有する地方裁判所に訴えを提起することができる（84条の２第２項，民訴７条）。さらに同一または同種の行為に係る24条訴訟が複数の裁判所に係属する場合，当事者の住所・所在地，証人の住所，争点・証拠の共通性等を考慮して，裁判所は，申立てまたは職権で訴訟の全部または一部について，管轄権を有する他の裁判所に移送することができる（87条の２）。

これらは，民事訴訟法の規定する裁判管轄を維持しつつ，独禁法訴訟の専門性，判断の統一性の観点から裁判管轄につき特例を設けたものである。

第２節　損害賠償

第25条【損害賠償】 ①　第３条，第６条又は第19条の規定に違反する行為をした事業者（第６条の規定に違反する行為をした事業者にあっては，当該国際的協定又は国際的契約において，不当な取引制限をし，又は不公正な取引方法を自ら用いた事業者に限る。）及び第８条の規定に違反する行為をした事業者団体は，被害者に対し，損害賠償の責めに任ずる。
②　事業者及び事業者団体は，故意又は過失がなかったことを証明して，前項に規定する責任を免れることができない。

1 概　説

本条１項は，独禁法の実体規定（企業結合に係るものを除く）に違反した事業者または事業者団体に，被害者に対する損害賠償責任を負わせ，２項は事業者または事業者団体が故意または過失のなかったことを証明しても賠償責任を免れることができない旨を定める。

このような**無過失損害賠償制度**が設けられたのは，26条の確定排除措置命令等前置主義と組み合わせて，被害者の立証責任を軽減することにより損害の回復を容易ならしめ，違反行為者に被害者への損害賠償を義務づけることによって，排除措置命令等と相まって，独禁法違反行為を抑止する効果をあげようという趣旨によるものと考えられる。

本条は，民法709条との関係では，故意・過失の立証を免除する特別規定であり，民法上，不法行為とされない特殊な違反行為について特別の賠償責任を負わせるものでないと解されるから，独禁法違反行為が不法行為の要件を充足

する限り（通常，独禁法違反は権利侵害ないし違法性の要件を充足する），民法に基づいて損害の賠償を請求することもできる（⇨ 7-6 ）。以下では，必要な範囲で民法に基づく損害賠償請求についても言及する）。

ただし，本条に基づく損害賠償請求訴訟は，上述のように無過失損害賠償責任に係るものであることのほか，裁判所の公取委への任意的求意見制度があること（84条），第1審が東京地裁の専属管轄とされること（85条の2），排除措置命令等の確定が訴訟要件として必要であること（26条1項），損害賠償請求権は排除措置命令等が確定した日から3年を経過すると時効により消滅すること（26条2項）などの点で，民法に基づく損害賠償の訴訟や請求権と異なる。したがって，同一の事業者を相手方とする民法709条に基づく損害賠償請求訴訟と本条に係る損害賠償請求訴訟は訴訟物を異にし，前訴の既判力は後訴に及ばないから，民法に基づく談合住民訴訟の請求が棄却された場合でも，発注者は本条に基づいて損害賠償の請求をすることができる（熱海市ごみ焼却施設談合事件＝東京高判平25.3.15審決集59巻(2)311頁 [**百113**]）。

> 7-6 **エビス食品企業組合事件**（最判昭47.11.16民集26巻9号1573頁＝ 9-1 ）
> 独占禁止法の定める審判制度は，公益保護の立場から同法違反の状態を是正することを主眼とするものであって，違反行為による被害者の個人的利益の救済をはかることを目的とするものではなく，同法25条が特殊の損害賠償責任を定め，同法26条において右損害賠償の請求権は所定の審決が確定した後でなければ裁判上これを主張することができないと規定しているのは，これによって個々の被害者の受けた損害の填補を容易ならしめることにより，審判において命ぜられる排除措置と相俟って同法違反の行為に対する抑止的効果を挙げようとする目的に出た附随的制度に過ぎず，違法行為によって自己の法的権利を害された者がその救済を求める手段としては，その行為が民法上の不法行為に該当するかぎり，審決の有無にかかわらず，別に損害賠償の請求をすることができる。

2 違反行為の存在

(1) 対象行為

違反行為者が無過失損害賠償責任を負う行為は，事業者が行う①私的独占，

②不当な取引制限，③不公正な取引方法，④不当な取引制限または不公正な取引方法に該当する事項を内容とする国際的協定・契約，⑤事業者団体が行う8条1号ないし5号に定める行為である。2000年改正により，④と⑤が追加された。ただし，④は不当な取引制限または不公正な取引方法を自ら行った事業者に限る。6条は不当な取引制限または不公正な取引方法を自ら行った事業者だけでなく，不公正な取引方法の対象とされた者も名宛人として排除措置命令が出され得るからである（天野・ノボ事件＝最判昭50.11.28民集29巻10号1592頁で，不公正な取引方法に該当する契約条項を承諾させられた天野製薬に対して勧告審決が行われたことを思い起こされたい。**第2章第3節第2款 ⑧⑨(3)を参照**）。景品表示法違反行為も2000年改正から2009年改正までの間，本条との関係で不公正な取引方法とみなされていたから（景表旧6条2項），不当表示や不当景品類も本条により提訴可能であった（**⑧**の高山茶筌不当表示事件はその例である）。

(2) 違反行為の立証と審決

　これらの独禁法違反行為の存在は原告が立証責任を負うところ，確定した審決の事実認定は，実質的証拠があるとき，審決取消訴訟だけでなく（旧80条1項），損害賠償請求訴訟（本条に基づくものと民法によるもの）においても，裁判所を拘束するかという問題があった（拘束するとすれば，通常，原告の立証責任は著しく軽減されることになる）。この点について最高裁は，旧80条1項（実質的証拠法則）のような規定のない損害賠償請求訴訟においては公取委の行った事実認定が裁判所を拘束することはなく，公取委の事実認定は違反行為の存在を事実上推定させる効力があるにとどまること，かつて存在した勧告審決，同意審決，審判審決という審決の種類によって，**事実上の推定力**に差異があること，この推定効は審決の主文で命じられた排除措置からみて論理的に排除措置がとられるべき関係にあると認められるすべての同法違反行為の存在について働くことを判示していた（⇨ **7-7**）。

> **7-7** **石油価格協定損害賠償請求事件（鶴岡灯油訴訟）** （最判平元.12.8民集43巻11号1259頁 [**百112②**] ＝ **7-8**）　　勧告審決は勧告の応諾を要件とするものであって，違反行為の存在の認定は要件とされていないものであることからみて，その有する事実上の推定の程度は，違反行為に関する公正取引委員会の証拠による事実認定を要件とする審判審決や被審人の違反行為事実の

自認を要件とする同意審決に比して，相対的に低いものであり，また，勧告の応諾が，審判手続や審決後の訴訟等で争うことの時間的，経済的損失あるいは社会的影響に対する考慮等から，違反行為の存否とかかわりなく行われたことが窺われるときは，勧告審決が存在するとの事実のみに基づいて，その審決書に記載された独占禁止法違反行為が存在することを推認することは許されないものと解するのが相当である。

(3) 排除措置命令等の推定力

勧告審決，同意審決の制度が廃止された 2005 年改正後においては，公取委が排除措置命令で認定した事実の推定力が改正前の勧告審決より強いかどうかが問題となり得る。2005 年改正後は受命者に証拠提出や意見申述の機会が与えられることから（旧 49 条 3 項），審判を経ないで確定した**排除措置命令**は，審判審決ほどではないとしても，2005 年改正前の勧告審決よりも強い推定力を有すると解することもできる。また 2005 年改正後の審判手続を経た**棄却審決**（排除措置命令の破棄請求を棄却する審決）や**違法宣言審決**は，改正前の審判審決と同等の効力を有するといえよう。2013 年改正により導入された意見聴取手続においても，当事者（51 条。排除措置命令の名宛人となるべき事業者，事業者団体）は，予定される排除措置命令の内容，認定事実，主要な証拠，法令の適用等について意見を述べ，証拠を提出し，手続を主宰する指定職員の許可を得て審査官に質問を発する機会が保障される（54 条 1 項・2 項，55 条）。実際の運用がどのように行われるかにもよるが，意見聴取手続を経て公取委が排除措置命令等を発出し，これが確定した場合には，排除措置命令等の事実の推定力は，2005 年改正前の勧告審決よりも強い推定力を有し，事前審判手続により確定した審決（審判審決）に準じるものとも考えられる。

(4) 排除措置命令等から推認される違反行為の範囲

原告の購入した商品やサービスが独禁法違反行為の対象となっていたかどうかという問題もある。特に近年の入札談合事件では，自治体等の原告は契約の相手方である事業者が談合の基本合意の当事者であっただけでなく，当該自治体等の行う入札において個別談合を行ったことの立証も要求される。その場合，公取委の排除措置命令等が確定したケースであっても，排除措置命令等が個別談合を個別的，具体的に記述（例示）しているか否かによって，裁判所が違反

行為（個別談合）の存在を認定するかどうかが左右されることが少なくない（民法に基づく訴えであるが，東京高判平 18.10.19 審決集 53 巻 1110 頁 [**百 117**]）。不公正な取引方法（優越的地位濫用）に関する事件でも同種の問題がある（東京高判平 25.8.30 審決集 60 巻(2) 261 頁 [**百 115**]）。

(5) その他

公取委の審判審決で私的独占の排除行為が「一連の，かつ一体的な行為」と認定された場合でも，25 条による損害賠償請求訴訟で，裁判所が 3 つの別個の排除行為と認定することは妨げられない（ニプロ損害賠償請求事件＝東京高判平 24.12.21 審決集 59 巻(2) 256 頁 [**百 13**]）。損害賠償請求訴訟では，損害をもたらした違反行為を特定する必要があるだけでなく，価格引上げ，受注拒否など違反行為ごとに損害額の算定方式も異なるからである。

3　被害者

独禁法違反行為を行った者が賠償責任を負う「被害者」とは，当該違反行為と相当因果関係のある損害を被った者である。事業者であると消費者であるとを問わず，また違反行為を行った者の競争者であると取引相手であるとを問わない。取引相手には直接の取引相手だけでなく，間接の取引相手も含む。この点は本条による訴えと民法による訴えとで変わりがあるわけではない（⇨ (7-8)）。

審決が違反行為の例を示した上で主文に掲げる行為を広く差し止めている場合，当該差し止められた行為によって被害を被った者は，25 条により損害賠償請求訴訟を提起することができる「被害者」に当たる（三井住友銀行事件＝東京高判平 19.11.16 審決集 54 巻 725 頁）。伝統工芸品である茶筌を守り育てることを目的とし，そのための事業を行ってきた団体（協同組合）も不当表示による「被害者」と認められる（高山茶筌不当表示事件＝東京高判平 19.3.30 審決集 53 巻 1072 頁）。

> (7-8) **石油価格協定損害賠償請求事件（鶴岡灯油訴訟）＝** (7-7)
> 独占禁止法違反行為（不当な取引制限）を責任原因とする不法行為訴訟においては，その損害賠償請求をすることができる者を不当な取引制限をした事業者の直接の取引の相手方に限定して解釈すべき根拠はなく，一般の例と同

様，同法違反行為と損害との間に相当因果関係の存在が肯定できる限り，事業者の直接の取引の相手方であると，直接の相手方とさらに取引した者等の間接的な取引の相手方であるとを問わず，損害賠償を請求することができるものというべきである。

4 無過失賠償責任

本条2項は，事業者または事業者団体が故意または過失のなかったことを証明して賠償責任を免れることができないと規定する。その趣旨は，上述のように，被害者の立証責任を軽減することにより損害の回復を容易ならしめるとともに，被害者への損害の補塡を義務づけることによって，独禁法違反行為を抑止する効果をあげようということにある。

しかし，本条に基づく訴訟が提起されるにつれて，被害者にとって立証の困難は違反行為者の故意・過失には必ずしもないことが明らかになってきた。大部分の独禁法違反事件で，行為者に故意または過失がないことはあり得ないからである（むしろ，勧告審決や排除措置命令しかない場合の違反行為の存在，間接購入者にとっての因果関係，損害・損害額の立証が障害となり得る）。したがって，この点では故意・過失の立証を要する民法709条に基づく訴えと実際上大差ないと思われる。ただし，野村證券株主代表訴訟事件（最判平12.7.7民集54巻6号1767頁［**百123**]）などでは，損失補塡が独禁法に違反することの認識を欠いていたことにつき，取締役に過失がなかったとしており，そのような事件では，事業者に対する賠償請求について本条による訴えに独自の意義があることになろう。

5 因果関係

独禁法違反行為と被害者の損害の間に因果関係が認められるか否かは，違反行為の類型や被害者が**競争者**か取引相手か，**直接の取引相手**か**間接の取引相手**かなどによって，証明の困難さが異なる。公取委・独占禁止法違反行為に係る損害額算定方法に関する研究会の報告書「独占禁止法25条に基づく損害賠償請求訴訟における損害額の算定方法等について」（1991年）は，①価格引上げカルテルの場合の直接購入者（消費者，販売業者），②入札談合の場合の発注者，

③取引拒絶の場合の取引拒絶を受けた事業者，④再販売価格維持行為の場合の再販売価格を拘束された販売業者について，因果関係が通常認められるとする。

しかし，①′価格引上げカルテルの場合でも間接購入者である消費者については，対象商品が加工，変更されることなく流通し，その過程で販売業者が仕入価格の上昇分を販売価格に上乗せして転売するのが明らかであるときには少なくとも価格引上げカルテルによる引上げ分につき一般的に因果関係が認められるとするものの，それ以外の場合は個別的に判断せざるを得ないとする。また③′取引を拒絶された事業者から購入していた事業者については，取引を拒絶された従来の購入先以外の事業者から従来よりも高い価格で購入せざるを得ないような場合に因果関係があるとし，④′再販の場合の消費者と拘束を受けた事業者から購入する販売業者については，拘束を受けた事業者が低価格で販売することができず，これにより低価格で購入することができなかったと認められる場合に因果関係が認められるとしている。

裁判所は，上の①′の場合について，メーカー段階のカルテルによる価格引上げが卸売価格への転嫁を経て現実の小売価格の上昇をもたらしたという因果関係を被害者である消費者が立証する責任があると解するのが相当であるとするが（石油価格協定損害賠償請求事件〔鶴岡灯油訴訟〕＝ 7-7 7-8 ），これは著しい困難を間接購入者たる一般消費者に強いることになる。したがって，下級審の裁判例では，元売価格の引上げと小売価格の上昇との間の因果関係の主張，立証責任の分配について，ⓐ元売会社が価格協定に基づいて灯油の元売仕切価格を引き上げたこと，ⓑ価格協定の影響下にあると認められる時間的，場所的範囲内において消費者が灯油を購入した小売店の小売価格が上昇したことを消費者が主張，立証すれば，因果関係は事実上推定され，元売会社らがこの推定を覆すためには価格協定に基づく元売価格の引上げ以外の他の原因によって小売価格が上昇したことを立証しなければならないと解するのが相当であるとしたものがある（石油価格協定損害賠償請求事件〔鶴岡灯油訴訟〕控訴審＝仙台高秋田支判昭 60.3.26 審決集 31 巻 204 頁）。

6 損害と損害額

(1) 理 論

被害者は損害の発生および損害額についても立証する責任を負う。損害は独禁法違反行為があった場合の利益状態と独禁法違反行為がなかった場合の利益状態の差と考えられ，前者が後者より小さい場合に損害の発生が認められる。

被害者の損害額は，①違反行為によって現在の財産が流出・移転させられるタイプと，②違反行為によって得られたはずの将来の財産の獲得が妨げられるタイプにより，算定方法が異なる。①に属する価格（引上げ）カルテル，入札談合，再販売価格維持行為などでは，購入者または発注者の損害額は，違反行為により引き上げられた価格と違反がなければ存在したであろう価格との差額（に購入した数量を乗じた額）である。これに対し，②に属する共同または単独の取引拒絶，不当廉売，差別対価，排除型私的独占などでは，排除された事業者の損害額は，逸失利益である（違反行為がなければ得られたであろう利益と現実の利益の差額）。

(2) 裁判例

損害額を理論的にはこのように把握できるとしても，「違反行為がなければ存在したであろう価格」（想定価格という）や「違反行為がなければ得られたであろう利益」（想定利益という）は現実に存在しない価格・利益であり，これをどのように推定するかが問題となる。これについては従前から，**前後理論**（例えば価格カルテルの行われる直前の価格や入札談合が発見され終了した直後の落札価格をもって想定価格とするもの），**物差理論**（例えば価格カルテルの行われなかった地域の対象商品の価格，入札談合が行われなかった同種の工事の落札価格をもって想定価格とするもの），**市場占有率理論**（例えば排除されなかった他の地域における被排除事業者の市場占有率を排除された市場全体の売上額に乗じて，得られたであろう被排除者の売上額を算定し，これに被排除者の平均的利益率を乗じて想定利益を算定するもの）などが提唱され，これらのうち一部は裁判所において，以下のように採用されている。

① 差額方式

石油価格協定損害賠償請求事件（東京灯油訴訟）では，価格引上げカルテル

によって消費者が被る損害は，（現実の購入価格−直前価格）×購入数量であるとしつつ（⇨ 7-9），カルテルによる価格引上げから購入までの間に（石油危機時の需給の著しい逼迫による価格変動のような）経済的要因の変動がある場合にはカルテル直前の価格をもって想定価格とすることはできないとされた（⇨ 7-10）。

> 7-9 **石油価格協定損害賠償請求事件（東京灯油訴訟）**（最判昭 62.7.2 民集 41 巻 5 号 785 頁 [**百 112 ①**] ＝ 7-10）　　価格協定が実施されなかったとすれば形成されていたであろう小売価格（以下「想定購入価格」という。）は，現実には存在しなかった価格であり，一般的には，価格協定の実施前後において当該商品の小売価格形成の前提となる経済条件，市場構造その他の経済的要因等に変動がない限り，協定の実施直前の小売価格をもって想定購入価格と推認するのが相当であるといえる。

> 7-10 **石油価格協定損害賠償請求事件（東京灯油訴訟）**＝ 7-9
> 　　ただし，協定の実施以後消費者が商品を購入する時点までの間に小売価格の形成に影響を及ぼす顕著な経済的要因の変動があるときは，協定の実施直前の小売価格のみから想定購入価格を推認することは許されず，右小売価格のほか，当該商品の価格形成上の特性及び経済的変動の内容，程度その他の価格形成要因を検討してこれを推計しなければならない。

　入札談合の場合，違反行為以前にも同様の談合が存在していた疑いがあるケースが多く，違反行為直前の価格を想定価格とすることは適当でない。このような場合，裁判所は，入札談合終了後の競争入札による落札価格や違反行為の対象となっていない同種の工事の平均落札率などに基づいて想定価格を認定するものが少なくない（⇨ 7-11 7-12）。

> 7-11 **高速道路情報表示設備工事談合事件**（東京高判平 22.10.1 審決集 57 巻⑵ 385 頁 ＝ 7-12）　　想定落札価格は，違反行為がされる直前の落札価格をもって想定落札価格と推認するのが相当であるが，違反行為が，認定された違反行為以前にも存在していた疑いがあり，それが相当長期にわたる場合には，違反行為の終了後の公正かつ自由な競争によって行われた入札における現実の落札価格を基礎として，想定落札価格を推計することが相当である。

> 7-12 **高速道路情報表示設備工事談合事件**＝ 7-11
> 　　入札の対象となる物件の規模，仕様等が異なるために比較できる同一の物

件がなく，現実の落札価格を用いた推計が適さない場合には，違反行為の対象となっていない物件の現実の落札価格と予定価格との比率（落札率）を用いることが相当といえる。この場合，違反行為が行われていた期間と，価格形成の前提となる経済条件，市場構造その他の経済的要因の著しい変動がない期間における相当数の同種事例を抽出する必要があるというべきである。

② **逸失利益方式**

日本遊戯銃協同組合事件（＝ (7-13) ）では，エアガンとBB弾のメーカーにより構成される被告・協同組合が卸売業者をして小売業者に対して，非組合員であり，以前から重いBB弾を製造しており，発射威力が強いエアガンを新たに製造した原告との取引を拒絶させたことが旧8条1項1号（現8条1号）に該当し，不法行為にも当たるとして逸失利益の請求が認容された。その際に用いられたのが市場占有率理論である。

> (7-13) **日本遊戯銃協同組合事件**（東京地判平9.4.9審決集44巻635頁［百6，43，116］＝ (3-3) (5-5) ）　新たに発売したソフトガンの損害については，違反行為前の同製品の1日あたりの売上数（約92丁）を基にして当該年度の販売丁数のシェアを算定すると，約0.83％であると認められる。これに原告はエアガンを製造するのは初めてで高い評価を得るには至っていないこと，および一般にエアガンの売上げが発売後半年ほどで減少することを加味して，原告の発売から6か月後のシェアは約0.6％とみるのが相当である。したがって，市場全体の売上丁数に0.6％を乗じた丁数の売上額と現実の売上額の差額に原告の粗利益率（50％）を乗じた額が損害額と認められる。

不当廉売も理論的には，市場占有率理論によって違反行為がなければ得られたであろう被害者（競争者）の市場占有率を推定し，これに基づいて損害額を算定することが可能である。しかし，この推定には著しい困難を伴うから，不当廉売がなかった場合の推定価格と現実の価格の差額に違反行為期間の売上数量を乗じて損害額を算定した判決もある（名古屋生コンクリート協同組合事件＝名古屋地判平11.2.10審決集45巻475頁）。

7 損害賠償請求事件の現状

(1) 25条訴訟

独禁法の施行以来，公刊された判例集，審決集，公取委年次報告，データベースに登載された25条に基づく損害賠償請求訴訟は70件を超えている（2023年3月末現在）。2000年代に入って以降，入札談合の被害者（談合により落札した事業者と契約した発注者）が本条に基づいて賠償請求訴訟を提起する例が急増しており，それが全体の3分の2近くを占める。

第1審に係属中の事件を除き，訴訟の結果が判明したもの（未確定を含む）を分類すれば，却下2件（確定審決の不存在），訴え取下げ3件，棄却21件，和解27件，請求認容（一部認容も含む）22件である。棄却された21件には，間接被害者による提訴であり，因果関係や損害・損害額の立証が困難であったと思われるもの（松下電器産業損害賠償請求事件＝東京高判昭52.9.19高民30巻3号247頁，石油価格協定損害賠償請求事件〔東京灯油訴訟〕＝ ⑦-9 ⑦-10 ），および談合があった場合に違約金等の支払を受けており，それ以上の損害があったことの立証がないなどの理由によるもの数件が含まれる。

請求を認容した判決（一部認容を含む）の大部分は入札談合事件であるが，直接の購入者である発注者が請求を行う場合，公取委の確定した審決，課徴金納付命令等で個別談合が認定されている場合には，入札談合に係る25条訴訟においては違反行為の存在は比較的容易に認定されるといってよい。事件の重要な争点は損害ないし損害額であるが，損害は，損害額以上の違約金等の支払を既に受けていない限り，認定される傾向にある。損害額算定については，ほとんどのケースで現実の契約金額と想定落札価格の差額であるとしつつ，想定落札価格は（契約前にも談合が行われていた疑いがあることを理由に）談合終了後の同種の工事の一定期間の平均落札率などに基づいて算定する場合（高速道路情報表示設備工事談合事件＝ ⑦-11 ⑦-12 ）と**民事訴訟法248条**（「損害が生じたことが認められる場合において，損害の性質上その額を立証することが極めて困難であるときは，裁判所は，口頭弁論の全趣旨及び証拠調べの結果に基づき，相当な損害額を認定することができる」と規定するが，これは少なくとも損害額について，被害を主張する者の証明度を軽減するもの，ないし裁判所に損害の裁量評価を許すものと解されている）

によって裁判所が認定する場合とがある。問題となる個別談合の参加者は落札者でなくとも連帯責任を負うが，基本合意の参加者であって，特定の個別談合に参加していない事業者は責任を負わないとされる場合が多い。

(2) 民法等に基づく損害賠償請求事件

公取委の年次報告，審決集，各種データベースなどに登載された民法等に基づく損害賠償請求事件（不法行為等に当たる独禁法違反行為が原告または被告によって主張され，裁判所が一定の判断を示しているものであって，住民訴訟，株主代表訴訟，不当利得返還請求訴訟を含む）は，160 件を超えている（2023 年 3 月末現在）。このうち，入札談合訴訟が過半数を占める（住民訴訟が約 37%，発注者が談合により落札した契約の相手方を訴えたものが約 20%）。そのほか，フランチャイズ本部と加盟店，金融機関と融資先，マルチ商法の主催者と被害者，継続的供給契約における売主と買主の間の紛争，株主代表訴訟などにおいて，独禁法違反が主張されている。

違反が主張された不法行為等の内容（独禁法の行為類型）は，このような紛争当事者の関係に対応して，不当な取引制限，ぎまん的顧客誘引，優越的地位の濫用，不当な利益による顧客誘引が多いほか，不当な拘束条件付取引，排他条件付取引，再販，単独の取引拒絶なども散見される。請求認容判決（大部分が一部認容）は 4 割強にとどまり，大部分が入札談合事件である。それ以外に独禁法違反行為の存在が裁判所によって認められた類型としては，マルチ商法関係の旧一般指定 8 項，9 項がやや目立つほか，優越的地位の濫用も少ないながら認定された例がある。

独禁法 25 条によらない損害賠償請求訴訟は，審決・排除措置命令等がない場合やそれが未確定の場合でも提起できるが（⇨ 26 条■），審決・排除措置命令等がない場合に請求が認容される可能性は，全般的に小さい（重要な例外が日本遊戯銃協同組合事件〔＝ 7-13 ）, 東芝昇降機サービス事件〔＝大阪高判平 5.7.30 審決集 40 巻 651 頁【百 64】 5-26 ），茨城県不動産鑑定士協会事件＝東京地八王子支判平 13.9.6 判タ 1116 号 273 頁などである）。他方，審決・排除措置命令等が確定している場合，請求の認容される可能性は一般的には高まる。ただし，入札談合事件で確定審決が当該個別談合を認定していない場合には不法行為の存在の主張を退けることが少なくないほか（例えば，上尾ごみ焼却施設談合住民訴訟事件＝

東京高判平 19.4.11 審決集 54 巻 739 頁，八王子ごみ焼却施設談合事件＝東京地判平 23.9.13 判時 2156 号 79 頁），裁判所が違反行為の存在を認定しながら，発注者に損害が生じたと認められないことを理由に請求を棄却した例（東京都デジタル計装制御システム談合住民訴訟事件＝東京地判平 14.1.31 審決集 48 巻 802 頁）や，故意・過失がないとして役員の賠償責任を否定した例（野村證券や日興証券の株主代表訴訟判決〔最判平 12.7.7 民集 54 巻 6 号 1767 頁 [**百 123**]〕）もある。

> **第 26 条【損害賠償請求権の主張の前提，時効】**① 前条の規定による損害賠償の請求権は，第 49 条に規定する排除措置命令（排除措置命令がされなかった場合にあっては，第 62 条第 1 項に規定する納付命令（第 8 条第 1 号又は第 2 号の規定に違反する行為をした事業者団体の構成事業者に対するものを除く。））が確定した後でなければ，裁判上主張することができない。
> ② 前項の請求権は，同項の排除措置命令又は納付命令が確定した日から 3 年を経過したときは，時効によって消滅する。

1 確定排除措置命令等前置主義

25 条に基づく損害賠償請求権を事業者または事業者団体に対して裁判上主張するには，排除措置命令または課徴金納付命令（事業者団体の 8 条 1 号・2 号に違反する行為により構成事業者に課されるものを除く）が確定していることが前提となる（訴訟要件）。これを確定排除措置命令等前置主義という。これは高度に専門的な知見と経験を必要とする独禁法違反の有無を公取委の判断に係らしめるとともに，確定した排除措置命令等を証拠として利用することにより，被害者の立証を容易にする趣旨と解される。

事業者団体の 8 条 1 号または 2 号に違反する行為については，排除措置命令が行われることなく課徴金納付命令のみが 8 条の 3 により構成事業者に対して行われることがあり得るところ（例えば事業者団体の違反行為が終了してから 7 年以内であっても，「特に必要があると認め」られなければ排除措置は命じられず，構成事業者に課徴金納付のみを命じなければならない），この場合には事業者団体に違反行為の成否につき争う機会がないから，本条 1 項のかっこ書がこれを除外している。

排除措置命令等が確定するのは，①排除措置命令または課徴金納付命令があ

ったことを受命者が知った日から6か月以内に取消訴訟を起こさない場合（行訴14条1項），②排除措置命令または課徴金納付命令があった日から1年以内に取消訴訟を起こさない場合（同条2項），③抗告訴訟が棄却，却下され，その判決が確定した場合である。排除措置命令書，課徴金納付命令書は，謄本が送達されることによって効力を発するから（独禁61条2項・62条2項），通常は①または③によって確定することになる。

2 請求権の消滅時効

民法によれば，不法行為による損害賠償の請求権は，被害者またはその法定代理人が損害および加害者を知った時から3年間行使しないときは時効により消滅し，不法行為の時から20年が経過したときも同様である（民724条）。

これに対して，独禁法に基づく損害賠償請求権は，被害者が損害や加害者を知ったことでは時効の起算が始まらず，排除措置命令または課徴金納付命令が確定した日から3年が経過しないと時効により消滅しない（26条2項）。

3 その他

(1) 求意見制度

25条に基づく損害賠償請求訴訟が提起された場合，裁判所は公取委に対し，「違反行為によって生じた損害の額」について意見を求めることができる（84条1項）。2009年改正により，従来の義務的求意見制度から任意的求意見制度に変更されたものである。

「違反行為によって生じた損害の額」とされるから，損害額だけでなく損害の有無と因果関係についても意見を述べることができると解され，現実にも公取委はこれにつき意見を述べてきている（2009年改正後も相当数の入札談合事件，コンビニ・フランチャイズ事件などで裁判所は公取委に意見を求めており，それに対応して，公取委は意見を述べている）。公取委の意見が裁判所を拘束しないのは当然であるが，独禁法の専門行政機関の意見として，一定の尊重をもって参照することが求められているといえよう。

(2) 東京地裁の専属管轄

25条に基づく損害賠償請求訴訟は，従前は東京高裁が第1審裁判所であっ

たが，審判制度を廃止した 2013 年改正により，東京地裁に提起するものとされた（85 条の 2）。

第3節　独禁法に違反する法律行為の私法上の効力

　民事訴訟の当事者（原告または被告）は，第1節，第2節 でみた差止めや損害賠償の請求のほか，本訴や反訴において，あるいは抗弁として，ある契約条項が独禁法に違反し無効であるとして債務の不存在を主張したり，契約の解除が独禁法違反を構成し無効であるとして契約上の地位の確認を請求することがある。このほかにも独禁法違反の法律行為の効力はさまざまな形で問題となるが，ここでは，以上のような主張が行われた事件を通じて，独禁法違反の法律行為がどのような場合に私法上無効と判断されるか（逆にいかなる場合に有効とされるか）を考えてみよう。

1 債務の不存在確認を求める事件

　これは主として債務の履行を求められた訴訟当事者が債務が発生するとされる当該契約（条項）が独禁法に違反し無効であると主張するパターンである。最高裁は，被告・商工信用組合が原告である零細な事業者に種々の貸付けを行い，実質貸付額を超える部分を拘束預金とさせ，利息制限法を超える金利を得る行為を一体とみて，これが優越的地位の濫用に当たるとした（19 条違反）。しかし，その私法上の効力については，理由付けは必ずしも明確でないが，民法 90 条により**公序良俗**に反する場合は格別，そうでなければ強行法規に違反するとの理由で直ちに（全部）無効と解すべきでないとした（⇨ 7-14）。

> 7-14 **岐阜商工信用組合事件**（最判昭 52.6.20 民集 31 巻 4 号 449 頁［**百 122**]）
> 　信用協同組合の貸付けが独禁法 19 条に違反する場合でも，その違反により，貸付契約が公序良俗に反するとされるような場合は格別として，強行法規に違反することから，直ちに私法上無効になるとはいえない。本件契約は公序良俗に反するとはいえないが，信用組合の実質金利が利息制限法所定の制限利率を超過しているときは，その超過する限度で貸付契約中の利息，損害金についての約定は無効になるものと解すべきである。

　最高裁の示した枠組みに従って，その後の下級審判決は，独禁法違反とした

場合には公序良俗に反するとして無効（または一部無効）と判断するものが多い。取引上の地位の格差のある事業者間で結ばれた，20年間他の業者から書籍・雑誌の仕入れを禁止する契約条項が昭和28年一般指定10号（優越的地位の濫用）に該当し，公序良俗に違反し，私法上無効としたあさひ書籍販売事件（東京地判昭56.9.30下民32巻9〜12号888頁），建設工事仮設足場用機材製造業者が製造委託先事業者に対して，類似製品を自己の競争者に供給することを禁止する契約条項に違反した場合には違反製品の販売価格に販売数量を乗じた額の10倍の損害賠償を請求することができるとの契約条項が優越的地位を濫用することにより設けられたものとして公序に反して無効とした日本機電事件（大阪地判平元.6.5判タ734号241頁）などがその例である。

　ただし，公序良俗に反して私法上無効となるかどうかは，独禁法違反か否か，違法の程度が著しいかどうかだけでなく，取引の効力を覆すことによる弊害，取引の安全，法的安定性，当事者の信義・公平などを総合考慮して決することが妥当であるというのが判例の立場であると考えられる（⇨ 7-15 など）。

　　7-15 品川信用組合事件（東京地判昭59.10.25判時1165号119頁）

　　民法90条の観点からは，必ずしも，本件各契約を一体として画一的に全部有効か無効かのいずれかに断定しなければならないものではなく，本件各契約締結の趣旨目的とその内容，それが当事者双方に与えている利益，不利益，その他本件各契約が独禁法に違反した契約であると認められること等諸般の事情を総合考慮して，有効，無効ないしその範囲，程度を判断し得るものと解するを相当とする。

② 契約上の地位確認，商品の引渡し等を請求する事件

　継続的供給契約の一方当事者が，自己が契約条項に違反したことを理由になされた契約の解除が独禁法に違反して無効であるとして，契約上の地位確認や注文した商品の引渡しを請求する事件もみられる。資生堂東京販売事件（⇨ 7-16 ）や花王化粧品販売事件（東京高判平9.7.31高民50巻2号260頁〔上告審＝最判平10.12.18審決集45巻461頁［百71②］〕）では，化粧品メーカーの子会社である販売会社（卸売業者）と継続的取引関係にあった化粧品小売業者（ディスカウントストア）が基本契約上の対面（カウンセリング）販売義務に反して職域販

売（一種の通信販売）をしたり，この義務を負わない他の小売業者に転売したなどとして行われた**一方的解約の効力**が問題となった。

　これは民法においても継続的供給契約とその解除をめぐる問題として扱われてきたものであり，信義則上著しい事情の変更や相手方の不法行為などやむを得ない事由がない限り，一方的解約は許されない（無効）とする裁判例，やむを得ない事由は不要としつつ，一方的解約が信義則違反か権利濫用に当たるかどうかを問題とする裁判例が多い。「やむを得ない事由」，「信義則違反」，「権利濫用」の判断に，独禁法違反の有無がどのように関わっているかが1つの問題である。

> （7-16）**資生堂東京販売事件**（東京高判平 6.9.14 判時 1507 号 43 頁。上告審である最判平 10.12.18 民集 52 巻 9 号 1866 頁［百 71 ①］＝（5-37）も参照）　控訴人（資生堂東京販売）は被控訴人（富士喜本店）に値引き販売の中止を求めた事実はなく，また小売業者への対面販売の義務付けを手段として価格を制限しているとまでは認めがたいのであるから，このような販売方法が独占禁止法に違反するとか，その趣旨に反するとはいえない。その他本件特約店契約の内容，期間，契約解除に至る経緯等種々の事情を検討しても，本件解除が信義則に反するとか，権利の濫用であると認めるべき事情はなく，本件解約は有効である。

　このように対面カウンセリング販売の義務付け（通信販売等の禁止）が不当な拘束条件付取引（一般指定 12 項）等に該当せず，独禁法に違反しなければ，その義務の不履行を理由とする解約も，特段の事情がなければ，権利濫用や信義則違反であるとされず，あるいは他の事情も考慮して「やむを得ない事由」があるとして有効と判断されることになろう。他方，仮に対面販売の義務付けが独禁法に違反するとされれば，その他の事情も併せて検討して，それを理由とする解約は「やむを得ない事由」がなく，「権利濫用」や「信義則違反」として無効と判断される方向に傾くことになろう。要するに，独禁法に違反するか否かが，「やむを得ない事由」の有無や解約権の行使が権利濫用（もしくは信義則違反）に当たるかどうかの判断の重要な要素をなすものと考えられる。

第 8 章

公正取引委員会

1 専門行政機関としての公取委の意義

公正取引委員会（公取委）は，独禁法の目的を達成することを任務とする国の行政機関である（27条1項）。独禁法の法目的の実現のためになぜ専門の機関が必要か，また，なぜ行政機関なのかを不正競争防止法（不競法）の執行と比較して考えてみよう。不競法は，不正競争行為によって営業上の利益侵害を受ける者が差止請求，損害賠償請求をするという民事的執行を原則とし，刑事的執行も部分的に用意している。

まず，独禁法の目的は被害者に民事上の請求権を付与することで十分に達成されるであろうか。第1に，独禁法違反行為の被害者（例えば，秘密裏に行われる価格カルテルによって高い価格で買わされている消費者）は，自分が被害を受けていることを常に自覚できるとは限らない。第2に，違反行為が行われているのではないかという疑問を持ったとしても，私人には違反行為の立証に必要な証拠を集めるだけの権限やリソースに乏しい。第3に，一人ひとりの損害が小さい場合には，あえて裁判所に訴えて損害回復を図ろうとするインセンティブに乏しい。したがって，独禁法違反の処理を民事的執行に委ねるだけでは過小執行になると考えられる。

他方，警察・検察当局に独禁法の執行を委ね，刑事的執行を専らとすることで法目的が十分実現できるであろうか。第1に，刑事罰の発動は謙抑的に行うことが適切であり，また，個人の有責行為への制裁を本旨とする刑事罰が企業・組織の行動としての独禁法違反行為に適合的である場合は限定される。第2に，独禁法違反行為の中には，積極的な競争行動との区別がつけにくいもの，通常は競争制限効果をもたないものも多く，これらについて刑事的執行は不適切である。第3に，刑罰による制裁・抑止が適切な違反行為についても，刑事的執行にすべて委ねることが適切かどうかはさらに検討する必要がある（行政制裁を制度化するという方策もある）。

特に，独禁法違反行為は，特定人に具体的な被害をもたらすだけでなく，経済全体に大きな損害をもたらすものであり（価格カルテルは，高い価格を払わされた購入者に損害を与えるだけでなく，当該高い価格では購入できなかった人に機会利益の逸失をもたらし，さらに資源配分を歪め，経済全体に悪影響を及ぼす），積極的な規

制を行うことが望ましい経済成果につながる。

　これらの点を考慮すると，独禁法の執行において行政機関に一定の積極的な役割を担わせることが合理的である。その場合に，個々の産業を所管する行政機関にその所管する産業に係る独禁法問題を処理させるという仕組みがあり得ないわけではないが，次のような点からみて適切ではない。第1に，産業所管当局は，産業の育成・企業の支援等のさまざまな政策目的を有し，裁量的・誘導的な手法を基本としており，公平・中立的な法執行活動にはそぐわない。第2に，各産業当局による所管ごとの独禁法適用となり（独禁法執行の「領域化」），管轄をめぐる争議や規制基準の齟齬が生じることは不可避である。

　また，世界的にみても，独禁法の執行を任務とする専門の機関（「**競争当局**」と呼ばれる）が設けられている（ただし，具体的な組織形態や執行の仕組み・手続はさまざまである）。

　もちろん，このことは民事的執行や刑事的執行が不要になることを意味するものではない。特に，民事的執行には次のような重要な意義がある。第1に，競争当局にはリソースの制約があり，すべての独禁法問題を処理できるわけではなく，被害を受けていると考える者が自らの主張を実現できる場・手続を設けておくことが望ましい。第2に，競争当局による執行が十分なされたとしても，行為類型にもよるが，個々の被害者の救済（特に損害回復）につながることは期待しがたい。第3に，被害者が有するインセンティブを活用して，違反行為の制裁・抑止を図るための補完的な手段として民事的措置を位置づけることも考えられる。また，刑事的執行は，悪質重大なハードコアカルテルに対しては実効的である。

2 公取委の役割と法目的実現手法

　公取委は，独禁法の目的達成を任務としており（27条1項），独禁法の執行のみを担当しているわけではない。独禁法は，公正かつ自由な競争を促進することを直接の目的とし，それを通じた国民経済の発展を究極の目的としている（1条）。そのためには，競争制限行為を禁止・規制する「独禁法の執行」と，効率的に機能する競争的な市場環境を整備する「競争政策の推進」（「**競争唱導**（competition advocacy）」と呼ばれる）とが車の両輪のように作動することが必要

であり，公取委はこの両方の役割を担っている。

　また，独禁法の執行においても，事件の調査・処分という狭義の法執行に加え，実態調査の実施と改善指導といった行政的手法，ガイドラインの作成や事前相談に対する回答といった啓蒙的・予防的手法など，独禁法の目的を達成するために多面的な手法が活用されている（⇨ 第9章）。

　公取委は，「デジタル化等社会経済の変化に対応した競争政策の積極的な推進に向けて――アドボカシーとエンフォースメントの連携・強化」（令4.6.16公表）において，エンフォースメント（法執行）とアドボカシー（競争唱導）を車の両輪として競争政策を推進する旨表明しており，その成果が期待される。特に，アドボカシーとエンフォースメントを関連させ，実態調査では必要に応じて独禁法40条の一般的調査の権限を行使すること，実態調査で得られた情報を個別の審査事件につなげていくことが明記されており，留意する必要がある。

> **第27条【設置・任務】①　内閣府設置法（平成11年法律第89号）第49条第3項の規定に基づいて，第1条の目的を達成することを任務とする公正取引委員会を置く。
> ②　公正取引委員会は，内閣総理大臣の所轄に属する。**

1 本条の趣旨

　本条は，独禁法の目的を達成するために，国の行政機関として，行政委員会という組織形態をとる公取委を設置することを定めるとともに，内閣総理大臣の「所轄」に属することを規定している。

2 行政委員会としての公取委

　公取委は，委員長および4名の委員から構成される（29条1項）合議制の行政機関であり，講学上の「**行政委員会**」（「**独立規制委員会**」とも呼ばれる）である。戦後改革の一環として，アメリカの行政組織に倣って多数の行政委員会が設置されたが，多くが省庁の内部部局に再編されたり，審議会に改組されたりした中にあって，公取委は例外的に，組織や権限に大きな変更を受けることなく存続してきている。

　あらゆる業種・分野において生成変化する経済活動を対象とする独禁法の実体規定は抽象的・概括的であり，個別事件の処理やガイドラインの策定を通じて具体的なルール形成がなされる。そして，こうした個別事件の判断やルール形成を適切に行うためには，経済実態に対する鋭い認識と実効的な規制のための法的道具を必要とする。また，個々の事業者や関係する産業に大きな影響を及ぼすものであることから，公正中立かつ安定的に行われることが不可欠であり，法執行の透明性や予測可能性の確保が重要である。そのためには，法律および経済に関する専門的知見を有する専門家（29条2項）で構成される合議制の機関に委ねることが適切であると考えられる。

　ところで，公取委の組織や権限に対しては，これまでさまざまな批判や憲法上の疑義が提起されてきた。まず，かつては，①公取委の**職権行使の独立性**（28条）は「行政権は，内閣に属する」（憲65条）と定める憲法の規定に違反する，②不公正な取引方法の指定権限（2条9項6号）や（2013年改正で廃止された）準司法的手続としての審判制度は三権分立の憲法上の原則に反するといった違憲論が主張されたことがある。しかし，内閣総理大臣が公取委の人事や予算編成の権限を有し，国会も人事の同意権（29条2項）を有するのであり，また，委任立法の範囲は国会の裁量によるものであり，公取委の処分に対しては司法審査が可能であって，こうした違憲論には根拠がないと考えられる。

　また，意思決定に時間がかかる，政治的責任を果たせない専門家に委ねることは適切ではないといった批判もあるが，これらは合議制の機関のメリットの裏返しでもあり，今日，合議制を廃止すべきとする主張はないといえる。近年，他の分野でも行政委員会制度が導入される例（運輸安全委員会，原子力規制委員会，個人情報保護委員会）が出てきているが，専門技術性を基礎に，公正中立で一貫した安定的な判断が求められる行政分野においては，委員会制度が有効な組織形態であることが認識されるようになってきている表れであると考えられる。

③ 内閣総理大臣の所轄

　公取委は，内閣府設置法49条3項に基づき，本条により内閣府の外局として設置されている（内閣府64条）。また，公取委が内閣総理大臣の「**所轄**」に

属するとは，職務に関して内閣総理大臣の指揮命令は受けないが，人事や会計等の行政機関としての事務処理に関しては内閣府が所管するという意味である。内閣総理大臣は，委員長・委員の任免権を有するほか（29条2項，32条），内閣府の主任の大臣として，予算の概算要求，所管の法律・政令の制定・改廃についての閣議請議，内閣府令の制定等の権限を有する。また，国会に対する公取委の年次報告や意見提出も，内閣総理大臣を経由して行われる（44条）。

第27条の2【所掌事務】（略）

第28条【職権行使の独立性】 公正取引委員会の委員長及び委員は，独立してその職権を行う。

1 本条の趣旨

　公取委の委員長および委員がその職務を遂行するにあたり，相互に，あるいは第三者から制約を受けることは，合議制の組織形態をとることの本質に反するものである。本条の規定は，委員長および委員が独立して職権を行使すべき義務を負うことのみならず，第三者（特に，任命権者である内閣総理大臣やその他の政府・与党の幹部）も委員長および委員の職権行使の独立性を尊重する義務を負うことを意味する（公取委の命令に係る抗告訴訟における法務大臣の指揮権を排除する88条も参照）。

2 職権行使の独立性の根拠

　職権行使の独立性が認められている理由として，一般に，その時々の政府の政策や意向に左右されない中立的な法執行を担保すべきこと，専門技術性に基づく判断を尊重すべきこと，特に慎重な手続により行われる事件処理においては裁判官の独立性（憲76条3項）に準じた取扱いが必要であること等が挙げられている。

3 独立性の範囲・程度

　職権とは，本法その他の法令により公取委に与えられた職務権限であり，認可等の行政的権限（11条1項等），不公正な取引方法の指定（2条9項6号）等の準立法的権限，事件の審査・処分といった権限のすべてを含む。

　ただし，職権行使の独立性の程度は，権限の内容に応じて異なると考えられる。職権行使の独立性が特に重要であると考えられるのは，具体的な事件の審査・処分手続において行使される権限である。

　これに対して，準立法的権限については，透明な手続により国民各層の意見を踏まえて行使されることが望ましく，この点はガイドラインの策定等においても同様である。特に国会は，公取委の制定した規則や指定を法律の改廃により覆すことができるのであるから，国会の意向を考慮したり，事前に説明して了解を取ったりすることが必要になることも考えられる。現に公取委は，規則の制定や不公正な取引方法の指定，ガイドラインの策定等に際しては，原案を公表して，政府部内を含め広く意見を募り，提出された意見を参酌して最終化するプロセスを踏んでいる。こうしたプロセスが職権行使の独立性と抵触するものではない。

　また，委員長・委員は，個別事案の合議に際して，当該事案と個人的な利害関係（審査段階での関与を含む）を有する場合には関与しないことが求められる。なお，裁判官の除斥（民訴23条，刑訴20条）に準じた規定を設けておくことが望ましいと考えられる。

> **第29条【公正取引委員会の組織等】**①　公正取引委員会は，委員長及び委員4人を以て，これを組織する。
> ②　委員長及び委員は，年齢が35年以上で，法律又は経済に関する学識経験のある者のうちから，内閣総理大臣が，両議院の同意を得て，これを任命する。
> ③④　（略）

　本条は，合議体としての公取委の組織やその構成員である委員長および委員の任命資格，任命手続等を規定する。

　独禁法や公取委の活動が企業行動や経済活動に及ぼす重大な影響に鑑みれば，

公取委の委員長・委員の任免が極めて重要であることはいうまでもない。特に，独禁法に基づく法執行としての側面が強いことからは法律的な素養が，企業行動・経済活動を規律対象とし，経済分析が有用であることからは経済・経営的な知見が，それぞれ求められる。

　委員長・委員の任命にあたっては，両議院の同意が必要とされており，適切な審査が期待される。また，かつては，公取委の委員長・委員の多くに関係省庁の出身者が指定席のように任命されていたが，近年は，法曹関係者や法律学，経済学の研究者が登用される例が増えている。

第30条【委員長等の任期】／第31条【委員長等の身分保障】／第32条【委員長等の罷免】／第33条【委員長】／第34条【議決方法】　（略）

　これらの規定は，職権行使の独立性を制度的に担保するため，委員長・委員の任期制，身分保障，罷免要件を定めるとともに，委員長の権能や委員会の議事に関する最小限の定めである。

第35条【事務総局の組織】①　公正取引委員会の事務を処理させるため，公正取引委員会に事務総局を置く。
②　事務総局に事務総長を置く。
③〜⑧　（略）
第35条の2【事務総局の地方事務所】／第36条【委員長等の報酬】／第37条【政治活動・営利活動の禁止】／第38条【意見公表の禁止】　（略）

　公取委が職権を的確に行使する上で，その事務を処理する組織が必要であり，35条は，事務総局を置くことを定めるとともに，その内部組織を規定する。

　独禁法の制定，公取委の発足以来，事務局が置かれてきたが，公取委の体制強化の一環として，1996年の独禁法改正により事務総局が置かれることとなった。これにより，事務組織のトップとして，従来の事務局長が事務総長（各省の事務次官と同格）となり，事務総局には官房および局を置くこととされている（⇨【図表8-1】）。なお，事務総局の定員は，2023年度末時点で924名である。

　また，事務総局の職員には，検察官，弁護士等の法曹資格者を加える必要があり（35条7項），現に多くの法曹資格者が勤務している。さらに，エコノミ

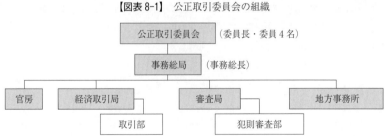

【図表 8-1】 公正取引委員会の組織

（出典）公取委ウェブサイト「公正取引委員会の組織図」をもとに作成

ストや IT 技術者の採用も行われている。

> **第 39 条【秘密漏示等の禁止】** 委員長，委員及び公正取引委員会の職員並びに委員長，委員又は公正取引委員会の職員であった者は，その職務に関して知得した事業者の秘密を他に漏し，又は窃用してはならない。

1　本条の趣旨

本条は，公取委には調査のための強制権限が与えられており，事業者の秘密に接することから，「公正取引委員会の企業秘密保護に対する一般の信頼を確保して，その権限行使の円滑適正を図らんとした」規定である（⇨ 8-1 ）。

国家公務員法には，職員の「職務上知ることのできた秘密」の保持義務が定められているが（国公 100 条 1 項），本条は，「事業者の秘密」に限定した規定であり，違反に対する罰則（93 条）は，国家公務員法上の罰則より若干重い。

2　事業者の秘密

本条にいう「**事業者の秘密**」とは，「①非公知の事実であって，②事業者が秘匿を望み，③客観的に見てもそれを秘匿することにつき合理的な理由があると認められるもの」（番号筆者追加）をいう（⇨ 8-1 ）。

> 8-1 **エポキシ樹脂秘密漏洩事件**（東京地判昭 53.7.28 刑月 10 巻 6～8 号 1162 頁）
>
> 公取委の職員が業界レポートの出版を行う者に，各事業者のエポキシ樹脂の「生産・販売数量，販売単価，売上高，代理店名，代理店との取引条件，需要者名，需要者別販売数量及び主要原料の購入先・購入数量・購入価格

等」を漏らしたという事案であるが，これらが「各事業者の企業競争力を構成し，また，顧客獲得競争に臨む戦術のいわば手の内を示すものである」として，前記の③要件を満たすと判示した。

> **第40条【一般的な調査】** 公正取引委員会は，その職務を行うために必要があるときは，公務所，特別の法令により設立された法人，事業者若しくは事業者の団体又はこれらの職員に対し，出頭を命じ，又は必要な報告，情報若しくは資料の提出を求めることができる。

1 本条の趣旨

公取委が違反被疑事件の審査のために用いる調査権限については独禁法47条に規定があるが（⇨ **第9章第2節第1款**），本条は，公取委がそれ以外の局面で用いることができる一般的な調査権限を定めている。違反被疑事件として取り上げる前の予備的な調査や経済・取引の実態調査における報告命令や資料提出命令が考えられる。本条に基づく一般的調査の拒否等に対しては，94条の2に罰則が設けられている。

2 調査のための処分の例

公取委が行う実態調査等においては，相手方の任意の協力を得て，報告や資料の提出を求めることが一般的であるが，例えば，相手方が契約上守秘義務を負っているような場合に，任意の協力を得ることが難しいこともあり，本条による調査が行われることがある。公取委が近年報告書を公表したLNG取引（平29.6.28公表），クラウドサービス分野の取引（令4.6.28公表），携帯電話端末の廉価販売（令5.2.24公表）の実態調査では，本条の権限を用いたとされている。

近時，公取委は，違反事件としての審査の要否を判断するための情報収集や企業結合審査を含め，必要に応じ，本条の一般的調査権限を活用する方針を公表しており，本権限の行使に関する公取委規則を制定している（私的独占の禁止及び公正取引の確保に関する法律第40条の処分に関する規則）。

第41条【調査の嘱託】／第42条【公聴会】 （略）

第43条【必要な事項の公表】 公正取引委員会は，この法律の適正な運用を図るため，事業者の秘密を除いて，必要な事項を一般に公表することができる。

1 本条の趣旨

　本条は，公取委が独禁法の「適正な運用を図るため」に「必要な事項」を公表できることを定め，国民の同法に対する理解や支持を促進するとともに，違反を抑止して法の実効性を高めることを目的とする。行政機関が必要な事項を公表できることは当然であり，国民の「知る権利」を保障する観点からも必要なことであり，創設的な規定とはいえない。

　「事業者の秘密」に該当する事項が公表の対象外とされていることも当然であり，個人のプライバシーに関わる事項も同様に解される。「事業者の秘密」については，39条のそれと同じに解する説もあるが，本条による公表が公取委による組織的行為として公益目的から行われるものであることを理由に，公表の例外を狭く解する説が広く支持されている。

　一般に，公表は，情報提供の目的で行われるものであり，制裁的・不利益処分的なものでない限り，行政処分性を有しないと解されている。したがって，公表に先立ち，利害関係者に対する説明等の機会を設けておくことが望ましい。

2 警告等の公表

　公取委は，違反被疑事件の処理について「警告」をしたときも，その旨公表している。警告は，排除措置命令を行うに足る証拠が得られなかった場合であっても，独禁法違反の疑いがあるときに，関係事業者等に対して是正措置をとるよう指示するものであるが，警告を公表することに対しては批判があった。こうした点も考慮して，2009年の独禁法改正の際に，公取委規則において，警告を行う際にも事前の意見申述等の機会を付与し，また，警告を文書で行うこと等が定められた（審査規則26条～28条）。なお，注意や打切りとした審査事件についても，例外的に公表されることがある。

311

また，公取委は，2022年12月27日，優越的地位の濫用に関する緊急調査の結果を公表し，「コストの上昇分の取引価格への反映の必要性について，価格の交渉の場において明示的に協議することなく，従来どおりに取引価格を据え置くこと」が目立った事業者13社の社名を本条の規定を根拠に公表している。政府全体の重点施策として中小事業者が適切に価格転嫁できる環境の整備が進められる中で，「独占禁止法又は下請法に違反すること又はそのおそれを認定したものではない」としつつ，異例の社名公表が行われた。公取委はこうした公表を行う方針である旨事前に示しており，また，対象となる事業者には意見を述べる機会を付与したとされている。

> **第43条の2【外国競争当局に対する情報提供】**①　公正取引委員会は，この法律に相当する外国の法令を執行する当局（以下この条において「外国競争当局」という。）に対し，その職務……の遂行に資すると認める情報の提供を行うことができる。ただし，当該情報の提供を行うことが，この法律の適正な執行に支障を及ぼし，その他我が国の利益を侵害するおそれがあると認められる場合は，この限りでない。
> ②③　（略）

1　本条の趣旨

　本条は，外国競争当局との情報交換に関する法令上の根拠や取扱いを明確化するために，公取委による外国競争当局への情報提供が一定の条件の下に可能であることを確認的に規定するものであり，2009年改正により追加された。

　外国競争当局との情報交換は古くから行われており（OECD理事会勧告に基づく通報制度の活用を含む），近年では，アメリカ（1999年），EU（2003年），カナダ（2005年）との間に**独占禁止協力協定**が締結されているほか，アジア・太平洋地域を中心とする諸国・地域との経済連携協定（EPA。2002年のシンガポールが最初）の競争に関する章において，情報交換を中心とする執行協力の方法や手続が具体的に規定されている。また，韓国，中国，シンガポール，インド等の競争当局との間で協力に関する覚書を締結している。

　こうした情報交換は，法令の範囲内で，かつ，わが国の利益に合致する限りで行われるものであり，本条は，その要件を定めている。

2 情報提供の要件

外国競争当局に対する情報提供は，外国競争当局の職務の遂行に資する情報に限り，独禁法の適正な執行に支障を及ぼさず，その他わが国の利益を侵害するおそれがない場合に行うことができる。公取委は，情報提供にあたっては，①相互性（提供先当局が同様の情報提供を公取委に行うことが可能であること），②秘密性の担保（提供先国の法令により，わが国と同程度の秘密の保持が担保されていること），③目的外使用の禁止を確認する必要がある（43条の2第2項）。また，提供された情報が外国での刑事手続に使用されないよう適切な措置をとることが求められる（同条3項）。

> **第44条【国会に対する報告等】①** 公正取引委員会は，内閣総理大臣を経由して，国会に対し，毎年この法律の施行の状況を報告しなければならない。
> **②** 公正取引委員会は，内閣総理大臣を経由して国会に対し，この法律の目的を達成するために必要な事項に関し，意見を提出することができる。

1 本条の趣旨

本条は，職権行使の独立性を認められた行政委員会として広範な権限を行使する公取委の特性に鑑み，国会に対する独禁法の施行状況の年次報告義務（44条1項）および意見提出権（同条2項）を定め，国会との直接的な関係を持たせる規定である。

公取委の年次報告は，「独占禁止白書」と通称され，各種統計を含め，資料的価値が高い。かつては，違反事件の警告や企業結合事例が年次報告において初めて公表される取扱いになっていたが，近年は，その都度，あるいは年次報告の公表前に迅速に公表されている。

また，意見提出権については，独禁法の改正に関わる意見のみならず，幅広く競争政策に関わる事項について意見を提出することができると考えられるが，実際には，公取委がこの権限を行使したことはない。議院内閣制の下では，内閣と同じ意見を提出する意味は乏しく，異なる意見を提出しても実現する可能性が乏しいという事情によるものと考えられる。

2 内閣総理大臣の経由

　国会に対する年次報告も意見提出も，内閣総理大臣を経由して行うこととされている。これは，公取委が内閣総理大臣の所轄に属すること（27条2項）によるものではなく，国会に提出するものであり，行政府の長としての内閣総理大臣を経由することが適切と判断されたものと考えられる。単に内閣総理大臣を経由するのであって，内閣総理大臣が修正等を求めることはできないと解される。

第 9 章

エンフォースメント

1 独禁法のエンフォースメントの特徴

　本章では，公取委による独禁法違反事件の審査と処分，およびその司法審査の手続を概観するほか，刑事的執行についても簡単に取り上げる（民事救済については **第7章** 参照）。

　独禁法のエンフォースメントの全体像を把握する観点から，その特徴を挙げてみる。第1に，「**公取委中心主義**」とその揺らぎである。独禁法のエンフォースメントにおいては，公取委が中心的な役割を果たす仕組みがとられている。公取委が排除措置命令や課徴金納付命令により行政的に執行することはもちろん，刑事的執行においても専属告発の権限を有し（96条），また，確定した命令を前提とする無過失損害賠償制度（25条）が設けられているなど，被害者による民事救済においても一定の役割を与えられている。ただし，2000年独禁法改正で，被害者による不公正な取引方法の差止請求制度（24条）が導入されるなど，公取委中心主義は緩和されてきている。

　第2に，違反に対する**サンクション**の重要性を指摘できる。違反行為を排除措置命令により迅速に排除し，競争秩序の回復を図るだけでなく，**課徴金**という行政上の措置により違反行為の抑止を図る仕組みが1977年改正により導入されている。課徴金制度は，当初はカルテルによる不当な利得の剥奪を目的とするものであったが，累次の改正により，売上額に対する算定率の引上げや加重・軽減率の設定，減免制度の導入など，制裁的な機能が強化されてきた。また，適用対象となる違反行為類型が漸次拡大されてきており，独禁法違反に対するサンクションの中核をなしている。

　第3に，公取委は，独禁法の目的を実現するために多様な手法を用いている。事件審査においては，違反認定を前提とする排除措置命令・課徴金納付命令のほか，違反の疑いについて公取委と事業者等との合意により迅速に解決するために2016年改正で導入された確約計画認定（公取委では以上の措置を「法的措置」と総称している），警告・注意といった非公式な措置，さらに，事業者等の自発的措置による審査終了（打切り）といった多様な処理方法が用いられてい

る。また，こうしたエンフォースメントの手法以外に，公取委では，事業者等からの事前相談に対する回答，経済・取引の実態調査に基づく改善指導といった手法も用いて，独禁法上の問題点の改善や違反の未然予防を図っている。特に排除措置命令が主としてハードコアカルテルを対象としているのに対し，確約計画認定を含め，それ以外の措置や手法においては多様で広範囲な行為や活動が対象とされており，実際上の影響は大きい。

第4に，公取委が各種のガイドラインを作成・公表し，独禁法の解釈や運用方針を明らかにしている。公取委のガイドラインは，事業者や事業者団体の経営判断や事業活動に対して大きな影響を及ぼす。独禁法上の判断が具体的な事実に依存した個別的なものにならざるを得ないことから，ガイドラインには，事案分析の枠組みや手法を具体化し，事業者等に予測可能性を与えるとともに法運用の透明性を確保する役割が期待されている。

② 行政処分手続と司法審査の概要

独禁法違反事件の行政手続は，公取委が独禁法違反の疑いを持ち，その調査を開始することから始まる（45条）。秘密裏に行われるハードコアカルテルについては，カルテル参加者からの**課徴金減免申請**が調査開始の端緒となることが多い。調査の方法には，関係人の営業所等への立入検査，関係者からの聴取，報告・提出命令等の手段による「**行政調査**」（47条）と，裁判官の令状を得て強制的な臨検・捜索・差押えを行う「**犯則調査**」（12章）に分けられる。犯則調査は，刑事手続への移行を念頭に置いたものであり，実際上，悪質重大なハードコアカルテル事案に限定される。公取委は，これらの調査によって当該事案について刑事責任の追及が必要と判断する場合には，検事総長に告発することになる（74条）。

また，事件審査の過程で，公取委と関係事業者等が違反被疑行為に係る排除措置を合意することにより，違反認定をすることなく審査を終了させる確約手続が導入されており（48条の2以下），ハードコアカルテル以外の違反事件で活用されている。

公取委が独禁法違反の事実を認定した場合には，排除措置命令により違反行為の排除を命じ，また，所要の要件を満たす場合には一定の方法で計算した額

の課徴金の納付を命ずることとなるが，これらの命令を行うには，事前に**意見聴取**の手続をとることが必要である（49条以下，62条4項）。おおむね行政手続法における聴聞（行手13条1項1号，15条以下）に相当する手続であり，指定職員（意見聴取官）が意見聴取手続を主宰し，意見聴取官が作成する意見聴取の調書および報告書を十分に参酌して，委員会は命令を行うこととなる（49条〜60条，62条4項）。

公取委の命令に対しては，行政事件訴訟法の規定による抗告訴訟（実際上，命令の取消訴訟になる）を提起できるが，被告は公取委自身であり（77条），また，第1審裁判権は東京地裁に専属する（85条1号）。

3 公取委の行政手続をめぐる問題

公取委の行政手続をめぐっては，違反事件の審査手続の問題および公取委による審判手続とその司法審査の問題が長年議論されてきた。従来，公取委の違反事件処理手続は，裁判類似の審判手続を中核とした「準司法的手続」として位置づけられ，司法審査においても特別の取扱いがなされ，公取委の組織上の特徴（⇨ **第8章** ）と相まって，公取委の独立性や専門性の現れであると考えられてきた。しかし，審判手続に対しては経済界，法曹界を中心に批判があり，さまざまな議論の末，2013年改正により，審判手続は廃止され，公取委の排除措置命令・課徴金納付命令に対して直ちに抗告訴訟を提起できる仕組みとなり，審判手続問題は決着をみた。

また，公取委の審査手続に対しては，かねてから適正手続の確保の観点からの問題点が指摘されてきた。審査規則の改正等により一定の改善はみられたものの，経済界や法曹界からは，事件関係人の従業員等からの事情聴取の際の弁護士の立会い，作成された供述調書の写しの交付，関係証拠の閲覧・謄写の拡充，弁護士・依頼者間秘匿特権の導入等が求められてきている。こうした審査手続をめぐる問題については，公取委が2015年12月に「独占禁止法審査手続に関する指針」（審査手続指針）を策定しており，立入検査や供述聴取等に関する具体的な手順が詳細に解説されている。

しかし，こうした措置が運用の改善や明確化にとどまり，制度的な対応ではないことから，特に弁護士・依頼者間秘匿特権をめぐっては，その制度化を求

める経済界や法曹界と，独禁法だけの問題ではないこと等を理由に運用上の配慮にとどめたい公取委との対立が続いてきた。その後，課徴金調査協力減算制度（⇨ **第2章第5節第3款** ）を導入するための 2019 年改正の検討過程において，事業者と弁護士との間で秘密に行われた通信の内容を記録した文書で一定の要件を満たすものについて，審査官がアクセスしないこと等を内容とする手続を公取委規則により整備することとされた。これを受けて，公取委は，審査規則に関係規定を追加するとともに，その取扱いを具体的に示す指針を策定している（⇨ 47 条 **3** ）。

4 刑事的執行の概要

　不公正な取引方法や企業結合行為を除く独禁法違反行為に対しては，刑事罰の定めが設けられており，また，確定した排除措置命令の違反や公取委の行政調査の妨害等，届出等の義務の違反についても，所要の罰則が置かれている（89 条以下）。

　特に，公取委は，刑事責任の追及を求めて刑事告発する権限を専有しており（96 条），また前述のように，刑事手続に移行することを想定した犯則調査の権限も与えられている（12 章）。そして，公取委は，「**刑事告発・犯則調査方針**」を公表し，悪質重大なハードコアカルテル等について積極的に刑事告発する方針を明らかにしている。ただし，刑事事件がそれほど多いわけではなく，刑事的執行の一層の活発化を求める声もある。

第2節　行政手続

第1款　事件の調査

第45条【事件調査の端緒】①　何人も，この法律の規定に違反する事実があると思料するときは，公正取引委員会に対し，その事実を報告し，適当な措置をとるべきことを求めることができる。
②　前項に規定する報告があったときは，公正取引委員会は，事件について必要な調査をしなければならない。
③　第1項の規定による報告が，公正取引委員会規則で定めるところにより，書面で

具体的な事実を摘示してされた場合において，当該報告に係る事件について，適当な措置をとり，又は措置をとらないこととしたときは，公正取引委員会は，速やかに，その旨を当該報告をした者に通知しなければならない。
④　公正取引委員会は，この法律の規定に違反する事実……があると思料するときは，職権をもって適当な措置をとることができる。

① 本条の趣旨

本条は，公取委の事件審査の開始について，一般人からの報告（実務上「申告」という）と職権探知を規定している。審査開始の手がかり（「端緒」という）には，このほかに中小企業庁からの報告（中小企業庁設置法4条7項）や課徴金減免制度による事業者からの報告（7条の4。「課徴金減免申請」と呼ばれる。⇨ **第2章第5節第3款**）がある。

② 報告者の地位

本条1項は，「何人も」独禁法違反の事実があると考えるときには公取委に報告して適当な措置をとるよう求めることができること，同条2項は，その報告を受けた公取委が「事件について必要な調査をしなければならない」ことを規定する。

報告の書式や様式が定められているわけではなく，書面ではなく口頭でも，また，匿名でもよいが（ただし，報告者に対する措置結果の通知〔45条3項〕を受けるには，書面かつ顕名が必要），違反の疑いのある行為について，具体的に，かつ，それを裏づけるような資料を添えて報告することが望ましい。

公取委の審査局情報管理室で受理された報告について，補充調査を含めた総合的な検討が行われる。また，公取委の審査リソースには限りがあり，事案の重要度や優先度を考慮した政策的判断も求められる。公取委の専門的・経験的な裁量により審査の要否や方法が判断されるのであり，報告者（申告人）に対して公取委が具体的な調査義務を負ったり，報告者が具体的な措置請求権を有したりするものではない（報告者が被害者である場合も同様）と解されている。

　9-1 エビス食品企業組合事件（最判昭47.11.16民集26巻9号1573頁＝ **7-6** ）
　　申告人である原告が，申告事実に基づき公取委が法的措置をとらないこと

につき不作為の違法確認や不作為による損害の賠償を請求した事案である。本条1項は，公取委の審査手続開始の職権発動を促す端緒に関する規定であるにとどまり，報告者に対して公取委に適当な措置をとることを要求する具体的請求権を付与したものではないと判断された。

3 報告者に対する通知

1977年改正によって本条3項が追加され，顕名で具体的事実を摘示した書面による報告に対しては，公取委の措置結果を通知する仕組みが導入された。自らの報告の成り行きに関心を持つ報告者の期待に応え，その便宜を図るものであるが，通知内容に不満があっても不服を申し立てることはできない。通知書には，排除措置命令等の法的措置のほか，警告等の非公式な措置がとられた場合には，その旨が記載される（審査規則29条）。

なお，公取委では，2000年10月から，委員1名と事務総長等で構成される申告処理審理会を内部に設け，処理の結果に疑問等を持つ報告者からの申出により，再点検する仕組みを設けている。

第46条【独占的状態規制に関する主務大臣の意見】 （略）

第47条【行政調査】 ① 公正取引委員会は，事件について必要な調査をするため，次に掲げる処分をすることができる。
一　事件関係人又は参考人に出頭を命じて審尋し，又はこれらの者から意見若しくは報告を徴すること。
二　鑑定人に出頭を命じて鑑定させること。
三　帳簿書類その他の物件の所持者に対し，当該物件の提出を命じ，又は提出物件を留めて置くこと。
四　事件関係人の営業所その他必要な場所に立ち入り，業務及び財産の状況，帳簿書類その他の物件を検査すること。
② 公正取引委員会が相当と認めるときは，政令で定めるところにより，公正取引委員会の職員を審査官に指定し，前項の処分をさせることができる。
③ 前項の規定により職員に立入検査をさせる場合においては，これに身分を示す証明書を携帯させ，関係者に提示させなければならない。
④ 第1項の規定による処分の権限は，犯罪捜査のために認められたものと解釈して

はならない。

1 47条の趣旨

47条は，公取委の審査活動において行使できる行政調査の権限を定めるものである。立入検査，提出命令，報告命令，審尋等の処分に従わない者に対しては罰則が設けられている（94条）。これは，いわゆる間接強制であり，直接強制ではないことから，裁判官の令状による許可は必要ではない。

2 審査官の権限

委員会は，独禁法違反被疑事件について，行政調査のための処分を行う必要があると認めたときには，審査局（犯則審査部を除く）または地方事務所の職員を**審査官**に指定して当該事件の審査に当たらせる（47条2項，審査官指定政令）。審査官は，事件について必要な調査をするため，次の処分をすることができる。

① 出頭命令・審尋・報告命令（47条1項1号）
② 鑑定命令（同項2号）
③ 提出命令・留置（同項3号）
④ 立入検査（同項4号）

なお，以下でいう事件審査には企業結合案件も含まれ，公取委は，この点を明確にし，企業結合課等の職員による権限行使が可能となるように，関連政令・規則の改正を行っている（令3.4.1施行）。しかし，実際に企業結合案件について事件審査を行うことは想定されていないと思われ，以下の記述では省略する（⇨ **第4章第3節** 10条 **10**）。

事件審査は，通常，「事件関係人の営業所その他必要な場所」に立ち入り，帳簿書類等の物件を検査することから開始される。この**立入検査**を行うには，審査官証を携帯し，提示すること（47条3項），事件名，被疑事実の要旨および関係法条を記載した書面（被疑事実等告知書）を交付すること（審査規則20条）が必要である。事件名は，例えば，「○○製品の製造業者及び同販売業者並びにこれらの団体に対する件」として特定される。検査先は，「事件関係人」（違

【図表9-1】 独占禁止法違反被疑事件処理の流れ（行政調査）

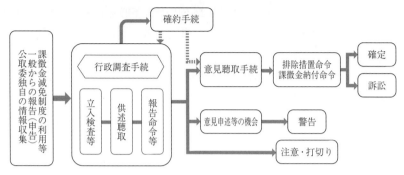

（出典）公取委「独占禁止法違反被疑事件の行政調査手続の概要について」（平27.12）掲載の図をもとに作成

反被疑行為に関係する事業者や事業者団体とこれらの役職員）に限定されず，「参考人」（事件関係人以外で，違反被疑事実に関係する情報を有する者）を含み，また，その場所も「営業所」に限定されず，必要があると認められる限り，事業者等の役職員の私宅なども対象となり得る。

　立入検査の結果，違反被疑事実の調査に必要と認められる書類等の物件については，**提出命令**を行い，**留置**することができる。提出物件については，審査に支障となる場合を除き，提出者は閲覧・謄写することができる（審査規則18条）。

　立入検査により留置した物件を精査し，違反事実の有無を明らかにするためには，事件関係人や参考人から事情を聴取し，調書を作成して証拠化する必要がある。この場合に，**出頭命令**により**審尋**し，審尋調書を作成することができるが，通常は任意の出頭要請を行い，供述調書（審査規則13条）を作成する方法が用いられる。これらの調書を作成したときには，供述人に読み聞かせ，あるいは閲覧させて，誤りがない旨申し立てたときには署名押印を求めることができる。

　また，関係人や参考人に対して，報告事項・報告様式を示して**報告命令**を行うことができるほか，報告依頼という任意の方法も用いられる。このほか，専門知識を有する者に鑑定人として出頭を求め，**鑑定**させることができる。

　審査官がこれらの処分を行ったときには，必要な調書を作成する義務がある

（48条）。また，審査官の処分に不服がある者は，1週間以内に委員会に異議の申立てをすることができる（審査規則22条）。行政不服審査法による不服申立てはできない（70条の12）。なお，任意の供述聴取については審査手続指針において苦情申立制度が設けられている。

公取委は，行政調査手続の適正性の確保の観点から，行政調査の標準的な実施手順や留意事項等を審査手続指針として定めて職員に周知徹底するとともに公表している。また，事業者等向けに説明資料として「独占禁止法違反被疑事件の行政調査手続の概要について」を公表している。

事件審査が終了したときは，端緒，審査経過，事実の概要，関係法条および審査官の意見を明らかにした審査報告書が作成され，審査局長が委員会に報告する（審査規則23条）。

3 判別手続

2019年の独禁法改正は，課徴金減免制度に事業者の調査協力の度合いに応じて課徴金を減算する仕組み（調査協力減算制度）を導入することを主な内容としている（⇨ 第2章第5節第3款 ）。この改正法案を取りまとめるに際しては，事業者と弁護士との間で秘密に行われた通信の内容を記録した文書で一定の要件を満たすものについて，審査官がアクセスしないこと等を内容とする手続を公取委規則により整備することとされた。いわゆる弁護士・依頼者間秘匿特権を制度化することを求める経済界や法曹界の意見を踏まえたものである。

具体的には，公取委の行政調査手続において，所定の手続により一定の条件を満たすことが確認された，事業者と弁護士との間で秘密に行われた通信（特定通信）の内容を記録した物件を，審査官がその内容に接することなく還付する手続（判別手続）が設けられた。審査規則に関係規定（23条の2から23条の5）を追加するとともに，その取扱いを明確にし，事業者の予見可能性を確保する観点から，「事業者と弁護士との間で秘密に行われた通信の内容が記録されている物件の取扱指針」（判別指針）が策定されている（いずれも，改正法の施行日である2020年12月25日から施行）。

ただし，判別手続は，課徴金減免制度の対象となる被疑行為に係る行政調査のみに関わるものであり，犯則調査手続は対象としておらず，ましてや，課徴

金減免制度の対象にならない被疑行為（私的独占や不公正な取引方法）は対象外である。

こうした取扱いの対象になる特定通信とは，課徴金減免の対象となる違反（不当な取引制限およびそれに相当する 8 条 1 号該当行為）の被疑行為に関する法的意見についての弁護士（原則として組織内弁護士は含まれない）との相談とその回答であり，事実を主たる内容とするものは含まれない。また，特定通信の内容を記録した物件（電子データを含む）が適切に保管されていることが必要であり，典型的には，特定通信の内容を記録したものである旨の表示，特定の保管場所での保管，内容を知る者の限定が求められる。

本取扱いの適用を受けるためには，提出命令を受けるに際して，審査官に対し申出書を提出し，かつ，原則として 2 週間以内に特定通信ごとにその概要を記載した概要文書を公取委に提出する必要がある。審査官は，申出のあった物件（特定物件）については，封をした上で提出命令を行い，封を解くことなく判別官に引き継ぐ。判別官は，事件ごとに委員会から指定され，本取扱いの対象となることの確認を独立して行う。確認ができた特定物件は提出者に還付され，確認ができなかった特定物件は審査官に引き継がれる。

判別手続の利用は進んでいない模様であり，令和 4 年度まで利用実績はない（公取委年次報告による）。

4 行政調査をめぐる諸問題

行政機関が行う立入検査については裁判官の許可状なしに行うことができると解されており（税務調査に関する川崎民商事件＝最大判昭 47.11.22 刑集 26 巻 9 号 554 頁），公取委の立入検査についても同様に，憲法 35 条の**令状主義**の適用はないとされている。

なお，上記の解釈は，行政上の立入検査が刑事責任の追及に一般的に結びつくものではないことが前提になっているところ，公取委が刑事告発の積極化の方針を表明し，刑事訴追の現実的可能性が高まる中で，令状主義との関係を問い直す見解もあり，これが 2005 年独禁法改正による犯則調査手続の導入につながったといえる（⇨ 第 5 節 ）。

また，公取委が行う審尋は，刑罰による威嚇をもって供述を間接的に強制す

るものであり，憲法38条で保障される**自己負罪拒否特権**との関係で問題があるのではないかという指摘がある。この点も，前記の川崎民商事件では税務調査における質問検査権の行使が刑事責任の追及に一般的に結びつくものではないこと等を前提に，合憲との解釈が示されており，公取委の審尋についても同様に解されている。

　ところで，本条4項は，1977年の独禁法改正において追加された規定であり，行政調査権限を定める法令に定型的に挿入されている条項である。公取委は，排除措置命令等の行政処分を行うほか，刑事告発の権限を有し，特に公取委の告発が公訴提起の条件となっていること（専属告発）から，公取委が行政調査に基づき告発することが本項との関係でどのように位置づけられるのかという問題がある。一般には，告発自体は公取委の行政機関としての権限を行使して独禁法の目的を達成する手段として行われるものであり，告発に至るまでの公取委の調査が犯罪捜査のためのものであったということにはならないと解されている。なお，行政調査と犯則調査の関係については，　第5節　参照。

第2款　確約手続

> **第48条の2【排除措置計画の認定の申請に係る通知】**　公正取引委員会は，第3条，第6条，第8条，第9条第1項若しくは第2項，第10条第1項，第11条第1項，第13条，第14条，第15条第1項，第15条の2第1項，第15条の3第1項，第16条第1項，第17条又は第19条の規定に違反する事実があると思料する場合において，その疑いの理由となった行為について，公正かつ自由な競争の促進を図る上で必要があると認めるときは，当該行為をしている者に対し，次に掲げる事項を書面により通知することができる。ただし，第50条第1項（第62条第4項において読み替えて準用する場合を含む。）の規定による通知をした後は，この限りでない。
> 一　当該行為の概要
> 二　違反する疑いのある法令の条項
> 三　次条第1項の規定による認定の申請をすることができる旨

1 本条の趣旨

　本条以下の規定は，いわゆる**確約手続**を定めている。確約手続とは，公取委

が適切と認める独禁法違反被疑事件について，調査を受けている事業者等が一定の排除措置をとる旨の計画（「排除措置計画」。既往の違反行為にあっては「排除確保措置計画」〔これらは「**確約計画**」と総称される〕）の認定を公取委に申請し，当該計画が適切で履行が確保されると公取委が判断して当該計画を認定することにより，違反事実を認定して排除措置命令（課徴金対象事件では課徴金納付命令も）を行うことなく，迅速に当該事件を終結させる手続である。公取委が，意見聴取の通知をする前に，「公正かつ自由な競争の促進を図る上で必要があると認め」て，違反被疑行為者に対し確約計画の認定申請が可能である旨の通知（確約手続通知）をすることが前提になる。公取委では，確約手続に係る運用の透明性や事業者の予見可能性を確保する観点から，「確約手続に関する対応方針」（平 30.9.26，最終改定令 3.5.19。以下「確約対応方針」という）を策定している。

2 確約手続の導入の背景

2009 年独禁法改正によって裁量性を欠く課徴金制度の対象行為類型が大幅に拡大され，違反認定が課徴金賦課に直結することから，違反認定自体を回避することになるという弊害が認識されるようになった。また，違反事件審査を関係事業者等との対立的（ないしは一方的）なものとしてとらえるのではなく，協調的なものとして位置づけ，調査協力を促すことが迅速で実効的な審査やサンクション賦課につながるとする考え方が国際的にも支持されるようになってきた。こうした中で，TPP（環太平洋パートナーシップ）協定の競争政策章の規定を受ける形で，2016 年 12 月に成立した TPP 協定整備法（環太平洋パートナーシップ協定の締結に伴う関係法律の整備に関する法律）により独禁法が改正され，確約手続が導入されたものである（TPP11 協定〔環太平洋パートナーシップに関する包括的及び先進的な協定〕への移行に伴い 2018 年 6 月に成立した TPP 協定整備法一部改正法により，施行日は TPP11 協定の発効日である同年 12 月 30 日）。

3 確約手続の対象となる違反被疑行為

確約手続の対象となる違反被疑行為について，法文上の明示的な限定はないが，確約対応方針においてハードコアカルテルは対象外であるとされている。

これは，最も重大で，課徴金や（場合によっては）刑事罰による抑止が不可欠な違反行為類型であるハードコアカルテルについて，排除措置命令による違反認定や課徴金の賦課なしに違反事件審査を終了させることは「公正かつ自由な競争の促進を図る」ことにはならないと考えられるからである。また，同様の観点から，過去10年以内に同一条項の違反行為について法的措置を受けて確定している場合や刑事告発に相当するような悪質重大な違反被疑行為である場合にも，確約手続の対象にしないとされている。そのほかの場合には，公取委は個別具体的な事案ごとに判断することになる。違反か否かの判断が容易ではない行為類型であって，特に当該違反被疑行為が継続しているものについては，迅速に当該違反被疑行為を排除するために確約手続を用いることには意義があると考えられる。

4 確約手続の現状と課題

2018年12月末の施行後，2023年12月末までに16件の確約計画の認定事例があった。すべて不公正な取引方法の事案（うち1件は排除型私的独占との選択）であり，その内訳は，拘束条件付取引7件（同等性条項3件，価格広告の制限3件，競争者との取引の制限等1件），優越的地位の濫用4件，競争者に対する取引妨害2件，排除型私的独占または不公正な取引方法（競争者に対する取引妨害）1件，再販売価格の拘束1件，排他条件付取引または拘束条件付取引1件（全量出荷義務等）である。これらの中には，かなり長期の審査を経て確約認定に至ったものもあり，違反被疑行為の迅速な排除という制度の趣旨からみて疑問が残る。また，これまで第三者からの意見募集は行われておらず，違反被疑行為の公表が簡潔で，その想定される競争制限効果の発生メカニズムにはほとんど言及がないなど，運用には改善の余地がある。

なお，確約手続の施行後も，関係事業者の自発的措置により審査終了（打切り）とされた事件が少なくないが，公取委の措置の選択基準は明確ではない。

確約手続を用いるかどうかの判断に際しては，当該違反被疑行為に係る立証の難易や実効的な排除措置の内容等を含めた総合的な判断が必要になるものと考えられるが，安易に確約手続によることは違反行為の実効的な抑止，独禁法の実体ルールの形成や被害者の救済等の観点からみて問題がある。確約対応方

針に沿って個別事案を処理するにあたって，公取委には，関係事業者等との意思疎通を密にするとともに，確約手続の対象となる行為類型や事案の選定，確約計画の内容，認定要件の解釈，意見募集の方法，公表内容，確約手続において提出された資料の取扱い等に関する実務をさらに具体化・明確化していくことが求められる。

　また，仮に当該違反被疑行為者が確約計画を履行しない場合には，公取委は認定を取り消し，あらためて排除措置命令等を行うための手続をとることになるが，不履行に対する制裁は設けられていない。さらに，確約手続による違反事件の処理は，課徴金対象行為に関しては実質的に課徴金を賦課しないという裁量を意味するから，公取委の裁量を認めない現行課徴金制度の趣旨に沿うものかについては疑問もある。特に排除型私的独占や優越的地位の濫用について，確約手続により課徴金を課さずに排除措置のみとらせることが想定されているようであるが，課徴金制度の見直しを進めるべきである。

第48条の3【排除措置計画の認定】①　前条の規定による通知を受けた者は，疑いの理由となった行為を排除するために必要な措置を自ら策定し，実施しようとするときは，公正取引委員会規則で定めるところにより，その実施しようとする措置（以下この条から第48条の5までにおいて「排除措置」という。）に関する計画（以下この条及び第48条の5において「排除措置計画」という。）を作成し，これを当該通知の日から60日以内に公正取引委員会に提出して，その認定を申請することができる。

②　排除措置計画には，次に掲げる事項を記載しなければならない。
　一　排除措置の内容
　二　排除措置の実施期限
　三　その他公正取引委員会規則で定める事項

③　公正取引委員会は，第1項の規定による認定の申請があった場合において，その排除措置計画が次の各号のいずれにも適合すると認めるときは，その認定をするものとする。
　一　排除措置が疑いの理由となった行為を排除するために十分なものであること。
　二　排除措置が確実に実施されると見込まれるものであること。

④～⑨　（略）

第48条の4【排除措置命令及び課徴金納付命令に係る規定の適用除外】　（略）

1 排除措置計画の認定手続

　公取委から48条の2による確約手続通知を受けた者は，通知日から60日以内に，排除措置の内容や実施期限等を記載した排除措置計画の認定を公取委に申請することができる。確約認定申請をするか否かは，通知を受けた事業者等が自主的に判断するものであり，申請をしなかったことを理由に不利益に取り扱われることはない。また，調査を受けている事業者等は，確約手続通知を受ける前に確約手続の対象になるかを確認したり，通知を受けた後に確約計画の認定における論点等について説明を求めたりすることができる。実際には，被疑事業者から公取委に確約手続の利用を打診して，双方が事実上合意した上で確約手続通知が行われるものと思われる。

2 排除措置計画の認定要件と認定の効果

　公取委は，排除措置計画が違反被疑行為の排除のために十分なものであり，確実に実施されると見込まれると判断する場合に，当該計画を認定することになる。

　確約計画に記載する確約措置の内容は，通知を受けた事業者等が個々の事案に応じて検討することになるが，典型的な措置として，違反被疑行為の取りやめ，取引先等への通知・利用者等への周知，コンプライアンス体制の整備，契約変更，事業譲渡等，取引先等に提供させた金銭的価値の回復，履行状況の報告が想定されている。公取委では，措置内容の十分性を個別事案ごとに判断することになるが，過去の類似の排除措置命令事案の措置内容が参考とされる。優越的地位の濫用に係る確約認定では，金銭的価値回復措置が含まれることが多い。排除措置命令では命じられていないものであり，被害者救済に有効である。また，確約措置が実施期限内に確実に実施されると判断できなければ，確約計画は認定されない（第三者との合意が必要な場合には，当該第三者との合意が認定申請時までに得られることが原則として必要とされる）。

　公取委は，申請された確約計画が認定要件に適合するかを判断する際に，必要に応じ，第三者からの意見募集を行うほか，競争事業者，取引先等に対して個別に事実確認等を行うとされている。しかし，これまで第三者からの意見募

集が行われたことはない。

　公取委が確約計画を認定すると，違反被疑行為について法的措置（排除措置命令および課徴金納付命令）に関する規定は適用されないこととなる（48条の4）。なお，この認定は，当該違反被疑行為について違反を認定するものではない。

　認定された確約計画については，当該違反被疑行為の概要や認定された確約計画の概要が公表される（認定申請の取下げや却下，認定の取消しについては，原則として公表されない）。しかし，本来，確約措置の履行状況を第三者が確認できるように，認定確約措置の全文が公表されるべきである。

> **第48条の5【排除措置計画の認定の取消し】**　① 公正取引委員会は，次の各号のいずれかに該当するときは，決定で，第48条の3第3項の認定を取り消さなければならない。
> 　一　第48条の3第3項の認定を受けた排除措置計画に従って排除措置が実施されていないと認めるとき。
> 　二　第48条の3第3項の認定を受けた者が虚偽又は不正の事実に基づいて当該認定を受けたことが判明したとき。
> ②～④　（略）

1　排除措置計画の認定取消しの要件

　排除措置計画に従った排除措置の履行がされないと認められる場合や虚偽または不正の事実に基づいて認定を受けたことが判明した場合には，公取委は認定を取り消す。

2　排除措置計画の認定取消しの効果

　排除措置計画の認定が取り消されることにより，当初の審査中の状態に復帰することになる。公取委は，必要な審査や意見聴取手続を経て，排除措置命令等を行うことになる。排除措置命令等の除斥期間は違反行為の終了から7年とされているが（7条2項ただし書等，7条の8第6項等），確約計画の認定取消しの場合には，除斥期間にかかわらず，取消しから2年間は排除措置命令等をすることができる（48条の5第3項，4項）。

第48条の6【排除確保措置計画の認定の申請に係る通知】／第48条の7【排除確保措置計画の認定】／第48条の8【排除措置命令等に係る規定の適用除外】／第48条の9【排除確保措置計画の認定の取消し】（略）

違反行為が既に消滅している場合にも，「特に必要があると認める」ときには，当該行為の消滅後7年以内に限り，「周知措置その他当該行為が排除されたことを確保するために必要な措置」（排除確保措置）を命ずることができる（7条2項等。⇨ **第2章第4節 3**）。48条の6から48条の9までの規定は，既往の行為に対しても確約手続が適用されることを定めるものであり，排除確保措置計画の認定・取消しについて排除措置計画と同様の規定を置いている。

第3款　排除措置命令前の意見聴取

第49条【排除措置命令前の意見聴取義務】　公正取引委員会は，……排除措置命令……をしようとするときは，当該排除措置命令の名宛人となるべき者について，意見聴取を行わなければならない。

1 意見聴取手続の意義

2013年独禁法改正後の違反事件処理手続においては，排除措置命令に対して直ちに司法審査の道が開かれている。命令前の事前手続を充実させることが，命令の適法性や妥当性を確保する上でも，事後の司法審査を充実したものとする上でも重要である。

2013年改正法は，排除措置命令の事前手続として，行政手続法上の聴聞（行手13条1項1号，15条以下）におおむね相当する**意見聴取**手続を設け，その具体的な手続・方法を本条以下に定めている（課徴金納付命令の手続についても準用されており〔62条4項〕，以下では異なる点のみ記述する）。具体的な手続については50条以下の解説に委ね，ここでは意見聴取手続の全体を概観する。

2 意見聴取手続の概略

公取委は，審査の結果，排除措置命令を行おうとするときには，予定される

命令の内容等を命令の名宛人となるべき者に通知し，意見聴取を行う義務がある（49条）。通知から意見聴取の終結までの間，通知を受けた者（「当事者」）は，公取委の認定した事実を立証する証拠の閲覧・謄写を求めることができる（52条。謄写については，当該当事者やその従業員が提出した証拠物およびそれらの供述調書に限られる）。

　意見聴取は，公取委が事件ごとに指定する職員（法律や意見聴取規則上は「指定職員」というが，**「意見聴取官」**と通称される）が主宰する（53条）。

　意見聴取期日には，審査官側が予定される命令の内容，公取委の認定した事実（課徴金納付命令にあっては，納付を命じようとする課徴金の額，課徴金の計算の基礎および課徴金に係る違反行為）とそれを立証する証拠のうち主要なもの，法令の適用を当事者に説明し，当事者側が意見を述べ，証拠を提出し，審査官側に質問を発するほか，意見聴取官が当事者に質問を発し，あるいは審査官側に説明を求めることができる（54条）。この意見聴取は，非公開である。

　意見聴取を受けて，意見聴取官は，当事者による意見陳述等の経過を記載した調書を期日ごとに作成し，当事者の陳述の要旨を明らかにするとともに，提出された証拠等を添付する。また，意見聴取官は，意見聴取の終結後速やかに，事件の論点を整理した報告書を作成し，委員会に提出する。当事者は，調書および報告書を閲覧することができる（以上につき58条）。委員会は，意見聴取官が作成した調書および報告書の内容を十分参酌して命令の議決を行う（60条）。

　このように，命令前の意見聴取の手続は，行政手続法上の聴聞手続にほぼ相当するものとなっているが，聴聞で認められている証拠の閲覧に加え，自社分の証拠（自社や従業員が提出した証拠物とこれらの供述調書）について謄写が認められている点で，より手厚いものといえる。

　しかし，独禁法違反行為が通常，複雑で，直接証拠による事実認定が困難であること，また，違反に対するサンクションが重大であり，事前の慎重な手続による事実認定や法適用が重要であることに鑑みると，実効的な規制および関係人の手続的保障の確保の観点からみて，2013年改正法が定める意見聴取手続が十分なものであるかには疑問もある。

　公取委が意見聴取規則を制定しているが，意見聴取手続の具体的内容は公取委の運用に委ねられている部分も多い。実効的な意見聴取の手続と実務慣行が

形成されることが期待される。また，審査手続指針やその事業者向け説明資料には意見聴取手続に関する説明は含まれていない。2013年改正法の施行から10年近く経過し，意見聴取の実務が固まってきている中で，審査手続指針等を補充することが望まれる。

> **第50条【意見聴取の通知の方式】** ① 公正取引委員会は，前条の意見聴取を行うに当たっては，意見聴取を行うべき期日までに相当な期間をおいて，排除措置命令の名宛人となるべき者に対し，次に掲げる事項を書面により通知しなければならない。
> 一 予定される排除措置命令の内容
> 二 公正取引委員会の認定した事実及びこれに対する法令の適用
> 三 意見聴取の期日及び場所
> 四 意見聴取に関する事務を所掌する組織の名称及び所在地
> ② （略）
> **第51条【代理人の選任】** （略）

50条は，排除措置命令に先行して行われる意見聴取について，命令の名宛人となるべき者に対し，予定される命令の内容や法令の適用等を記載した書面により通知するとともに，期日に意見の陳述等を行い，あるいはそれに代えて陳述書や証拠の提出ができる旨，証拠の閲覧・謄写を求めることができる旨を教示することを定めている。

> **第52条【証拠の閲覧・謄写】** ① 当事者は，第50条第1項の規定による通知があった時から意見聴取が終結する時までの間，公正取引委員会に対し，当該意見聴取に係る事件について公正取引委員会の認定した事実を立証する証拠の閲覧又は謄写（謄写については，当該証拠のうち，当該当事者若しくはその従業員が提出したもの又は当該当事者若しくはその従業員の供述を録取したものとして公正取引委員会規則で定めるものの謄写に限る。以下この条において同じ。）を求めることができる。この場合において，公正取引委員会は，第三者の利益を害するおそれがあるときその他正当な理由があるときでなければ，その閲覧又は謄写を拒むことができない。
> ② 前項の規定は，当事者が，意見聴取の進行に応じて必要となった証拠の閲覧又は謄写を更に求めることを妨げない。
> ③ 公正取引委員会は，前2項の閲覧又は謄写について日時及び場所を指定することができる。

本条は，公取委が保有する証拠に係る当事者の閲覧・謄写権を定めている。閲覧・謄写ができる者は，意見聴取の通知を受けた当事者であり，通知の時から意見聴取の終了の時まで，本条による閲覧・謄写が可能である。ただし，命令を受けて訴訟提起の準備のために閲覧・謄写が必要になることも考えられるから，意見聴取の後には一切閲覧・謄写ができないと解すべきではない。

閲覧ができる証拠は，「当該意見聴取に係る事件について公正取引委員会の認定した事実を立証する証拠」とされている。しかし，違反事実を立証する積極証拠に限定せず，公取委が有する消極証拠も開示することが意見聴取やその後の司法審査を充実したものとする上で望ましい。

また，閲覧できる証拠のうち謄写ができるのは，当該当事者やその従業員が提出した証拠物とこれらの供述調書に限定されている（具体的には意見聴取規則13条1項に定められている）。しかし，閲覧は認めるが謄写は認めないという取扱いが必要であるとも適切であるとも考えがたい。必要がある場合には，本条1項後段により対応すれば済む問題である。

閲覧・謄写が第三者の利益を害するおそれがあり，その他正当な理由があるときには，それを制限することができる（52条1項後段）。2013年改正前の事件記録の閲覧・謄写に関する規定（2013年改正前の70条の15）の運用が参考になる。公取委は，これまでの閲覧・謄写に係る審査基準を参考に，特に事業者の秘密や個人のプライバシーの取扱いを明確化すべきである。

第53条【意見聴取の主宰】 ① 意見聴取は，公正取引委員会が事件ごとに指定するその職員（以下「指定職員」という。）が主宰する。
② 公正取引委員会は，前項に規定する事件について審査官の職務を行ったことのある職員その他の当該事件の調査に関する事務に従事したことのある職員を意見聴取を主宰する職員として指定することができない。

意見聴取の手続は，委員会が事件ごとに指定する職員（通称，意見聴取官）が主宰する。当該事件について「審査官の職務を行ったことのある職員その他の当該事件の調査に関する事務に従事したことのある職員」を指定することはできない。意見聴取手続は事務総局官房総務課の所掌とされており，独禁法に関する一定の知見を有する職員が指定されている。

行政手続法上の聴聞の主宰者に関する規定においては，除斥に関する定め（行手19条2項）があるものの，当該不利益処分案件の調査を担当した職員を除斥事由とはしていない。この点で本条2項の規定は適切なものであるが，公取委事務総局の組織上，より明確に意見聴取官を位置づけるとともに，公正中立に，独立して職権を行使する義務を定めることが適切である。また，事務総局の職員には弁護士資格を有する者を加える必要があり（35条7項），こうした者を意見聴取官に充てることが望まれる。

第54条【意見聴取の期日における審理の方式】 ①　指定職員は，最初の意見聴取の期日の冒頭において，……審査官等……に，予定される排除措置命令の内容，公正取引委員会の認定した事実及び第52条第1項に規定する証拠のうち主要なもの並びに公正取引委員会の認定した事実に対する法令の適用を意見聴取の期日に出頭した当事者に対し説明させなければならない。
②　当事者は，意見聴取の期日に出頭して，意見を述べ，及び証拠を提出し，並びに指定職員の許可を得て審査官等に対し質問を発することができる。
③　指定職員は，意見聴取の期日において必要があると認めるときは，当事者に対し質問を発し，意見の陳述若しくは証拠の提出を促し，又は審査官等に対し説明を求めることができる。
④　意見聴取の期日における意見聴取は，公開しない。

第55条【陳述書・証拠の提出】 ／**第56条【続行期日の指定】** ／**第57条【当事者の不出頭等の場合における意見聴取の終結】** （略）

54条は，意見聴取の手続の流れと意見聴取官，審査官および当事者の権限と責務を定める。

意見聴取官は，意見聴取の冒頭において，審査官側に，予定される命令の内容，公取委の認定した事実とその事実を立証する証拠のうち主要なもの，法令の適用を当事者に対して説明させる（54条1項）。これに対し，当事者は，意見を述べ，証拠を提出し，また，意見聴取官の許可を得て審査官側に発問することができる（同条2項。口頭による意見陳述権が保障されているが，陳述書の提出で代用することもできる〔55条〕）。また，意見聴取官は，必要と認めるときは，当事者に発問し，意見の陳述，証拠の提出を促し，あるいは審査官側に説明を求めることができる（54条3項。釈明権）。

これに対して，審査官側がどのように応答するかについての定めはない。審

査官側には，当事者の陳述等や当事者および意見聴取官からの質問に対して誠
実に応答することが期待される。また，審査官側の説明内容が書面化されない
と，当事者としては反論や将来の訴訟の提起において困難が生じると思われる。

　意見聴取手続は，公開されない（54条4項）。当事者としては非公開を望む
ことが通例と思われるが，例外的に公開できる余地を残すべきであろう。

第58条【意見聴取の調書及び報告書】 ①　指定職員は，意見聴取の期日における当
　事者による意見陳述等の経過を記載した調書を作成し，当該調書において，第50
　条第1項第1号及び第2号に掲げる事項に対する当事者の陳述の要旨を明らかにし
　ておかなければならない。
②　前項に規定する調書は，意見聴取の期日における当事者による意見陳述等が行わ
　れた場合には各期日ごとに，当該当事者による意見陳述等が行われなかった場合に
　は意見聴取の終結後速やかに作成しなければならない。
③　第1項に規定する調書には，提出された証拠（第55条の規定により陳述書及び
　証拠が提出されたときは，提出された陳述書及び証拠）を添付しなければならない。
④　指定職員は，意見聴取の終結後速やかに，当該意見聴取に係る事件の論点を整理
　し，当該整理された論点を記載した報告書を作成し，第1項に規定する調書ととも
　に公正取引委員会に提出しなければならない。
⑤　当事者は，第1項に規定する調書及び前項に規定する報告書の閲覧を求めること
　ができる。

　本条は，意見聴取を主宰する意見聴取官が作成する調書および報告書につい
て規定する。意見聴取の期日ごとに意見聴取の経過等を記載した調書には，当
事者の陳述の要旨が記載され，当事者が提出した証拠が添付される。しかし，
この調書に記載すべき内容が当事者の陳述に限られ，審査官側の冒頭説明や当
事者および意見聴取官からの質問に対する応答が含まれないとしたら，その意
義は大きく減殺される。審査官側には主要な説明を書面を用いて行い，あるい
は書面で確認するように義務づけ，その書面も調書に添付されるべきである。
　また，意見聴取の終結後速やかに作成される報告書には，意見聴取官が整理
した事件の論点が記載される。行政手続法上の聴聞においては，当事者の主張
に理由があるかどうかについての主宰者の意見を記載することとされているが
（行手24条3項），本条では，意見聴取官の判断や意見は示されない。職権行使
の独立性を保障された合議制機関としての公取委の特性を踏まえたものとされ

る。

　意見聴取官が作成する調書および報告書について，当事者は閲覧できるとされているが，当然に謄写が認められるべきであり，また，必要に応じて訂正を申し出ることができると解すべきである。

> 第59条【意見聴取の再開】　（略）
> 第60条【意見聴取の調書・報告書の参酌】　公正取引委員会は，排除措置命令に係る議決をするときは，第58条第1項に規定する調書及び同条第4項に規定する報告書の内容を十分に参酌してしなければならない。

　60条は，意見聴取官が作成する意見聴取に係る調書および報告書の内容を十分に参酌して委員会が最終的な判断をすべきことを定める。意見聴取手続を整備する以上，手続を主宰する意見聴取官が作成する調書および報告書の内容と全く独立して委員会が排除措置命令の議決ができるとすることは適切ではない。しかし，委員会の議決が調書や報告書の内容に拘束されるとすることも行政組織法上，あるいは委員長および委員の職権行使の独立性（28条）の観点から疑義がある。60条は，意見聴取手続の曖昧さを反映した規定である。

　また，委員会は，排除措置命令を行うにあたって，意見聴取官が作成した報告書に示された事件の論点についての判断を排除措置命令書において示すことが適切であるが，実務上は行われていない。排除措置命令書の記載内容が従来のものと同程度であるならば，当事者は，委員会がどのような考え方に基づいて当該命令を行ったのかを知ることができず，その後の司法審査に支障が生ずるおそれがある。

　なお，委員会は，「意見聴取の終結後に生じた事情」に鑑み必要があるときに，意見聴取官に意見聴取の再開を命ずることができるが（59条），意見聴取が不十分であると委員会が判断するときにもその再開を命ずることができるものと解すべきである。

第4款　排除措置命令および課徴金納付命令

> 第61条【排除措置命令の方式及び効力発生】　①　排除措置命令は，文書によって行

> い，排除措置命令書には，違反行為を排除し，又は違反行為が排除されたことを確保するために必要な措置並びに公正取引委員会の認定した事実及びこれに対する法令の適用を示し，委員長及び第65条第1項の規定による合議に出席した委員がこれに記名押印しなければならない。
> ② 排除措置命令は，その名あて人に排除措置命令書の謄本を送達することによって，その効力を生ずる。

　本条は，排除措置命令の方式を定めるとともに，排除措置命令書の謄本を名宛人に送達することによって，その効力が生じる旨定める。

　排除措置命令書には，主文として排除措置または排除確保措置が記載されるほか，その理由として認定した事実および法令の適用が示される。既往の違反行為にあっては，「特に必要があると認めるとき」に排除確保措置を命ずることができる（7条2項）。法令の適用において，必要があると認める事由を簡潔に記載するのが現在の実務である。

　かつての審判手続を経て行われる審決においては，認定した事実を支える証拠や争点ごとの判断が示されていたが，意見聴取手続を経て行われる排除措置命令書においても，これらを記載することが妨げられるものではない。公取委は，排除措置命令書の記載の充実に意を用いるべきであるが，現行実務では最小限の記載にとどまっている。

　（9-2） 山陽マルナカ審決取消請求事件（東京高判令2.12.11 審決集 67 巻 434 頁）
　　本件は，2009 年改正により導入された優越的地位の濫用に係る課徴金制度が適用された最初の事件であり，排除措置命令書自体には優越的地位の濫用行為の相手方が具体的に特定して記載されていなかったことが理由記載の不備に当たると判断され，排除措置命令の取消請求を棄却した審決が取り消されたものである。その後の同種の事件では，排除措置命令書自体に優越的地位の濫用の相手方のリストが添付されている。

第62条【課徴金納付命令の手続】① ……納付命令……は，文書によって行い，課徴金納付命令書には，納付すべき課徴金の額，課徴金の計算の基礎及び課徴金に係る違反行為並びに納期限を記載し，委員長及び第65条第1項の規定による合議に出席した委員がこれに記名押印しなければならない。
② 納付命令は，その名宛人に課徴金納付命令書の謄本を送達することによって，そ

の効力を生ずる。

③　第1項の課徴金の納期限は，課徴金納付命令書の謄本を発する日から7月を経過
　　した日とする。

④　（略）

　本条は，課徴金の納付命令の方式や効力等について定めるとともに，その手
続については排除措置命令の手続を準用する旨定める。

　課徴金納付命令書には，納付すべき課徴金の額，課徴金の計算の基礎および
課徴金に係る違反行為と納期限が記載される。

　現行実務では，課徴金対象事件については，排除措置命令と課徴金納付命令
を同時に行うこととされている。これは，通常，公取委の調査開始によって違
反行為が事実上継続できなくなり，違反行為の実行期間または違反行為期間の
終期が確定していることから可能になっているものである（違反行為が継続して
いる場合には，課徴金の計算ができず，まず違反行為をやめさせることが必要である。
マイナミ空港サービス私的独占事件では，令和2年7月7日に排除措置命令が，令和3
年2月19日に課徴金納付命令がそれぞれ行われている〔いずれも公取委ウェブサイ
ト〕）。

**第63条【課徴金納付命令後に確定した罰金刑との調整】／第64条【独占的状態に係
る競争回復措置命令の手続】**　（略）

第65条【命令・決定等の議決方法】①　排除措置命令，納付命令，……認定……は，
委員長及び委員の合議によらなければならない。

②③　（略）

　公取委が命令や排除措置計画等の認定を行うには，委員長および委員の合議
による。当該事件や当事者と一定の利害関係を有する委員長または委員が合議
に加わることは適切ではないと考えられるが，特段の規定は設けられていない。
裁判における除斥・回避の制度に倣った運用が適切であり，東芝ケミカル審決
取消請求事件以降，事務総局幹部職員を含め，公取委内部ではそのように運用
されている。

(9-3) **東芝ケミカル審決取消請求事件**（東京高判平 6.2.25 高民 47 巻 1 号 17 頁）
　事前審判制がとられていた時期に，事件審査中に事務局審査部長の職にあった者が後に委員として合議に加わったことが公取委の公平さ，ないしはその外観が損なわれる事由に当たるとして，審決を違法とした判決である。2013 年改正により審判制度は廃止されたが，委員に任命される前に審査に自ら深く関わっていた場合や身分的・財産的関係，個人的な偏見・予断を示す言動がある場合には公平らしい外観を損なうとした判旨は現在でも意味があると考えられる。

第 66 条【合議の非公開】／第 67 条【公務所等の意見】（略）

第 5 款　行政手続雑則

第 68 条【排除措置計画等の認定，排除措置命令後の行政調査】／第 69 条【課徴金納付の延滞への対応】／第 70 条【課徴金の還付】／第 70 条の 2【認可申請の却下】／第 70 条の 3【排除措置命令等の取消し等】（略）

第 6 款　緊急停止命令の申立て

第 70 条の 4【緊急停止命令】①　裁判所は，緊急の必要があると認めるときは，公正取引委員会の申立てにより，……違反する疑いのある行為をしている者に対し，当該行為，議決権の行使若しくは会社の役員の業務の執行を一時停止すべきことを命じ，又はその命令を取り消し，若しくは変更することができる。
②　（略）

---

1 本条の趣旨

　本条は，公取委が違反事件の審査中に，違反被疑行為の一時停止を裁判所の助力を得て達成しようとする手続を定める。行政機関が裁判所を活用するという，日本法には稀な仕組みである（類似の仕組みとして，金融商品取引法 192 条の裁判所による禁止または停止命令の制度がある）。

2 要 件

緊急停止命令の申立てには，「違反する疑いのある行為」の存在と「緊急の必要がある」ことを立証する必要があるが，この立証は疎明で足りると解されている。

> (9-4) **中部読売新聞社事件**（東京高決昭 50.4.30 高民 28 巻 2 号 174 頁 [百 60] ＝ (5-20)）　　新聞発行業者の不当な廉価販売の疑いのある行為により，競争紙の購読を中止して当該紙への切替えが続出しているという事態を放置すると，他の競争業者も同様の対抗手段を講ずることとなり，その地域における新聞販売業の公正な競争秩序は阻害され，回復しがたい状況になるとして，緊急の必要性を認めた事案である。

3 事 例

これまで緊急停止命令は，新聞販売に係る不公正な取引方法事件について 5 件の申立てがなされ，いずれも認容されたほか，新日鐵合併事件（＝同意審決昭 44.10.30 審決集 16 巻 46 頁 [百 45] (4-15)）で申し立てられたが，合併期日が延期されたことから，申立てが取り下げられており，中部読売新聞社事件（＝(9-4)）以降，長年活用されてこなかった。近年の事例として，有線ブロードネットワークス事件（＝勧告審決平 16.10.13 審決集 51 巻 518 頁 [百 11] (2-1)）の審査中に，排除型私的独占または不公正な取引方法（差別対価または差別的取扱い）の疑いで申し立てられたが，被申立人が当該行為をやめたことから，取り下げられている。また，楽天（送料込み）事件（公取委令 3.12.6 公表，改善措置の申出により審査終了）においても，優越的地位の濫用の疑いによる審査中に公取委が申し立てたが，被申立人が送料無料化を任意とする措置をとったことから緊急の必要性が薄れたとして，取り下げられている。

第 70 条の 5【緊急停止命令の執行免除】（略）

第7款　送　達

第70条の6【送達すべき書類】／第70条の7【送達に関する民事訴訟法の準用】／第70条の8【公示送達】／第70条の9【電子情報処理組織を使用した処分通知等】
（略）

　排除措置命令や納付命令は，名宛人に送達されて初めて効力が生じる（61条2項，62条2項）。また，調査のための処分に係る文書（報告命令書，出頭命令書等）や確約手続に係る通知書や認定書，意見聴取の通知書は，審査規則や確約規則，意見聴取規則により，相手方への送達が義務づけられている。書類の送達については，基本的に民事訴訟法の規定が準用されているが，公示送達に関しては独自の規定が設けられている。

　なお，外国送達について，2002年の独禁法改正までは，民事訴訟法の外国送達に関する規定が準用されておらず，外国事業者に対する送達は予定されていないと考えられていた。その後，書類受領権限を有する弁護士宛てに送達するという便法が用いられてきたが，現在では，外国事業者への公示送達がなされ，法適用される事例も出てきている（⇨ **第2章第3節第4款**　）。

第8款　手続雑則

第70条の10【政令への委任】　（略）

第70条の11【行政手続法の適用除外】　公正取引委員会がする排除措置命令，納付命令，……並びにこの節の規定による認定，決定その他の処分（第47条第2項の規定によって審査官がする処分及びこの節の規定によって指定職員がする処分を含む。）については，行政手続法（平成5年法律第88号）第2章及び第3章の規定は，適用しない。

　本条は，公取委が行う排除措置命令，課徴金納付命令，確約計画の認定その他の処分のための手続については，本法中に詳細な規定が設けられていることから，行政手続法の第2章（申請に対する処分）および第3章（不利益処分）の

規定は適用されないことを定める（行手1条2項参照）。この処分には，審査手続における審査官の処分や事前の意見聴取手続における意見聴取官の処分も含まれるが，行政指導は含まれない（公取委の警告については，行政手続法第4章〔行政指導〕の規定が適用される）。また，本節の規定による処分以外の処分については，行政手続法が適用される。

> **第70条の12【審査請求の制限】**　公正取引委員会の排除措置命令，納付命令……並びにこの節の規定による認定，決定その他の処分（第47条第2項の規定による審査官の処分及びこの節の規定による指定職員の処分を含む。）又はその不作為については，審査請求をすることができない。

　本条は，行政処分に対する不服申立てについて一般概括主義をとる行政不服審査法が制定された際に，その例外を定めるために追加された規定である（行審1条2項参照）。

　排除措置命令等に対する審査請求はできず，抗告訴訟を提起することになる。また，審査官の処分については，委員会に対する異議申立てができるが（審査規則22条），その司法審査は命令に対する抗告訴訟において一括して行われることとなると考えられてきているところ，行政調査の違法性を行政事件訴訟法により直接争うことの可能性を検討する学説も現れている。

> **第71条【不公正な取引方法の特殊指定の制定手続】／第72条【不公正な取引方法の指定の方式】**（略）／**第73条【独占的状態規制に関する公聴会】**（削除）

> **第74条【告発，不起訴処分の報告】**①　公正取引委員会は，第12章に規定する手続による調査により犯則の心証を得たときは，検事総長に告発しなければならない。
> ②　公正取引委員会は，前項に定めるもののほか，この法律の規定に違反する犯罪があると思料するときは，検事総長に告発しなければならない。
> ③　前2項の規定による告発に係る事件について公訴を提起しない処分をしたときは，検事総長は，遅滞なく，法務大臣を経由して，その旨及びその理由を，文書をもって内閣総理大臣に報告しなければならない。

　本条については，公取委の「刑事告発・犯則調査方針」と併せて，96条（専属告発）において解説する（⇨ 第4節 ）。

第 75 条【参考人等の旅費・日当】 （略）

> **第 76 条【公正取引委員会による規則の制定】**① 公正取引委員会は，その内部規律，
> 事件の処理手続及び届出，認可又は承認の申請その他の事項に関する必要な手続に
> ついて規則を定めることができる。
> ② 前項の規定により事件の処理手続について規則を定めるに当たっては，……排除
> 措置命令等……の名宛人となるべき者が自己の主張を陳述し，及び立証するための
> 機会が十分に確保されること等当該手続の適正の確保が図られるよう留意しなけれ
> ばならない。

　本条は，内閣府の外局である委員会の規則制定に関する内閣府設置法 58 条
4 項の規定を受けて，公取委の規則制定権を定めるものであり，公取委の「準
立法的権限」と呼ばれることもある。しかし，行政機関が法律の授権の範囲内
で行政立法を行うことができることは当然であり，事件の処理手続に関する規
則の制定にあたって適正手続の確保に留意すべきことを訓示的に定める本条 2
項が重要である（2005 年改正により同項追加）。

　公取委が定めている主要な規則として，減免規則，審査規則，犯則調査規則，
確約規則，意見聴取規則，届出規則，公取委事務総局組織規程がある。

第 3 節　訴　訟

第 1 款　公取委の命令に対する抗告訴訟

1　公取委の命令に対する司法審査

　2013 年の独禁法改正により審判手続が廃止された後の公取委の排除措置命
令等に対する司法審査は，一般の行政処分に対するそれと同じになり，次の 2
点を除き，行政事件訴訟法の規定が全面的に適用される。1 つは，命令に係る
抗告訴訟の被告が公取委自身であること（77 条。公取委の委員長および委員の職
権行使の独立性〔28 条〕に関わる），もう 1 つは，東京地裁が専属管轄を有するこ
と（85 条 1 号）である。

　公取委の命令に係る司法審査における行政事件訴訟法の適用については検討

を要する課題がある。

(1) 原告適格

公取委の命令に対する取消訴訟は，「取消しを求めるにつき法律上の利益を有する者」（行訴9条1項）に限り提起できるが，命令の名宛人以外の者について，どの範囲で原告適格が認められるかが問題となる。典型的には，命令の名宛人ではないが命令において違反行為者として認定されている者，命令の内容またはその前提となっている違反事実の認定が不十分であると主張する被害者が考えられる。前者については，損害賠償請求を受けるおそれがあることから，原告適格が認められるべきである。問題は後者であるが，近時，2013年改正前の事後審判制度の下で，違反行為の被害者であると主張する原告について，排除措置命令を取り消す審決に対する取消訴訟を提起する原告適格を認める判決が現れた（日本音楽著作権協会（JASRAC）審決取消請求事件＝東京高判平25.11.1審決集60巻(2)22頁 [**百111**]）。本判決は，「法律上保護された利益」説に立ち，業務上の被害の直接性・重大性を考慮して，名宛人以外の第三者の原告適格を初めて認めたものである。命令は排除措置等を命ずるものであるから，2013年改正後はこのような取消訴訟は生じないが，名宛人が取消訴訟を提起するときに，被害者が第三者として訴訟参加することは考えられる。

また，公取委が命令を行わない場合に，被害者その他の第三者がどのような訴えを提起できるのかという問題も残されている。被害者その他の第三者が45条1項の規定による違反被疑事実の報告をした者であるとしても，不作為の違法確認の訴えは，従来，不適法とされている（エビス食品企業組合事件＝ 9-1 ）。また，義務付けの訴えについても，この報告は行政事件訴訟法3条6項2号の「法令に基づく申請」には該当しないから，同項1号の訴えによることになるが，重大な損害，補充性に加えて，命令を行わないことが裁量権の逸脱濫用に当たることを原告が立証する必要がある（行訴37条の2）。

逆に，公取委が命令をすべきでない場合であるにもかかわらず，これを行おうとしている場合には，差止めの訴え（行訴3条7項）を提起することができるが，ここでも厳格な要件が定められている（行訴37条の4）。

(2) 命令の執行停止

命令の執行停止については，行政事件訴訟法上，執行不停止原則がとられて

おり（行訴25条1項），「処分の執行……により生ずる重大な損害を避けるため緊急の必要があるとき」に限って認められる（同条2項）。従来，公取委の職権による排除措置命令の執行停止のほかに，裁判所による執行免除の制度が設けられていたが，審判手続の廃止の一環としてこれらは削除され，専ら行政事件訴訟法の規定によることになった。しかし，執行免除の制度は取消訴訟に関わるものであって，その削除は必然的なものではなかったとする指摘もあり，また，実際上も命令の名宛人の利益を大きく損なうこととなるおそれもある。行政事件訴訟法上の執行停止に係る「重大な損害」に関する判断要素（行訴25条3項）を考慮した柔軟な取扱いが望ましい。しかし，これまでの排除措置命令に係る執行停止申立事件においては，いずれも経済的な損害については事後的な金銭賠償で回復でき，「重大な損害」には当たらないとして，却下されている。

(3) 審理と立証責任

　最後に，取消訴訟の審理，特に立証責任について検討する。公取委の命令に至る行政過程においては，事前の意見聴取の手続を設け，また，命令書には認定した事実および法令の適用を示す必要があるなど，公取委に説明責任を課している。取消訴訟の段階になると途端に当事者対等の原則が妥当し，この命令に至る過程における基本原則が当てはまらないとすることは適切ではない。行政事件訴訟法も，民事訴訟の基本原則としての弁論主義を基本としつつも，職権証拠調べ（24条）を規定し，また，釈明処分の特則（23条の2）を設けている。そして，公取委に第1次的な事実認定と法適用の権限が与えられているのであるから，取消訴訟においても，それらを考慮した審理の方法や主張・立証責任，文書提出義務の運用が求められる。さらに，具体的な運用は，公取委が意見聴取手続をどのように運用するかによっても変わってくると考えられ，意見聴取手続の充実が求められる（⇨ 第2節第3款）。

　このように考えると，公取委の命令が不利益処分である以上，その重要な違反要件については公取委側が主張・立証責任を負うことが基本となる。そして，違反要件を定める実体規定の在り方や証拠との近接性等も考慮して，例外的に命令の名宛人（原告）に主張責任を負わせたり，事実上の推定を用いて特段の事情を主張させたりすることが適切である。

また，公取委の排除措置命令の具体的内容は，公取委の裁量に大きく委ねられている（郵便区分機談合審決取消請求事件＝最判平 19.4.19 審決集 54 巻 657 頁［百96]）。裁量処分については，「裁量権の範囲をこえ又はその濫用があった場合に限り，……取り消すことができる」（行訴 30 条）とされており，排除措置の必要性やその内容を争うことには実際上困難があるかもしれない。

2 抗告訴訟の特則

> **第 77 条【排除措置命令等に係る抗告訴訟の被告】** 排除措置命令等に係る行政事件訴訟法……第 3 条第 1 項に規定する抗告訴訟については，公正取引委員会を被告とする。

行政事件訴訟法の 2004 年改正により，抗告訴訟の被告は，処分をした行政庁ではなく，当該行政庁の所属する国または公共団体とされたが（行訴 11 条 1項 1 号），公取委の処分に係る抗告訴訟においては，引き続き，公取委が被告となる。これは，公取委が内閣総理大臣の所轄に属し（27 条 2 項），委員長および委員の職権行使の独立性が保障されていること（28 条）を考慮したものであり，法務大臣権限法 6 条に基づく法務大臣の権限が及ばないとされていること（88 条）も同趣旨である。

第 2 款　民事訴訟および刑事訴訟

独禁法は，違反行為に対する民事救済として，不公正な取引方法に係る差止請求（24 条）と排除措置命令確定後の無過失損害賠償請求（25 条）を制度化しており，独禁法第 9 章に手続上の特則が設けられている。

差止請求については，訴え提起の公取委への通知，裁判所から公取委への求意見，公取委から裁判所への意見陳述（79 条），文書提出命令の特則（80 条），秘密保持命令制度（81 条），管轄の特例（84 条の 2）等の特則が設けられている。また，無過失損害賠償請求については，損害額に関する裁判所から公取委への求意見（84 条），東京地裁の第 1 審管轄権（85 条の 2）が定められている。

なお，独禁法に係る刑事手続についても，管轄の特例（84 条の 3 および 84 条の 4）が設けられている。

第78条【差止請求訴訟における担保提供命令】／第79条【差止請求訴訟の公正取引委員会への通知等】（⇨ 第7章第1節 24条 8 (2)）／第80条【差止請求訴訟における書類の提出等】／第81条【差止請求訴訟における秘密保持命令】／第82条【秘密保持命令の取消し】／第83条【訴訟記録の閲覧等の請求の通知等】 （略）

第84条【損害額に関する求意見】 （略）（⇨ 第7章第2節 26条 3 (1)）

第84条の2【差止請求訴訟の管轄】／第84条の3【刑事訴訟の第1審裁判権】／第84条の4【刑事訴訟の管轄】／第85条【排除措置命令等に係る抗告訴訟等の専属管轄】／第85条の2【損害賠償に係る訴訟の第1審の裁判権】／第86条【東京地方裁判所における合議体】／第87条【東京高等裁判所における合議体】／第87条の2【差止請求訴訟の移送】／第88条【法務大臣権限法の適用除外】 （略）

　独禁法は，行政的執行の権限を公取委が有することはもとより，民事・刑事の手続においても公取委が一定の関与をする仕組み（公取委中心主義）をとり（公取委の確定した命令を前提とする無過失損害賠償請求，公取委の告発を要件とする公訴提起），さらに，これらに関する訴訟の第1審の管轄権を東京高裁に専属させていた（東京高裁集中主義）。しかし，2000年改正で導入された差止請求については，地裁を第1審裁判所とし，また，2005年改正により，刑事の第1審の裁判権が従来の東京高裁から地裁に変更された。さらに，2013年改正では，無過失損害賠償請求についても，第1審の裁判所が東京高裁から東京地裁に変更された。

　独禁法に係る各種の訴訟の管轄権を東京高裁に集中させる仕組みをやめ，地裁，あるいは東京地裁とする仕組みに変わってきたことは，公取委の審判制度の廃止および命令の司法審査に関する2013年改正と相まって，公取委の準司法的機関としての性格を変えるものとして批判的に評価する見解もある。

1 刑事的執行の概要

　独禁法は，公取委による行政的執行を中心にしつつも，刑事的執行も設けており，特に，課徴金制度が導入される 1977 年までは，独禁法違反に対する制裁としては刑事罰のみが設けられていた。しかし，価格カルテル等の違反に対して刑事罰をもって臨むことについては容易に受け入れられる状況にはなく，1974 年の第 1 次石油ショック時に「一罰百戒」として刑事訴追がなされた「石油価格協定刑事事件」の後，課徴金制度が新設されたこともあり，刑事的執行に期待することは考えにくい状況が続いた。

　しかし，1989 年から 1990 年にかけての日米構造問題協議を経て，公取委は刑事告発の積極化を表明する「独占禁止法違反に対する刑事告発に関する公正取引委員会の方針」（平 2.6.20。以下「告発方針」という）を発表した。その後，刑事罰の強化の改正が数次にわたり行われ，さらに，2005 年改正では，刑事的執行の強化を目的に犯則調査手続が導入された。このように，独禁法の運用において刑事的執行を強化しようとする動きは強まっているが，刑事的執行に伴う理論上・実務上の課題は多く，十分な成果をあげているとは言いがたい状況にある。

2 刑事罰の概要

　独禁法の主要な実体規定の違反行為のうち，不公正な取引方法および企業結合については刑事罰の定めがない。これら以外の実体規定違反行為については，89 条から 91 条において刑事罰の定めがある。

　89 条は，事業者による私的独占および不当な取引制限ならびに事業者団体による 8 条 1 号該当行為という「一定の取引分野における競争の実質的制限」を要件とする違反行為について，90 条は，不当な取引制限に該当する事項を内容とする国際的協定・契約の締結（6 条，8 条 2 号），事業者団体による事業

者数の制限（8条3号）および構成事業者の機能・活動の不当な制限（8条4号）のほか，確定した排除措置命令の違反について，91条は，銀行および保険会社の議決権の取得等の制限に関する規定（11条1項）の違反について，刑事罰を規定している。これらは「犯則事件」として犯則調査の対象となり（101条1項），また，専属告発制度（96条）の対象でもあり，公取委による告発が公訴提起の条件となる。

　特に，事業者による私的独占および不当な取引制限と事業者団体の8条1号該当行為については，競争の実質的制限を共通の要件とする重大な違反として，5年以下の懲役（2022年に一部改正された刑法の施行後は，拘禁刑〔以下，同じ〕）または500万円以下の罰金（89条）とされ（併科もあり得る〔92条〕），また，両罰規定により，業務主に対しては5億円以下という最も重い罰金刑が定められている（95条1項1号，同条2項1号）。懲役刑の上限は，2009年改正により従来の3年から5年に引き上げられており，これにより，公訴時効期間が5年になり（刑訴250条2項5号，独禁95条4項），刑の執行猶予の言渡しができない場合が生じ得る（刑25条1項）。

３ 刑事的執行の現状

　独禁法は，広範な刑事罰規定を有するが，実際に刑事的執行の対象になると考えられているのは，実質的には，価格カルテル，数量制限・市場分割カルテル，入札談合といった，競争に直接的で重大かつ広範な影響を定型的に及ぼす類型（ハードコアカルテル）に限られている。

　また，刑事的執行は，公取委が刑事告発の積極化を初めて表明した1990年以降，それほど活発化しているとはいえず，19件にとどまっている（平均すると0.6件/年）。特に，2005年改正により刑事的執行の強化を目的に犯則調査手続が導入されたが，刑事告発の件数に大きな増加はみられない。また，19件すべてが不当な取引制限の罪に係るものであり，そのうち，15件が入札談合・受注調整である（次頁の【図表9-2】参照）。

【図表 9-2】 1990 年以降の独禁法違反刑事事件

番号	事件名	告発年月日	違反行為	備考
1	業務用ストレッチフィルム事件	1991.11.6	業務用ストレッチフィルムの価格カルテル	告発方針公表後の第1号事件
2	シール談合事件	1993.2.24	社会保険庁発注シールの入札談合	個人は談合罪
3	下水道事業団談合事件	1995.3.6	事業団発注電気工事の入札談合	事業団職員が幇助犯
4	東京都水道メーター入札談合(第1次)事件	1997.2.4	東京都発注水道メーターの入札談合	
5	ダクタイル鋳鉄管事件	1999.2.4	ダクタイル鋳鉄管のシェア配分協定	
6	防衛庁石油製品談合事件	1999.10.13	防衛庁発注石油製品の入札談合	
7	東京都水道メーター入札談合(第2次)事件	2003.7.2	東京都発注水道メーターの入札談合	
8	国土交通省鋼橋上部工事入札談合事件	2005.5.23	国土交通省発注鋼橋上部工事の入札談合	
9	旧道路公団鋼橋上部工事入札談合事件	2005.6.29	日本道路公団発注鋼橋上部工事の入札談合	公団役員も共同正犯
10	し尿処理施設談合事件	2006.5.23	市町村発注し尿処理施設工事の入札談合	犯則調査第1号事件
11	名古屋市営地下鉄談合事件	2007.2.28	名古屋市交通局発注地下鉄工事の入札談合	課徴金減免申請による訴追除外あり
12	緑資源機構談合事件	2007.5.24	機構発注地質調査・測量設計業務の入札談合	機構元役職員も共同正犯
13	亜鉛メッキ鋼板事件	2008.11.11	亜鉛メッキ鋼板・鋼帯の価格カルテル	課徴金減免申請による訴追除外あり
14	産業機械用軸受事件	2012.6.14	産業機械用軸受の価格カルテル	課徴金減免申請による訴追除外あり
15	北陸新幹線融雪工事談合事件	2014.3.4	北陸新幹線融雪・消雪基地機械設備工事の入札談合	課徴金減免申請による訴追除外あり
16	NEXCO東日本東北支社談合事件	2016.2.29	舗装災害復旧工事の入札談合	課徴金減免申請による訴追除外あり
17	JR東海中央新幹線駅舎建設工事事件	2018.3.23	JR東海発注の中央新幹線駅舎建設工事に係る受注調整	民需における受注調整として初めての告発
18	地域医療機能推進機構医薬品談合事件	2020.12.9	機構の57病院向け医薬品の受注比率・受注予定者の決定	課徴金減免申請による訴追除外あり
19	東京五輪組織委員会業務委託談合事件	2023.2.28	競技・会場ごとの業務委託における受注予定者の決定	訴追除外あり;発注側職員も共同正犯

(出典) 公取委「令和4年度年次報告」附属資料の「告発事件一覧」をもとに作成

第 2 款　罰則規定

第 89 条【不当な取引制限等の罪】①　次の各号のいずれかに該当するものは，5 年以下の懲役又は 500 万円以下の罰金に処する。
一　第 3 条の規定に違反して私的独占又は不当な取引制限をした者
二　第 8 条第 1 号の規定に違反して一定の取引分野における競争を実質的に制限したもの
②　（略）

　本条は，一定の取引分野における競争の実質的制限を要件とする違反行為（企業結合を除く）に関する罰則を定める。

　独禁法違反の犯罪は，「事業者」という身分を有する者による身分犯という性格を有することになる。したがって，事業者でない自然人は実行行為者たり得ないことになるが，業務主処罰のための両罰規定（95 条）に「行為者を罰するほか」と規定されており，業務主のために違反行為を実行した自然人およびその業務主はいずれも，これらの規定によって処罰されることになる（石油価格協定刑事事件＝最判昭 59.2.24 刑集 38 巻 4 号 1287 頁 [**百 35**] **2-28** **3-2**）。

　また，この身分を有しない者にあっても，共犯として処罰の対象となることがある（刑 60 条，65 条）。下水道事業団談合刑事事件（東京高判平 8.5.31 高刑 49 巻 2 号 320 頁 [**百 124**]）では，指名競争入札物件の工事件名，予算金額等を入札参加者に教示して受注予定者の決定を容易にしていた発注者の職員が幇助犯として有罪とされ，また，旧道路公団鋼橋上部工事談合刑事事件（東京高判平 19.12.7 審決集 54 巻 809 頁 [**百 126**]）では，受注調整の割振りを了承していた発注者の役員が共同正犯として有罪とされている。

　不当な取引制限の罪の構成要件は 2 条 6 項の不当な取引制限の定義のとおりであり，その解釈は行政処分を行う際の要件解釈と基本的に同じである。しかし，行政処分における違反行為のとらえ方と刑事処分における実行行為のとらえ方については，特に基本合意に基づく入札談合・受注調整事案では離齬が生じ得る（価格に関する合意を不当な取引制限としてとらえる価格カルテル事案では通常，こうした離齬は生じない）。行政処分においては，基本合意が「相互拘束」行為

であり，かつ，基本合意に基づく個別調整が行われている限り違反行為は続いていると考えられている。これに対し，刑事処分では，基本合意が「相互拘束」として実行行為であるととらえると，不当な取引制限の罪を状態犯とする立場からは，その時点で既遂に達し，その後の基本合意に基づく個別調整は不可罰となり，時効や共犯の問題が生じてくる。このため，不当な取引制限の罪を継続犯と解する判例（東京都水道メーター入札談合（第1次）刑事事件＝東京高判平9.12.24高刑50巻3号181頁）もあるが，理論上の難点が指摘されている。現行の刑事実務では，基本合意を「相互拘束」として，その後の個別調整を「共同遂行」としてとらえ，包括一罪としている（防衛庁石油製品談合刑事事件＝東京高判平16.3.24審決集50巻915頁 [**百28**]，鋼橋上部工事入札談合刑事事件＝東京高判平19.9.21審決集54巻773頁 [**百125**]）。この点について，<u>第2章第2節</u> **4** (2)も参照。

第90条【確定排除措置命令違反等の罪】 次の各号のいずれかに該当するものは，2年以下の懲役又は300万円以下の罰金に処する。
　一　（略）
　二　第8条第3号又は第4号の規定に違反したもの
　三　排除措置命令……が確定した後においてこれに従わないもの

本条3号は，確定した排除措置命令等に従わない者に対する罰則を定める（なお，95条1項2号も参照）。排除措置命令は，名宛人に送達されると効力を生じ（61条2項），執行力を有するから，抗告訴訟を提起して執行停止の申立てが認められない限り，命令で命じられた措置を履行する義務がある（なお，排除措置命令の違反については，別途，97条に過料の定めがある）。

景品表示法が独禁法の特別法として位置づけられ，確定した排除命令の違反が確定した審決の違反とみなされていた時期に，確定審決違反として処罰された事例（三愛土地事件＝東京高判昭46.1.29判時619号25頁）が1件あるのみであり，事実上運用されていない。命令の履行を確保するための行政上の金銭的措置（履行強制金）の制度も提案されている。

第91条【銀行業・保険業を営む会社による議決権の取得等の規制違反の罪】／**第91条の2【届出等に係る義務違反の罪】**／**第92条【懲役と罰金の併科】**／**第93条【秘**

密漏示等の罪】／第94条【行政調査の拒否等の罪】／第94条の2【一般的調査の拒否等の罪】／第94条の3【秘密保持命令違反の罪】（略）

第95条【両罰規定】① 法人の代表者又は法人若しくは人の代理人，使用人その他の従業者が，その法人又は人の業務又は財産に関して，次の各号に掲げる規定の違反行為をしたときは，行為者を罰するほか，その法人又は人に対しても，当該各号に定める罰金刑を科する。

一 第89条 5億円以下の罰金刑

二 第90条第3号（第7条第1項又は第8条の2第1項若しくは第3項の規定による命令（第3条又は第8条第1号の規定に違反する行為の差止めを命ずる部分に限る。）に違反した場合を除く。） 3億円以下の罰金刑

三 （略）

②〜⑥ （略）

1 業務主処罰規定の意義

独禁法は，企業結合を除くと，「事業者」または「事業者団体」を禁止規定の名宛人としており，現代社会にあっては，これらのほとんどは法人であって，役員，従業員等の自然人の活動を通して行為をするものである。公取委が行政的執行を行う場合には，法人や団体そのものが違反行為の主体としてとらえられる。これに対し，刑事罰はもともと自然人の行為を対象としており，法人や団体の行為を犯罪として罰するには，その役員，従業員等の自然人の行為を独禁法違反の犯罪行為（実行行為）として特定することが必要であるとされている。そして，当該役員，従業員等が法人または団体の業務または財産に関して違反行為をしたときには，「行為者を罰するほか，その法人〔団体〕に対しても，当該各号に定める罰金刑を科する」と定める**両罰規定**（95条1項・2項）によって初めて，現実に実行行為をした自然人である役員，従業員等を罰するとともに，法人または団体を処罰することができる。こうした業務主処罰の根拠について，判例では，当該違反行為を行った役員，従業員等の選任・監督上の過失があったことに求められている（最大判昭32.11.27刑集11巻12号3113頁，最判昭40.3.26刑集19巻2号83頁）。

2 両罰規定における法人重科

法人等処罰規定（両罰規定）における法定刑（罰金刑）の上限について，かつては自然人に対する法定刑のうちの罰金刑の上限と連動する形で同額に定められており，不当な取引制限や事業者団体による競争の実質的制限の罪については500万円とされていた。しかし，法人や団体の処罰の根拠が実行行為者たる自然人のそれとは異なるものであることから，上限の額の連動を切り離すことに理論的な障害はなく，むしろ，罰金刑による感銘力に大きな差があること，自然人には懲役刑も定められていることを考慮すると，両罰規定の罰金刑の上限を独自に定めることが適切かつ必要であると考えられ，1992年の独禁法改正によって，不当な取引制限の罪等については500万円から1億円に引き上げられたものである。さらに，2002年の独禁法改正により，経済活動の基本ルールとしての独禁法の重要性に鑑み，他の経済法令と並ぶ水準にまで罰金刑の上限を引き上げるため，5億円に引き上げられている。

なお，2005年改正において，不公正な取引方法に係る確定した排除措置命令における差止めを命ずる部分に違反した場合に法人重科が導入された（本条1項2号）。これは，不当な取引制限等の違反については上限5億円の法人重科が採用されていることから，命令違反についても直罰規定を適用できるのに対し，不公正な取引方法の違反には直罰規定がないことから，命令違反に対する上限3億円の重科を定めたものである。

> **第95条の2【法人の代表者に対する罰則】**　第89条第1項第1号，第90条第1号若しくは第3号又は第91条の違反があった場合においては，その違反の計画を知り，その防止に必要な措置を講ぜず，又はその違反行為を知り，その是正に必要な措置を講じなかった当該法人（第90条第1号又は第3号の違反があった場合における当該法人で事業者団体に該当するものを除く。）の代表者に対しても，各本条の罰金刑を科する。
>
> **第95条の3【事業者団体の代表者等に対する罰則】／第95条の4【事業者団体の解散の宣告】**　（略）

法人等に対する刑事罰規定の実効性を確保する見地から，違反の計画や違反行為を知りながらその防止ないし是正に必要な措置を講じなかった法人の代表

者や団体の役員，管理人等に対して罰金刑を科す，いわゆる**三罰規定**が設けられている（95条の2，95条の3）。ただし，適用例はない。

第3款　告　発

第96条【公正取引委員会の専属告発】①　第89条から第91条までの罪は，公正取引委員会の告発を待って，これを論ずる。
②〜④　（略）

1 公取委の専属告発権限

　公取委は，犯則の心証を得たとき（74条1項），その他独禁法の規定に違反する犯罪があると思料するときは（同条2項），検事総長に告発しなければならない。文言上，義務規定のように定められているが，訓示規定であると解されている。また，89条から91条までの罪（実体規定違反の罪および確定した排除措置命令違反等の罪）については，公取委に**専属告発**権限が与えられており（96条1項），公取委の告発なしに公訴を提起することはできない。また，公取委が告発した事件について公訴を提起しない処分をしたときには，検事総長は，法務大臣を経由して，その旨およびその理由について文書をもって内閣総理大臣に報告する手続が設けられている（74条3項）。

2 公取委の刑事告発・犯則調査方針

　公取委は，2005年改正法の施行を控えた2005年10月に，従来の告発方針を改定した「刑事告発・犯則調査方針」を公表しており，①一定の取引分野における競争を実質的に制限する違反行為であって，国民生活に広範な影響を及ぼすと考えられる悪質かつ重大な事案，②公取委の行う行政処分によっては法目的が達成できないと考えられる事案に該当すると疑うに足りる相当の理由がある事件について，犯則調査を行い，これらに該当する犯則の心証を得た場合に告発することを表明している。

　また，公取委は，課徴金減免制度との関連で，調査開始日前に最初に報告等を行って課徴金免除となる事業者およびその役員，従業員等であって当該事業

者と同様に評価すべき事情があると認められるものについては告発を行わない旨表明している。そして、法務当局は、調査開始前の最初の報告という自首等に共通する有利な情状が訴追裁量権の行使にあたって十分考慮されることにより、措置減免制度は有効に機能すると説明しており（改正法案の国会審議における法務省刑事局長の答弁）、公取委による告発の対象から除外された事業者等は実際上、刑事訴追の対象から除外されている。こうした方針は、何らかの形で明文化されることが望ましいと思われる。

3 告発手続

実務上、公取委と検察庁との間に、個別事件に係る具体的問題点等について意見・情報の交換を行うため「告発問題協議会」が設置されており、その場で刑事告発に関する実質的な調整が行われる。告発を行うかどうかは公取委の専権であり、告発問題協議会において告発の可否が決定されるという筋合いのものではないとされるが、従来、公取委が告発相当と考える事案について、検察当局の了解が得られず、告発を断念したといった報道がなされたことがある。公取委がより積極的に刑事告発を行うよう求める意見もある。

> 第 97 条【排除措置命令違反に対する過料】／第 98 条【緊急停止命令違反に対する過料】（略）／第 99 条【調査処分違反に対する過料】（削除）／第 100 条【特許等の取消し等の宣告】（略）

第 5 節　犯則調査

第 1 款　総　論

1 犯則調査手続の導入の経緯と理由

独禁法における犯則調査手続は、刑事告発を念頭に置いて、公取委の職員が裁判官の許可状を得て臨検・捜索・差押えを行うものであり、刑事手続との接続が予定されている。犯則調査手続は、国税犯則や証券取引犯則において活用されてきており、独禁法における刑事的執行を強化するために、2005 年改正

により導入されたものである。具体的には「犯則事件の調査等」に関する章（101条以下）が追加され，犯則事件の対象や犯則調査の手続が定められている。

　犯則調査手続が導入された理由として，第1に，刑事告発のための調査能力を強化すること（行政調査権限では，間接強制にとどまる），第2に，行政調査に伴う適正手続上の疑義（立入検査と令状主義，審尋と供述拒否権）を解消すること（⇨ **第2節第1款** 47条・48条**4**），第3に，公取委の調査と刑事手続との接続を円滑にすることが挙げられる。

2 犯則調査の性格

　公取委は，「**犯則事件**」（89条から91条までの罪に係る事件）について，裁判官の許可状を得て，強制的な臨検・捜索・差押えをすることができる「犯則調査」の権限を有する。犯則調査とは，法令がその違反に対して刑事罰をもって臨んでいる行為について，通常の刑事訴訟法に基づく捜査によることなく，行政機関が告発を終局の目標として，犯則者および証拠を発見・収集するための手続であり，形式的には行政手続であっても実質的には刑事手続に近い性格のものとされる。

3 行政調査との関係

　事務総局審査局長は，犯則事件の端緒となる事実に接したときは，委員会に報告し（犯則調査規則4条1項），委員会は，その必要と認める事件について，事務総局審査局犯則審査部の指定された職員（犯則事件調査職員）をして調査に当たらせる（同条3項）。犯則事件調査職員の指定は，犯則審査部の職員に限られるが（同規則2条），これは，犯則審査部の職員は行政調査を担当する審査官に指定できないこと（審査官指定政令）と相まって，行政調査の担当部門と犯則調査の担当部門とを組織的にも権限的にも分離することにより，犯則調査権限を導入した趣旨を全うするためである。さらに，行政調査の過程で接した事実が犯則調査の端緒になると思料される場合にも，行政調査を行う審査官が当該事実を直接犯則事件調査職員に報告することは禁止されており（犯則調査規則4条4項），これも両部門間で情報を遮断し，行政調査を手段として犯則調査のための情報収集が行われたとの疑義を招くことがないようにするためである。

行政調査で収集した証拠と犯則調査で収集した証拠の流用について，行政調査の過程で得た情報を端緒として犯則調査に移行することは，上記の手続的な制約の下で許されており，また，厳格な手続的規律に服する犯則調査で得られた証拠資料を行政調査事件に用いることも，手続的保障の潜脱という問題はないとして認められている。

第2款 犯則調査手続

> **第101条【質問・検査・領置等】①** 公正取引委員会の職員（公正取引委員会の指定を受けた者に限る。以下この章において「委員会職員」という。）は，犯則事件（第89条から第91条までの罪に係る事件をいう。以下この章において同じ。）を調査するため必要があるときは，犯則嫌疑者若しくは参考人（以下この項において「犯則嫌疑者等」という。）に対して出頭を求め，犯則嫌疑者等に対して質問し，犯則嫌疑者等が所持し若しくは置き去った物件を検査し，又は犯則嫌疑者等が任意に提出し若しくは置き去った物件を領置することができる。
> **②** （略）
> **第102条【臨検・捜索・差押え等】①** 委員会職員は，犯則事件を調査するため必要があるときは，公正取引委員会の所在地を管轄する地方裁判所又は簡易裁判所の裁判官があらかじめ発する許可状により，臨検，捜索，差押え又は記録命令付差押え……をすることができる。
> **②〜⑦** （略）

1 犯則事件

犯則調査の対象になり得る事件は，本法89条から91条までの罪に係る事件であるが，実際にはいわゆるハードコアカルテル事件に限られる。その調査にあたる犯則事件調査職員は，事務総局審査局犯則審査部の職員の中から指定される。

2 犯則事件調査職員の権限と義務

犯則事件調査職員は，任意調査として，犯則嫌疑者または参考人に出頭を求め，質問し，その所持しもしくは置き去った物件を検査し，またはその任意に提出しもしくは置き去った物件を領置することができる（101条）。

　また，犯則事件調査職員は，強制調査として，公取委の所在地（急速を要するときは，対象場所・物件の所在地）を管轄する裁判所の裁判官があらかじめ発する許可状を得て，臨検，捜索または差押え等をすることができる（102条）。この許可状の請求には，犯則事件が存在すると認められる資料を提供しなければならない（同条3項）。臨検，捜索等の権限を行使する際には，執行時間の制限（104条），許可状の提示（105条），所有者等の立会い（109条）等の義務がある。権限行使に際しては，身分証（犯則事件調査職員証）を携帯し，請求により提示する義務があり（106条，犯則調査規則3条），また，結果を記載した調書を作成し，質問を受けた者または立会い者に示すこと（111条），領置または差押え等をしたときは目録を作成し，物件の所有者等に謄本を交付すること（112条）が求められる。他方，間接強制による強制調査権限は認められておらず，例えば，犯則嫌疑者等に対して「質問」することはできるが，答弁を強制することはできず，不答弁や虚偽陳述について罰則の定めはない。

　犯則調査は，間接強制にとどまる行政調査とは異なり，物理的な力の行使により調査の障害を排除する直接強制の権限であり，この面では刑事捜査と同様であるが，犯則嫌疑者の身柄を拘束することはできない。なお，公取委と検察官が合同調査を行うことがあり，また，合同調査ではない場合にも，公取委の犯則調査と検察官の刑事捜査が同時並行で行われることがある。

③ 犯則事件調査の終了

　犯則事件の調査が終了すると，その結果が委員会に報告され（115条，犯則調査規則5条），委員会が犯則の心証を得たときは検事総長に告発することになる（74条1項）。この場合に，領置しまたは差し押さえた物件があるときはこれを目録とともに引き継ぐことになり，それにより，当該物件は刑事訴訟法の規定によって押収されたものとみなされる（116条3項）。

　また，公取委は，犯則調査により告発を行った後，排除措置命令および課徴金納付命令を行うために行政調査を行うことになる。

第103条【通信事務を行う者に対する差押え】／第103条の2【通信履歴の電磁的記録の保全要請】／第103条の3【電磁的記録に係る記録媒体の差押えに代わる処分】

参考文献・参考資料

　本書は，初めて独占禁止法を学ぶ人のためのテキスト，参考書となるよう執筆されたものであるから，盛り込まれた内容は独禁法の基本的な事項にとどまる。そこで，本書を通読された読者がより詳しい教科書や専門書を探す際の道案内として，また紙幅の関係で本書では触れられなかった問題について参照してもらうために，以下のように参考文献・資料を掲げておくこととする（原則として中級以上の書籍に限り，論文は除く）。

独占禁止法全般
- 金井貴嗣＝川濵昇＝泉水文雄編著『独占禁止法〔第6版〕』弘文堂，2018年
- 根岸哲＝舟田正之『独占禁止法概説〔第5版〕』有斐閣，2015年
- 白石忠志『独占禁止法〔第4版〕』有斐閣，2023年
- 村上政博『独占禁止法〔第10版〕』弘文堂，2022年
- 泉水文雄『独占禁止法』有斐閣，2022年
- 白石忠志＝多田敏明編著『論点体系 独占禁止法〔第2版〕』第一法規，2021年
- 根岸哲編『注釈独占禁止法』有斐閣，2009年
- 村上政博編集代表『条解独占禁止法〔第2版〕』弘文堂，2022年
- 日本経済法学会編『経済法講座(1)～(3)』三省堂，2002年
- 金井貴嗣＝泉水文雄＝武田邦宣編『経済法判例・審決百選〔第2版〕』有斐閣，2017年
- 金井貴嗣＝川濵昇＝泉水文雄編著『ケースブック独占禁止法〔第4版〕』弘文堂，2019年
- 公正取引協会編集「公正取引」（毎月1回刊行）
- 公正取引委員会のウェブサイト〈https://www.jftc.go.jp〉

各章ごとの参考文献
【序章】　独占禁止法の全体像／【第1章】　総則
独禁法の全体像を鳥瞰するために。
- 厚谷襄児『独占禁止法入門〔第7版〕』日本経済新聞出版社，2012年
- 村上政博『独占禁止法〔新版〕』岩波書店，2017年

【第2章】 私的独占の禁止・不当な取引制限の禁止

- 日本経済法学会年報 28 号『私的独占規制の現代的課題』有斐閣，2007 年
- 日本経済法学会年報 37 号『不当な取引制限規制の現代的展開』有斐閣，2016 年
- 上杉秋則『独禁法による独占行為規制の理論と実務』商事法務，2013 年
- 藤井宣明＝稲熊克紀編著『逐条解説 平成 21 年改正独占禁止法』商事法務，2009 年
- 上杉秋則『カルテル規制の理論と実務』商事法務，2009 年
- 鈴木満『入札談合の研究〔第 2 版〕』信山社，2004 年
- 諏訪園貞明編著『平成 17 年改正独占禁止法』商事法務，2005 年
- 井上朗『リニエンシーの実務』レクシスネクシス・ジャパン，2006 年
- 日本経済法学会年報 34 号『競争法の国際的執行』有斐閣，2013 年
- 土田和博編著『独占禁止法の国際的執行』日本評論社，2012 年

【第3章】 事業者団体に対する規制

- 岩本章吾編著『事業者団体の活動に関する新・独禁法ガイドライン』（別冊 NBL 34 号）商事法務研究会，1996 年

【第4章】 企業結合の規制

- 深町正徳編著『企業結合ガイドライン〔第 2 版〕』商事法務，2021 年
- 日本経済法学会年報 33 号『企業結合規制の新たな課題』有斐閣，2012 年
- 林秀弥『企業結合規制』商事法務，2011 年
- 川濵昇ほか『企業結合ガイドラインの解説と分析』商事法務，2008 年
- 池田千鶴『競争法における合併規制の目的と根拠』商事法務，2008 年
- 武田邦宣『合併規制と効率性の抗弁』多賀出版，2001 年

【第5章】 不公正な取引方法の禁止

- 舟田正之『不公正な取引方法』有斐閣，2009 年
- 日本経済法学会年報 30 号『不公正な取引方法規制の再検討』有斐閣，2009 年
- 田中寿編著『不公正な取引方法——新一般指定の解説』（別冊 NBL 9 号）商事法務研究会，1982 年
- 佐久間正哉編著『流通・取引慣行ガイドライン』商事法務，2018 年
- 中川寛子『不当廉売と日米欧競争法』有斐閣，2001 年
- 公正取引協会編集『優越的地位濫用規制の解説』（別冊公正取引 No.1）公正取引

協会，2011 年
- ●長澤哲也『優越的地位濫用規制と下請法の解説と分析〔第 4 版〕』商事法務，2021 年
- ●鎌田明編著『下請法の実務〔第 4 版〕』公正取引協会，2017 年
- ●西川康一編著『景品表示法〔第 6 版〕』商事法務，2021 年

【第 6 章】 適用除外
- ●日本経済法学会年報 32 号『知的財産と独占禁止法』有斐閣，2011 年
- ●和久井理子『技術標準をめぐる法システム』商事法務，2010 年
- ●稗貫俊文『知的財産権と独占禁止法』有斐閣，1994 年

【第 7 章】 民事救済
- ●長澤哲也 = 多田敏明編著『類型別独禁民事訴訟の実務』有斐閣，2021 年
- ●村上政博監修『独占禁止法と損害賠償・差止請求』中央経済社，2018 年
- ●村上政博 = 山田健男『独占禁止法と差止・損害賠償〔第 2 版〕』商事法務，2005 年
- ●丹宗暁信 = 岸井大太郎編『独占禁止手続法』有斐閣，2002 年
- ●東出浩一編著『独禁法違反と民事訴訟』商事法務研究会，2001 年

【第 8 章】 公正取引委員会／【第 9 章】 エンフォースメント
- ●松本博明編著『逐条解説 令和元年改正独占禁止法』商事法務，2020 年
- ●伊永大輔『課徴金制度』第一法規，2020 年
- ●榊原美紀ほか『詳説 独占禁止法審査手続』弘文堂，2016 年
- ●岩成博夫 = 横手哲二 = 岩下生知編著『逐条解説 平成 25 年改正独占禁止法』商事法務，2015 年
- ●村上政博 = 矢吹公敏 = 多田敏明 = 向宣明編『独占禁止法の実務手続』中央経済社，2023 年
- ●日本経済法学会年報 31 号『独禁法執行のための行政手続と司法審査』有斐閣，2010 年
- ●白石忠志監修・西村ときわ法律事務所 = 長島・大野・常松法律事務所編『独占禁止法の争訟実務』商事法務，2006 年

以上のほか，実務経験豊かな執筆者による書籍として，次のようなものがある。

●菅久修一編著，品川武＝伊永大輔＝原田郁『独占禁止法〔第 4 版〕』商事法務，2020 年

●長澤哲也『独禁法務の実践知』有斐閣，2020 年

●山﨑恒＝幕田英雄監修『論点解説 実務独占禁止法』商事法務，2017 年

●越知保見『独禁法事件・経済犯罪の立証と手続的保障』成文堂，2013 年

●酒井紀子『独占禁止法の審判手続と主張立証』民事法研究会，2007 年

　本書では触れられなかった独禁法の歴史や公益事業との関係については，以下を参照されたい。

●日本経済法学会年報 38 号『独占禁止法 70 年』有斐閣，2017 年

●平林英勝『独占禁止法の歴史（上）（下）』信山社，2012 年・2016 年

●公正取引委員会事務総局編集『独占禁止政策 50 年史（上）（下）』公正取引協会，1997 年

●岸井大太郎『公的規制と独占禁止法』商事法務，2017 年

●栗田誠＝武生昌士編著『公的規制の法と政策』法政大学出版局，2022 年

　さらに，エコノミストも執筆者に加わったものとしては，以下のようなものがある。

●岡田羊祐＝川濱昇＝林秀弥編『独禁法審判決の法と経済学』東京大学出版会，2017 年

●小田切宏之『競争政策論〔第 2 版〕』日本評論社，2017 年

●柳川隆＝川濱昇編『競争の戦略と政策』有斐閣，2006 年

●根岸哲＝泉水文雄＝和久井理子編著『プラットフォームとイノベーションをめぐる新たな競争政策の構築』商事法務，2023 年

事項索引

判例・審決等索引

■ 判決・決定 ■

■ 審決・排除措置命令・課徴金納付命令 ■

378

条文から学ぶ独占禁止法〔第3版〕

Antimonopoly Law : Text, Outline, and Cases, 3rd ed.

2014 年 10 月 10 日　初　版第 1 刷発行　　2024 年 4 月 10 日　第 3 版第 1 刷発行
2019 年 4 月 5 日　第 2 版第 1 刷発行

著　者	土田和博	
	栗田　誠	
	東條吉純	
	武田邦宣	
発行者	江草貞治	
発行所	株式会社有斐閣	
	郵便番号 101-0051 東京都千代田区神田神保町 2-17	
	https://www.yuhikaku.co.jp/	
印　刷	精文堂印刷株式会社	
製　本	大口製本印刷株式会社	
装丁印刷	株式会社亨有堂印刷所	

落丁・乱丁本はお取替えいたします。定価はカバーに表示してあります。
©2024, K. Tsuchida, M. Kurita, Y. Tojo, K. Takeda.
Printed in Japan. ISBN 978-4-641-24374-3